W0203091

Fixl · Krätzschel · Siede | Assessorklausuren im Familien- und Erbrecht

Assessorklausuren im Familien- und Erbrecht

Von

Rainer Fixl
Richter am Oberlandesgericht und nebenamtlicher Arbeitsgemeinschaftsleiter
bei den Landgerichten München und Ingolstadt

Holger Krätzschel
Richter am Oberlandesgericht, nebenamtlicher Arbeitsgemeinschaftsleiter
beim Landgericht München und Prüfer in der Ersten und Zweiten
Juristischen Staatsprüfung

Walther Siede
Richter am Oberlandesgericht und nebenamtlicher Arbeitsgemeinschaftsleiter
beim Landgericht Passau

8., neu bearbeitete Auflage

Verlag Franz Vahlen München 2017

Zitiervorschlag: *Fixl/Krätzschel/Siede* Assessorklausuren FamR/ErbR Klausur Rn.

www.vahlen.de

ISBN 978 3 8006 4901 3

Wilhelmstraße 9, 80801 München
Druck: Druckhaus Nomos
In den Lissen 12, 76547 Sinzheim

Satz: R. John + W. John GbR, Köln
Umschlaggestaltung: Martina Busch, Grafikdesign, Homburg Saar

Gedruckt auf säurefreiem, alterungsbeständigem Papier
(hergestellt aus chlorfrei gebleichtem Zellstoff)

Vorwort

Mit der vorliegenden 8 . Auflage wird nunmehr ein neues Konzept des bekannten Klausurenbandes vorgestellt. Nach Einstellung des Werkes „Materielles Scheidungsrecht“ wurden die Klausuren im Familienrecht neu gefasst und jeweils ein Theorieteil vorangestellt, sodass der Leser jetzt eine Kombination von Kurzlehrbuch und Klausurenband erhält. Hierbei werden im Theorieteil die wesentlichen examensrelevanten Grundzüge des Verfahrens und des materiellen Rechts dargestellt.

Im familienrechtlichen Teil wurden die Einführung und die Klausuren 1 und 2 von RiOLG *Walther Siede*, die Klausuren 3 bis 5 von RiOLG *Rainer Fixl* bearbeitet, für den erbrechtlichen Teil war RiOLG *Holger Krätzschel* verantwortlich. Alle drei Autoren verfügen über praktische Erfahrungen in der Ausbildung als langjährige haupt- und nebenamtliche Arbeitsgemeinschaftsleiter. RiOLG *Siede* und RiOLG *Fixl* sind Mitglieder eines Familiensenats, RiOLG *Krätzschel* ist in einem Erbrechtssenat des OLG München tätig.

Die acht Klausuren behandeln unter besonderer Berücksichtigung der neuesten Gesetzeslage und der neuesten Rechtsprechung alle examenswichtigen familien- und erbrechtlichen Fragestellungen. Bewusst haben wir nicht auf Originalklausuren zurückgegriffen: Diese sind bereits Gegenstand des Examens gewesen und werden »so« nicht mehr gestellt. Eingeflossen sind unsere speziellen Erfahrungen mit familien- und erbrechtlichen Assessorklausuren. Sie stellen regelmäßig erhebliche Anforderungen; um der Examenssituation zu entsprechen, verlangen auch »unsere« Klausuren detaillierte Kenntnisse. Gesetzesänderungen, Rechtsprechung und Literatur sind bis 1.4.2016 eingearbeitet. Um das Lernen anhand der Klausuren zu verbessern, schließt die Darstellung mit einem Stichwortverzeichnis ab, das es ermöglicht, bestimmte Fragen schnell in klausurrelevantem Zusammenhang nachzulesen.

Die umfangreichen und ausgefeilten Musterlösungen entsprechen selbstverständlich nicht dem, was unter examensmäßigen Bedingungen verlangt werden kann. Sie enthalten einen nach bestem Wissen ausformulierten Lösungsvorschlag, der die klausurmäßige Behandlung der gestellten Probleme nach Diktion und Aufbau verdeutlichen soll. Die umfangreichen Fußnoten enthalten Hinweise auf immer wiederkehrende typische Klausurfehler, vertiefen die angesprochenen materiellen und prozessualen Probleme und erklären für das schriftliche und mündliche Examen den familiengerichtlichen Verfahrensablauf. Entsprechend den in Bayern für die Zweite Juristische Staatsprüfung zugelassenen Kommentaren haben wir uns bemüht, vorrangig diese zu verarbeiten und zu zitieren.

Als Klausurtypen werden sowohl die gerichtliche Streitentscheidung durch Beschluss als auch die Anwaltsklausur mit Mandantenschreiben dargestellt.

Der Klausurband ist durch seine praxisnahe Abhandlung aller gängigen Probleme auch für die Einarbeitung des Praktikers ins Familien- und Erbrecht gut geeignet.

Zur Erleichterung der Klausurbearbeitung wurden die Düsseldorfer Tabelle Stand 1.1.2016 sowie die Süddeutschen Leitlinien Stand 1.1.2016 beigefügt.

Für die Hinweise und Verbesserungsvorschläge bedanken wir uns bei unseren Lesern sehr herzlich. Bitte unterstützen Sie uns im Interesse der auszubildenden Referendare auch künftig.

Freising, Pfaffenhofen, Viechtach
im Oktober 2016

Holger Krätzschel
Rainer Fixl
Walther Siede

Inhaltsverzeichnis

Abkürzungsverzeichnis

aA	anderer Ansicht
abl.	ablehnend
abw.	abweichend
aE	am Ende
aF	alte Fassung
AG	Amtsgericht
Alt.	Alternative
Amtl.	amtlich/es
Anm.	Anmerkung
Art.	Artikel
Aufl.	Auflage
Az.	Aktenzeichen
BAföG	Bundesausbildungsförderungsgesetz
BayObLG	Bayerisches Oberstes Landesgericht
Bd.	Band
Bespr.	Besprechung
BGB	Bürgerliches Gesetzbuch
BGH	Bundesgerichtshof
BGHZ	Bundesgerichtshof in Zivilsachen; Entscheidungen des Bundesgerichtshofes in Zivilsachen, herausgegeben von den Mitgliedern des Bundesgerichtshofes und der Bundesanwaltschaft
BKGG	Bundeskindergeldgesetz
BRAGO	Bundesrechtsanwaltsgebührenordnung
BSHG	Bundessozialhilfegesetz
BT-Drs.	Bundestagsdrucksache
BVerfG	Bundesverfassungsgericht
BVerfGE	Bundesverfassungsgericht; Entscheidungen des Bundesverfassungsgerichts, herausgegeben von den Mitgliedern des Bundesverfassungsgerichts
dh	das heißt
DT	Düsseldorfer Tabelle
e.A.	einstweilige Anordnung
EGBGB	Einführungsgesetz zum Bürgerlichen Gesetzbuch
EheG	Ehegesetz
Einl.	Einleitung
ErbR	Erbrecht
ErbStG	Erbschaftsteuer- und Schenkungsteuergesetz
EStG	Einkommensteuergesetz
EUR	Euro
evtl.	eventuell
f., ff.	folgende
FamFG	Gesetz über das Verfahren in Familiensachen und in den Angelegenheiten der freiwilligen Gerichtsbarkeit
FamRZ	Zeitschrift für das gesamte Familienrecht
FGG	Gesetz über die Angelegenheiten der freiwilligen Gerichtsbarkeit
FGG-RG	Gesetz zur Reform des Verfahrens in Familiensachen und in den Angelegenheiten der freiwilligen Gerichtsbarkeit

Fn.	Fußnote
geb.	geboren
gem.	gemäß
GG	Grundgesetz
ggf.	gegebenenfalls
GKG	Gerichtskostengesetz
GVG	Gerichtsverfassungsgesetz
HausratsVO	Verordnung über die Behandlung der Ehewohnung und des Hausrats
HdB	Handbuch
HGA	Hilfsgutachten
HGA	Hilfsgutachten
hM	herrschende Meinung
Hrsg.	Herausgeber
Hs.	Halbsatz
idR	in der Regel
iHv	in Höhe von
iS	im Sinne
iVm	in Verbindung mit
JA	Juristische Arbeitsblätter
JR	Juristische Rundschau
JURA	Juristische Ausbildung
JuS	Juristische Schulung
JZ	Juristenzeitung
Kap.	Kapitel
KindUG	Gesetz zur Vereinheitlichung des Unterhaltsrechts minderjähriger Kinder
KG	Kammergericht
KostO	Kostenordnung
krit.	kritisch
LG	Landgericht
Mat.	Materielles/Material
MDR	Monatsschrift für Deutsches Recht
MwSt	Mehrwertsteuer
NJW	Neue Juristische Wochenschrift
NJW-RR	NJW-Rechtsprechungsreport
Nr.	Nummer
OLG	Oberlandesgericht
PKH	Prozesskostenhilfe
Pkw	Personenkraftwagen
R	Recht
Rn.	Randnummer
s.	siehe
S.	Satz, Seite, Siehe
SGB	Sozialgesetzbuch

sog. .... sogenannte
StGB .... Strafgesetzbuch
str. .... streitig
stRspr. .... ständige Rechtsprechung
SüdL .... Unterhaltsrechtliche Leitlinien der Familiensenate in Süddeutschland

unstr. .... unstreitig
usw. .... und so weiter
uU .... unter Umständen

vgl. .... vergleiche
VersAusGlG ..... Versorgungsausgleichsgesetz
VO .... Verordnung
Vorb. .... Vorbemerkung
v.u.g. .... vorgelesen und genehmigt
VVG .... Gesetz über den Versicherungsvertrag

zB .... zum Beispiel
Ziff. .... Ziffer
ZPO .... Zivilprozessordnung
ZS .... Zivilsenat
zust. .... zustimmend
ZuSEG .... Gesetz über die Entschädigung von Zeugen und Sachverständigen

Literaturverzeichnis

Brox, Hans/Walker, Wolf-Dietrich, Erbrecht, 26. Aufl. 2014 (zit.: *Brox/Walker* ErbR)

Dethloff, Nina, Familienrecht, 30. Aufl. 2012 (zit.: *Dethloff* FamR)

Erman, Walter (Begr.), BGB Kommentar, 14. Aufl. 2014 (zit.: Erman/*Bearbeiter*)

Gerhardt, Peter/v. Heintschel-Heinegg, Bernd/Fixl, Rainer/Siede, Walther, Materielles Scheidungsrecht, 10. Aufl. 2015 (zit.: *GHFS* MatScheidungsR)

Gernhuber, Joachim/Coester-Waltjen, Dagmar, Familienrecht 6. Aufl. 2010 (zit.: *Gernhuber/Coester-Waltjen* FamR)

Johannsen, Kurt H. (Begr.)/*Henrich, Dieter* (Hrsg.), Familienrecht Kommentar, 6. Aufl. 2015 (zit.: Johannsen/Henrich/*Bearbeiter*)

Kroiß, Ludwig/Ann, Christoph/Mayer, Jörg (Hrsg.), Nomos Kommentar zum BGB, Bd. 5, Erbrecht, 4. Aufl. 2014 (zit.: NK-BGB/*Bearbeiter*)

Kroiß, Ludwig/Neurauter, Irene, Formularsammlung für Rechtspflege und Verwaltung, 25. Aufl. 2016 (zit.: *Kroiß/Neurauter*)

Palandt, Otto (Begr.), Bürgerliches Gesetzbuch, 75. Aufl. 2016 (zit.: Palandt/*Bearbeiter*)

Schwab, Dieter (Hrsg.), Handbuch des Scheidungsrechts, 7. Aufl. 2013 (zit.: Schwab/*Bearbeiter*)

Sikora, Markus/Mayer, Andreas, Klausuren im Zivilrecht, 4. Aufl. 2015 (zit.: *Sikora/Mayer* Kautelarjuristische Klausuren ZivilR)

Thomas, Heinz/Putzo, Hans (Begr.), ZPO, 37. Aufl. 2016 (zit.: Thomas/Putzo/*Bearbeiter*)

Zöller, Richard (Begr.), Kommentar zur ZPO, 31. Aufl. 2016 (zit.: Zöller/*Bearbeiter*)

1. Teil. Einführung in das Familienrecht

A. Familiensachen

1 Das Familienrecht ist im BGB in Buch 4 sowie in diversen Nebengesetzen geregelt. Das Verfahrensrecht geht demgegenüber von einem engeren Begriff der Familiensachen aus. Diese sind abschließend in § 111 FamFG aufgezählt. Insbesondere Betreuungs- und Unterbringungssachen fallen nicht unter die Familiensachen gem. § 111 FamFG (vgl. §§ 271, 312 FamFG). Gegenstand der familienrechtlichen Klausur sind Aufgaben aus dem Bereich der Familiensachen gem. § 111 FamFG.

I. Familiensachen gem. § 111 FamFG

2 Familiensachen sind abschließend in § 111 Nr. 1–11 FamFG aufgelistet. Demnach sind Familiensachen Ehesachen, Kindschaftssachen, Abstammungssachen, Adoptionssachen, Ehewohnungs- und Haushaltssachen, Gewaltschutzsachen, Versorgungsausgleichssachen, Unterhaltssachen, Güterrechtssachen, sonstige Familiensachen und Lebenspartnerschaftssachen.

3 Diese Definition der Familiensachen ist für sich gesehen aber nur ein »Einstieg«: Sie verweist auf die jeweiligen folgenden Abschnitte des 2. Buches des FamFG. Diese enthalten immer eine einleitende Definition. So findet sich die Definition der Ehesachen (§ 111 Nr. 1 FamFG) in § 121 FamFG: Ehesachen sind demnach Verfahren auf Scheidung der Ehe (§ 121 Nr. 1 FamFG), auf Aufhebung der Ehe (§ 121 Nr. 2 FamFG) und auf Feststellung des Bestehens oder Nichtbestehens einer Ehe zwischen den Beteiligten (§ 121 Nr. 3 FamFG).

4 Für die Prüfung wichtig sind auch die umfassenden Definitionen der Kindschaftssachen in § 151 FamFG und der sonstigen Familiensachen in § 266 FamFG.

Klausurtipp: Um im Examen schnell die richtigen Verfahrensvorschriften zu finden, lohnt es sich – soweit nach der jeweiligen Prüfungsordnung zulässig – die jeweilige Definition zu Beginn des Abschnitts im Gesetzestext bei § 111 FamFG zu vermerken, zB bei § 111 Nr. 8 FamFG (Unterhaltssachen) § 231 FamFG.

5 Maßgeblich für die Frage, ob eine Familiensache vorliegt, ist der Vortrag des Antragstellers (»Klägers«). Macht dieser also eine Forderung geltend, für die der allgemeine Zivilrechtsweg eröffnet ist, wird das Verfahren nicht deswegen zur Familiensache, weil der Antragsgegner mit einer Forderung aufrechnet, die für sich gesehen eine Familiensache gem. § 111 FamFG bilden würde.

Beispiel: EM macht gegen EF einen Anspruch auf Rückzahlung eines vor der Ehe ausgereichten Darlehens in Höhe von 150.000 EUR geltend. EF rechnet mit einem Anspruch auf Zugewinnausgleich auf.

6 Für die Klage ist das Landgericht sachlich zuständig (§ 71 I GVG).

7 Hinsichtlich der Aufrechnung liegt allerdings eine rechtswegfremde Forderung vor (§ 17a VI GVG). Über diese kann das LG nicht selbst entscheiden. Es hat vielmehr den Beteiligten aufzugeben, über den Zugewinnausgleich vor den Familiengerichten eine Entscheidung herbeizuführen. Dies ist möglich durch einen Feststellungsantrag. Einem Leistungsantrag würde die Aufrechnung entgegenstehen (§ 389 BGB). Hinsichtlich seines Verfahrens hat das LG zwei Möglichkeiten: Entweder ordnet es an, dass über Klage und Aufrechnung getrennt verhandelt wird (§ 145 III ZPO) und erlässt Vorbehaltsurteil (§ 302 ZPO) oder es setzt den Rechtsstreit

aus, bis durch die Beteiligten vor dem Familiengericht eine Entscheidung herbeigeführt wurde.[1]

II. Verfahrensrechtliche Besonderheiten von Familiensachen

8 Liegt eine Familiensache vor, hat dies bedeutende verfahrensrechtliche Auswirkungen.

9 Zunächst wird dadurch der **Rechtsweg** zu den Familiengerichten eröffnet. Dies ergibt sich aus § 17a VI GVG: Für das Verhältnis der in bürgerlichen Rechtsstreitigkeiten und in Familiensachen zuständigen Spruchkörper gilt § 17a GVG entsprechend.

10 Weiterhin führt dies ohne Rücksicht auf den Wert des Verfahrensgegenstandes zur **sachlichen Zuständigkeit** des Amtsgerichts (§ 23a I Nr. 1 GVG). Diese Zuständigkeit ist ausschließlich (§ 23a I 2 GVG). Die Zuständigkeit des Landgerichts kann also nicht durch rügelose Einlassung begründet werden (§ 39 ZPO). Dies ist für Verfahren, in denen der Verfahrenswert die Grenze von 5.000 EUR übersteigt, zu beachten.

11 Innerhalb der Amtsgerichte sind zwingend die Abteilungen für Familiensachen berufen. Diese nennt man **Familiengericht** (§ 23b I GVG).

> **Klausurtipp:** In der Klausur sollte darauf geachtet werden, dass dies nicht eine Frage der sachlichen Zuständigkeit, sondern eine gesetzliche Regelung der Geschäftsverteilung ist. Ist eine gerichtliche Entscheidung zu fertigen, könnte dies durch folgende Formulierung klargestellt werden:
>
> > Nach der gesetzlichen Regelung über die Geschäftsverteilung ist das Verfahren dem Familiengericht zugewiesen (§ 23b I GVG).

12 Für Familiensachen gilt ein eigener **Rechtsmittelzug**:

13 In erster Instanz ist das Amtsgericht sachlich ausschließlich zuständig (§ 23a I 1 Nr. 1, S. 2 GVG).

14 Gegen die Endentscheidungen der Familiengerichte ist grundsätzlich die Beschwerde statthaft (§ 58 FamFG). Beschwerdegericht ist das OLG (§ 119 I Nr. 1a GVG).

15 Gegen die Endentscheidungen der OLG ist die Rechtsbeschwerde statthaft, sofern diese zugelassen wurde (§ 70 I FamFG). Zuständig für die Entscheidung über die Rechtsbeschwerde ist der BGH (§ 133 GVG).

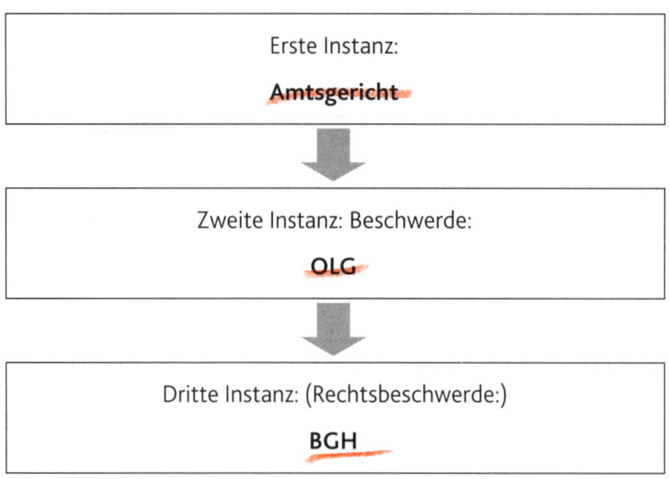

1 Thomas/Putzo/*Reichold* ZPO § 145 Rn. 9; soweit dort eine eigene Entscheidung des LG für möglich gehalten wird (§ 145 Rn. 22) ist die Rechtsprechung, auf die diese Auffassung gestützt wird, durch die Neufassung von § 17a VI GVG überholt.

Schließlich führt die Qualifikation eines Verfahrens als Familiensache dazu, dass zwingend die 16 **Verfahrensvorschriften des Zweiten Buches** des FamFG (§§ 111–270 FamFG) anzuwenden sind. Diese Vorschriften haben eine nicht ganz leicht zu durchschauende Systematik. Beginnen sollte die Lösung immer damit, dass der Verfahrensgegenstand exakt unter den Katalog des § 111 FamFG subsumiert wird. Dazu sind die Legaldefinitionen zu Beginn des jeweiligen Abschnitts (für sonstige Familiensachen gem. § 111 Nr. 10 FamFG zB § 266 FamFG) heranzuziehen.

Sodann ist zu prüfen, ob es in dem jeweiligen Abschnitt Sondervorschriften gibt. Dies ist hin- 17 sichtlich der örtlichen Zuständigkeit immer der Fall. Insoweit darf keinesfalls auf die Bestimmungen der ZPO zurückgegriffen werden. Weitere wichtige Beispiele sind die Vorschriften über die Kostenverteilung in Unterhaltssachen in § 243 FamFG und die Vorschriften über einstweilige Anordnungen in Unterhaltssachen in §§ 246–248 FamFG.

Finden sich dort keine Sondervorschriften, sind §§ 113 bis 120 FamFG daraufhin zu prüfen, 18 ob dort eine Sonderregelung für Familiensachen enthalten ist. Der Anwaltszwang ist beispielsweise in § 114 FamFG geregelt. Diese Vorschrift geht § 10 FamFG, § 78 ZPO vor.

Finden sich auch dort keine Sondervorschriften, ist gem. § 112 FamFG zu prüfen, ob eine 19 **Familienstreitsache** vorliegt. Familienstreitsachen sind Unterhaltssachen (§ 112 Nr. 1 FamFG), Güterrechtssachen (§ 112 Nr. 2 FamFG) und sonstige Familiensachen (§ 112 Nr. 3 FamFG).

Prüfungsschema: 20

Familiensache gem. § 11 Nr. 1–11 FamFG iVm der jeweiligen abschnittseinleitenden Legaldefinition?

↓

Wenn ja: dann Rechtsweg zu den Familiengerichten, sachliche Zuständigkeit des Amtsgerichts, Zuweisung an Familiengericht als Spruchkörper

↓

Sondervorschrift in dem Abschnitt über die jeweilige Familiensache?

↓

Wenn nein: Sondervorschrift in §§ 113–120 FamFG?

↓

Familiensache der freiwilligen Gerichtsbarkeit oder Familienstreitsache gem. § 112 FamFG?

↓

Wenn Ehesache oder Familienstreitsache: gelten ergänzend nach Maßgabe von § 113 FamFG die §§ der ZPO

↓

Wenn Familiensache der freiwilligen Gerichtsbarkeit: gelten ergänzend Vorschriften des ersten Buchs des FamFG

21 Schließlich ist zu beachten, dass für die Erhebung der Gerichtskosten in Familiensachen ein eigenes Kostenrecht gilt. Dies ergibt sich aus den Vorschriften des FamGKG.[2]

III. Unterscheidung zwischen Familienstreitsachen und Familiensachen, für die die Verfahrensvorschriften der freiwilligen Gerichtsbarkeit gelten

22 Die Unterscheidung zwischen Familienstreitsachen und Familiensachen der freiwilligen Gerichtsbarkeit hat entscheidende Bedeutung: In Ehesachen und Familienstreitsachen werden die meisten Verfahrensvorschriften des Buches 1 (Allgemeine Vorschriften über das Verfahren in den Angelegenheiten der freiwilligen Gerichtsbarkeit) durch die Vorschriften der ZPO ersetzt (§ 113 I FamFG). Dies liegt daran, dass die Verfahrensgegenstände der Familiensachen sehr heterogen sind. Unterhaltssachen, Güterrechtssachen und sonstige Familiensachen entsprechen strukturell den bürgerlich-rechtlichen vermögensrechtlichen Auseinandersetzungen. Für diese Verfahren passt vor allem nicht der Grundsatz der Amtsermittlung (§ 26 FamFG). Vielmehr sind die Beteiligten selbst verantwortlich für die Prozessführung. Daher gelten auch für diese Verfahren die Dispositionsmaxime und der Beibringungsgrundsatz.

23 § 113 I FamFG ist aus sich heraus allerdings nur schwer verständlich. Die Bedeutung der Vorschrift für Ehe- und Familienstreitsachen wird aber transparent, wenn man sich § 113 I FamFG von der ZPO her erschließt. Dann gilt folgende Regelung:

24 In Ehe- und Familienstreitsachen gelten die Vorschriften der ZPO mit der Maßgabe, dass
1. die Beteiligten nicht Kläger und Beklagter, sondern Antragsteller und Antragsgegner heißen,
2. die Entscheidung nicht durch Urteil, sondern durch Beschluss ergeht,
3. die statthaften Rechtsmittel gegen die Entscheidung nicht Berufung und Revision, sondern Beschwerde und Rechtsbeschwerde bilden,
4. einstweiliger Rechtsschutz nicht durch einstweilige Verfügung und Arrest, sondern durch einstweilige Anordnung und Arrest gewährt wird

25 Daraus folgt für die Klausurbearbeitung im Einzelnen[3]:

26 Die Entscheidung ist nicht mit »Urteil«, sondern mit »Beschluss« zu überschreiben.

27 Im Rubrum erscheinen nicht Kläger und Beklagter, sondern Antragsteller und Antragsgegner.

28 Der Tenor ist grundsätzlich ebenso wie bei einem Urteil aus mehreren Teilen aufgebaut: Vergleichbar sind die Entscheidung zur Hauptsache und zu den Kosten.

29 Besonderheiten ergeben sich aber hinsichtlich der **Vollstreckbarkeit:** Hier gilt gem. § 116 FamFG, dass die Entscheidung erst mit Rechtskraft wirksam wird. Gem. § 120 FamFG ist sie erst ab diesem Zeitpunkt vollstreckbar. Gem. § 116 III 2 FamFG kann aber die sofortige Wirksamkeit angeordnet werden. Fehlt diese Anordnung, bleibt es dabei, dass aus der Entscheidung die Vollstreckung erst betrieben werden kann, wenn sie rechtskräftig ist.

Klausurtipp: Durch diese Bestimmungen werden §§ 708, 709, 711 ZPO vollständig verdrängt.[4] Es ist deshalb ein schwerer Fehler, wenn in den Beschlusstenor vorläufige Vollstreckbarkeit und Abwendungsbefugnis aufgenommen werden.

30 Wie ein Urteil auch, ist der Beschluss zu begründen (§ 38 III FamFG)[5]. Hier ist zu beachten, dass die Überschrift »Gründe« lautet. Die »Gründe« werden nicht wie ein Urteil in Tatbestand und Entscheidungsgründe gegliedert, sondern lediglich mit Buchstaben und/oder Ziffern durchnummeriert. Es ist allerdings üblich, zunächst (zB unter »A« der Gründe) die tatsächlichen Grundlagen der Entscheidung darzustellen. Dafür kann grundsätzlich auf die Regeln zurückgegriffen werden, die Ihnen für die Abfassung eines Tatbestandes vertraut sind.

2 Schönfelder Nr. 118.
3 Vgl. das Muster eines Scheidungsantrages in *Kroiß/Neurauter* Muster Nr. 10.
4 Thomas/Putzo/*Seiler* FamFG § 120 Rn. 4.
5 Diese Bestimmung ist gem. § 113 I FamFG auch in Familienstreitsachen anwendbar.

Unter der nächsten Gliederungsziffer folgen sodann die rechtlichen Ausführungen. Insoweit können Sie sich daran orientieren, wie Sie im Urteil die Entscheidungsgründe absetzen würden. 31

Im Anschluss hieran folgen die Nebenentscheidungen. 32

Daran schließt sich die Rechtsbehelfsbelehrung an (§ 39 FamFG). 33

Klausurtipp: In der Regel wird Ihnen diese erlassen sein. Es reicht dann zu vermerken:

- Rechtsbehelfsbelehrung: nach Bearbeitervermerk erlassen

Gelegentlich wird Ihnen aber auch aufgegeben, anzugeben, welche Rechtsmittel statthaft sind und wann und wo diese einzulegen und ggf. zu begründen sind. Dann sollten Sie in Stichworten angeben, welche Rechtsmittel statthaft sind (idR Beschwerde, §§ 58, 117 FamFG) und wann und wo diese einzulegen und ggf. zu begründen sind. Für Familienstreitsachen ergibt sich dies aus §§ 63, 64, 117 FamFG:

- Die Beschwerde ist binnen **eines Monats** ab Bekanntgabe der Entscheidung beim **Amtsgericht** einzulegen.
- Sie ist innerhalb von **zwei Monaten** ab Bekanntgabe gegenüber dem **OLG** als Beschwerdegericht zu begründen.

Nach der Rechtsbehelfsbelehrung folgt die Unterschrift (§ 38 III FamFG). 34

Weiterhin ist zu beachten, dass gewisse Begriffe, die Ihnen aus der ZPO vertraut sind, auch in Familienstreitsachen durch die aus der nachfolgenden Tabelle ersichtlichen Begriffe ersetzt werden (§ 113 V FamFG): 35

ZPO	FamFG
Prozess, Rechtsstreit	Verfahren
Klage, Widerklage	Antrag; Wider(oder Gegen-)antrag
Kläger	Antragsteller
Beklagter	Antragsgegner
Partei	Beteiligter

4. Besonderheiten der Lebenspartnerschaftssachen

Aus Gründen der Vereinfachung der Darstellung soll im Folgenden nicht immer parallel zu dem für Ehegatten geltenden Recht auch auf das für Lebenspartner geltende Recht verwiesen werden. 36

Grundsätzlich sind für diese die für Ehegatten geltenden Vorschriften entsprechend anwendbar. Dies ergibt sich aus den Verweisungen des LPartG.[6] 37

Die wichtigsten Unterschiede sind: 38

An die Stelle der Eheschließung tritt die Begründung der Lebenspartnerschaft (§ 1 LPartG). 39

Hinsichtlich der Adoption eines Kindes als gemeinschaftliches Kind sind Einschränkungen zu beachten (§ 9 LPartG). Diese Form der Adoption ist grundsätzlich nur für leibliche Kinder eines Partners sowie im Wege der »Sukzessivadoption«[7] möglich. 40

Für das Verfahren verweist § 270 FamFG auf die für Ehegatten im Fall der Scheidung geltenden Vorschriften. Daher ist auch das Verbundverfahren auf Lebenspartner im Fall der Aufhebung der Lebenspartnerschaft anwendbar.[8] 41

Im Übrigen kann auf die Ausführungen für Ehegatten verwiesen werden.[9] 42

6 Schönfelder Nr. 43.
7 Begründet durch BVerfG NJW 2013, 847; nunmehr geregelt durch Gesetz zur Umsetzung der Entscheidung des BVerfG zur Sukzessivadoption BGBl. I v. 27.6.2014 (Neufassung von § 9 LPartG).
8 Thomas/Putzo/*Hüßtege* ZPO § 270 Rn. 10.
9 Vgl. *Dethloff* 239 ff.

B. Ehesachen

43 Ehesachen sind Verfahren auf Scheidung der Ehe, auf Aufhebung der Ehe und auf Feststellung des Bestehens oder Nichtbestehens einer Ehe zwischen den Beteiligten. Aufgrund ihrer Prüfungsrelevanz sollen die Scheidungssachen im Folgenden näher dargestellt werden.

I. Scheidung der Ehe

44 Eine Ehe kann ausschließlich durch das Familiengericht geschieden werden (§ 1564 BGB). Anders als für die Eheschließung reicht für die Aufhebung der Ehe ein Vertrag zwischen den Ehegatten oder ein sonstiges Rechtsgeschäft also nicht aus.

1. Scheidungsgrund

45 Die Ehe kann nur geschieden werden, wenn sie gescheitert ist (§ 1565 I 1 BGB). Andere Scheidungstatbestände gibt es nicht. Die Ehe ist gescheitert, wenn die Lebensgemeinschaft der Ehegatten nicht mehr besteht (Diagnosekriterium) und nicht erwartet werden kann, dass die Ehegatten diese wieder herstellen (Prognosekriterium).

46 Der Begriff der Lebensgemeinschaft darf nicht mit dem Begriff der häuslichen Gemeinschaft gem. § 1567 I BGB verwechselt werden. Er geht etwas weiter.[10] Allerdings geht das Getrenntleben gem. § 1567 I BGB in aller Regel mit der Aufhebung der ehelichen Lebensgemeinschaft einher. Daher kann davon ausgegangen werden, dass die eheliche Lebensgemeinschaft nicht mehr besteht, wenn ein Ehegatte aus der Ehewohnung auszieht, weil er die Fortsetzung der ehelichen Lebensgemeinschaft ablehnt, oder wenn er in dieser Absicht das Getrenntleben innerhalb der Ehewohnung herbeiführt (§ 1567 I 2 BGB).

2. Nachweis

47 Vorrangig ist zu prüfen, ob für das Scheitern der Ehe eine gesetzliche Vermutung spricht. Die gesetzlichen Vermutungen sind in § 1566 BGB niedergelegt:

48 Demnach wird das Scheitern der Ehe unwiderlegbar vermutet, wenn Ehegatten seit **einem Jahr** getrennt leben und beide die Scheidung der Ehe beantragen, oder zumindest ein Ehegatte dem Scheidungsantrag des anderen **zustimmt** (§ 1566 I BGB).

> **Klausurtipp:** Für das Verfahren in Ehesachen besteht grundsätzlich Anwaltszwang (§ 114 I FamFG). Gem. § 114 IV Nr. 3 FamFG gilt aber für die Zustimmung zum Scheidungsantrag eine Ausnahme.

49 Das **Getrenntleben** ist in § 1567 BGB legal definiert. Gem. § 1567 I 2 BGB ist das Getrenntleben auch innerhalb der Ehewohnung möglich. Voraussetzung dafür ist, dass die Trennung nach außen sichtbar wird und sich nicht (lediglich) auf die Motivation des scheidungswilligen Ehepartners beschränkt. Daher muss der Antragsteller, der sich auf die Vermutung des § 1566 I BGB stützen will, vortragen, dass ab dem als Trennungszeitpunkt genannten Zeitpunkt zwischen den Ehegatten sämtliche Räume der Wohnung dem einen oder anderen Ehegatten zur alleinigen Benutzung zugewiesen wurden mit Ausnahme der Funktionsräume (WC, Küche, Bad), die nur einmal vorhanden sind, und dass die Ehegatten seit diesem Zeitpunkt getrennte Haushalte führen.[11] Restliche Gemeinsamkeiten im Interesse der gemeinschaftlichen Kinder stehen der Trennung nicht entgegen, sofern sie sich bei einer Gesamtwürdigung als unwesentlich darstellen.[12]

50 Weiterhin wird unwiderlegbar vermutet, dass die Ehe gescheitert ist, wenn die Ehegatten seit **mindestens drei Jahren** getrennt leben (§ 1566 II BGB). In diesem Fall muss die Ehe also auch geschieden werden, wenn der Antragsgegner der Scheidung widerspricht.

---

10 Palandt/*Brudermüller* BGB § 1565 Rn. 2.
11 Palandt/*Brudermüller* BGB § 1567 Rn. 3.
12 Palandt/*Brudermüller* BGB § 1567 Rn. 3.

Liegen die Voraussetzungen dieser Vermutungstatbestände nicht vor – das kommt vor allem 51
dann vor, wenn die Ehegatten zwar ein, aber noch nicht drei Jahre getrennt leben, und ein Ehegatte der Scheidung nicht zustimmt – ist das Scheitern positiv festzustellen. Das Gericht wird sich vor allem durch die Anhörung der Ehegatten ein Bild machen (§ 128 FamFG).

3. Ausschlusstatbestände

Auch wenn die Ehe gescheitert ist, darf sie ausnahmsweise gleichwohl nicht geschieden wer- 52
den, wenn die Ehegatten noch nicht ein Jahr getrennt leben. Dieser Ausnahmetatbestand greift aber dann nicht, wenn die Fortsetzung der Ehe für den Antragsgegner aus Gründen, die in der Person des anderen Ehegatten liegen, eine unzumutbare Härte darstellen würde (§ 1565 II BGB). Dies kommt insbesondere bei erheblichen Verstößen gegen die eheliche Treuepflicht, Alkoholismus oder sonstigen Zwangserkrankungen im fortgeschrittenen Stadium sowie in Fällen erheblicher Gewalt in Betracht.[13]

Klausurtipp: Das Trennungsjahr hat also an zwei Stellen Bedeutung: für den Vermutungstatbestand des § 1566 I BGB und für den Ausschlusstatbestand des § 1565 II BGB. In der Klausur ist darauf zu achten, dass das Trennungsjahr als solches **nicht** Voraussetzung der Scheidung ist. Daher ist es insbesondere verfehlt, § 1565 II BGB im Rahmen der Voraussetzungen der Scheidung zu erörtern: hier ist nur festzustellen, dass die Ehe gescheitert ist.

Weitere Ausschlusstatbestände enthält § 1568 BGB. Für diese Ausschlusstatbestände gelten 53
sehr strenge Anforderungen. Auch Suizidandrohungen sind für sich nicht ausreichend, die Scheidung einer gescheiterten Ehe zu verhindern.[14]

Prüfungsschema: 54

Tatbestand: Scheitern der Ehe (§ 1565 I BGB)

- Nachweis:
- dreijähriges Getrenntleben (Vermutung gem. § 1566 II BGB)
- einjähriges Getrenntleben und Zustimmung (Vermutung gem. § 1566 I BGB)
- positive Feststellung (Anhörung gem. § 128 FamFG)

Ausschlusstatbestände

- Getrenntleben unter einem Jahr (§ 1565 II BGB)
- unzumutbare Härte für Antragsgegner/Kinder der Ehegatten (§ 1568 BGB)

II. Verfahren

Die Vorschriften über das Verfahren in Scheidungssachen finden sich in §§ 121–136, 150 55
FamFG. Auf das Verbundverfahren soll erst später eingegangen werden.

Die örtliche Zuständigkeit ergibt sich aus § 122 FamFG. Hier ist zu beachten, dass die dort 56
genannten Tatbestände in einem Hierarchieverhältnis stehen. Dies bedeutet, dass die nachfolgende Nummer immer erst erörtert werden darf, wenn der vorausgegangene Tatbestand verneint wurde.

Beispiel: Sind aus einer Ehe zwei gemeinschaftliche minderjährige Kinder hervorgegangen und ist ein Ehegatte mit einem Kind von Regensburg (wo die gemeinsame Ehewohnung war) nach Passau verzogen, ist gem. § 122 Nr. 3 FamFG das Amtsgericht – Familiengericht – Regensburg örtlich zuständig.

Klausurtipp: Ist die Entscheidung des Gerichts zu entwerfen, sind in den Gründen auch die Tatbestände des § 122 Nr. 1, 2 FamFG zu verneinen, da dies Voraussetzung für die Annahme der Zustän-

13 Zur Kasuistik Palandt/*Brudermüller* BGB § 1565 Rn. 9–12.
14 Zur Kasuistik Palandt/*Brudermüller* BGB § 1568 Rn. 2–6.

digkeit gem. § 122 Nr. 3 FamFG ist. Es wäre aber auch vertretbar, Ausführungen zu § 122 Nr. 1, 2 FamFG im Hilfsgutachten zu machen.

57 Spezielle Anforderungen für die Antragstellung enthält § 133 FamFG. Die dort geforderten Angaben und Urkunden sind Zulässigkeitsvoraussetzung.

58 Für das Verfahren gilt grundsätzlich Anwaltszwang (§ 114 I FamFG). Weiterhin gelten für das Verfahren grundsätzlich die Vorschriften der ZPO (§ 113 I FamFG). Tritt der Antragsgegner dem Scheidungsantrag entgegen und ist er anwaltlich nicht vertreten, steht er an sich gem. §§ 333, 331 ZPO einem säumigen Beteiligten gleich. Gleichwohl darf gegen diesen keine Versäumnisentscheidung ergehen (§ 130 II FamFG). Stattdessen hat das Gericht auch in diesem Fall über den Scheidungsantrag durch (End-)beschluss zu entscheiden,[15] der mit der Beschwerde (und nicht mit Einspruch) anfechtbar ist.

59 Schließlich ist zu beachten, dass Ehesachen verbindungsfeindlich sind (§ 126 II FamFG). Daher können mit einer Ehesache andere Verfahrensgegenstände nur verbunden werden, wenn die Voraussetzungen für das Verbundverfahren vorliegen (§ 137 FamFG). Daraus folgt, dass der Antragsgegner dem Scheidungsantrag auch nicht mit einem Widerantrag entgegentreten kann, der einen anderen Gegenstand hat als eine Ehesache, die die verfahrensgegenständliche Ehe betrifft (zB einen Antrag auf Aufhebung dieser Ehe).[16]

C. Kindschaftssachen

60 Kindschaftssachen sind in § 151 FamFG legal definiert. Von Bedeutung für die Ausbildung sind vor allem § 151 Nr. 1 FamFG (elterliche Sorge), § 151 Nr. 2 FamFG (Umgang) und § 151 Nr. 3 FamFG (Herausgabe des Kindes).

I. Elterliche Sorge

1. Inhaber der elterlichen Sorge

61 Den Eltern eines **ehelichen** Kindes steht die Sorge für dieses Kind grundsätzlich gemeinschaftlich zu (§ 1626 BGB).

62 Demgegenüber steht den Eltern eines **nichtehelichen** Kindes die Sorge für dieses Kind nur gemeinschaftlich zu, wenn sie eine Sorgeerklärung abgeben, einander nach der Geburt des Kindes heiraten oder wenn ihnen das Familiengericht die elterliche Sorge gemeinsam überträgt (§ 1626a BGB). Liegen diese Voraussetzungen nicht vor, steht der Mutter die elterliche Sorge für ein nichteheliches Kind zu (§ 1626a III BGB).

2. Inhalt der elterlichen Sorge

63 Hinsichtlich des Inhalts der elterlichen Sorge ist zwischen Personen- und Vermögenssorge zu unterscheiden. Die **Personensorge** umfasst die Pflege, Erziehung, Beaufsichtigung und Bestimmung des Umgangs eines Kindes (§ 1631 BGB). Diese Aufgaben nimmt der Sorgeberechtigte eigenverantwortlich wahr. Nur für besonders gravierende Entscheidungen ist eine Genehmigung des Familiengerichts erforderlich (§§ 1631b, 1631c BGB).

64 Von der Personensorge ist die **Vermögenssorge** zu unterscheiden. Hier bestehen in weitergehendem Umfang Kontroll-, Genehmigungs- und Rechenschaftspflichten (§§ 1638–1649, 1698–1698b BGB).

15 Thomas/Putzo/*Hüßtege* FamFG § 130 Rn. 3.
16 Thomas/Putzo/*Hüßtege* FamFG § 126 Rn. 2.

3. Elterliche Sorge nach Trennung und Scheidung

Aufgrund Trennung und Scheidung entfällt die gemeinsame elterliche Sorge nicht (§ 1671 65
BGB). Allerdings ändert sich der Inhalt der sorgerechtlichen Befugnisse der Eltern: Ab der Trennung entscheidet in Angelegenheiten des täglichen Lebens der Elternteil allein, bei dem sich das Kind rechtmäßig aufhält. Nur in Angelegenheiten, deren Regelung für das Kind von erheblicher Bedeutung ist, entscheiden die Eltern in gegenseitigem Einvernehmen (§ 1687).

Allerdings kann ab dem Zeitpunkt der Trennung jeder Elternteil beantragen, dass ihm das 66
Familiengericht die elterliche Sorge ganz oder teilweise überträgt (§ 1671 BGB). Das Gericht hat in diesem Fall eine zweistufige Prüfung durchzuführen:[17]

- Auf der ersten Stufe ist zu prüfen, ob es dem Kindeswohl besser entspricht, wenn in Zukunft ein Elternteil alleine die Personensorge ganz oder teilweise für dieses Kind ausübt.
- Nur wenn die erste Stufe zu einem positiven Ergebnis geführt hat, ist auf der zweiten Stufe zu prüfen, ob es dem Kindeswohl besser entspricht, wenn in Zukunft die elterliche Sorge ganz oder teilweise durch den Antragsteller oder aber durch den Antragsgegner ausgeübt wird. Denkbar ist es auch, auf beide Ehegatten einzelne Aufgabenkreise zur je eigenverantwortlichen Wahrnehmung zu übertragen.

4. Eingriffe in die elterliche Sorge

Die Ausübung der elterlichen Sorge ist ein gebundenes Recht der Eltern: »Pflege und Erzie- 67
hung der Kinder sind das natürliche Recht der Eltern und die zuvörderst ihnen obliegende Pflicht. Über ihre Betätigung wacht die staatliche Gemeinschaft.« (Art. 6 II GG).

Letzteres wird auch als »**staatliches Wächteramt**« bezeichnet. Eingriffe in das Sorgerecht der 68
Eltern sind dem **Familiengericht** vorbehalten. Das Jugendamt hat lediglich in Eilfällen die Befugnis der Inobhutnahme (§ 42 SGB VIII), ist aber ansonsten auf die Kooperation der Eltern bzw. anderer Personen, denen das Familiengericht sorgerechtliche Befugnisse übertragen hat, angewiesen, um ein Kind fördern zu können.

Die Befugnis des Familiengerichts für Eingriffe in das Sorgerecht ergibt sich aus §§ 1666, 69
1666a BGB.

Demnach ist zunächst erforderlich, dass das Wohl eines Kindes gefährdet ist Der Begriff des 70
»Wohles des Kindes« knüpft an (grund-)rechtlich geschützte, der Disposition der Sorgeberechtigten entzogene Positionen des Kindes an wie körperliche und psychische Integrität und Gesundheit, Freiheit und Eigentum.[18] Der unbestimmte Rechtsbegriff des Wohles des Kindes darf also nicht genutzt werden, um staatliches pädagogisches Ermessen an die Stelle der Entscheidung der Sorgeberechtigten zu setzen.

Weiterhin muss eine Gefahr für das Wohl des Kindes vorliegen. Dies setzt voraus, dass bereits 71
gegenwärtig ein Zustand festgestellt werden kann, bei dem davon auszugehen ist, dass er in absehbarer Zeit mit hinreichender Wahrscheinlichkeit zu einer erheblichen Beeinträchtigung des Wohles des Kindes führt, wenn sich die Verhältnisse nicht ändern.[19]

Schließlich darf das Familiengericht nur in das Sorgerecht eingreifen, wenn die Sorgeberech- 72
tigten nicht willens oder in der Lage sind, die Gefährdung selbst abzuwenden.

Liegen diese Voraussetzungen vor, hat das Gericht hinsichtlich der als geeignet angesehenen 73
Maßnahmen ein breites Ermessen. Aufgrund des Grundsatzes der **Verhältnismäßigkeit** darf es das Sorgerecht selbst ganz oder teilweise nur entziehen, wenn andere Mittel nicht als ausreichend erscheinen. So mag es in Fällen der Gewalt gegenüber dem Kind zunächst ausreichen, die gewalttätige Person aus der Wohnung zu verweisen (§ 1666 III Nr. 3 BGB).

17 Zur Kasuistik Palandt/*Götz* BGB § 1671 Rn. 11–41.
18 Vgl. Palandt/*Götz* BGB § 1666 Rn. 7.
19 Palandt/*Götz* BGB § 1666 Rn. 8; stRspr seit BGH NJW 1956, 1434.

5. Gesetzliche Vertretung des Kindes

74 Nach außen entspricht der elterlichen Sorge das Recht, das Kind zu vertreten (§ 1629 BGB). Sind Eltern gemeinschaftlich sorgeberechtigt, vertreten sie auch das Kind gemeinschaftlich. In Angelegenheiten der Vermögenssorge ist dieses Recht ausgeschlossen, soweit auch ein Vormund von der Vertretung ausgeschlossen wäre (§§ 1629 II, 1795 BGB). Daher ist bei Rechtsgeschäften, an denen auf der einen Seite das Kind, auf der anderen sein gesetzlicher Vertreter beteiligt ist, ein Ergänzungspfleger zu bestellen (§ 1909 I BGB).

75 Diese Regelung ist problematisch, wenn sich die sorgeberechtigten Eltern eines Kindes getrennt haben, und ein Elternteil für das Kind gegen den anderen Unterhalt geltend machen will; denn grundsätzlich wäre auch der Elternteil, bei dem das Kind seinen gewöhnlichen Aufenthalt hat, daran gehindert, alleine für das Kind Unterhalt geltend zu machen (§§ 112 Nr. 1, 113 I FamFG, § 51 I ZPO, §§ 1629 II, 1795 I Nr. 3 BGB).

76 Um die Geltendmachung von **Unterhalt** in diesen Fällen zu erleichtern, geht § 1629 BGB einen anderen Weg:

77 Solange die Eltern getrennt leben, muss der Elternteil, bei dem sich das Kind in Obhut befindet, die Unterhaltsansprüche des Kindes **in eigenem Namen** geltend machen (§ 1629 III BGB; gesetzliche Verfahrensstandschaft).

78 Ab Rechtskraft der Scheidung vertritt er das minderjährige Kind bei der Geltendmachung von Unterhalt **allein** (§ 1629 II BGB).

Klausurtipp: Dies ist bei der Antragstellung zu berücksichtigen. Während des Getrenntlebens sind im Rubrum nur die Eltern als Antragsteller und Antragsgegner zu erfassen. Das unterhaltsberechtigte Kind ist an diesem Verfahren nicht beteiligt.
Der Antrag lautet:

> Der Antragsgegner wird verpflichtet, an die Antragstellerin für das Kind K ab … jeweils monatlich im Voraus Unterhalt in Höhe von … zu bezahlen.

Ab Rechtskraft der Scheidung erscheinen im Rubrum das Kind, vertreten durch den gesetzlichen Vertreter, bei dem es in Obhut ist, als Antragsteller sowie der Antragsgegner.
Der Antrag lautet nunmehr:

> Der Antragsgegner wird verpflichtet, an den Antragsteller [Kind] zu Händen seines gesetzlichen Vertreters [… zB Mutter] ab … monatlich im Voraus Unterhalt in Höhe von … zu bezahlen.

II. Umgang

79 Gem. § 1684 BGB hat das Kind das Recht auf Umgang mit jedem Elternteil, unabhängig davon, ob dieser auch sorgeberechtigt ist. Umgekehrt hat auch jeder Elternteil das Recht und die Pflicht zum Umgang mit dem Kind.

80 Können sich die Eltern nach der Trennung über den Umgang nicht einigen, kann dieser durch das Familiengericht geregelt werden (§ 1684 III BGB). Dafür ist kein Antrag erforderlich.

Beachte: Rechtlich wird als Vater nur angesehen, wer mit der Mutter zum Zeitpunkt der Geburt verheiratet war, wer die Vaterschaft anerkannt hat oder wer als Vater festgestellt ist (§ 1592 BGB). Liegen diese Voraussetzungen nicht vor, können aus der Vaterschaft keine Rechtsfolgen abgeleitet werden (§ 1600d IV BGB). Hiervon abweichend wird jedoch auch dem leiblichen, nicht rechtlichen Vater unter den Voraussetzungen von § 1686a BGB ein Auskunfts- und Umgangsrecht eingeräumt.

III. Herausgabe

81 Um das Sorgerecht gegenüber Dritten geltend machen zu können, räumt § 1632 BGB dem Sorgeberechtigten einen Anspruch auf Herausgabe des Kindes ein. Diese Anspruchsgrundlage gilt nicht im Verhältnis zum Umgangsberechtigten.

Unabhängig davon ist das Recht zur Personensorge auch als sonstiges Recht absolut geschützt. Die Verletzung dieses Rechts löst deshalb Schadensersatzansprüche gem. § 823 I BGB aus.[20] **82**

IV. Verfahrensrecht

Kindschaftssachen gehören zu den Familiensachen, über die im Verfahren der freiwilligen Gerichtsbarkeit zu entscheiden ist. Dies bedeutet, dass ergänzend zu den Vorschriften der §§ 151–168a FamFG und §§ 113–120 FamFG die Vorschriften des ersten Buches des FamFG gelten. **83**

1. Örtliche Zuständigkeit

Die **örtliche Zuständigkeit** richtet sich nach § 152 FamFG. Bei gemeinschaftlichen Kindern ist während der Anhängigkeit einer Ehesache das Gericht der Ehesache ausschließlich zuständig (§ 152 I FamFG), im Übrigen richtet sich die örtliche Zuständigkeit nach dem gewöhnlichen Aufenthalt des Kindes (§ 152 II FamFG). **84**

2. Antrags- und Amtsverfahren

In Angelegenheiten der freiwilligen Gerichtsbarkeit ist immer zu prüfen, ob ein Verfahren durch das Gericht eingeleitet werden durfte. Ist dies nur auf Antrag eines Beteiligten zulässig, liegt ein **Antragsverfahren** vor, sonst ein **Amtsverfahren**. In Kindschaftssachen sind die Begründung gemeinsamer elterlicher Sorge bei nichtehelichen Kindern, die Übertragung der Entscheidung bei Meinungsverschiedenheiten der Eltern und die Übertragung der elterlichen Sorge bei Trennung und Scheidung auf einen Elternteil allein sowie Verfahren wegen Herausgabe eines Kindes Antragsverfahren (vgl. §§ 1626a, 1628, 1632, 1671 BGB). Verfahren wegen Kindeswohlgefährdung und Verfahren zur Regelung des Umgangs sind Amtsverfahren. Hier entscheidet das Gericht nach pflichtgemäßem Ermessen, zB aufgrund einer Mitteilung des Jugendamtes, ob es ein Verfahren einleiten will. **85**

3. Beteiligte

Notwendiger Beteiligter ist in Antragsverfahren immer der Antragsteller (§ 7 I FamFG). **86**

Im Übrigen sind als Beteiligte diejenigen hinzuzuziehen, deren Recht von dem Verfahren unmittelbar betroffen wird (§ 7 II Nr. 1 FamFG). Dies sind vor allem die Eltern und die Kinder. **87**

Hinsichtlich der Kinder ist zu beachten, dass diese in Verfahren, die ihre Person betreffen (das sind vor allem Verfahren wegen der elterlichen Sorge und des Umgangs), bereits mit Vollendung des 14. Lebensjahres verfahrensfähig sind (§ 9 I Nr. 3 FamFG). Daraus folgt, dass diese Entscheidungen, soweit sie das Kind betreffen, auch unmittelbar bekannt zu geben sind (§§ 164, 41, 15 FamFG), und dass das Kind auch selbst Rechtsmittel einlegen kann (§ 60 FamFG). **88**

Gerade in Kindschaftssachen befinden sich Kinder häufig in einer schwierigen familiären Situation, vor allem dann, wenn zwischen den Eltern, die das Kind vertreten sollten, ein erheblicher Konflikt besteht. Um Kinder in dieser Lage zu schützen und um ihnen die Möglichkeit zu geben, in dem Verfahren auch ihre Interessen und Sichtweise zur Geltung zu bringen, kann ein **Verfahrensbeistand** (»Anwalt des Kindes«) bestellt werden (§ 158 FamFG). Dieser nimmt die Interessen des Kindes eigenständig wahr, er ist nicht gesetzlicher Vertreter des Kindes in dem Verfahren (§ 158 IV 6 FamFG). Er darf nicht mit einem Ergänzungspfleger verwechselt werden, der das Kind rechtlich vertritt, wenn die Eltern von der Vertretung in einem gerichtlichen Verfahren oder bei Abschluss eines Rechtsgeschäftes ausgeschlossen sind. **89**

Schließlich kann das Jugendamt Beteiligter sein (§ 162 II FamFG). **90**

20 Palandt/*Götz* BGB § 1626 Rn. 3.

4. Grundsätze des Verfahrens

91 Grundsätzlich hat das Gericht bei der Ausgestaltung des Verfahrens ein weites Ermessen (§§ 26–37 FamFG).

92 In Kindschaftssachen ist demgegenüber das Verfahren stark reglementiert.

93 In den in § 155 FamFG genannten Verfahren gilt ein strenger Beschleunigungsgrundsatz. In diesen Verfahren soll aufgrund eines alsbald anzuberaumenden Termins entschieden werden.

94 Bei Trennung und Scheidung soll das Gericht auf ein Einvernehmen der Beteiligten hinsichtlich elterlicher Sorge und Umgang hinwirken (§ 156 FamFG). Kann dies in dem gem. § 155 FamFG angesetzten Termin nicht erreicht werden, soll im Interesse des Kindes zumindest eine vorläufige Regelung durch einstweilige Anordnung angestrebt werden.

Beachte: Die Möglichkeiten des Gerichts, ohne Mitwirkung der Beteiligten eine vorläufige Regelung zu erzielen, sind in Verfahren betreffend die elterliche Sorge gering; denn liegt in der Hauptsache ein Antragsverfahren vor – das ist gem. § 1671 BGB bei Verfahren betreffend die Übertragung der elterlichen Sorge bei Trennung und Scheidung der Fall –, kann auch eine einstweilige Anordnung nur auf Antrag ergehen (§ 51 I FamFG). Von Amts wegen kann daher durch einstweilige Anordnung nur der Umgang des Kindes mit einem Elternteil vorläufig geregelt werden.

95 In Fällen der Kindeswohlgefährdung enthält § 157 FamFG spezielle Vorschriften, die ein frühes Eingreifen des Familiengerichts und eine effektive Umsetzung der im Interesse des Kindes beschlossenen Maßnahmen gewährleisten sollen. In diesen Verfahren muss das Jugendamt nicht nur angehört, sondern auch beteiligt werden (§ 162 II 2 FamFG).

96 Im Übrigen enthalten §§ 159–163 FamFG spezielle Vorschriften über die Anhörung Beteiligter und die Amtsermittlung, die das Ermessen des Gerichts binden.

Klausurtipp: Gem. § 162 FamFG ist das Jugendamt in Verfahren, die die Person des Kindes betreffen, anzuhören. Da § 155 FamFG die Anwesenheit eines Vertreters des Jugendamtes in dem frühen Termin zur Erörterung nicht vorschreibt, reicht es aus, wenn ein schriftlicher Bericht des Jugendamtes vorliegt.

5. Beschluss

97 Das Gericht entscheidet durch Beschluss (§ 38 FamFG).

98 Bei der Abfassung des Beschlusses sind gegenüber Familienstreitsachen, in denen der Beschluss im Wesentlichen einem Urteil entspricht, gewisse Unterschiede zu beachten:

99 Im Rubrum sind die Beteiligten anzugeben. Dies geschieht, indem der Antragsteller sowie davon abgesetzt die weiteren Beteiligten angegeben werden, oder indem der »Hauptbeteiligte« (in Verfahren wegen Kindeswohlgefährdung zB das gefährdete Kind) nebst Verfahrensgegenstand und davon abgesetzt die weiteren Beteiligten angegeben werden.[21]

100 Der Tenor besteht regelmäßig aus zwei Teilen: der Hauptsacheentscheidung und der Kostenentscheidung.

101 Bei der Hauptsacheentscheidung ist darauf zu achten, dass diese auch in Antragsverfahren hinreichend bestimmt ist.

Klausurtipp: Hat der Antrag auf Übertragung der elterlichen Sorge für das Kind K Erfolg, ist also zu tenorieren:

> Die elterliche Sorge für das Kind K, …, wird auf die Antragstellerin übertragen.

[Und **nicht**: »Dem Antrag wird stattgegeben.«]

21 *Kroiß/Neurauter* Muster Nr. 23: Das Muster für den Beschluss einer Ablehnung eines Erbscheinsantrages ist, soweit es um die Struktur der Entscheidung geht, im Wesentlichen übertragbar.

Gem. § 81 FamFG ist die Entscheidung zwingend mit einer Kostenentscheidung zu versehen (§ 81 I 3 FamFG). Sollen keine Kosten erhoben werden (§ 81 I 2 FamFG), lautet die Entscheidung: 102

> Von der Erhebung von Kosten wird abgesehen.

Auf den Tenor folgt die Begründung der Entscheidung. 103

Diese ist mit »Gründe« zu überschreiben. 104

In einer ersten Gliederungsziffer sind sodann die tatsächlichen Grundlagen der Entscheidung darzustellen. Hier sollten der unstreitige Sachverhalt und die Sachverhaltsdarstellung der Beteiligten, soweit sie entscheidungserheblich ist und voneinander abweicht, dargestellt werden. Weiterhin sind hier die wichtigsten Verfahrensschritte wie Antragstellung, Beiziehung von Beteiligten durch das Gericht, Anhörung der Beteiligten und Beweisaufnahme darzustellen. Zeitform ist Präsens, soweit es um andauernde Zustände geht, im Übrigen Imperfekt. 105

In einer zweiten Gliederungsziffer (ggf. mit weiterer Unterteilung) folgt die rechtliche Begründung. Diese wird üblicherweise in formelle und materielle Aspekte untergliedert. Unter den formellen Voraussetzungen der Entscheidung sind die Zuständigkeit, die Antragstellung bzw. das Ermessen des Gerichts für die Einleitung des Verfahrens, die Beteiligung, die Durchführung der notwendigen Anhörungen sowie ggf. verfahrensrechtliche Aspekte der Beweisaufnahme zu erörtern. 106

Unter den materiellen Voraussetzungen erfolgt sodann die Subsumption des festgestellten Sachverhaltes unter die Norm, die die Entscheidung trägt (zB bei Übertragung der elterlichen Sorge anlässlich Trennung und Scheidung § 1671 BGB), sowie die Beweiswürdigung zur Feststellung von Tatsachen, über die zwischen den Beteiligten Streit bestand. 107

Schließlich folgen Nebenentscheidungen (§ 81 FamFG), Rechtsbehelfsbelehrung und Unterschrift. 108

D. Abstammungssachen

Die Abstammung ist eine wichtige Vorfrage in Sorge-, Umgangs- und Unterhaltssachen. Darüber hinaus können abstammungsrechtliche Fragen auch als Vorfrage in erbrechtlichen Klausuren relevant werden. 109

I. Materielles Abstammungsrecht

1. Mutter

Hinsichtlich der Mutter ist die Abstammung einfach festzustellen: Mutter eines Kindes ist die Frau, die das Kind geboren hat (§ 1591 BGB; »mater certa est«). Dies gilt auch dann, wenn das Kind genetisch nicht von der Mutter abstammt (Leihmutterschaft). 110

2. Vater

Hinsichtlich der Vaterschaft ist demgegenüber zwischen rechtlicher und leiblicher Vaterschaft zu unterscheiden. Maßgeblich ist grundsätzlich die rechtliche Vaterschaft. Rechtlich ist Vater, 111

- wer zum Zeitpunkt der Geburt eines Kindes mit der Mutter des Kindes verheiratet ist (§ 1592 Nr. 1 BGB),
- wer die Vaterschaft anerkannt hat (§ 1592 Nr. 2 BGB),
- wessen Vaterschaft gerichtlich festgestellt ist (§ 1592 Nr. 3 BGB).

Diese Tatbestände stehen in einem Hierarchieverhältnis. 112

Die Anerkennung wird nicht wirksam, solange die Vaterschaft eines anderen Mannes besteht (§ 1594 II BGB). Dies kann der Fall sein, wenn die Mutter bei Geburt des Kindes mit einem 113 anderen Mann verheiratet war[22] oder wenn die Anerkennung eines anderen Mannes bereits wirksam geworden war.

114 Die gerichtliche Feststellung der Vaterschaft gem. § 1600d I BGB ist nur zulässig, wenn nicht bereits aufgrund einer anderen Vorschrift eine Vaterschaft besteht (§ 1600d I BGB).

115 Grundsätzlich können die Rechtsfolgen der Vaterschaft nur geltend gemacht werden, wenn eine statusrechtliche Vaterschaft gem. § 1592 Nr. 1 BGB (Geburt eines Kindes während bestehender Ehe der Mutter), gem. § 1592 Nr. 2 BGB (Anerkennung der Vaterschaft) oder gem. § 1592 Nr. 3 BGB (Rechtskraft der Entscheidung, durch die die Vaterschaft festgestellt wird, § 184 FamFG) besteht (vgl. § 1600d IV BGB).

116 Der Vortrag, ein Kind stamme biologisch von einem Mann ab, reicht also grundsätzlich nicht aus, um die Rechtswirkungen der Vaterschaft auszulösen. Ausnahmsweise kann aber die inzidente Feststellung der Vaterschaft möglich sein. Dies kommt insbesondere dann in Betracht, wenn der Scheinvater nach Anfechtung der Vaterschaft den leiblichen Vater wegen geleisteten Unterhaltes in Regress nehmen will, an der leiblichen Abstammung des Kindes von dem Mann, der wegen Unterhaltsregress in Anspruch genommen werden soll, kein Zweifel besteht und mit einer Feststellung dieses Mannes als Vater gem. § 1600d I BGB in absehbarer Zeit nicht zu rechnen ist, weil weder der insoweit antragsbefugte leibliche Vater noch die Mutter des Kindes oder das Kind einen entsprechenden Antrag stellen wollen.[23]

117 Weiterhin kann der Putativvater bereits vor Feststellung der Vaterschaft gem. §§ 237, 248 FamFG auf Zahlung von Unterhalt in Anspruch genommen werden.

118 Schließlich können für den leiblichen Vater Auskunfts- und Umgangsrechte bestehen (§ 1686a BGB).

II. Anfechtung der Vaterschaft

119 Durch Anfechtung der Vaterschaft kann die statusrechtliche Stellung eines Mannes als Vater aufgehoben werden, wenn dieser nicht auch der leibliche Vater des Kindes ist. Um zu erreichen, dass in diesen Fällen der leibliche Vater auch rechtlicher Vater wird, sind also zwei Verfahren erforderlich: Anfechtung der Vaterschaft des Scheinvaters und Anerkennung bzw. Feststellung der Vaterschaft des leiblichen Vaters.

120 Die Anfechtung der Vaterschaft ist, anders als der Name vielleicht nahelegen mag, kein gestaltendes Rechtsgeschäft, sondern ein gerichtliches Verfahren der freiwilligen Gerichtsbarkeit, in dem der die Vaterschaft Anfechtende den Antrag stellt, dass das Gericht feststellen möge, dass der statusrechtliche Vater nicht der Vater des beteiligten Kindes ist.

1. Materielle Voraussetzungen

121 Die Anfechtung der Vaterschaft setzt zunächst voraus, dass der statusrechtliche Vater nicht der genetische Vater des Kindes ist (§ 1599 I BGB). Dies wird grundsätzlich anhand der Anhörung von Mutter und Vater sowie durch erbbiologisches Sachverständigengutachten festgestellt (§§ 175, 178 FamFG).

122 Weiterhin muss die Anfechtungsfrist gewahrt sein. Diese beträgt grundsätzlich zwei Jahre ab Kenntnis der Umstände, die gegen die Vaterschaft des Scheinvaters sprechen (§ 1600b I BGB). Die Frist wird durch Einleitung eines Verfahrens zur Klärung der Abstammung gem. § 1598a BGB gehemmt (§ 1600b V BGB).

123 Ficht der statusrechtliche Vater gem. § 1600 I Nr. 1 BGB die Vaterschaft an, muss er Umstände darlegen, die einen Anfangsverdacht rechtfertigen, dass er nicht der leibliche Vater des Kindes ist.

22 Beachte aber den Sonderfall gem. § 1599 II BGB.
23 BGH NJW 2008, 2433; FamRZ 2012, 437; Palandt/*Brudermüller* BGB § 1600d Rn. 17.

Ficht der Mann die Vaterschaft an, der als Putativvater in Betracht kommt, darf keine sozial-familiäre Beziehung zwischen dem statusrechtlichen Vater und dem Kind bestehen (§ 1600 II BGB). Weiterhin hat der Antrag in diesem Fall nur Erfolg, wenn gleichzeitig festzustellen ist, dass der Anfechtende der leibliche Vater des Kindes ist (§ 1600 II BGB). Dadurch soll vermieden werden, dass das Kind aufgrund der Anfechtung des Putativvaters den rechtlichen Vater verliert. 124

2. Verfahren

Abstammungssachen sind geregelt in §§ 169 ff. FamFG. 125

Örtlich zuständig ist grundsätzlich das Gericht, in dessen Bezirk das betroffene Kind seinen gewöhnlichen Aufenthalt hat (§ 170 I FamFG). 126

Das Verfahren ist ein **Antragsverfahren** (§ 171 I FamFG). Ficht der Putativvater die Vaterschaft des statusrechtlichen Vaters an, hat er dem Antrag die Versicherung an Eides statt beizufügen, dass er der Mutter während der Empfängniszeit beigewohnt habe (§ 1600 I Nr. 2 BGB). Hierfür reicht eine Samenspende aus.[24] 127

Antragsbefugt sind das Kind und der statusrechtliche Vater. 128

Weiterhin ist auch die Mutter antragsbefugt, obwohl deren statusrechtliche Stellung in Bezug auf das Kind durch die Anfechtung der Vaterschaft nicht berührt wird. 129

Die Eltern des Kindes sind nicht antragsbefugt, wenn das Kind einvernehmlich im Wege der heterologen künstlichen Insemination gezeugt wurde (§ 1600 V BGB). 130

Schließlich ist der Putativvater antragsbefugt, wenn er glaubhaft macht, der Mutter während der Empfängniszeit des Kindes beigewohnt zu haben. »Beiwohnen« liegt auch vor, wenn das Kind aufgrund Samenspende gezeugt wurde.[25] 131

Schwierig ist die Vertretung des minderjährigen Kindes. Nach der neuesten Rechtsprechung ist der Vater von der Vertretung des Kindes ausgeschlossen. Dies gilt auch für die Mutter, wenn diese mit dem Vater verheiratet ist.[26] 132

In Fällen eines Interessengegensatzes kann das Familiengericht Eltern die Vertretung des Kindes entziehen (§§ 1629 II, 1796 BGB). 133

Im Übrigen setzt die Anfechtung der Vaterschaft durch den gesetzlichen Vertreter des Kindes voraus, dass diese dem Wohl des Kindes dient (§ 1600a IV BGB). 134

Beteiligung: Die neben dem Antragsteller (§ 7 I FamFG) am Verfahren zu beteiligenden Personen ergeben sich aus § 172 FamFG: Demnach sind immer Vater, Mutter und Kind am Verfahren beteiligt, sowie gem. § 172 II FamFG in Einzelfällen das Jugendamt. Ficht der Putativvater die Vaterschaft an, ist auch der rechtliche Vater zu beteiligen. Gem. § 174 FamFG kann für das Kind ein Verfahrensbeistand zu bestellen sein. 135

Verfahren: Der Amtsermittlungsgrundsatz ist dahingehend eingeschränkt, dass Tatsachen, die geeignet sind, der Anfechtung zum Erfolg zu verhelfen, nicht gegen den Willen des die Vaterschaft Anfechtenden berücksichtigt werden dürfen (§ 177 I FamFG). 136

Vor Durchführung der Beweisaufnahme soll ein Erörterungstermin mit den Beteiligten durchgeführt werden (§ 175 FamFG). Es gilt förmliche Beweisaufnahme (§ 177 FamFG in Abweichung zu § 30 FamFG). 137

Gem. § 178 FamFG ist grundsätzlich jeder Beteiligte verpflichtet, die für die Erstellung des genetischen Abstammungsgutachtens erforderlichen Untersuchungen zu dulden. 138

Entscheidung: Die Entscheidung ergeht durch Beschluss. Abweichend von § 40 FamFG wird dieser erst mit Rechtskraft wirksam (§ 184 FamFG). 139

24 BGH NJW 2013, 2589 (»Becherspende«).
25 BGH NJW 2013, 2589 (»Becherspende«).
26 BGH FamRZ 2012, 859.

III. Feststellung der Vaterschaft

1. Materielle Voraussetzungen

140 Ist der leibliche Vater nicht auch statusrechtlich Vater, kann die rechtliche Vaterschaft durch Feststellung des Gerichts hergestellt werden (§§ 1592 Nr. 3, 1600d BGB).

141 Materiell ist lediglich Voraussetzung, dass

1. das Kind genetisch von dem in Anspruch genommenen Mann abstammt und
2. keine Vaterschaft gem. § 1592 Nr. 1, 2 BGB besteht.

142 Ficht der leibliche Vater die Vaterschaft an, ist gleichzeitig mit der Feststellung, dass der statusrechtliche Vater nicht der Vater des Kindes ist, festzustellen, dass der Anfechtende Vater des Kindes ist (§ 182 I FamFG, § 1600 II BGB). Daher hat der Antrag in diesem Fall nur dann Erfolg, wenn

- der rechtliche Vater nicht der leibliche Vater des Kindes ist **und**
- der Anfechtende auch tatsächlich als leiblicher Vater des Kindes festgestellt werden kann.

2. Verfahren

143 Auch hier ergibt sich die örtliche Zuständigkeit aus § 170 FamFG.

144 Es liegt ein Antragsverfahren vor (§ 171 I FamFG).

145 Antragsbefugt sind der leibliche Vater, die Mutter (obwohl das Verfahren sich auf ihre statusrechtliche Stellung nicht auswirkt) sowie das Kind. Nicht antragsbefugt sind Personen, die an der Feststellung der Vaterschaft lediglich ein mittelbares Interesse haben (zB der Scheinvater, um den leiblichen Vater in Regress zu nehmen oder der Ehegatte des Kindes im Hinblick auf ein mögliches Erbrecht).

146 Auch hier kann die Vertretung des minderjährigen Kindes Probleme aufwerfen. Aus der notwendigen Beteiligung der Mutter an dem Verfahren folgt aber nicht, dass diese das Kind nicht vertreten könnte.[27]

147 Im Einzelfall kann auch hier ein Verfahrensbeistand zu bestellen sein (§ 174 FamFG).

148 **Verfahren**: Auch im Feststellungsverfahren ist vorrangig ein Erörterungstermin durchzuführen (§ 175 FamFG). Der Grundsatz der Amtsermittlung gilt für dieses Verfahren ohne Einschränkungen.

149 **Beschluss**: Auch hier gilt, dass der Beschluss erst mit Rechtskraft wirksam wird (§ 184 FamFG).

150 **Verbindung**: Grundsätzlich sind Abstammungssachen verbindungsfeindlich. Ausnahmsweise kann das Verfahren der Feststellung der Vaterschaft aber damit verbunden werden, dass der Putativvater nach Maßgabe von § 237 FamFG auf Unterhalt in Anspruch genommen wird (§§ 179, 237 FamFG).

E. Ehewohnungs- und Haushaltssachen

151 In Ehewohnungs- und Haushaltssachen ist zu beachten, dass §§ 1361a, 1361b BGB eine abschließende Regelung für die Dauer des Getrenntlebens und §§ 1568a, 1568b BGB eine abschließende Regelung für die Zeit ab Rechtskraft der Scheidung enthalten. Daher ist **streng** zwischen Getrenntleben und der Zeit ab Rechtskraft der Scheidung zu trennen. Während des **Getrenntlebens** kann grundsätzlich nur eine vorläufige Regelung der Nutzung der Ehewohnung bzw. von Haushaltsgegenständen erreicht werden. Ab **Rechtskraft der Scheidung** kann durch Begründung oder Übertragung eines Mietverhältnisses ein langfristiges Nutzungsrecht

27 BGH FamRZ 2012, 859.

hinsichtlich der Ehewohnung begründet werden (§ 1568a BGB). Haushaltsgegenstände, die im Miteigentum der Ehegatten stehen, werden endgültig zwischen diesen aufgeteilt, indem durch Übertragung von Miteigentum Alleineigentum zugunsten des einen oder anderen Ehegatten begründet wird (§ 1568b BGB).

Im Folgenden werden nur Grundzüge dargestellt, soweit sie für die Examenspraxis Bedeutung erlangt haben. 152

I. Zuweisung der Ehewohnung für die Dauer des Getrenntlebens

1. Anspruchsgrundlage

Gem. § 1361b BGB kann ein Ehegatte für die Dauer des Getrenntlebens die Zuweisung der Ehewohnung zur alleinigen Nutzung beantragen, wenn folgende Voraussetzungen erfüllt sind: 153

- Wirksame Eheschließung
- Getrenntleben
- Unbillige Härte (vor allem bei Gewalt)

Das Getrenntleben verweist auf § 1567 BGB. 154

Grundsätzlich gilt, dass derjenige die Wohnung verlassen muss, der sich trennen will. Er kann jedoch beantragen, dass ihm die Wohnung ganz oder teilweise zur alleinigen Benutzung zugewiesen wird, wenn dies zur Vermeidung einer unbilligen Härte erforderlich ist. 155

Eine unbillige Härte kommt vor allem in Fällen der Gewalt in Betracht. Gem. § 1361b I, III BGB können in diesem Fall auch Anordnungen zum Schutz des Geschädigten beantragt werden, die inhaltlich den Anordnungen gem. § 1 GewSchG[28] entsprechen. 156

2. Verfahren

Das Verfahren ist in §§ 200 ff. FamFG näher geregelt. 157

Es liegt ein Antragsverfahren vor (§ 203 FamFG). 158

Beteiligt sind die Ehegatten sowie, wenn Kinder zum Haushalt gehören, uU das Jugendamt (§ 204 FamFG). 159

Abweichend von § 40 FamFG wird die Entscheidung erst mit Rechtskraft wirksam (§ 209 II FamFG). Allerdings kann das Gericht die sofortige Wirksamkeit anordnen (§ 209 II FamFG). 160

3. Besonderheiten der einstweiligen Anordnung

In Gewaltschutzfällen hat der Erlass einer einstweiligen Anordnung besondere Bedeutung. 161

Grundsätzlich gilt für einstweilige Anordnungen, dass diese die Hauptsache nicht vorwegnehmen dürfen (§ 49 I FamFG). In Gewaltschutzfällen ergibt sich aber aus der Natur der Sache, dass die einstweilige Anordnung weitgehend mit der Hauptsacheentscheidung übereinstimmen wird, da der Schutzzweck nur erreicht wird, wenn dem Geschädigten die gesamte Wohnung zur alleinigen Nutzung zugewiesen wird. 162

Dies vorausgeschickt, könnte eine einstweilige Anordnung zur Zuweisung der Ehewohnung in Fällen der Gewalt mit folgendem Tenor ergehen: 163

1. Der Antragstellerin wird die Wohnung Maximilianstr. 28, 83324 Landshut, 2. OG rechts für die Dauer des Getrenntlebens zur alleinigen Nutzung zugewiesen.
2. Der Antragsgegner wird verpflichtet, die Wohnung gem. Ziff. 1 unter Mitnahme seiner persönlichen Habe zu verlassen.
3. Dem Antragsgegner wird untersagt:
   1. Die Wohnung gem. Ziff. 1 ohne vorherige Zustimmung der Antragstellerin zu betreten.

28 In den in Bayern zugelassenen Hilfsmitteln nur abgedruckt in Palandt, S. 3105.

  2. Sich der Wohnung auf weniger als 500 m zu nähern.
  3. Kontakte und Treffen mit der Antragstellerin herbeizuführen. Im Fall zufälliger Treffen hat sich der Antragsgegner zu entfernen.
4. Dem Antragsgegner wird für jeden Fall der Zuwiderhandlung gegen die Verpflichtungen gem. Ziff. 3 ein Ordnungsgeld bis zur Höhe von 250.000 EUR oder Ordnungshaft bis zur Dauer von 6 Monaten angedroht.
5. Der Antragsgegner hat die Kosten des Verfahrens zu tragen.
6. Die sofortige Wirksamkeit von Ziff. 1 bis 3 des Beschlusses wird angeordnet.
7. Die Vollstreckung wird vor Zustellung des Beschlusses für zulässig erklärt.
8. Der Gegenstandswert wird auf 1.500 EUR festgesetzt.

164 **Ergänzende Erläuterungen:**

- Rechtsgrundlage für Schutzanordnungen (Ziff. 3) ist § 209 I FamFG (Anspruchsgrundlage im Verfahrensrecht!).
- Rechtsgrundlage der Androhung der Ordnungsmittel: §§ 53, 95 FamFG, § 890 II ZPO.
- Kostenentscheidung: §§ 51 IV, 81 II Nr. 1 FamFG.
- Ziff. 6 kann uU mit Rücksicht auf das Wesen der einstweiligen Anordnung als per se eilbedürftiger Titel weggelassen werden; Grundlage für den hier formulierten Vorschlag: §§ 51 II, 209 II 2 FamFG.
- Zum Schutz des Geschädigten kann die Vollstreckung bereits vor der Zustellung zugelassen werden (§ 209 III FamFG).
- Gegenstandswert: §§ 48 I, 41 FamGKG.

165 **Prüfungsschema für eine einstweilige Anordnung:**

A. Zulässigkeit/formelle Rechtmäßigkeit:
I. Zuständigkeit: § 50 FamFG
II. Antrag:
1. Notwendigkeit (§ 51 I FamFG)/Familienstreitsache
2. Glaubhaftmachung (§ 51 I 2 FamFG)
3. Weitere Voraussetzungen wie im Hauptsacheverfahren (§ 51 II FamFG; aber: Entscheidung ohne mündliche Verhandlung möglich; arg. ex § 54 II FamFG)

B. Begründetheit/Materielle Rechtmäßigkeit (§ 49 FamFG)
I. Anordnungsanspruch (wie Hauptsacheverfahren)
II. Anordnungsgrund (Sonderregelung bei § 246 FamFG, im Übrigen muss ein dringendes Bedürfnis für ein sofortiges Tätigwerden bestehen)
III. Verbot der Vorwegnahme der Hauptsache (Sonderregelung bei § 246 FamFG)

II. Verfahren wegen Haushaltssachen nach Rechtskraft der Scheidung

166 Gem. § 1568b BGB kann jeder Ehegatte nach Rechtskraft der Scheidung verlangen, dass ihm der jeweils andere Ehegatte im Miteigentum stehende Haushaltsgegenstände überlässt und übereignet, soweit er diese dringender benötigt als der andere.

1. Haushaltsgegenstände

167 Gegenstände werden zu Haushaltsgegenständen allein dadurch, dass sie der Führung des gemeinsamen Haushaltes dienen sollen. Deswegen fallen Gegenstände des persönlichen Bedarfs (Kleidung, Schmuck, Musikinstrumente, auf denen nur ein Ehegatte spielt) nicht unter die Haushaltsgegenstände. Nicht entscheidend ist demgegenüber, wer den Gegenstand tatsächlich benutzt. Daher kann auch ein Pkw[29] Haushaltsgegenstand sein, wenn er für Zwecke der Familie wie gemeinsame Ausflüge, Urlaubsreisen, aber auch Einkäufe der Familie genutzt wird, und dies auch dann, wenn ein Ehegatte streng darauf besteht, ausschließlich den Pkw zu fah-

29 Palandt/*Brudermüller* BGB § 1361a Rn. 5.

ren.[30] Umgekehrt zweifelt auch niemand daran, dass in einem streng arbeitsteilig organisierten Haushalt die Waschmaschine Haushaltsgegenstand ist, wenn diese vor allem die Ehefrau im Rahmen der Haushaltsführung bedient.

Keine Haushaltsgegenstände gem. § 1568b BGB sind Gegenstände, die vor der Eheschließung oder nach der Trennung angeschafft wurden: Hinsichtlich der vorehelich angeschafften Gegenstände fehlt es in der Regel daran, dass die Ehegatten Miteigentümer sind, hinsichtlich der nach der Trennung angeschafften Gegenstände fehlt es daran, dass diese für den gemeinsamen Haushalt angeschafft werden. 168

2. Vermutung von Miteigentum

Gem. § 1568b II BGB wird vermutet, dass während der Ehe für den gemeinsamen Haushalt angeschaffte Haushaltsgegenstände im Miteigentum der Ehegatten stehen. Diese Vermutung kommt nicht zum Tragen, wenn ein Ehegatte behauptet, Alleineigentümer eines solchen Gegenstandes zu sein, und der andere Ehegatte diesen Vortrag nicht bestreitet. 169

Klausurtipp: Die Frage hat vor allem Bedeutung im Rahmen der Berechnung des Zugewinnausgleichs. Trägt ein Ehegatte vor, der andere Teil sei Alleineigentümer eines Pkw, und bestreitet der andere Ehegatte diesen Vortrag nicht, ist der Pkw in dessen Endvermögen zu berücksichtigen. Trägt der andere Teil jedoch Umstände vor, dass es sich um einen Haushaltsgegenstand handele und dass deshalb gem. § 1568b II BGB vermutet werde, dass der Pkw im Miteigentum der Ehegatten stehe, kann er bei der Berechnung des Zugewinnausgleichs nicht berücksichtigt werden, sondern ist in die Verteilung der Haushaltsgegenstände aufzunehmen.

Umgekehrt kann die Vermutung nicht allein dadurch widerlegt werden, dass ein Ehegatte nachweist, bei der Anschaffung des Gegenstandes von dem Veräußerer Alleineigentum erhalten zu haben; denn auch in diesem Fall spricht eine tatsächliche Vermutung dafür, dass der Erwerber dem anderen Ehegatten nicht nur Mitbesitz an dem Haushaltsgegenstand einräumt, sondern auch die Rechtsstellung als Miteigentümer.[31] 170

Klausurtipp: Je nach Klausur kann hier genau darauf zu achten sein, wie sich der Eigentumserwerb vollzogen hat. In Betracht kommen das Geschäft für den, den es angeht mit Besitzkonstitut (§§ 929, 164, 930 BGB) oder Übereignung durch Einräumung von Mitbesitz, indem davon ausgegangen wird, dass der Ehegatte, der dem anderen Miteigentum überträgt, auf die Erklärung der Annahme verzichtet (§§ 929, 151 BGB).

3. Vorrang der Aufteilung von Haushaltsgegenständen vor dem güterrechtlichem Ausgleich

Die Vorschriften über die Aufteilung von Haushaltsgegenständen haben vor dem güterrechtlichen Ausgleich nach ganz hM Vorrang.[32] Dies bedeutet, dass weder der – anteilige – Wert der Haushaltsgegenstände noch eine Ausgleichszahlung gem. § 1568b III BGB bei der Berechnung des Zugewinnausgleichs berücksichtigt werden dürfen. 171

Klausurtipp: Dies wirkt sich auf die Berechnung des Zugewinnausgleichs vor allem dann aus, wenn ohne Berücksichtigung der Haushaltsgegenstände das Endvermögen nicht ausreicht, um den Ausgleichsanspruch zu erfüllen (§ 1378 II 1 BGB) oder wenn ein Ehegatte während der Ehe keinen Zugewinn, sondern einen Verlust erwirtschaftet hat: Da gem. § 1373 BGB nur ein positiver Vermögenszuwachs ausgeglichen wird, würde die Berücksichtigung von Haushaltsgegenständen bei der Berechnung des Zugewinnausgleichs dazu führen, dass teilweise ein Ausgleich erfolgt.

Beispiel: Ein Ehegatte E1 hat während der Ehezeit einen Verlust von 8.000 EUR erwirtschaftet und ist Miteigentümer eines Pkw im Wert von 20.000 EUR. Der andere Teil E2 hat im Übrigen weder Anfangs- noch Endvermögen. In diesem Fall wäre der andere Teil bei

30 Palandt/*Brudermüller* BGB § 1361a Rn. 5.
31 Palandt/*Brudermüller* BGB § 1568b Rn. 6.
32 Palandt/*Brudermüller* BGB § 1372 Rn. 2.

Berücksichtigung im Zugewinnausgleich ausgleichspflichtig in Höhe von 0,5*(10.000 EUR [E2] - 2.000 EUR [E1]) = 4.000 EUR, wobei jeder Ehegatte Miteigentümer des Pkw zu je ½ im Wert von 10.000 EUR bleibt. Dem ausgleichspflichtigen Ehegatten bleibt also ein Saldo von 6.000 EUR. Bei reinem Ausgleich nach den Vorschriften über die Aufteilung von Haushaltsgegenständen hätte ihm demgegenüber ein Saldo von 10.000 EUR zu verbleiben, entweder in Form der dinglichen Beteiligung an dem Pkw oder in Form einer Ausgleichszahlung gem. § 1568b III BGB. Ein Zugewinnausgleich wäre demgegenüber nicht zuzusprechen, da keiner der Ehegatten einen positiven Zugewinn erzielt hätte.

F. Gewaltschutzsachen

172 In Fällen von Gewalt kann ein Ehegatte gegen den anderen auch Ansprüche gem. §§ 1, 2 GewSchG geltend machen. Nach nunmehr hM steht dem Ehegatten, der Geschädigter einer Gewalttat ist, ein Wahlrecht zu, ob er Ansprüche gem. § 1361b BGB oder gem. §§ 1, 2 GewSchG geltend machen möchte.[33]

173 Das Gewaltschutzgesetz ist aber anders als § 1361b BGB nicht auf Ehegatten beschränkt.

174 Ansprüche nach dem Gewaltschutzgesetz kommen daher auch zwischen Partnern einer eheähnlichen Lebensgemeinschaft, Eltern und ihren volljährigen Kindern, aber auch zwischen Personen, die gar nicht durch ein familienrechtliches Band miteinander verbunden sind (etwa Nachbarn), in Betracht.

175 § 1 GewSchG sieht einen Anspruch auf Schutzanordnungen vor. Die Vorschrift enthält eine Modifikation zu § 1004 BGB. Grundsätzlich löst die Verletzung absolut geschützter Rechte wie Gesundheit, körperliche Unversehrtheit und Freiheit Unterlassungsansprüche gem. § 1004 BGB aus. Es ist dann Sache des Störers, geeignete Mittel zu finden, um künftige Zuwiderhandlungen zu unterbinden. Hiervon abweichend sieht § 1 GewSchG vor, dass das Gericht geeignete Gebote und Verbote für das Verhalten des Störers anordnen kann, die erforderlich erscheinen, um künftige Handlungen zum Nachteil des Geschädigten auszuschließen.

176 § 2 GewSchG sieht demgegenüber eine eigenständige Anspruchsgrundlage vor. Demnach kann der Geschädigte die Zuweisung der gemeinsamen Wohnung zur alleinigen Nutzung beantragen. § 2 GewSchG verwirklicht damit einen Grundsatz aller Gewaltschutzgesetze:

177 **Der Täter muss weichen.**

178 Die Anordnungen sind grundsätzlich zu befristen.

179 **Wichtig:** Die Vorschriften des GewSchG gelten nicht im Verhältnis von **Kindern** zu **Sorgeberechtigten** (also vor allem den Eltern). Dies ergibt sich aus § 3 GewSchG. In diesen Fällen sind §§ 1666, 1666a BGB vorrangig. Dies hat seinen Grund darin, dass Schutz nach dem GewSchG nur durch einen Antrag bei Gericht gewährt werden kann, vgl. §§ 1, 2 GewSchG (»auf Antrag«). Der Schutz von Kindern vor Gewalt durch sorgeberechtigte Personen würde aber verkürzt, wenn dieser von einem Antrag des Täters abhängig wäre.

180 **Zum Verfahren:** Rechtsschutz wird vor allem durch einstweilige Anordnung gewährt. Hier gelten die Ausführungen zum Erlass einer einstweiligen Anordnung zur Zuweisung der Ehewohnung wegen Gewalt für die Dauer des Getrenntlebens sinngemäß (vgl. §§ 210–216a FamFG).

181 Hinsichtlich des Anordnungsgrundes enthält § 214 FamFG eine Beweiserleichterung, die aber für die Zuweisung der Ehewohnung aus Anlass von Gewalt für die Dauer des Getrenntlebens entsprechend gilt. Eine Erleichterung sieht § 216 II FamFG für die Zustellung und Vollstreckung vor, wenn die einstweilige Anordnung ohne mündliche Verhandlung erlassen wurde: Dann vermittelt die Geschäftsstelle einen Gerichtsvollzieher, der diese Aufgaben wahrnimmt.

33 AA für § 2 GewSchG Palandt/*Brudermüller* GewSchG § 2 Rn. 2.

Grundsätzlich wäre es Sache des Titelgläubigers, die Zustellung und Vollstreckung einzuleiten.

Klausurtipp: Soll der Geschädigte im Fall von Gewalt eine einstweilige Anordnung gem. § 1361b BGB oder gem. §§ 1, 2 GewSchG erwirken? Hier sind die Vor- und Nachteile gegeneinander abzuwägen: Vorteil der einstweiligen Anordnung gem. § 1361b BGB ist, dass diese grundsätzlich für die gesamte Zeit des Getrenntlebens und nicht nur für sechs Monate (mit Verlängerungsmöglichkeit) wirkt. Vorteil der einstweiligen Anordnung gem. §§ 1, 2 GewSchG ist, dass die Schutzanordnungen gem. § 4 GewSchG strafbewehrt sind. Dies bedeutet, dass bei Zuwiderhandlungen der Aufgabenkreis der Polizei eröffnet ist und nicht die (mühsame) Vollstreckung über die Verhängung von Ordnungsgeld und Ordnungshaft gesucht werden muss. Zulässig wäre es aber wohl auch, zwei gerichtliche Anordnungen zu erwirken: Im Verfahren wegen Gewaltschutzsachen Schutzanordnungen gem. § 1 GewSchG und im Verfahren wegen Ehewohnungssachen die Zuweisung der Ehewohnung.

Vergleich Maßnahmen nach § 1361b BGB – GewSchG: 182

Übersicht GewSchG – § 1361b BGB

	§ 1361b BGB	§§ 1, 2 GewSchG
Pers. Anwendungsbereich	Ehepaare, die getrennt leben oder sich trennen wollen	Jedermann, sofern kein sorgerechtliches Verhältnis besteht
Befristung/Dauer	Getrenntleben	Ger. Anordnung, max. 6 Monate mit Verlängerungsmöglichkeit
Umfang der Schutzverordnungen	Nach Notwendigkeit; auch Kündigungsverbot möglich (§ 1361b III)	Schutzanordnungen gem. § 1 GewSchG, Kündigungsverbot gem. § 2 IV GewSchG
Strafrechtlicher Schutz		§ 4 GewSchG
Vollstreckung	Auf Antrag	Im Fall des § 214 II auch von Amts wegen

G. Versorgungsausgleich

Der Versorgungsausgleich ist grundsätzlich nicht Prüfungsstoff. 183

Von Bedeutung ist jedoch die Abgrenzung zum Güterrecht; denn Anrechte, die nach den 184
Vorschriften des VersAusglG auszugleichen sind, dürfen bei der Berechnung des Zugewinnausgleichs nicht berücksichtigt werden (§ 2 IV VersAusglG). Der Versorgungsausgleich hat also **Vorrang** vor dem güterrechtlichen Ausgleich.

Welche Rechte sind nun im Versorgungsausgleich auszugleichen? Dies ergibt sich aus § 2 I–III 185
VersAusglG. Die entscheidenden Merkmale für ein im Versorgungsausgleich auszugleichendes Anrecht sind demnach:

- Das Anrecht muss der Versorgung im Alter sowie im Fall der Invalidität dienen.
- Das Anrecht muss durch eigenen Arbeitseinsatz oder Kapitaleinsatz erworben worden sein.
- Das Anrecht muss auf Zahlung einer Rente gerichtet sein.

Daraus folgt für **private Lebensversicherungen:** Sind sie auf Zahlung eines einmaligen Kapi- 186
talbetrages gerichtet, sind sie im Zugewinnausgleich auszugleichen, sind sie demgegenüber auf Zahlung einer Rente gerichtet, unterfallen sie dem Versorgungsausgleich.

187 Weiterhin spielen §§ 6–8 VersAusglG bei der Inhaltskontrolle von Eheverträgen eine Rolle.[34] In der Hierarchie der Scheidungsfolgen steht der Versorgungsausgleich auf der gleichen Stufe wie der Unterhalt wegen Alters.[35]

Klausurtipp: Von Examensrelevanz ist weiterhin § 137 II 2 FamFG. Demnach ist im Fall der Scheidung immer auch über den Versorgungsausgleich mit zu entscheiden (Zwangsverbund). Haben die Beteiligten durch Vertrag den Versorgungsausgleich wirksam ausgeschlossen, lautet deshalb Ziff. 2 des Verbundbeschlusses:

> 2. Der Versorgungsausgleich findet nicht statt.

H. Unterhalt

188 Unterhaltsrechtliche Fragen haben für familienrechtliche Assessorklausuren erhebliche Bedeutung. Daher werden diese im Folgenden etwas ausführlicher dargestellt.

I. Übersicht über Unterhaltsansprüche

189 Hinsichtlich der Unterhaltsansprüche ist zwischen **Ehegattenunterhalt** und **Verwandtenunterhalt** zu unterscheiden. Ehegattenunterhalt wird letztlich aufgrund eines Rechtsgeschäftes geschuldet: der Eheschließung. Demgegenüber beruht der Verwandtenunterhalt auf dem Grundgedanken der verwandtschaftlichen Solidarität.[36] Mangels Rechtsgeschäfts ist der Unterhalt wegen Betreuung eines Kindes den Vorschriften über den Verwandtenunterhalt nachgebildet (§ 1615l BGB). Diese Unterscheidung hat für die Ausgestaltung des Unterhaltsanspruchs entscheidende Bedeutung: Mit der Scheidung erlischt der Anspruch auf Ehegattenunterhalt grundsätzlich (vgl. § 1569 BGB), während Unterhalt wegen Verwandtschaft grundsätzlich lebenslang geleistet werden muss (§ 1601 BGB).

190 Und: Der Ehegatte leitet seinen Bedarf auch von der Lebensstellung des anderen Ehegatten ab (§§ 1361, 1578 BGB), für Verwandte richtet sich demgegenüber der Bedarf allein nach den Lebensverhältnissen des Unterhaltsberechtigten (§ 1610 BGB).

191 Für **Ehegattenunterhalt** sind drei Tatbestände zu unterscheiden, die sich danach richten, welches »Stadium« die Ehe erreicht hat:

192 Solange die Ehe intakt ist, gewährt § 1360 BGB einen wechselseitigen Anspruch auf **Naturalunterhalt** für die ganze **Familie**. Ein Anspruch auf Unterhalt in Form fortlaufender Zahlung besteht allenfalls als »Taschengeldanspruch«.[37] Dieser Unterhaltsanspruch kommt auch den zur Familie gehörenden Kindern der Ehegatten zugute.[38]

193 Mit der Trennung (§ 1567 BGB) tritt an die Stelle des Anspruchs auf Familienunterhalt gem. § 1361 BGB ein Anspruch auf Unterhalt während des **Getrenntlebens.** Dieser Unterhalt ist durch Zahlung einer fortlaufenden Geldrente zu erbringen (§ 1361 IV BGB). An die Stelle von Naturalunterhalt tritt also ein Anspruch auf Zahlung von Barunterhalt.

194 Mit Rechtskraft der **Scheidung** endet die Ehe. Damit entfällt auch die Grundlage für einen Anspruch auf ehelichen Unterhalt. Gem. § 1569 hat daher der geschiedene Ehegatte für seinen Unterhalt grundsätzlich selbst aufzukommen. Daher besteht ab Scheidung der Ehe nur dann ein Anspruch auf Ehegattenunterhalt, wenn einer der Unterhaltstatbestände der §§ 1570–1573, 1575, 1576 BGB erfüllt ist.

---

34 Vgl. hierzu → Rn. 368.
35 Palandt/*Brudermüller* BGB § 1408 Rn. 10; BGH FamRZ 2004, 601.
36 Teilweise anderer Ansicht *Gernhuber/Coester-Waltjen* § 21 Rn. 3.
37 BGH NJW 2004, 2450; Palandt/*Brudermüller* BGB § 1360a Rn. 4.
38 Zur Ausgestaltung vgl. *Gernhuber/Coester-Waltjen* § 21 Rn. 3, 4.

Beachte: Gleichwohl besteht zumindest vorübergehend in aller Regel zumindest ein Anspruch auf Aufstockungsunterhalt (§ 1573 II BGB). Dieser Unterhaltsanspruch knüpft letztlich nur daran an, dass bei Rechtskraft der Scheidung das Einkommen der Ehegatten unterschiedlich hoch ist. Wenn nicht beide Beamte sind, deren Besoldung sich nach völlig identischen Merkmalen richtet, ist dies in aller Regel der Fall.

Verwandtenunterhalt schulden einander Verwandte, die in gerader Linie miteinander verwandt sind (§§ 1601 ff. BGB). Dies bedeutet, dass insbesondere Eltern ihren Kindern und umgekehrt zur Zahlung von Unterhalt verpflichtet sind. Demgegenüber schulden Geschwister einander keinen Unterhalt 195

Schließlich schuldet der Vater der Mutter eines nichtehelichen Kindes nach Maßgabe von § 1615l BGB Betreuungsunterhalt, wenn diese das Kind **betreut**. Dies gilt umgekehrt auch für die Mutter, wenn der Vater das Kind betreut und deshalb an einer Erwerbstätigkeit gehindert ist (§ 1615l IV, II 2 BGB). 196

Übersicht über die Unterhaltsansprüche: 197

Familienunterhalt	§ 1360 BGB
Trennungsunterhalt	§ 1361 BGB
nachehelicher Unterhalt	§§ 1569 ff. BGB
Verwandtenunterhalt	§§ 1601 ff. BGB
Betreuungsunterhalt	§ 1615l BGB
Lebenspartnerunterhalt	§§ 5, 12, 16 LPartG

II. Prüfungsschema

In der unterhaltsrechtlichen Klausur empfiehlt es sich, von nachfolgendem Prüfungsschema auszugehen: 198

1. Tatbestand
2. Bedürftigkeit
3. Höhe (Bedarf)
4. Leistungsfähigkeit
5. Zusatzfragen

Tatbestand: Die Prüfung muss, wie bei anderen zivilrechtlichen Klausuren auch, damit ansetzen, den Unterhaltstatbestand exakt zu bestimmen. Nur wenn ein Unterhaltsanspruch dem Grunde nach besteht, besteht auch Veranlassung, in die Unterhaltsberechnung einzusteigen. Darüber hinaus führen die einzelnen Unterhaltstatbestände auch zu unterschiedlichen Formen der Unterhaltsberechnung. Auch Zusatzfragen (zB Verzicht auf laufenden Unterhalt, dieser ist möglich bei nachehelichem Unterhalt, § 1585c BGB, nicht aber bei Getrenntlebensunterhalt und Verwandtenunterhalt, §§ 1361 IV, 1360a III, 1614 BGB) können je nach Unterhaltstatbestand unterschiedlich zu beantworten sein. 199

Bedürftigkeit: Ebenso wie der Tatbestand findet sich auch für die Bedürftigkeit keine einheitliche Regelung. Für den Ehegattenunterhalt ist sie geregelt in §§ 1361 II, 1577 BGB, für den Kindesunterhalt in § 1602 BGB und für den Unterhalt wegen Betreuung eines nichtehelichen Kindes in § 1615l III BGB. Die Vorschriften unterscheiden sich danach, welche Anstrengungen von dem Unterhaltsberechtigten gefordert werden, um seinen Bedarf zu decken und inwieweit ein Vermögenseinsatz zumutbar ist. 200

Bedarf (Höhe): Auch der Bedarf ist je eigen geregelt. Die Grundlagen finden sich in §§ 1361 I, 1578, 1610 und § 1615l III BGB. 201

202 **Leistungsfähigkeit**: Hinsichtlich der Leistungsfähigkeit bestehen auch innerhalb des jeweiligen Unterhaltstatbestandes deutliche Unterschiede. Daher ist es in Klausuren wichtig, sich die Vorschriften genau anzuschauen, bevor dieser Punkt geprüft wird.

203 Die Rechtsgrundlagen sind §§ 1581, 1603, 1615l III BGB. Für getrenntlebende Ehegatten findet sich keine explizite Vorschrift, hier ist aber § 1581 BGB analog anzuwenden.

204 Im Unterhaltsrecht wird die Leistungsfähigkeit auch durch den Begriff des **Selbstbehaltes begrenzt.** Dieser beträgt für den nichterwerbstätigen barunterhaltspflichtigen Elternteil gegenüber minderjährigen und privilegiert volljährigen Kindern 880 EUR, für den erwerbstätigen Elternteil demgegenüber 1.080 EUR (sog. **notwendiger Selbstbehalt**).[39] Gegenüber Ehegatten und Eltern, die ein nichteheliches Kind betreuen, beträgt der Selbstbehalt 1.200 EUR (**eheangemessener Selbstbehalt**)[40], gegenüber volljährigen Kindern, die nicht privilegiert sind, 1.300 EUR (**angemessener Selbstbehalt**).[41]

Klausurtipp: Diese (4) Selbstbehaltssätze sollten Sie in der mündlichen Prüfung in der jeweils aktuellen Höhe auswendig wissen.

205 **Übersicht über die Selbstbehaltssätze**

Notwendiger Selbstbehalt	880 EUR	Für nichterwerbstätige Unterhaltspflichtige
	1.080 EUR	Für erwerbstätige Unterhaltspflichtige
Eheangemessener Selbstbehalt	1.200 EUR	
Angemessener Selbstbehalt	1.300 EUR	

206 **Sonderfragen**: Hinter diesem Punkt verbergen sich Fragen wie Verwirkung, Verjährung, Anspruchsübergang, Geltendmachung von rückständigem Unterhalt, vertragliche Modifikationen und Ausschluss des Unterhaltes durch Vertrag. UU kann es sich anbieten, diese Fragen auch im Anschluss an die Feststellung des Unterhaltstatbestandes zu erörtern.

Beachte: Das Aufbauschema ist teilweise zwingend. Immer muss mit dem Tatbestand begonnen werden. Umgekehrt darf die Leistungsfähigkeit immer erst dann geprüft werden, wenn Tatbestand, Bedürftigkeit und Bedarf bekannt sind; denn erst dann kann festgestellt werden, wie hoch an sich der Zahlbetrag an Unterhalt ist. Erst dann kann geprüft werden, ob der Unterhaltspflichtige in der Lage ist, diesen Unterhalt zu leisten, ohne dadurch seinen Selbstbehalt zu gefährden.

207 Im Übrigen ist die Reihenfolge beliebig. Wenn ausnahmsweise unabhängig von der Berechnung ersichtlich ist, dass kein Unterhaltsanspruch besteht (zB wegen Wiederheirat, § 1586 BGB), kann dieser Punkt vorgezogen werden. Weiterhin empfiehlt es sich, abweichend von dem Prüfungsschema den Bedarf vor der Bedürftigkeit zu berechnen, wenn der Unterhaltsberechtigte über eigenes Einkommen verfügt; denn dann muss die Höhe des Bedarfs bekannt sein, um festzustellen, ob der Unterhaltsberechtigte diesen aus eigenem Einkommen abdecken kann, oder ob er darüber hinaus auf die Leistung von Unterhalt angewiesen ist.

III. Einkommensermittlung

1. Unterhaltsrechtliches Einkommen

208 Die Einkommensermittlung hat für das Unterhaltsrecht zentrale Bedeutung. Das Einkommen ist regelmäßig ein entscheidender Maßstab für die Bedarfsberechnung. Weiterhin richtet es sich nach dem Einkommen, inwieweit der Unterhaltsberechtigte bedürftig und der Unter-

39 Palandt/*Brudermüller* BGB § 1603 Rn. 15 (veraltete Sätze).
40 Palandt/*Brudermüller* BGB § 1581 Rn. 17 (Mittelwert zwischen notwendigem und angemessenen Selbstbehalt).
41 Palandt/*Brudermüller* BGB § 1603 Rn. 16 (veralteter Satz).

haltspflichtige leistungsfähig ist. In dieser Hinsicht kann allerdings auch zu prüfen sein, inwieweit der Unterhaltsberechtigte bzw. der Unterhaltspflichtige gehalten sind, Vermögen einzusetzen, um den Bedarf zu decken bzw. die Unterhaltspflicht zu erfüllen (vgl. zB §§ 1577, 1581, 1602, 1603 BGB).

Beachte: Im Verhältnis zwischen Ehegatten ist der Einsatz des Vermögens oft unbillig, da Ehegatten gleichmäßig an dem in der Ehe Erwirtschafteten teilhaben sollen. Demgegenüber ergibt sich aus der verwandtschaftlichen Solidarität, dass Verwandte eher den Stamm ihres Vermögens einsetzen müssen. Minderjährige Kinder sind allerdings auch unterhaltsberechtigt, wenn sie über Vermögen verfügen (§ 1602 II BGB): Das Sparbuch der Oma muss nicht eingesetzt werden.

Der unterhaltsrechtliche Begriff des Einkommens geht sehr weit. Er geht vor allem über den steuerrechtlichen Einkommensbegriff hinaus. Dies liegt daran, dass sich der Bedarf nach den gesamten Lebensverhältnissen der am Unterhaltsrechtsverhältnis Beteiligten richtet (vgl. zB §§ 1578, 1610 BGB). 209

a) Einkommen

Er umfasst nicht nur alle Einkunftsarten gem. § 2 EStG, sondern auch sonstige nicht steuerbare vermögenswerte Vorteile, bestimmte sozialstaatliche Zuwendungen sowie unter bestimmten Bedingungen auch fiktive Einkünfte. Weiterhin ist zu beachten, dass die Berechnung des unterhaltsrechtlich relevanten Einkommens nicht (zwingend) den einkommensteuerrechtlichen Vorschriften folgt. Unterhaltsrecht und Steuerrecht verfolgen unterschiedliche Anliegen. Dies bedeutet zB, dass bestimmte steuerrechtliche Freibeträge unterhaltsrechtlich durchaus dem Einkommen hinzugerechnet werden können. Umgekehrt kann aber auch Aufwand unterhaltsrechtlich beachtlich sein, der steuerrechtlich einem Abzugsverbot unterliegt. 210

b) Firmenwagen

Zu den vermögenswerten Vorteilen gehört die Möglichkeit, einen Firmenwagen auch privat zu nutzen. Der Vorteil wird durch die Gerichte geschätzt. Von Bedeutung ist, in welchem Umfang eine Nutzung zulässig ist und welche Kosten durch den Arbeitgeber übernommen werden (Anschaffung, Versicherung, Wartung, Treibstoff). Übernimmt der Arbeitgeber nur die Anschaffungskosten, ist es in der Regel sachgerecht, den Vorteil auf 1% des Listenpreises je Monat zu schätzen.[42] Obergrenze sind aber immer die fiktiven ersparten Aufwendungen.[43] Diese entspricht dem Wert, den ein vernünftiger Unterhaltspflichtiger angesichts seiner Einkommens- und Vermögensverhältnisse für die Anschaffung eines Pkw ausgeben würde. Bei kleinen und mittleren Einkommen kann der Betrag auf 250 EUR bis 300 EUR geschätzt werden. 211

c) Wohnvorteil

Unterhaltsrechtlich wird berücksichtigt, dass der Eigentümer einer Wohnung billiger lebt als der Mieter und dementsprechend einen höheren Lebensstandard hat. Der Wohnvorteil wird grundsätzlich in Höhe der ortsüblichen Miete für eine vergleichbare Wohnung angesetzt. Nicht berücksichtigt werden dürfen die Nebenkosten, soweit diese auch der Eigentümer zu tragen hat.[44] Grundsätzlich bildet also die ortsübliche Nettokaltmiete einen angemessenen Maßstab. Weiterhin sind auch die Aufwendungen in Abzug zu bringen, die der Mieter im Unterschied zum Eigentümer nicht zu tragen hat. Dies sind die Aufwendungen für die Instandhaltung der Wohnung (vgl. § 538 BGB), die Kosten der Verwaltung sowie – regelmäßig der größte Posten – die Kosten der Finanzierung der Wohnung.[45] Dies ist vor allem der Zinsaufwand, nicht aber die Tilgung, da diese zur Vermögensbildung führt.[46] 212

42 Palandt/*Brudermüller* BGB § 1361 Rn. 29.
43 Palandt/*Brudermüller* BGB § 1361 Rn. 29.
44 Palandt/*Brudermüller* BGB § 1361 Rn. 36.
45 Palandt/*Brudermüller* BGB § 1361 Rn. 37.
46 Zur Berücksichtigung von Tilgung als Vorsorgeaufwand s. → Rn. 719.

213 Während des Getrenntlebens kann es gerechtfertigt sein, den Wohnvorteil nur in geringerer Höhe zu berücksichtigen; denn solange die Ehe noch nicht endgültig gescheitert ist, soll die Unterhaltsverpflichtung nicht dazu führen, dass der Unterhaltspflichtige die bisherige Ehewohnung, die durch die Trennung regelmäßig auch über den Wohnbedarf des in der Wohnung verbliebenen Ehegatten hinausgeht, vermieten oder veräußern muss. Während dieser Zeit ist der Wohnvorteil deshalb begrenzt durch die fiktiven Aufwendungen für die Anmietung einer den wirtschaftlichen Verhältnissen des Unterhaltspflichtigen angemessenen Wohnung. Den so bestimmten Wohnwert bezeichnet man als »angemessenen Wohnwert«[47]. Er ist grundsätzlich während des ersten Jahres der Trennung zu beachten. Ist jedoch schon vorher absehbar, dass die Ehe endgültig gescheitert ist, ist bereits ab diesem Zeitpunkt der volle Wohnwert in die Unterhaltsberechnung einzustellen. Dies ist der Fall, wenn die Ehegatten eine notarielle Trennungs- und Scheidungsfolgenvereinbarung schließen, der in der Wohnung verbliebene Ehegatte die Scheidung beantragt oder wenn aus anderen Gründen die Wiederherstellung der Ehe nicht zu erwarten ist, beispielsweise weil die Voraussetzungen für eine »Härtefallscheidung« gem. § 1565 II BGB vorliegen.[48]

d) Sozialstaatliche Zuwendungen

214 Sozialstaatliche Zuwendungen mögen im Einzelfall zwar progressionswirksam sein, stellen aber steuerrechtlich kein Einkommen dar. Unterhaltsrechtlich sind sie jedoch Einkommen, wenn sie Lohnersatzfunktion haben.[49] Dies ist vor allem hinsichtlich der Leistungen der Zweige der klassischen Sozialversicherung (Altersrenten, Arbeitslosengeld I, Krankengeld) der Fall.

215 Demgegenüber stellen Sozialleistungen, die gegenüber dem Unterhalt subsidiär sind, grundsätzlich kein unterhaltsrechtliches Einkommen dar. Diese Leistungen sind in der Regel daran zu erkennen, dass der Unterhaltsanspruch des Leistungsempfängers auf den Leistungsträger übergeht, wenn er die Leistung erbringt (vgl. zB § 33 SGB II, § 94 SGB XII; § 7 UVG).

e) Fiktives Einkommen

216 Unterhaltsrechtlich kann die Obliegenheit zum Einkommenserwerb bestehen. Besonders strenge Anforderungen stellt § 1603 II BGB an Eltern, die minderjährigen Kindern gegenüber unterhaltspflichtig sind. Aber auch für den unterhaltsberechtigten Ehegatten besteht die Obliegenheit, seinen Bedarf in erster Linie durch eigenes Einkommen zu decken. Nur soweit ihm dies nicht zugemutet werden kann, ist er bedürftig (§§ 1574, 1577 BGB). Kommen der Unterhaltsberechtigte oder der Unterhaltspflichtige diesen Obliegenheiten nicht nach, kann ihnen grundsätzlich fiktiv das Einkommen angerechnet werden, das sie erzielen könnten, wenn sie sich gehörig bemüht hätten, der Obliegenheit nachzukommen.[50]

Klausurtipp: Diese Problematik ist in unterhaltsrechtlichen Klausuren sehr beliebt. Es empfiehlt sich, folgendes Prüfungsschema anzuwenden:

1. Bestehen einer unterhaltsrechtlichen Obliegenheit
2. Verstoß: Der Verstoß kann darin liegen, dass jemand keiner Erwerbstätigkeit nachgeht, obwohl ihm dies möglich und zumutbar wäre; der Verstoß kann aber auch darin liegen, dass sich jemand nicht (ausreichend) bemüht, eine Arbeit zu finden, die ihm zumutbar und möglich ist.
3. Kausalität: Höhe des Einkommens, das jemand erzielen würde, wenn er seinen Obliegenheiten nachgekommen wäre. Entscheidend ist, in welcher Höhe er dann Einkommen erzielen könnte. Dies ist um die notwendig mit der Einkommenserzielung verbundenen Aufwendungen wie Fahrtkosten, doppelte Haushaltsführung, ggf. erhöhte Umgangskosten[51] zu vermindern.[52]

47 Palandt/*Brudermüller* BGB § 1361 Rn. 35.
48 Palandt/*Brudermüller* BGB § 1361 Rn. 35.
49 Vgl. hierzu die Übersicht in Palandt/*Brudermüller* BGB § 1361 Rn. 24 ff.
50 Einzelheiten: Palandt/*Brudermüller* BGB § 1361 Rn. 40–43.
51 Palandt/*Brudermüller* BGB § 1361 Rn. 60.
52 Zur Berechnung des bereinigten Nettoeinkommens aus nichtselbstständiger Tätigkeit s. → Rn. 219 ff.

Beachte: Für den Unterhaltspflichtigen kann es gravierende Folgen haben, wenn dieser einer Erwerbsobliegenheit nicht nachkommt; denn für die Vollstreckung von Unterhaltsansprüchen gelten nicht die allgemeinen Pfändungsfreigrenzen für Arbeitseinkommen (§ 850c ZPO) und auch nicht die unterhaltsrechtlichen Selbstbehalte. Vielmehr kann Arbeitseinkommen bis zur Grenze des Existenzminimums gepfändet werden (§ 850d ZPO).

f) Freiwillige Zuwendungen Dritter

Freiwillige Zuwendungen Dritter sind unterhaltsrechtlich grundsätzlich unbeachtlich. Der 217
Wert dieser Zuwendungen darf also weder bei der Berechnung des Bedarfs noch bei der Berechnung der Bedürftigkeit oder der Leistungsfähigkeit dem Einkommen des Empfängers der Zuwendung hinzugerechnet werden.[53]

Beispiel: Die Schwiegereltern des Unterhaltspflichtigen gewähren ihrer leiblichen Tochter (getrennt lebende Ehefrau) nach der Trennung kostenlos Wohnung in ihrem Haus. Aufseiten der dadurch begünstigten getrennt lebenden Ehefrau kann also kein Wohnwert berücksichtigt werden.

Ausnahmen können in Bezug auf die gesteigerte Unterhaltspflicht von Eltern gegenüber ihren 218
minderjährigen Kindern gelten.

2. Einkommen nichtselbstständig Tätiger

Der laufende Unterhalt ist in Form einer Geldrente zu leisten (§§ 1612 I, 1361 IV, 1585 I 219
BGB).

Dies bedeutet, dass er nicht für jeden Monat neu berechnet werden kann. Vielmehr ist er aus 220
den durchschnittlichen Einkünften eines für die Berechnung des Einkommens repräsentativen Zeitraums zu ermitteln.

Für nichtselbstständig Tätige wird insoweit – vergleichbar dem Steuerrecht – auf das Ein- 221
kommen abgestellt, das während eines Kalenderjahres erzielt wurde. Das durchschnittliche monatliche Einkommen ergibt sich, indem dieser Betrag durch 12 geteilt wird.[54]

Beispiel: U erhält ein monatliches Bruttoeinkommen von 2.000 EUR sowie ein Weihnachtsgeld von 1.200 EUR. Er erzielt damit aus nichtselbstständiger Tätigkeit ein Bruttoeinkommen von durchschnittlich monatlich 25.200 EUR : 12 = 2.100 EUR.

Beachte: Dieses Verfahren ist aber auch auf andere Einkünfte wie Miet- und Pachteinnahmen und Einkünfte aus Kapitalvermögen anzuwenden. Nur wenn eine Person auch Einkünfte aus selbstständiger Tätigkeit oder gewerbliche Einkünfte erzielt, ist für diese Einkünfte das Durchschnittseinkommen in einer gesonderten Berechnung zu ermitteln, indem ein längerer Zeitraum zugrunde gelegt wird.[55]

Der Einkommensberechnung ist zunächst das laufende Einkommen zugrunde zu legen. Wei- 222
terhin sind einmalige oder zumindest nicht regelmäßig wiederkehrende Einnahmen wie Einkommensteuererstattung, Gratifikationen, Urlaubsgeld, Weihnachtsgeld, Gewinnbeteiligung, Entgelt für Arbeitnehmererfindungen und ähnliches zu berücksichtigen. Hieraus ist das Jahreseinkommen zu berechnen und durch die Zahl 12 zu teilen.

Für die Berechnung des Unterhaltes ist aber nicht das so ermittelte Bruttoeinkommen maß- 223
geblich, sondern das sog. bereinigte Nettoeinkommen.

Für die Berechnung des bereinigten Nettoeinkommens kann folgendes Berechnungsschema 224
angewandt werden:

53 Palandt/*Brudermüller* BGB § 1570 Rn. 20.
54 Vgl. Palandt/*Brudermüller* BGB § 1361 Rn. 29.
55 S. unten → Rn. 232.

Bruttoeinkommen

monatliches Durchschnittseinkommen, berechnet aus dem Jahreseinkommen

↓

Abzüglich Lohnsteuer, Kirchensteuer, Solidaritätszuschlag

↓

Abzüglich Arbeitnehmerbeitrag zum Sozialversicherungsbeitrag

Renten-, Kranken, Pflege- und Arbeitslosenversicherung	Bei Beamten Beitrag zur privaten Kranken- und Pflegeversicherung

↓

Abzüglich privater Vorsorge

Private Altersvorsorge bis zur Höhe von 4% des Bruttoeinkommens sowie angemessene private Krankheitskostenzusatzversicherung

↓

Ergibt unterhaltsrechtliches Nettoeinkommen

↓

Abzüglich berufsbedingte Aufwendungen

Auf konkreten Nachweis bzw. 5% des unterhaltsberechtigten Nettoeinkommens als Pauschale

↓

Abzüglich Mehrbedarf

↓

Abzüglich berücksichtigungswürdige Zahlungen auf Verbindlichkeiten

↓

Ergibt bereinigtes Nettoeinkommen für die Berechnung des Kindesunterhaltes

↓

Abzüglich Zahlbetrag des Kindesunterhaltes

↓

Ergibt bereinigtes Nettoeinkommen für die Berechnung des Ehegattenunterhaltes bzw. des Unterhaltes für den ein nichteheliches Kind betreuenden Elternteil

Klausurtipp: Prägen Sie sich dieses Schema gut ein. Die Berechnung des bereinigten Nettoeinkommens ist Gegenstand vieler unterhaltsrechtlicher Klausuren. Ein Verstoß gegen die in diesem Schema aufgezeigte Reihenfolge der Abzüge führt zu Fehlern bei der Berechnung des Einkommens: Werden beispielsweise berufsbedingte Aufwendungen in Höhe von 5% unmittelbar nach Berechnung des steuer- und sozialversicherungsrechtlichen Nettoeinkommens abgezogen, führt dies notwendigerweise dazu, dass der Abzug zu hoch ausfällt.

Zu den Abzügen:

Hinsichtlich der **Einkommensteuer** und **Kirchensteuer** wird es meist ausreichen, die in dem Aufgabentext genannte Lohn- und Lohnkirchensteuer in Abzug zu bringen. Ergibt sich darüber hinaus eine Einkommensteuernachzahlung, ist diese in Höhe von 1/12 zusätzlich in Abzug zu bringen, sofern nicht ausnahmsweise Anhaltspunkte vorhanden sind, dass diese auf Ausnahmeeffekten beruht. 225

Beitrag zur **Sozialversicherung**: Hier ist der Arbeitnehmeranteil zum Sozialversicherungsbeitrag entscheidend. 226

Private Vorsorge: Auch im Unterhaltsrecht ist davon auszugehen, dass eine ausreichende Altersvorsorge nur aufgebaut werden kann, wenn auch privat Vorsorge betrieben wird. Entsprechend den Förderungshöchstgrenzen für Riester- und Rürup-Vorsorgeverträge kann Vorsorgeaufwand bis zur Höhe von 4% des monatlichen Bruttoeinkommens berücksichtigt werden.[56] Dies gilt allerdings nicht für die gesteigerte Unterhaltspflicht von Eltern gegenüber ihren minderjährigen Kindern.[57] Weiterhin können hier auch angemessene Aufwendungen für eine Krankheitskostenzusatzversicherung berücksichtigt werden, zB für Zahnersatz. 227

Berufsbedingte Aufwendungen: Diese sind entweder auf konkreten Nachweis oder pauschal in Höhe von 5% des unterhaltsrechtlichen Nettoeinkommens berücksichtigungsfähig.[58] In Klausuren ist auf die Darlegungs- und Beweislast zu achten: Trägt der Unterhaltspflichtige zu den berufsbedingten Aufwendungen nicht vor, sondern macht er sie nur pauschal geltend, werden sie in Höhe der Pauschale berücksichtigt. Trägt er konkret vor, machen die vorgetragenen berufsbedingten Aufwendungen jedoch nur weniger als 5% des unterhaltsrechtlichen Nettoeinkommens aus, werden sie nur in konkreter und geringerer Höhe berücksichtigt. 228

Klausurtipp: Gerade in Anwaltsklausuren ist hier gefordert, erst zu rechnen, und dann im Schriftsatz bzw. im Begleitschreiben für den Mandanten entsprechende Ausführungen vorzusehen.

Mehrbedarf: Hier fallen ungewöhnliche, aber wiederkehrende Mehraufwendungen an, sofern sie nicht ganz unerheblich sind. Beispiel ist etwa der Mehraufwand eines Dialysepatienten oder der Mehraufwand für die Diät eines Zuckerkranken.[59] 229

Zahlungen auf Verbindlichkeiten, soweit sie berücksichtigungsfähig sind: Ob diese Zahlungen zu berücksichtigen sind, ist eine Einzelfallentscheidung, die nach Billigkeit unter Berücksichtigung aller Umstände zu treffen ist. Entscheidende Gesichtspunkte sind Zweck der Verbindlichkeit, Höhe, Höhe der monatlichen Belastung, Zeitpunkt, zu der die Verbindlichkeit eingegangen wurde (vor bzw. nach der Trennung?), Zustimmung des anderen Teils und ähnliches mehr. UU kann auch eine Anpassung der monatlichen Belastung verlangt werden.[60] 230

Zahlbetrag Kindesunterhalt: Diese Abzugsposition ist nur für die Berechnung des für den Ehegattenunterhalt maßgeblichen Einkommens zu beachten. Wichtig ist, dass das Kindergeld unterhaltsrechtlich als Einkommen des Kindes angesehen wird.[61] Daher ist nur der Zahlbetrag an Kindesunterhalt, der sich nach Berücksichtigung des Kindergeldes ergibt, als Abzugsposition zu berücksichtigen. 231

56 Palandt/*Brudermüller* BGB § 1361 Rn. 47; BGH FamRZ 2009, 1207.
57 Umstr., vgl. Palandt/*Brudermüller* BGB § 1361 Rn. 47.
58 Palandt/*Brudermüller* BGB § 1361 Rn. 48.
59 Palandt/*Brudermüller* BGB § 1610 Rn. 13.
60 Palandt/*Brudermüller* BGB § 1361 Rn. 49 ff.
61 Palandt/*Brudermüller* BGB § 1578 Rn. 50–51; BGH FamRZ 2008, 963; 2009, 1300.

c) Einkommen selbstständig Tätiger

232 Die Einkommensermittlung bei selbstständig Tätigen und Gewerbetreibenden ist schwierig. Häufig ist ein Sachverständigengutachten erforderlich. Aufgrund der größeren Schwankungen, aber auch um Manipulationen zu vermeiden, ist dieses Einkommen aus dem Durchschnitt der Gewinne während eines Zeitraums von drei bis fünf Jahren zu errechnen. Hinsichtlich der Einzelheiten wird auf die Kommentierung verwiesen.[62]

IV. Auskunftsansprüche

233 Auskunftsansprüche stehen in engem Zusammenhang mit der Darlegungs- und Beweislast. Für den Unterhaltstatbestand, die Bedürftigkeit und den Bedarf liegt diese bei dem Unterhaltsberechtigten, für die Leistungsfähigkeit aufseiten des Unterhaltspflichtigen. Der Unterhaltsberechtigte hat deshalb regelmäßig auch zu den Einkommens- und Vermögensverhältnissen des Unterhaltspflichtigen vorzutragen. Hierbei handelt es sich aber um Interna des Unterhaltspflichtigen, die dem Unterhaltsberechtigten kaum bekannt sind. Um diesen Nachteil auszugleichen, sind Auskunftsansprüche vorgesehen:

234 § 1605 BGB enthält einen Auskunftsanspruch für das unterhaltsberechtigte Kind.

235 §§ 1361 IV, 1580 BGB sehen wechselseitige Auskunftsansprüche zwischen Ehegatten vor.

236 Eine weitere Möglichkeit für den Unterhaltsberechtigten, sich die erforderlichen Auskünfte zu verschaffen, sehen §§ 235, 236 FamFG vor. Dementsprechend kann im Rahmen eines Unterhaltsverfahrens das Gericht anordnen, dass die Beteiligten Auskunft über ihre persönlichen und wirtschaftlichen Verhältnisse erteilen und diese belegen. Diese Anordnung ist aber nicht vollstreckbar. Kommt ein Beteiligter der Anordnung nicht nach, ist das Gericht vielmehr berechtigt, die erforderlichen Auskünfte bei Dritten, wie Arbeitgebern, Sozialversicherungsträgern und Finanzämtern, anzufordern. In Bezug auf diese kommen Maßnahmen wie gegen Zeugen (§ 390 ZPO) in Betracht.[63]

237 Schließlich kann das Gericht dem jeweiligen Gegner eines Beteiligten auch die im Rahmen des Verfahrens wegen Bewilligung von Verfahrenskostenhilfe eingereichten Auskünfte und Belege zugänglich machen, wenn die Voraussetzungen gem. § 117 II ZPO vorliegen.

238 Neben diesen besonderen Auskunftsansprüchen kann auch ein Anspruch auf Auskunft nach Billigkeit bestehen. Rechtsgrundlage für diesen Anspruch ist § 242 BGB. Dieser Anspruch kommt zB in Betracht, wenn ein Beteiligter über die Person des Unterhaltspflichtigen im Unklaren ist und ein anderer Beteiligter hierüber unschwer Auskunft geben kann und ihm dies nach den Umständen des Einzelfalles auch zumutbar ist.

239 Zweifelhaft ist, ob auf dieser Grundlage der Scheinvater von der Mutter eines »Kuckuckskindes« Auskunft über den leiblichen Vater verlangen kann, um einen Regressanspruch vorzubereiten.[64]

V. Kindesunterhalt

1. Tatbestand

240 Für die Unterhaltspflicht unter Verwandten gilt einheitlich § 1601 BGB. Hierfür ist insbesondere unerheblich, ob es sich um ein eheliches oder nichteheliches Kind handelt (§ 1615a BGB). Wichtig ist, dass Unterhaltsansprüche nur zwischen Verwandten in gerader Linie bestehen. Personen sind in gerader Linie miteinander verwandt, wenn sie voneinander abstammen (§ 1589 BGB). Die Abstammung wird für die Mutter durch die Geburt vermittelt (§ 1591 BGB), für den Vater, wenn eines der statusbegründenden Merkmale gem. § 1592 BGB vorliegt.[65]

62 Palandt/*Brudermüller* BGB § 1361 Rn. 32.
63 Thomas/Putzo/*Hüßtege* FamFG § 236 Rn. 10.
64 Vgl. BVerfG FamRZ 2015, 729.
65 S. oben → Rn. 111.

Klausurtipp: Liegen diese Merkmale nicht vor, können aus der Vaterschaft Rechte und Pflichten grundsätzlich nicht abgeleitet werden. Ausnahmsweise kann jedoch in Unterhaltsregressverfahren der leibliche Vater im Wege der inzidenten Feststellung der Vaterschaft in Anspruch genommen werden, wenn an seiner leiblichen Vaterschaft kein vernünftiger Zweifel besteht, nicht zu erwarten ist, dass dieser in absehbarer Zeit als Vater gerichtlich festgestellt wird oder die Vaterschaft anerkennt und wenn der Scheinvater die Vaterschaft erfolgreich angefochten hat.[66]

2. Bedürftigkeit

a) Minderjährige Kinder

Minderjährige Kinder sind grundsätzlich nicht zu einer Erwerbstätigkeit verpflichtet. Aus- 241
nahmen können sich ergeben, wenn die Schulpflicht endet.[67] Weiterhin brauchen minderjährige Kinder auch den Stamm ihres Vermögens nicht anzugreifen (§ 1602 II BGB).

Erzielt ein minderjähriges Kind gleichwohl Einkommen aus einer Tätigkeit, die nicht überob- 242
ligatorisch ist, ist dieses Einkommen grundsätzlich auf den Bedarf anzurechnen. Dies kommt zB hinsichtlich der Lehrvergütung eines Lehrlings in Betracht. Zu beachten ist, dass dieses Einkommen anteilig auf den Barunterhalt und den Betreuungsunterhalt anzurechnen ist.[68]

Weiterhin stellt das Kindergeld Einkommen des Kindes dar.[69] Es beträgt 190 EUR für das 243
erste und zweite Kind, danach steigt es.[70] Auch dieses ist anteilig auf den Anspruch auf Bar- und Betreuungsunterhalt anzurechnen (§ 1612b I Nr. 1 BGB).[71]

b) Volljährige Kinder

Volljährige Kinder sind demgegenüber grundsätzlich gehalten, ihren Bedarf durch eigene Er- 244
werbstätigkeit zu decken. Daher sind diese nur ausnahmsweise bedürftig. Eine Erwerbsobliegenheit besteht nicht, wenn bzw. soweit ein Volljähriger aufgrund einer unterhaltsrechtlich geschuldeten Ausbildung (§ 1610 II BGB), Krankheit, Behinderung, Arbeitslosigkeit oder Betreuung eines minderjährigen Kindes an einer Erwerbstätigkeit gehindert ist.[72]

Prüfungsrelevanz hat vor allem der unterhaltsrechtliche Anspruch auf eine angemessene Aus- 245
bildung (§ 1610 II BGB).[73] Hier empfiehlt es sich, nachfolgende Gesichtspunkte durchzuprüfen:

- Eignung, Leistungswille und Neigungen des Kindes
- Rücksichtnahme auf die Situation der unterhaltspflichtigen Eltern
- Zügiger Verlauf der Ausbildung
- Kontrollrechte
- Abgrenzung einer unterhaltsrechtlich geschuldeten Weiterbildung zur Zweitausbildung; Studienwechsel

Eignung, Leistungswille, Neigung des Kindes: Grundsätzlich steht dem Kind ein Anspruch 246
auf eine Ausbildung zu, die seiner Eignung, seinem Leistungswillen und seinen Neigungen

66 BGH FamRZ 2008, 1424; 2009, 32; 2012, 200; Palandt/*Brudermüller* BGB § 1600d Rn. 17.
67 Str. vgl. Erman/*Hammermann* BGB § 1602 Rn. 19.
68 S. unten → Rn. 255.
69 Palandt/*Brudermüller* BGB § 1578 Rn. 51; BGH FamRZ 2008, 963; 2009, 1300.
70 Zu den Kindergeldsätzen Palandt/*Brudermüller* BGB § 1612b Rn. 5.
71 Zur Berechnung vgl. → Rn. 255.
72 Palandt/*Brudermüller* BGB § 1602 Rn. 6.
73 Dazu Palandt/*Brudermüller* BGB § 1610 Rn. 16 ff.

entspricht. Bei entsprechenden Leistungen umfasst dies auch einen Anspruch auf die Finanzierung des Unterhaltes während des Studiums. Der Nachweis der Eignung ist hier in der Regel durch den Erwerb der allgemeinen oder einer fachgebundenen Hochschulreife geführt.

247 **Gegenseitigkeitsprinzip**: Das Gegenseitigkeitsprinzip bedeutet, dass das auszubildende Kind auf die Situation der unterhaltspflichtigen Eltern Rücksicht nehmen muss. Bei beengten Verhältnissen ist es dem Kind daher uU zuzumuten, sein Studium an einem Ort aufzunehmen, an dem BAFöG-Leistungen im Wesentlichen ausreichen, um den Lebensunterhalt zu sichern.

248 **Zügige Ausbildung**: Aus dem Grundsatz der Gegenseitigkeit folgt für das Kind weiterhin die Obliegenheit, seine Ausbildung zügig zu absolvieren. Ein Studium ist daher innerhalb der Regelstudienzeit zuzüglich eines Semesters für die Prüfungen zu absolvieren, sofern nicht ausnahmsweise aufgrund triftiger Gründe (Erkrankung, Wartezeiten) eine Verlängerung geboten erscheint.

249 **Kontrollrechte**: Aus dem Grundsatz der Gegenseitigkeit folgt weiterhin das Recht des Unterhaltspflichtigen, zu kontrollieren, ob innerhalb angemessener Zeit ein erfolgreicher Abschluss der Ausbildung zu erwarten ist. Deshalb kann er verlangen, dass ihm die nach dem Studienplan zu erbringenden Leistungsnachweise vorgelegt werden.

250 **Eine Ausbildung**: Aus § 1610 II BGB folgt, dass der Auszubildende einen Anspruch auf eine Ausbildung hat. Unterhaltsrechtlich ist allerdings der Begriff der Ausbildung weiter gefasst als im berufsausbildungsrechtlichen Sinn. Daher liegt unterhaltsrechtlich eine Ausbildung auch vor, wenn sich eine weitere Ausbildung als Fortsetzung der begonnenen Ausbildung, also als **Weiterbildung** und nicht als Zweitausbildung, darstellt. Daher kann das volljährige Kind auch dann noch einen Anspruch auf Unterhalt für ein Studium haben, wenn es im Anschluss an das Abitur zunächst eine Lehre aufnimmt. Voraussetzung ist, dass das Studium in engem sachlichem und zeitlichem Zusammenhang mit der Lehre aufgenommen wird. Der zeitliche Zusammenhang wird durch Zeiten der Wehrpflicht oder des Bundesfreiwilligendienstes nicht unterbrochen.

251 Hat das auszubildende Kind den **zweiten Bildungsweg** beschritten, kann das Studium ebenfalls durch den Anspruch auf Unterhalt abgedeckt sein. Dies kommt unter zwei Aspekten in Betracht: Zeigt sich, dass die bisherige Ausbildung auf einer Fehleinschätzung des Leistungsvermögens beruht und hinter diesem deutlich zurückbleibt, ist mit der bisherigen Ausbildung der Anspruch auf eine angemessene Vorbildung nicht erfüllt. Daher ist das Studium in diesem Fall Teil der unterhaltsrechtlich geschuldeten Erstausbildung.[74]

252 Weiterhin kann ein Anspruch auf Unterhalt für das Studium bestehen, wenn sich Unterhaltsberechtigter und Unterhaltspflichtiger bei Aufnahme der ersten Ausbildung darüber einig waren, dass sich an diese ein Studium anschließen sollte; denn dann konnte der Unterhaltspflichtige nicht davon ausgehen, mit Abschluss der ersten Ausbildung seine Unterhaltspflicht erfüllt zu haben.

253 **Studienwechsel**: Grundsätzlich besteht der Anspruch auf Ausbildung nur für ein Studienfach. Doch billigt die Rechtsprechung dem Auszubildenden eine Orientierungsphase zu. Er muss sich allerdings zeitnah über seine Berufswünsche klar werden: Spätestens nach einem Jahr muss er sich endgültig für ein Studienfach entscheiden. Wechselt er später, hat dies zur Folge, dass der Unterhaltanspruch entfällt, weil er dann nicht mehr aufgrund einer unterhaltsrechtlich geschuldeten Ausbildung an der Ausübung einer Erwerbstätigkeit gehindert ist.

> **Klausurtipp:** Diese Fragen sollten in einer Klausur nicht isoliert als Anspruch auf Unterhalt für das Studium erörtert werden. Vielmehr ist im Anschluss an die Feststellung des Unterhaltstatbestandes gem. § 1601 BGB die Bedürftigkeit (§ 1602 BGB) zu prüfen: Hier ist auszuführen, dass das volljährige Kind bedürftig ist, weil es keine Erwerbsobliegenheit trifft, da es noch einen Anspruch auf Ausbildung gem. § 1610 II BGB hat.

74 BGH NJW 2006, 2984.

c) Einkommensanrechnung

254 Grundsätzlich müssen sich sowohl volljährige als auch minderjährige Kinder eigenes Einkommen auf ihren Unterhaltanspruch anrechnen lassen. Allerdings ist ein wichtiger Unterschied zwischen minderjährigen und volljährigen Kindern zu beachten:

255 Bei **minderjährigen** Kindern sind Bar- und Betreuungsunterhalt gleichwertig (§ 1606 III 2 BGB). Dies bedeutet, dass auch Einkommen des minderjährigen Kindes nur zur Hälfte auf den Barunterhalt und zur anderen Hälfte auf den Betreuungsunterhalt anzurechnen ist. Für die Anrechnung von Kindergeld ergibt sich dies aus § 1612b I Nr. 1 BGB.

256 Gegenüber **volljährigen** Kindern sind grundsätzlich beide Eltern barunterhaltspflichtig. Dies gilt auch dann, wenn diese noch zuhause leben. Daraus folgt, dass Einkommen und Kindergeld in voller Höhe auf den Bedarf anzurechnen sind (§ 1612b I 1 Nr. 2, S. 2 BGB). Der dadurch nicht gedeckte Bedarf ist von den Eltern anteilig aufzubringen (§ 1606 III 1 BGB).[75]

3. Bedarf

a) Minderjährige Kinder

257 Grundsätzlich ist es Teil der Personensorge, die Art der Unterhaltsgewährung gegenüber einem minderjährigen Kind zu bestimmen (§ 1612 II 2 BGB). Wird das Kind volljährig, gilt die bisherige Bestimmung fort, sofern nicht gewichtige Gründe für eine Änderung sprechen.[76]

258 Grundsätzlich erfüllt der Elternteil, der das Kind betreut, dadurch seine Unterhaltspflicht. Folge davon ist, dass allein der andere Elternteil barunterhaltspflichtig ist (§ 1606 III 2 BGB). Dieses Ergebnis wird für das sog. **Wechselmodell**, aber auch in Fällen, in denen der andere Teil erheblich zur Betreuung des Kindes beiträgt, als unbillig angesehen. Die Diskussion, welche Lösung in diesem Fall sachgerecht ist, ist im Fluss.[77]

259 Im Folgenden soll von dem Grundfall ausgegangen werden, dass ein Ehegatte durch Betreuung seine Unterhaltspflicht erfüllt und nur der andere Elternteil barunterhaltspflichtig ist.

260 Der Bedarf richtet sich nach der Lebensstellung des Unterhaltsberechtigten (§ 1610 I BGB). Hinsichtlich minderjähriger Kinder ist es allerdings so, dass diese noch keine eigene Lebensstellung erworben haben, sondern in Bezug auf den Barunterhalt diese aus den Einkommens- und Vermögensverhältnissen des barunterhaltspflichtigen Elternteils ableiten.

> **Klausurtipp:** Die Lösung sollte den Unterhalt nicht direkt aus der Düsseldorfer Tabelle ableiten, sondern diese Berechnung aus einer Subsumtion unter § 1610 I BGB ableiten:
>
> > Der Bedarf richtet sich nach der Lebensstellung des … (§ 1610 I BGB). Als minderjähriges Kind hat … noch keine eigene Lebensstellung erlangt. Vielmehr leiten minderjährige Kinder ihre Lebensstellung von den Einkommens- und Vermögensverhältnissen ihrer Eltern ab.
> > Da … das Kind … betreut, ist allein die/der Antragsgegner/in barunterhaltspflichtig (§ 1606 III 2 BGB). Für den Bedarf sind daher die Einkommensverhältnisse der/des Antragsgegner/in maßgeblich.
> > In der Regel kann der Bedarf aus den Sätzen der Düsseldorfer Tabelle entnommen werden. Er berechnet sich wie folgt: …

261 Um eine gleichmäßige Berechnung des Unterhalts zu erreichen, richtet sich die Praxis nahezu ausnahmslos nach der **Düsseldorfer Tabelle**[78]. Diese sieht drei Altersstufen vor: 0–6 Jahre (Altersstufe I), 6–12 Jahre (Altersstufe II), 12–18 Jahre (Altersstufe III) sowie für volljährige Kinder, die noch zuhause leben, die Altersstufe IV.

---

75 Zur Rechenformel Ziff. 13.3 SL; Palandt/*Brudermüller* BGB § 1606 Rn. 13.

76 Palandt/*Brudermüller* BGB § 1612 Rn. 7.

77 Vgl. hierzu Palandt/*Brudermüller* BGB § 1606 Rn. 10.

78 Die aktuelle Fassung der Düsseldorfer Tabelle ist abrufbar unter http://www.olg-duesseldorf.nrw.de/infos/Duesseldorfer_tabelle/ und in der Fassung vom 1.1.2016 im Anhang dieses Buches abgedruckt, → Rn. 1087.

262 Weiterhin sieht die Düsseldorfer Tabelle 10 Einkommensgruppen vor. Je älter das Kind ist und je höher das Einkommen des Unterhaltspflichtigen ist, desto höher ist der Bedarf.

263 Die Sätze der Düsseldorfer Tabelle gehen von dem Fall aus, dass der Unterhaltspflichtige **zwei** Personen (entweder zwei Kindern, oder einem Kind und einem Ehegatten/Elternteil) barunterhaltspflichtig ist. Ist er einer größeren Zahl von Unterhaltsberechtigten unterhaltspflichtig, ist dies dadurch zu berücksichtigen, dass sich der Unterhalt aus einer entsprechend geringeren Einkommensstufe ergibt, ist er nur einem Kind unterhaltspflichtig, erhöht sich der Bedarf auf den für die nächsthöhere Einkommensstufe maßgeblichen Wert.[79]

264 Korrekturen können weiterhin erforderlich werden, wenn der Barunterhaltspflichtige im Rahmen eines deutlich **erweiterten Umgangs** auch Betreuungsunterhalt für das Kind leistet.[80]

265 Schließlich ist zu beachten, dass in den Tabellenwerten das **Kindergeld** nicht berücksichtigt ist. Ist das Kind minderjährig und wird es durch einen Elternteil betreut, ist der Bedarf also um das hälftige Kindergeld für das jeweilige Kind zu ermäßigen (§ 1612b I 2 BGB).

Klausurtipp: Die Düsseldorfer Tabelle ist in den zugelassenen Hilfsmitteln nicht abgedruckt. In der Klausur kann jedoch verlangt werden, dass Sie den Bedarf der Tabelle, die im Bearbeitervermerk als Anlage abgedruckt ist, zutreffend entnehmen können. Daher sollten Sie üben, mit der Tabelle zu arbeiten.

266 Gem. § 1612 I BGB kann der Unterhalt als monatlich fortlaufend zu zahlende Geldrente in bestimmter Höhe geltend gemacht werden. Günstiger für den Unterhaltsberechtigten ist es allerdings in der Regel, gem. § 1612a I BGB den Unterhalt als **dynamischen** Unterhalt geltend zu machen. Dies hat den Vorteil, dass sich der aus dem Titel zu vollstreckende Unterhalt von selbst erhöht, wenn das Kind die nächste Altersstufe erreicht oder wenn der Mindestunterhalt steigt. Dieser ist grundsätzlich alle zwei Jahre anzupassen.

Beispiel: Ist das Kind am 1.12.2015 geboren und steht ihm ein Anspruch auf Unterhalt gem. Einkommensstufe 3 zu, würde der Antrag lauten:

Der Antragsgegner wird verpflichtet, ab … an den Antragsteller, geb. am 1.12.2015, zu Händen seiner gesetzlichen Vertreterin … monatlich im Voraus Unterhalt in Höhe von 110% des gesetzlichen Mindestunterhaltes für die jeweilige Altersstufe abzüglich der Hälfte des gesetzlichen Kindergeldes für ein erstes Kind, derzeit 95 EUR, Zahlbetrag mithin derzeit 274 EUR, zu bezahlen.

…

Das Beispiel geht davon aus, dass Unterhalt aus der Einkommensstufe 3 für ein Kind der Altersstufe 1 zu bezahlen ist.
Bitte beachten Sie: Damit der Titel hinreichend bestimmt ist, muss er alle für die Unterhaltsberechnung erforderlichen Faktoren enthalten. Dies sind:

- Person des Kindes
- Geburtsdatum des Kindes
- Prozentsatz des Mindestunterhaltes (Vervielfältiger). Dieser ergibt sich aus Spalte 7 der Düsseldorfer Tabelle (Überschrift: »Prozentsatz«) aber **nie** aus § 1612a BGB. Die dort genannten Prozentsätze enthalten eine Anweisung, wie für Kinder der ersten, zweiten oder dritten Altersstufe der Mindestunterhalt zu berechnen ist, aber keine Anweisung, in welcher Höhe bezogen auf den Mindestunterhalt das konkrete Kind einen Anspruch auf Zahlung von Unterhalt hat.
- Angabe, ob das Kindergeld für ein erstes, zweites, drittes oder weiteres Kind zu berücksichtigen ist; denn je nach »Zählkindervorteil« fällt es unterschiedlich hoch aus.
- Fälligkeit

Demgegenüber ist die Angabe des Zahlbetrages eigentlich überflüssig, aber üblich (und wird von Ihnen oft benötigt, um den Ehegattenunterhalt berechnen zu können).

79 Palandt/*Brudermüller* BGB Vor § 1601 Rn. 14.
80 Palandt/*Brudermüller* BGB Vor § 1601 Rn. 15.

b) Volljähriges Kind

Lebt ein volljähriges Kind bei den Eltern oder einem Elternteil, ist der Bedarf der Altersstufe 4 der Düsseldorfer Tabelle zu entnehmen. Dies gilt insbesondere auch für sog. »privilegierte Volljährige« gem. § 1603 II 2 BGB. 267

Da dem volljährigen Kind nie ein Anspruch auf Betreuungsunterhalt zusteht, haften die Eltern grundsätzlich immer anteilig. Für ein Kind, das noch bei einem Elternteil lebt, bedeutet dies, dass der Bedarf aus dem zusammengerechneten bereinigten Einkommen beider Eltern nach Altersstufe 4 zu entnehmen ist. Auf den so berechneten Bedarf ist das Kindergeld in voller Höhe anzurechnen. Die verbleibende Differenz ist zwischen den Eltern entsprechend dem Verhältnis ihres Einkommens aufzuteilen. Das Verhältnis ist zu bilden, indem das bereinigte Einkommen vorab jeweils um den angemessenen Selbstbehalt vermindert wird.[81] 268

Ist ein volljähriges Kind demgegenüber auswärts untergebracht, gelten diese Grundsätze entsprechend. Allerdings ist der Bedarf in diesem Fall grundsätzlich unabhängig vom Einkommen der Eltern als Festbetrag zugrunde zu legen. Er richtet sich nach dem BAFöG-Höchstsatz. Derzeit liegt dieser bei 735 EUR.[82] 269

c) Bestandteile des Bedarfs

Unterhaltsrechtlich ist zwischen Elementarunterhalt, Mehrbedarf und Sonderbedarf zu unterscheiden. 270

Die Sätze der Düsseldorfer Tabelle decken den Elementarunterhalt ab. 271

Mehrbedarf ist Bedarf, der ungewöhnlich ist, erheblich ist und regelmäßig anfällt. Beispiele sind Hort- und Kindergartenkosten sowie weitere Kosten für eine pädagogische Fremdbetreuung,[83] aber auch Kosten für Diät oder andere außergewöhnliche Aufwendungen. Für den Mehrbedarf haften die Eltern auch dann anteilig, wenn das Kind noch minderjährig ist.[84] 272

Sonderbedarf ist dadurch gekennzeichnet, dass er einmalig anfällt, erheblich ist und nicht vorhersehbar ist. Daher fallen zB die Aufwendungen für eine erste Brille oder aufgrund eines Unfalls unter Sonderbedarf, nicht aber die Kosten für die Kommunion oder Konfirmation, da diese Feste nach der Taufe vorhersehbar sind.[85] Auch für den Sonderbedarf haften die Eltern in jedem Fall grundsätzlich anteilig. Weiterhin gelten für diese Art des Bedarfs die Einschränkungen für die Geltendmachung von rückständigem Unterhalt nicht (§ 1613 II Nr. 1 BGB). 273

d) Sonderproblem: Verfahrenskostenvorschuss (§ 1360a IV BGB analog)

Minderjährige Kinder können gegen unterhaltspflichtige Eltern einen Anspruch auf Verfahrenskostenvorschuss haben.[86] Dies kommt auch in Betracht, wenn die Eltern diese Kosten nur aus ihrem Vermögen aufbringen können (§ 1603 II BGB). 274

Analog § 1360a IV BGB ist zunächst Voraussetzung, dass das Kind ein Verfahren oder einen Rechtsstreit wegen einer persönlichen Angelegenheit führt. Hierzu gehören zB Verfahren in Familiensachen. 275

Weiterhin besteht der Anspruch nur, wenn die beabsichtigte Rechtsverfolgung hinreichende Erfolgsaussicht hat. 276

Schließlich setzt der Anspruch voraus, dass das Kind nicht über ausreichendes Vermögen verfügt, um den Rechtsstreit oder das Verfahren zu führen. 277

81 Rechenformel SL Ziff. 12.2; Palandt/*Brudermüller* BGB § 1606 Rn. 13.
82 DT Ziff. 7; Palandt/*Brudermüller* BGB Einf. Vor § 1601 Rn. 19.
83 Palandt/*Brudermüller* BGB § 1610 Rn. 11; Abgrenzung, ob es sich um berufsbedingte Aufwendungen des betreuenden Elternteils oder Mehrbedarf des Kindes handelt zT problematisch.
84 Palandt/*Brudermüller* BGB § 1610 Rn. 13.
85 Palandt/*Brudermüller* BGB § 1613 Rn. 8 ff.
86 Hierzu Palandt/*Brudermüller* BGB § 1610 Rn. 15 ff.

Klausurtipp: Diese Fragen könnten zB in eine Klausur eingebettet werden, in der es um die Bewilligung von Verfahrenskostenhilfe geht. Der Anspruch auf Verfahrenskostenvorschuss stellt einzusetzendes Vermögen gem. § 78 FamFG, § 115 III ZPO dar.

4. Leistungsfähigkeit

278 Gegenüber minderjährigen Kindern besteht zulasten der Eltern eine gesteigerte Unterhaltspflicht. Dies bedeutet zunächst, dass hier der Selbstbehalt lediglich 1.080 EUR (für den erwerbstätigen Elternteil) bzw. 880 EUR (für den nichterwerbstätigen Unterhaltspflichtigen) beträgt.[87] Diese Sätze orientieren sich an dem Lebensstandard eines Grundsicherungsberechtigten.

279 Weiterhin folgt hieraus, dass eine gesteigerte Erwerbsobliegenheit besteht: Erzielt der Unterhaltsverpflichtete kein ausreichendes Einkommen aus seiner Erwerbstätigkeit, kann die Aufnahme einer Nebentätigkeit,[88] der Wechsel der Arbeitsstelle oder auch ein Umzug zumutbar sein. Kann er den Unterhalt aufgrund Arbeitslosigkeit nicht leisten, hat er grundsätzlich seine volle Arbeitskraft in die Suche einer Stelle zu investieren.

280 Vergleichbar hohe Anforderungen gelten gegenüber privilegiert Volljährigen (§ 1603 II 2 BGB). Ein lediger Volljähriger wird unterhaltsrechtlich geschützt wie ein Minderjähriger, wenn kumulativ drei Voraussetzungen erfüllt sind:

- Er hat das 18. aber noch nicht das 21. Lebensjahr vollendet.
- Er befindet sich in der allgemeinen Schulausbildung.
- Er lebt noch im Haushalt zumindest eines Elternteils.

281 Liegen diese Voraussetzungen nicht vor, ist der Unterhaltspflichtige nur bis zur Grenze des angemessenen Selbstbehaltes zum Unterhalt verpflichtet (§ 1603 I BGB). Dieser liegt gegenüber volljährigen Kindern bei 1.300 EUR, gegenüber den Eltern des Unterhaltspflichtigen bei 1.800 EUR. Gegenüber den Eltern ist weiterhin die Hälfte des diesen Betrag übersteigenden bereinigten Nettoeinkommens geschützt.[89]

5. Zusatzfragen

a) Unterhalt für die Vergangenheit

282 Unterhalt für die Vergangenheit kann nur ausnahmsweise geltend gemacht werden, wenn die Voraussetzungen des § 1613 BGB vorliegen.

283 Zum einen kann das Kind rückwirkend Unterhalt geltend machen, wenn der Unterhaltspflichtige mit der Zahlung von Unterhalt in Verzug gekommen ist (§ 1613 I BGB). Dies setzt unter anderem eine Mahnung voraus (§ 286 I BGB). Für eine Mahnung ist eine bezifferte Zahlungsaufforderung nach Fälligkeit erforderlich.

284 Weiterhin kann Unterhalt auch rückwirkend geltend gemacht werden, soweit der Unterhaltsberechtigte aus tatsächlichen oder rechtlichen Gründen an der Geltendmachung von Unterhalt gehindert ist (§ 1613 II BGB). Diese Vorschrift spielt vor allem für den Unterhaltsregress des Scheinvaters eine große Rolle: Soweit dieser als Vater Unterhalt leistet, geht der Unterhaltsanspruch des Kindes gegen den »richtigen Vater« auf diesen über (§ 1607 III 2 BGB). Er kann damit den leiblichen Vater auch wegen des rückständigen Unterhaltes in Anspruch nehmen; denn solange die Vaterschaft des Scheinvaters bestand und der leibliche Vater die Vaterschaft nicht anerkennt oder als Vater festgestellt wird, kann das Kind diesen aus rechtlichen Gründen nicht auf Unterhalt in Anspruch nehmen (§ 1600d IV BGB).[90]

Klausurtipp: UU kann die Vaterschaft auch inzident im Unterhaltsregressverfahren festgestellt werden. Vergleiche hierzu → Rn. 116.

87 DT Ziff. 5; Palandt/*Brudermüller* BGB § 1603 Rn. 14 (veraltete Sätze).
88 Hierzu BVerfG NJW 2012, 2420; Palandt/*Brudermüller* BGB § 1603 Rn. 40 ff.
89 Palandt/*Brudermüller* BGB § 1603 Rn. 16 (volljährige Kinder), Rn. 17 (Eltern).
90 Vgl. hierzu Palandt/*Brudermüller* BGB § 1607 Rn. 15 ff.

b) Verzicht

Auf den laufenden Unterhalt des Kindes kann grundsätzlich nicht verzichtet werden (§ 1614 I BGB). Zulässig ist aber, dass die Eltern sich wechselseitig von der Verpflichtung, Kindesunterhalt zu zahlen, freistellen.[91] Dies kommt zB in Betracht, wenn die Kinder bei dem deutlich besser verdienenden Elternteil ihren gewöhnlichen Aufenthalt nehmen sollen, oder wenn die Kinder teilweise bei dem einen, teilweise bei dem anderen Elternteil ihren gewöhnlichen Aufenthalt nehmen sollen. Dann können durch solche Vereinbarungen Hin- und Herzahlungen vermieden werden. **285**

c) Rangfragen (§§ 1608, 1609 BGB)

Minderjährige Kinder sind gegenüber allen anderen Unterhaltsberechtigten vorrangig (§ 1609 Nr. 1 BGB). Das Rangverhältnis mehrerer Unterhaltspflichtiger gegenüber minderjährigen Kindern ist in §§ 1606 bis 1608 BGB geregelt. **286**

VI. Ehegattenunterhalt

1. Allgemeines

a) Zur Anspruchsgrundlage

Anders als hinsichtlich des Kindesunterhalts gibt es für den Ehegattenunterhalt keine einheitliche Anspruchsgrundlage. Für den Ehegattenunterhalt ist vielmehr zu unterscheiden zwischen Familienunterhalt (§§ 1360, 1360a BGB), Unterhalt bei Getrenntleben (§ 1361 BGB) und nachehelichem Unterhalt (§§ 1569 ff. BGB). **287**

b) Erwerbstätigenbonus

Weiterhin unterscheidet sich der Ehegattenunterhalt von dem Verwandtenunterhalt dadurch, dass hier unterhaltsrechtlich für die Erzielung von Erwerbseinkommen ein besonderer Erwerbsanreiz gewährt wird: der sog. **Erwerbstätigenbonus**.[92] **288**

Der Erwerbstätigenbonus variiert. Nach den SL beträgt dieser 10% des bereinigten Nettoeinkommens aus Erwerbstätigkeit bzw. selbstständiger Tätigkeit, andere OLG sehen demgegenüber einen Erwerbstätigenbonus von 1/7 des bereinigten Nettoeinkommens aus Erwerbstätigkeit vor. **289**

Zu beachten ist weiterhin, dass der Erwerbstätigenbonus von dem Einkommen der Ehegatten nur im Rahmen der Berechnung des Bedarfs und der Bedürftigkeit abzusetzen ist. Geht es demgegenüber um die Frage der Leistungsfähigkeit, ist das gesamte bereinigte Nettoeinkommen des Unterhaltspflichtigen zu berücksichtigen. **290**

> **Beispiel:** E1 erzielt aus nichtselbstständiger Tätigkeit 2.000 EUR bereinigt netto, aus Staatsanleihen 200 EUR. E 2 erzielt kein Einkommen.
> In diesem Fall beträgt der Bedarf von E2 ½ * (2.000 EUR – 200 EUR[93] + 200 EUR) = 1.000 EUR.
> Um diesen Bedarf zu decken hat E1 sein gesamtes Einkommen von 2.200 EUR einzusetzen. Ihm bleiben also 2.200 EUR – 1.000 EUR = 1.200 EUR und damit mehr als der eheangemessene Selbstbehalt von 1.000 EUR. Auch die Untergrenze[94] von 1.200 EUR für den eheangemessenen Bedarf wird nicht unterschritten, da der Erwerbstätigenbonus für die Berechnung des Selbstbehaltes nicht berücksichtigt werden darf.

91 Vgl. Palandt/*Brudermüller* BGB § 1606 Rn. 19.
92 S. hierzu Palandt/*Brudermüller* BGB § 1578 Rn. 48; zur Kritik *Gerhardt* FamRZ 2013, 834.
93 Erwerbstätigenbonus nach Ziff. 15 SüdL.
94 S. unten → Rn. 307.

c) Berechnungsmethoden

291 Hinsichtlich der Unterhaltsberechnung ist zwischen der Differenzmethode einerseits und der Additionsmethode in Verbindung mit der Anrechnungsmethode andererseits zu unterscheiden.

292 Die **Additionsmethode** erfasst die jeweiligen Einkunftsarten der Ehegatten gesondert. Der Bedarf wird ermittelt, indem diese addiert werden und die Summe halbiert wird. Die Bedürftigkeit ergibt sich, indem das eigene Einkommen des Unterhaltsberechtigten auf den Bedarf angerechnet wird.

> **Beispiel:** Einkommen E1 bereinigt netto und nach Abzug des Erwerbstätigenbonus 3.000 EUR, Einkommen des E2, ebenfalls bereinigt netto und nach Abzug des Erwerbstätigenbonus 1.000 EUR.
> Bedarf: ½ * (3.000 EUR + 1.000 EUR) = 2.000 EUR (Additionsmethode)
> Bedürftigkeit: 2.000 EUR – 1.000 EUR = 1.000 EUR (Anrechnungsmethode)
> Die **Differenzmethode** kommt auf kürzerem Weg zum gleichen Ergebnis, indem sie die Differenz zwischen dem beiderseitigen Einkommen hälftig zwischen den Ehegatten aufteilt:
> ½ * (3.000 EUR – 1.000 EUR) = 1.000 EUR

Klausurtipp: Auch wenn der Weg der Differenzmethode auf den ersten Blick einfacher aussieht, wird doch dringend für die Klausurbearbeitung empfohlen, die Additionsmethode anzuwenden. Sie entspricht der Systematik der Prüfung unterhaltsrechtlicher Ansprüche besser. Außerdem schützt sie vor Flüchtigkeitsfehlern, die erfahrungsgemäß bei Anwendung der Differenzmethode in der Hektik von Examensklausuren auftreten, wenn Einkünfte zusammentreffen, für die ein Erwerbstätigenbonus abzuziehen ist und Einkünfte, von denen der Erwerbstätigenbonus nicht abgezogen werden darf, oder die aus anderen Gründen unterschiedlich zu berechnen sind.

2. Familienunterhalt, §§ 1360, 1360a BGB

293 Der Anspruch auf Familienunterhalt ist ein Anspruch auf Naturalunterhalt: Ehegatten sind einander verpflichtet, durch Gewährung von Wohnung, Haushaltsführung, aber auch Erwerbstätigkeit um den finanziellen Bedarf zu decken, den gesamten Bedarf der Familie einschließlich der Kinder zu decken. Die Beiträge zur Deckung des Familienunterhaltes werden dabei grundsätzlich als gleichwertig angesehen (§ 1360 S. 2 BGB für die Haushaltsführung).

Klausurtipp: In der familiengerichtlichen Klausur spielt der Anspruch auf Familienunterhalt (ebenso wie in der gerichtlichen Praxis) keine Rolle. Klausuren sind jedoch denkbar mit folgender Aufgabenstellung: Der haushaltsführende Ehegatte ist verschuldet. Ein Gläubiger dieses Ehegatten versucht, dessen Anspruch auf Zahlung eines Taschengeldes (der ebenfalls von dem Anspruch auf wechselseitige Gewährung des für den Bedarf der Familie erforderlichen Unterhalts umfasst ist) zu pfänden.[95]

3. Getrenntlebensunterhalt: § 1361 BGB

a) Anspruchsgrundlage

294 Der Anspruch auf Zahlung von Getrenntlebensunterhalt ergibt sich aus § 1361 I BGB. Leben Ehegatten noch innerhalb der Ehewohnung, kann im Einzelfall genauer zu begründen sein, dass sie gleichwohl getrennt leben (§ 1567 I 2 BGB).

b) Bedürftigkeit

295 Erzielen beide Ehegatten Einkommen, ist ein Ehegatte bedürftig, soweit er dadurch allein den Bedarf nicht decken kann. Daher ist in diesen Fällen vorab der Bedarf anhand des beiderseitigen Einkommens zu berechnen und sodann das Einkommen des Bedürftigen auf diesen Bedarf anzurechnen.

95 Zu den damit zusammenhängenden Problemen vgl. BGH NJW 2004, 2450.

Erzielt ein Ehegatte kein eigenes Einkommen, ist vorab im Rahmen der Bedürftigkeit zu klären, ob diesen eine Erwerbsobliegenheit trifft; denn in diesem Fall ist ihm fiktiv das Einkommen anzurechnen, das er erzielen könnte, wenn er der Erwerbsobliegenheit nachkommen würde. **296**

Gem. § 1361 II BGB besteht für den Getrenntlebensunterhalt nur eine **eingeschränkte Erwerbsobliegenheit:** Auch von einem Ehegatten, der gesund ist und nicht durch Kinderbetreuung oder andere aus der Ehe herrührende Umstände an einer Erwerbstätigkeit gehindert ist, kann eine Erwerbstätigkeit nur erwartet werden, soweit dies nach seinen persönlichen Verhältnissen gerechtfertigt erscheint (§ 1361 II BGB). Daraus wird abgeleitet, dass von einem Ehegatten, der bisher nicht erwerbstätig war, mit Eintritt der Trennung nicht unmittelbar die Aufnahme einer Erwerbstätigkeit erwartet werden kann. Als Faustformel gilt für diese Fälle: Für einen Ehegatten, der bisher keiner Erwerbstätigkeit nachgegangen ist, besteht während des **ersten Jahres** der Trennung keine unterhaltsrechtliche Erwerbsobliegenheit.[96] **297**

Schaubild zur Erwerbsobliegenheit: **298**

Ehegatte bisher nicht/nur teileweise erwerbstätig:	Ehegatte bisher erwerbstätig:
• Während des ersten Jahres nach der Trennung keine Erwerbsobliegenheit • Danach abhängig von Erwerbsmöglichkeiten, Betreuungsbedarf der Kinder, Alter, Gesundheit (wie nachehelicher Unterhalt)	• Obliegenheit, Erwerbstätigkeit fortzusetzen; • Ausnahme: die bisherige Erwerbstätigkeit ist aufgrund der Trennung überobligationsmäßig (zB wegen Betreuung von Kindern, die durch den Partner nicht mehr unterstützt wird)

c) Bedarf

Der Bedarf richtet sich gem. § 1361 I BGB nach den ehelichen Lebensverhältnissen. Aus dem **Halbteilungsgrundsatz** ergibt sich, dass das von den Ehegatten während des Bestehens der Ehe erzielte bereinigte Nettoeinkommen hälftig zwischen den Ehegatten aufgeteilt werden muss, soweit es nicht ausnahmsweise auf unzumutbarer (überobligatorischer) Tätigkeit beruht. Das bereinigte Nettoeinkommen aus Erwerbstätigkeit ist vorab um einen Erwerbstätigenbonus zu kürzen. **299**

Während des Getrenntlebens sind grundsätzlich auch alle **Änderungen** des Einkommens beachtlich. **300**

Nimmt ein Ehegatte nach der Trennung eine Erwerbstätigkeit auf, ist auch das daraus erzielte Einkommen im Rahmen der Berechnung des Bedarfs zu berücksichtigen. **301**

> **Beispiel:** E1 erzielt bei Trennung bereinigt netto nach Abzug des Erwerbstätigenbonus 3.000 EUR, E2 ist bisher für die Haushaltsführung zuständig gewesen. Ein Jahr später nimmt E2 eine Erwerbstätigkeit auf, aus der E2 bereinigt netto nach Abzug des Erwerbstätigenbonus 1.500 EUR verdient.
> In diesem Fall errechnet sich der Bedarf wie folgt:
>
> ½ * (3.000 EUR + 1.500 EUR) = 2.250 EUR
>
> Die Bedürftigkeit von E2 berechnet sich wie folgt:
>
> 2.250 EUR – 1.500 EUR = 750 EUR
>
> Demgegenüber wäre es verfehlt, auf den bei Aufnahme der Erwerbstätigkeit von E2 bestehenden Bedarf von 1.500 EUR (½ von 3.000 EUR) das nun erstmalig erzielte Einkommen von E2 in Höhe von 1.500 EUR anzurechnen mit der Folge, dass der Unterhaltsanspruch entfiele.[97]

96 Palandt/*Brudermüller* BGB § 1361 Rn. 13.
97 Zur Berechnung des nachehelichen Unterhaltes in diesen Fällen vgl. → Rn 346.

302 Weiterhin sind auch Einkommensminderungen beachtlich, die nach dem Zeitpunkt der Trennung aufgetreten sind. Dazu gehören auch neue **Unterhaltsansprüche für nichteheliche Kinder des Unterhaltspflichtigen:**[98]

> **Beispiel:** E1 wird Vater eines nach der Trennung geborenen nichtehelichen Kindes. In diesem Fall ist auch der Barunterhalt, den E1 für dieses Kind zu bezahlen hat, im Wege des Vorwegabzuges von seinem Einkommen abzuziehen, um das bereinigte Nettoeinkommen für die Berechnung des Ehegattenunterhaltes zu erhalten.

303 Besonderheiten gelten aufgrund des Verbotes der Doppelverwertung für **Verbindlichkeiten**. Diese prägen zwar die ehelichen Lebensverhältnisse, soweit sie vor oder während der Ehe begründet wurden. Gleichwohl ist zwischen dem Zins- und dem Tilgungsanteil zu unterscheiden; denn kein Ehegatte darf auf Kosten des anderen einseitig Vermögen bilden. Daher ist der Tilgungsanteil bei Ehegatten, die im gesetzlichen Güterstand verheiratet sind, nur bis zum Zeitpunkt der Zustellung des Scheidungsantrages zu beachten (§ 1384 BGB); denn bis zu diesem Zeitpunkt partizipiert der andere Teil über die Erhöhung des Endvermögens aufgrund der Tilgung über den Zugewinnausgleich. Ab diesem Zeitpunkt kann demgegenüber nur noch der Zinsanteil berücksichtigt werden.[99]

304 Sind die Einkommensverhältnisse sehr beengt, kann das Ergebnis auftreten, dass der nach dem Halbteilungsgrundsatz berechnete Bedarf unter den Wert von 880 EUR absinkt. Dies kann zB eintreten, wenn nur ein Ehegatte Einkommen erzielt und das bereinigte Nettoeinkommen nach Abzug des Erwerbstätigenbonus hinter dem Wert von 1.760 EUR zurückbleibt. In diesem Fall ist für die Unterhaltsberechnung der **Mindestbedarf** zugrunde zu legen, der nach der Rechtsprechung dem notwendigen Selbstbehalt eines nicht erwerbstätigen Unterhaltspflichtigen entspricht und derzeit bei 880 EUR liegt.[100]

305 Der nach dem Halbteilungsgrundsatz berechnete Bedarf dient der Berechnung des **Elementarunterhaltes**. Daneben können auch Ansprüche auf Zahlung von Altersvorsorgeunterhalt, Krankheitskostenvorsorgeunterhalt und auf Zahlung eines Verfahrenskostenvorschusses (§§ 1361 IV, 1360a IV BGB) bestehen.[101]

d) Leistungsfähigkeit

306 Anders als für den nachehelichen Unterhalt ist für den Getrenntlebensunterhalt die Leistungsfähigkeit gesetzlich nicht geregelt. Allerdings entspricht es einem allgemein anerkannten unterhaltsrechtlichen Grundsatz, dass der Unterhaltspflichtige aufgrund der Leistung von Unterhalt nicht selbst bedürftig werden darf. Daher ist analog § 1581 BGB auch im Rahmen des Getrenntlebensunterhaltes die Leistungsfähigkeit des Unterhaltspflichtigen festzustellen.

307 Anders als im Kindesunterhalt kennt der Ehegattenunterhalt keinen starren Selbstbehalt. Der eheangemessene Selbstbehalt ist vielmehr beweglich: Ebenso wie dem Unterhaltsberechtigten muss diesem die Hälfte des Bedarfs verbleiben.[102]

308 Anders als bei der Berechnung des Bedarfs sind hierfür die gesamten Einkünfte des Unterhaltsverpflichteten zu berücksichtigen. Diese dürfen bei der Berechnung des Selbstbehaltes **nicht** um den Erwerbstätigenbonus gekürzt werden.[103]

309 Der eheangemessene Selbstbehalt ist allerdings nach unten absolut begrenzt. Bei der Bemessung der Untergrenze wird durch die Rechtsprechung berücksichtigt, dass Ehegatten einander in geringerem Maß zur ehelichen Solidarität verpflichtet sind als dies für Eltern gegenüber minderjährigen Kindern der Fall ist, aber stärker als dies für Eltern gegenüber volljährigen

---

98 Vgl. BGH NJW 2012, 384; Palandt/*Brudermüller* BGB § 1578 Rn. 50.
99 Palandt/*Brudermüller* BGB § 1361 Rn. 37, 49.
100 Palandt/*Brudermüller* BGB § 1578 Rn. 35; BGH NJW 2010, 937.
101 Vgl. hierzu Palandt/*Brudermüller* BGB § 1361 Rn. 65 ff. sowie § 1360a Rn. 7 ff.
102 BGH FamRZ 2012, 281; Johannsen/Henrich/*Hammermann* BGB § 1361 Rn. 86.
103 BGH NJW 2013, 2662.

Kindern gilt. Daher wird die Untergrenze in der Mitte zwischen dem notwendigen und dem angemessenen Selbstbehalt angesetzt.[104] Derzeit beträgt sie 1.200 EUR.

Beispiel: E1 erzielt bereinigt netto 1.600 EUR, E2 ist aufgrund der Betreuung eines einjährigen Kindes nicht erwerbstätig.[105]
Der Bedarf und die Bedürftigkeit von E2 berechnen sich wie folgt:

Bedarfsprägendes Einkommen	1.600 EUR
Abzüglich Erwerbstätigenbonus[106]	160 EUR
Bedarf nach Halbteilungsgrundsatz	720 EUR
Mindestbedarf	880 EUR

Leistungsfähigkeit von E1:
Beweglicher Selbstbehalt: 720 EUR. Dieser Selbstbehalt wird auch bei Zahlung des Mindestbedarfs von 880 EUR gewahrt. Aber Untergrenze des eheangemessenen Selbstbehaltes: 1.200 EUR. Daher schuldet E1 nur Unterhalt in Höhe von 400 EUR.

e) Zusatzfragen

Ansprüche auf Getrenntlebensunterhalt unterliegen denselben Grundsätzen der Verwirkung wie Ansprüche auf nachehelichen Unterhalt (§§ 1361 III, 1579 Nr. 2–8 BGB). Allerdings ist der Tatbestand des § 1579 Nr. 1 BGB nicht anwendbar, da während des Getrenntlebens die Ehe nicht endet. 310

Anders als auf nachehelichen Unterhalt ist ein **Verzicht** auf laufenden Getrenntlebensunterhalt unwirksam (§§ 1361 IV, 1360a III, 1614 BGB). Haben Ehegatten auf Ansprüche auf Ehegattenunterhalt wechselseitig verzichtet, ist diese Vereinbarung daher zumindest insoweit teilunwirksam (§ 139 BGB). 311

Ansprüche auf **rückständigen Unterhalt** bestehen grundsätzlich nur, wenn die Voraussetzungen des Verzuges vorliegen (§§ 1361 IV, 1360a III, 1613 I BGB). Insoweit ist darauf zu achten, dass eine Mahnung wegen Getrenntlebensunterhaltes für nachehelichen Unterhalt nicht verzugsbegründende wirkt; denn dieser stellt einen anderen Verfahrensgegenstand dar.[107] 312

Klausurtipp: In einer Anwaltsklausur sollte also darauf geachtet werden, dass mit Rechtskraft der Scheidung für nachehelichen Unterhalt sofort Verzug begründet wird, sofern dieser nicht ohnehin im Verbund geltend gemacht wurde.

Rangfragen: Der Rang des Anspruchs auf Getrenntlebensunterhalt ist nicht gesondert geregelt. Daher ergibt sich der Rang des Unterhaltsberechtigten aus § 1609 BGB. Der getrenntlebende Ehegatte steht damit auf dem zweiten Rang nach minderjährigen und privilegiert volljährigen Kindern, wenn er aufgrund Kinderbetreuung einen Unterhaltsanspruch hat oder langjährig verheiratet ist, sonst auf dem dritten Rang. 313

4. Nachehelicher Unterhalt

Für den nachehelichen Unterhalt ist von folgendem Grundsatz auszugehen: Mit Rechtskraft der Scheidung ist jeder Ehegatte selbst dafür verantwortlich, für seinen Unterhalt zu sorgen (§ 1569 BGB). Daher besteht nur ein Unterhaltsanspruch, wenn einer der Tatbestände der §§ 1570 bis 1573 BGB oder der §§ 1575, 1576 BGB erfüllt ist. Insbesondere der Aufstockungsunterhalt (§ 1573 II BGB) führt aber dazu, dass die Ausnahme die Regel ist: In aller Regel erzielen die Ehegatten Einkommen in unterschiedlicher Höhe, sodass zumindest vorübergehend (§ 1578b BGB) ein Anspruch auf Aufstockungsunterhalt besteht. 314

104 Palandt/*Brudermüller* BGB § 1361 Rn. 67 (aber veralteter Betrag).
105 Ansprüche auf Erziehungsgeld werden in dieser Beispielsrechnung nicht berücksichtigt.
106 Nach SüdL Nr. 15.
107 Palandt/*Brudermüller* BGB § 1585b Rn. 2.

a) Unterhaltstatbestände

aa) Allgemeines

315 Unterhaltskette: Das Gesetz sieht in §§ 1570–1573, 1575, 1576 BGB insgesamt sieben Unterhaltstatbestände vor. Entscheidend ist, dass ein Anspruch auf Unterhalt nur besteht, wenn einer dieser Tatbestände bei Rechtskraft der Scheidung erfüllt ist oder sich an einen anderen Unterhaltsanspruch unmittelbar anschließt, der letztlich lückenlos bis zu einem Tatbestand im Anschluss an die Rechtskraft der Scheidung führt. Ist die »**Unterhaltskette**« einmal unterbrochen, kann kein Anspruch auf nachehelichen Unterhalt mehr entstehen. Dies gilt auch für Ansprüche auf Unterhalt gem. § 1573 BGB, obwohl hier die Einsatzzeitpunkte nicht so streng geregelt sind wie bei §§ 1570 bis 1572 BGB.[108]

> **Beispiel:** E1 wird zwei Jahre nach Rechtskraft der Scheidung arbeitslos. Ihm steht kein Anspruch auf Unterhalt gem. § 1573 I BGB zu, da die Anspruchsgrundlage nicht bei Rechtskraft der Scheidung oder in zeitlichem Zusammenhang mit der Scheidung erfüllt war.

316 Eine Ausnahme ist zu beachten: Erlischt der Anspruch durch Wiederheirat, lebt ein Anspruch wegen Betreuungsunterhaltes wieder auf, wenn die zweite Ehe aufgelöst oder geschieden wird (§ 1586a BGB).

317 Erwerbsobliegenheit: Für beide Ehegatten gilt: Es besteht die Obliegenheit zu einer angemessenen Erwerbstätigkeit (§ 1574 BGB).

318 Angemessen ist eine Erwerbstätigkeit, die objektiv den Fähigkeiten eines Ehegatten entspricht und diesem subjektiv in Anbetracht der ehelichen Lebensverhältnisse auch zumutbar ist.[109]

319 Für den objektiven Tatbestand werden die Ausbildung, frühere Erwerbstätigkeiten, Alter und Gesundheitszustand berücksichtigt.

320 In subjektiver Hinsicht kann eine objektiv angemessene Erwerbstätigkeit insbesondere dann unzumutbar sein, wenn sie deutlich hinter den bisherigen Lebensverhältnissen zurückbleibt.

> **Beispiel:** Die Gattin des wohlsituierten Kommerzienrates muss nicht direkt nach der Scheidung in anderen Haushalten putzen.

321 Unter diesem Gesichtspunkt kann eine Tätigkeit allerdings nur vorübergehend verweigert werden.[110]

322 Kann ein Ehegatte keine angemessene Tätigkeit finden, weil sein Ausbildungsstand nicht (mehr) ausreicht, kann die Obliegenheit zur Aus- oder Fortbildung oder Umschulung bestehen (§ 1574 III BGB). Für diese Zeiten gewährt § 1575 BGB einen Unterhaltsanspruch, wenn die Aus- oder Fortbildung oder die Umschulung aus ehebedingten Gründen erforderlich ist, zB weil jemand mit Rücksicht auf die Eheschließung seine Ausbildung abgebrochen oder seine Berufstätigkeit unterbrochen hat, im Übrigen kann gem. § 1573 I BGB ein Anspruch auf Unterhalt bestehen, da ein Ehegatte während der Ausbildung keiner angemessenen Tätigkeit nachgehen kann.[111]

323 Konkurrenz von Ansprüchen: Nicht selten tritt die Konstellation auf, dass auch mehrere Anspruchsgrundlagen erfüllt sind.

> **Beispiel:** E1 erzielt ein Einkommen in Höhe von 6.000 EUR (bereinigt netto, nach Abzug des Erwerbstätigenbonus), E2 kann aufgrund Kinderbetreuung nur halbtags arbeiten und erzielt hieraus ein Einkommen in Höhe von 1.000 EUR (ebenfalls bereinigt netto und nach Abzug des Erwerbstätigenbonus).
> In diesem Fall steht E2 ein Anspruch auf Betreuungsunterhalt (§ 1570 I BGB) zu, soweit E2 an einer vollschichtigen Beschäftigung gehindert ist. Soweit E1 aus der Halbtagstätigkeit kein Einkommen erzielen kann, das ausreicht, um den Bedarf nach den ehelichen Le-

108 Palandt/*Brudermüller* BGB § 1573 Rn. 10.
109 Vgl. hierzu im Einzelnen Palandt/*Brudermüller* BGB § 1574 Rn. 3 ff.
110 Vgl. Palandt/*Brudermüller* BGB § 1574 Rn. 5.
111 Palandt/*Brudermüller* BGB § 1574 Rn. 8.

bensverhältnissen zu decken, steht ihr ein Anspruch auf Aufstockungsunterhalt zu (§ 1573 II BGB). Es handelt sich zwar um einen einheitlichen Anspruch, der sich aber aus mehreren Teilansprüchen zusammensetzt. Jeder Teilanspruch ist gesondert festzustellen und zu berechnen (Lehre von der Anspruchskonkurrenz).[112] Dies zeigt sich zB an § 1578b BGB, der hinsichtlich der Befristung des Anspruchs nur auf § 1573 II BGB anwendbar ist, nicht aber auf § 1570 BGB, da diese Vorschrift insoweit eine abschließende Sonderregelung enthält.[113]

Im vorliegenden Beispiel würde sich hieraus ergeben:

Anspruchsgrundlagen: §§ 1570 I, 1573 II BGB:

- Anspruch gem. § 1570 I BGB

– Bedarf/Bedürftigkeit

Hinsichtlich Betreuungsunterhalt

Bedarf nach den ehelichen Lebensverhältnissen: ½ * (6.000 EUR + 1.000 EUR) = 3.500 EUR

Bedürftigkeit, soweit E2 den Bedarf nicht durch eigene Erwerbstätigkeit aufgrund Kinderbetreuung decken kann: 1.000 EUR. Dieser Anspruch besteht, solange E2 wegen Kinderbetreuung an einer weitergehenden Erwerbstätigkeit gehindert ist. Er ist grundsätzlich unbefristet zuzusprechen.

- Anspruch gem. § 1573 II BGB:

Soweit E2 bedürftig ist, weil sie auch bei Ausübung einer vollschichtigen Tätigkeit kein ausreichendes Einkommen erzielen würde: 3.500 EUR – 2.000 EUR = 1.500 EUR; dieser Anspruch kann gem. § 1578b BGB befristet werden.

Der Betrag von 2.000 EUR ergibt sich daraus, dass beide Ehegatten bei vollschichtiger Tätigkeit von E2 ein Gesamteinkommen von 8.000 EUR erzielen würden, Bedarf nach Halbteilung 4.000 EUR, Anrechnung des Einkommens von E2 bei vollschichtiger Tätigkeit 2.000 EUR sodass 2.000 EUR verbleiben. Im Übrigen entspricht er dem Betrag, in dessen Höhe der Bedarf von E2 durch eigenes Einkommen und Betreuungsunterhalt gedeckt ist.

bb) Unterhaltsansprüche im Einzelnen

Betreuungsunterhalt: Der Anspruch auf Betreuungsunterhalt ergibt sich aus § 1570 BGB. Demnach ist zu unterscheiden wie folgt: 324

Betreut ein Ehegatte bei Rechtskraft ein gemeinschaftliches Kind, das das dritte Lebensjahr noch nicht vollendet hat, steht ihm ein Anspruch auf Betreuungsunterhalt zu (§ 1570 I BGB). Dem unterhaltsberechtigten Elternteil ist es bis zur Vollendung des dritten Lebensjahres des Kindes freigestellt, ob er dieses selbst betreuen möchte oder ob er die Möglichkeit einer Fremdbetreuung in Anspruch nehmen will. Übernimmt er die Betreuung selbst, besteht auch keine Obliegenheit für eine Teilzeittätigkeit. 325

Nach Vollendung des dritten Lebensjahres des Kindes kann ein Anspruch auf Betreuungsunterhalt aus kind- oder elternbezogenen Gründen bestehen. Grundsätzlich ist der betreuende Elternteil ab diesem Zeitpunkt darauf zu verweisen, auch Möglichkeiten der Fremdbetreuung eines Kindes in Anspruch zu nehmen, um seiner Erwerbsobliegenheit nachzukommen.[114] 326

Aus kindbezogenen Gründen besteht der Anspruch, wenn bzw. soweit der unterhaltsberechtigte Ehegatte aufgrund der Betreuung des Kindes an einer vollschichtigen Tätigkeit gehindert ist (kindbezogene Gründe). Dies kommt in Betracht, wenn keine Möglichkeit der Fremdbetreuung für das Kind besteht oder wenn es dem Kind nicht zuzumuten ist, diese ganztags in Anspruch zu nehmen. Die Darlegungs- und Beweislast liegt insoweit bei dem Ehegatten, der Unterhalt wegen Betreuung des Kindes geltend macht.[115] 327

112 BGH NJW 2009, 989; Palandt/*Brudermüller* BGB Vor § 1569 Rn. 8, 9.

113 Vgl. unten → Rn. 353.

114 BGH NJW 2011, 2646.

115 Palandt/*Brudermüller* BGB § 1570 Rn. 10–14, 24.

Klausurtipp: Die Kosten der Fremdbetreuung des Kindes stellen mit Ausnahme der Verpflegungskosten Mehrbedarf des Kindes dar. Sie sind also von den Eltern anteilig zu tragen.[116]

328 Aus elternbezogenen Gründen besteht ein Anspruch auf Betreuungsunterhalt, soweit einem Elternteil die Belastung durch Betreuung des Kindes außerhalb der Betreuungszeit, Haushaltsführung und Erwerbstätigkeit nicht zumutbar ist (§ 1570 II BGB). Im Rahmen der Verlängerung des Betreuungsunterhaltes ist auch der Aspekt einer gerechten Lastenverteilung zwischen dem unterhaltsberechtigten Elternteil und dem unterhaltspflichtigen Elternteil zu berücksichtigen.[117]

329 Letztlich ist es immer eine Einzelfallentscheidung, für welche Dauer und in welchem Umfang ein Anspruch auf Betreuungsunterhalt angenommen wird. Der BGH hat es mehrfach abgelehnt, entsprechend dem früheren Altersphasenmodell eine Fallgruppenbildung zuzulassen.[118] In der Regel scheidet allerdings ein nahtloser Übergang von der Betreuung eines Kleinkindes zu einer vollschichtigen Erwerbsobliegenheit aus.[119] Auch dies ist aber immer eine Einzelfallentscheidung, die auch **nur und ausschließlich** anhand aller Umstände des jeweiligen Falles zu entscheiden ist.

330 **Unterhalt wegen Alters und Krankheit**: Diese Unterhaltsansprüche sind in §§ 1571, 1572 BGB geregelt. Hinsichtlich des Anspruchs auf Unterhalt wegen **Alters** (§ 1572 BGB) ist zu beachten, dass dieser grundsätzlich erst mit Erreichen der allgemeinen Altersgrenze einsetzt. Soweit jemand vor diesem Zeitpunkt in seinem Beruf keine Stelle mehr bekommen kann (zB ein Facharbeiter nach längerer Berufspause) und ihm auch keine andere Tätigkeit zumutbar ist bzw. eine Umschulung oder Fortbildung nicht mehr zumutbar ist, besteht ein Anspruch wegen Erwerbslosigkeit (§ 1573 I BGB).[120]

331 Ein Anspruch auf Unterhalt wegen **Krankheit** oder **Gebrechen** besteht, wenn aufgrund der Krankheit oder des Gebrechens einem Ehegatten überhaupt keine Erwerbstätigkeit zumutbar ist (§ 1572 BGB). Es reicht also nicht, dass dieser in seinem konkreten Beruf keine Tätigkeit mehr ausüben kann.

> **Beispiel:** Chirurg, der aufgrund eines Unfalls an einer Hand eine deutliche Bewegungseinschränkung erlitten hat.

332 Merke also: Berufsunfähigkeit führt in der Regel nur dazu, dass ein Ehegatte eine andere Erwerbstätigkeit ergreifen und sich ggf. umschulen lassen muss. Solange er deshalb keine neue Tätigkeit findet, kann ein Anspruch auf Unterhalt wegen Erwerbslosigkeit (§ 1573 I BGB) in Betracht kommen.

333 Weiterhin trifft den Unterhaltsberechtigten die Obliegenheit, die Krankheit behandeln zu lassen.[121] Daher entfällt der Anspruch, soweit der Anspruchsberechtigte bei fiktiver Behandlung ein fiktives Einkommen erzielen könnte.

334 **Unterhalt wegen Erwerbslosigkeit:** Dieser Unterhaltsanspruch ergibt sich aus § 1573 I BGB. Er besteht, wenn ein Ehegatte keine angemessene Erwerbstätigkeit finden kann, obwohl er alles getan hat, um seiner Erwerbsobliegenheit nachzukommen,[122] also eine Arbeit zu finden. Dafür reicht es nicht aus, dass sich dieser bei der Bundesagentur für Arbeit arbeitslos meldet. Vielmehr muss dieser auch von sich aus Arbeit suchen, indem er sich aus öffentlich zugänglichen Quellen (Zeitungen, Internetportale) über offene Stellen informiert und sich dort ernsthaft bewirbt, aber auch, indem er an geeignete Arbeitgeber Initiativ(»Blind-«)bewerbungen richtet. Je nach den persönlichen Verhältnissen ist ihm auch ein Umzug zumutbar. Insgesamt zeigt sich, dass dieser Unterhaltsanspruch allenfalls vorübergehend besteht.

116 Palandt/*Brudermüller* BGB § 1610 Rn. 11.
117 BGH NJW 2012, 1868; Palandt/*Brudermüller* BGB § 1570 Rn. 15.
118 Vgl. BGH NJW 2011, 2646.
119 Palandt/*Brudermüller* BGB § 1570 Rn. 10.
120 Zur Begrenzung des Anspruchs auf Altersunterhalt Palandt/*Brudermüller* BGB § 1571 Rn. 3.
121 Palandt/*Brudermüller* BGB § 1572 Rn. 6.
122 Hierzu Palandt/*Brudermüller* BGB § 1573 Rn. 7.

Aufstockungsunterhalt: Dieser Anspruch ergibt sich aus § 1573 II BGB. Er unterscheidet sich von den anderen Unterhaltstatbeständen dadurch, dass er nicht auf eine spezielle Lebenssituation abstellt, die ursächlich für die Bedürftigkeit des unterhaltsberechtigten Ehegatten ist (Betreuung, Alter, Krankheit oder Arbeitslosigkeit), sondern allein daran anknüpft, dass das Einkommen eines Ehegatten nicht ausreicht, um den vollen Bedarf zu decken oder im Klartext: hinter dem Einkommen des anderen zurückbleibt. Dieser Anspruch bewirkt, dass sich das im Gesetz angelegte Regel-Ausnahmeverhältnis (nach Rechtskraft der Scheidung grundsätzlich kein Unterhalt, es sei denn, es besteht ausnahmsweise ein Unterhaltsanspruch) in sein Gegenteil verkehrt; denn in aller Regel werden die Ehegatten bei Rechtskraft der Scheidung nicht genau gleich hohe Einkünfte erzielen. Der Anspruch dient der Wahrung des ehelichen Lebensstandards, zumindest für einen Übergang.[123] 335

Klausurtipp: Dieser Anspruch sollte erst geprüft werden, wenn alle anderen Unterhaltstatbestände (negativ) durchgeprüft wurden. Die Subsumtion hat sich für diesen Anspruch auf die Feststellung zu beschränken, dass dem Unterhaltsberechtigten ein Anspruch auf Aufstockungsunterhalt (§ 1573 II BGB) zusteht, weil er aus eigener Erwerbstätigkeit kein Einkommen erzielen kann, das ausreicht, den vollen Bedarf zu decken. Die Begründung dieses Ergebnisses folgt aus den Berechnungen zum Bedarf und zur Bedürftigkeit.

b) Bedürftigkeit

Ein geschiedener Ehegatte kann nur Unterhalt geltend machen, soweit er bedürftig ist (§ 1577 BGB). Er ist deshalb gehalten, den Bedarf zunächst durch eigenes Einkommen aus zumutbarer Tätigkeit (§ 1574 BGB) zu decken. 336

Gelegentlich muss der unterhaltsberechtigte Ehegatte auch eine unzumutbare Tätigkeit aufnehmen, um seinen Lebensbedarf zu decken, zB weil der unterhaltspflichtige Ehegatte den geschuldeten Unterhalt nicht leistet. In diesem Fall spricht man auch von **überobligatorischer Tätigkeit**. Eine überobligatorische Tätigkeit liegt zB vor, wenn ein Ehegatte neben der Betreuung eines noch nicht drei Jahre alten Kindes eine vollschichtige Erwerbstätigkeit ausübt. Die Rechtsprechung berücksichtigt dies, indem sie die aus einer solchen Tätigkeit erzielten Einkünfte nach Billigkeit bei der Unterhaltsberechnung nur teilweise berücksichtigt.[124] 337

§ 1577 III BGB sieht weiterhin vor, dass der unterhaltsberechtigte Ehegatte zur Deckung seines Bedarfs auch sein **Vermögen** einzusetzen hat. Dies wird allerdings nur erwartet, soweit dies der Billigkeit entspricht. In diesem Zusammenhang wird insbesondere auch berücksichtigt, dass Ehegatten über den Zugewinnausgleich an dem in der Ehe erzielten Vermögenszuwachs gleichmäßig teilhaben sollen. Daher wäre es oft unbillig, von dem bedürftigen Ehegatten zu fordern, dass dieser dieses Vermögen zur Deckung seines Unterhaltsbedarfs einsetzt; denn dadurch würde der andere Teil entlastet, ihm verbliebe der in der Ehezeit erzielte Vermögenszuwachs alleine.[125] 338

c) Bedarf

Der Bedarf richtet sich gem. § 1578 BGB nach den ehelichen Lebensverhältnissen. Entscheidend ist insoweit der Zeitpunkt der Rechtskraft der Scheidung.[126] 339

Dadurch werden die Einkommensverhältnisse zum Zeitpunkt der Scheidung aber nicht »zementiert«. Vielmehr sind auch Änderungen, die nach der Scheidung eintreten, zu berücksichtigen, soweit sie in der Ehe »angelegt« waren. Dies ist der Fall, wenn die nacheheliche Änderung des Einkommens in gleicher Weise auch bei fortbestehender Ehe eingetreten wäre, mit hoher Wahrscheinlichkeit zu erwarten war oder wenn die Änderung in anderer Weise in der Ehe angelegt war.[127] 340

123 Palandt/*Brudermüller* BGB § 1573 Rn. 13.
124 Vgl. Palandt/*Brudermüller* BGB § 1577 Rn. 21 ff.
125 Einschränkend Palandt/*Brudermüller* BGB § 1577 Rn. 31.
126 BGH NJW 2012, 384.
127 BGH NJW 2012, 384; Palandt/*Brudermüller* BGB § 1578 Rn. 12–33.

341 **Exkurs:**

Diese Rechtsprechung beruht auf einer Entscheidung des BVerfG. Ursprünglich hatte sich die Rechtsprechung dahingehend entwickelt, nacheheliche Veränderungen des Einkommens ganz überwiegend bereits auf der Ebene der Ermittlung des Bedarfs zu berücksichtigen. Dem lag die Lehre von den »wandelbaren ehelichen Lebensverhältnissen« zugrunde. Das BVerfG ist jedoch zu der Auffassung gelangt, dass diese Auslegung von § 1578 I BGB nicht mehr durch den Wortlaut des § 1578 I BGB gedeckt sei.[128]

342 Es empfiehlt sich, zwischen Einkommenserhöhungen und Einkommensverminderungen zu unterscheiden.[129]

343 Nachfolgende beispielhaft ausgewählte **Einkommenserhöhungen** sind bei der Berechnung des Bedarfs zu berücksichtigen:

344 **Gehaltserhöhung aufgrund Versetzung oder Beförderung:**[130] Soweit solche Gehaltserhöhungen bereits in der Ehe angelegt waren, sind sie bei der Berechnung des Bedarfs auch dann zu berücksichtigen, wenn sie sich erst nach Rechtskraft der Scheidung realisiert haben. In der Ehe sind Gehaltserhöhungen angelegt, wenn sie auf dem Erwerb von Kenntnissen und Fertigkeiten oder der beruflichen Leistung in der Ehezeit beruhen. Daher sind beispielsweise Gehaltserhöhungen aufgrund regelmäßig auftretender Beförderungen (Studienrat – Oberstudienrat) oder aufgrund Tariflohnerhöhungen beachtlich. Nicht bei der Bedarfsberechnung dürfen demgegenüber Gehaltserhöhungen berücksichtigt werden, die so unwahrscheinlich sind, dass die Ehegatten ihre Lebensplanung auf sie sinnvollerweise nicht eingestellt haben (zB OStR – LOStD oder RiAG – PräsLG). Dies sind Einkommenserhöhungen, die auf einen sog. »**Karrieresprung**« zurückzuführen sind. Einkommenserhöhungen, die auf einem Karrieresprung beruhen, dürfen bei der Bedarfsbemessung nicht berücksichtigt werden.

345 **Einkommenserhöhungen durch Wegfall von Verbindlichkeiten:**[131] Auch auf langfristige Verbindlichkeiten leisten Ehegatten Zahlungen in der Erwartung, dass diese dadurch in Wegfall geraten. Daher wirkt es sich bedarfserhöhend aus, wenn Unterhaltspflichten für Kinder wegfallen, weil diese eine eigene berufliche Lebensstellung erlangen oder wenn die Zahlungen auf Kreditverbindlichkeiten für ein während der Ehe angeschafftes Haus oder einen in der Ehe angeschafften Pkw in Wegfall geraten.

346 **Gehaltserhöhung durch nach Rechtskraft der Scheidung erstmals aufgenommene Erwerbstätigkeit:** Nimmt ein Ehegatte, der bisher die Haushaltsführung übernommen hatte, nach Rechtskraft der Scheidung erstmals eine Erwerbstätigkeit auf, ist dies ebenfalls bedarfserhöhend zu berücksichtigen. Entsprechendes gilt, wenn ein Ehegatte eine bisher nur in Teilzeit ausgeübte Tätigkeit ausdehnt. Auch dieses Einkommen ist in der Ehe angelegt gewesen: Die Rechtsprechung sagt, dieses Einkommen sei **Surrogat** der bisherigen Haushaltsführung.[132] Daraus folgt: Einkommen, das aus einer Erwerbstätigkeit erzielt wird, die erst nach Rechtskraft der Scheidung aufgenommen wird, wirkt sich auf zwei Stufen auf die Unterhaltsberechnung aus:

- Zum einen auf der Ebene des **Bedarfs**. Es ist der Summe der Einkünfte, die für den Bedarf nach den ehelichen Lebensverhältnissen prägend sind, hinzuzurechnen. Im Ergebnis erhöht sich aufgrund des Halbteilungsgrundsatzes der Bedarf für jeden Ehegatten um die Hälfte des nach Rechtskraft der Scheidung erzielten Mehreinkommens.
- Weiterhin ist es auf der Ebene der **Bedürftigkeit** in voller Höhe auf den erhöhten Bedarf anzurechnen. Hieraus ergibt sich, dass sich – Leistungsfähigkeit des Unterhaltspflichtigen vorausgesetzt – durch die Aufnahme oder Erweiterung der Erwerbstätigkeit nach Rechtskraft der Scheidung der Unterhalt um die Hälfte des Mehreinkommens vermindert.

128 BVerfG FamRZ 2011, 437.
129 Zur Kasuistik Palandt/*Brudermüller* BGB § 1578 Rn. 12–33.
130 Hierzu Palandt/*Brudermüller* BGB § 1578 Rn. 22–25.
131 Palandt/*Brudermüller* BGB § 1578 Rn. 28–29.
132 BGH FamRZ 2001, 986; BVerfG FamRZ 2002, 527; Palandt/*Brudermüller* BGB § 1578 Rn. 30.

Beispiel: E1 erzielt bereinigt netto nach Abzug des Erwerbstätigenbonus bei Rechtskraft der Scheidung 4.000 EUR. Ein Jahr später nimmt E2 eine Erwerbstätigkeit auf, aus der sie bereinigt netto nach Abzug des Erwerbstätigenbonus 2.000 EUR netto erzielt.
Bei Rechtskraft der Scheidung beträgt der Unterhalt für E2 2.000 EUR, ein Jahr später ½ * (4.000 EUR + 2.000 EUR) – 2.000 EUR = 1.000 EUR.

Weiterhin sind auch nachfolgende **Einkommensverringerungen** bei der Bemessung des Bedarfs zu berücksichtigen: **347**

- Einkommensverringerungen, die in gleicher Weise bei Fortbestand der Ehe aufgetreten wären.[133] Hierzu gehören Einkommensverringerungen, die auf die typischen biographischen Risiken zurückzuführen sind, wie zB Einkommensverringerungen aufgrund nicht verschuldeter Arbeitslosigkeit, Krankheit, oder – der Hauptfall – Verrentung.
- Einkommensverringerungen, die auf der nicht vorzuwerfenden Aufnahme von Verbindlichkeiten beruhen.[134] Hierzu gehört insbesondere die Kreditaufnahme, um den trennungsbedingten Mehrbedarf abzudecken, zB um nach der Trennung einen zweiten Hausstand einzurichten. Entsprechendes gilt für die Kreditaufnahme für einen Pkw, der (auch) aus beruflichen Gründen benötigt wird, soweit die Belastungen angemessen sind.

Demgegenüber haben nachfolgende **Einkommensschmälerungen** keinen ausreichenden Bezug zur Ehe. Sie können daher allenfalls bei der Berechnung der Leistungsfähigkeit berücksichtigt werden: **348**

Einkommensschmälerungen aufgrund der Entstehung von **Unterhaltsansprüchen** für **Kinder**, die erst nach Rechtskraft der Scheidung geboren wurden. Hier fehlt ein Bezug zur Ehe.[135] **349**

Beachte: Diese Argumentation ist nicht unproblematisch. Häufig hängt es von Zufälligkeiten ab, ob der Ausspruch der Scheidung vor der Geburt oder nach der Geburt eines (nichtehelichen) Kindes rechtskräftig wird. Hierauf kann der Unterhaltspflichtige auch Einfluss nehmen, zB indem er das Scheidungsverfahren im Rahmen der verfahrensrechtlichen Möglichkeiten in die Länge zieht.

Einkommensschmälerungen aufgrund **Unterhaltsansprüchen** für Elternteile, die nichteheliche Kinder **betreuen** (§ 1615l BGB). Insoweit lässt sich der Rechtsprechung des BGH entnehmen, dass Kindesunterhalt und Unterhalt wegen Betreuung nichtehelicher Kinder in Bezug auf die Bedarfsermittlung für den Ehegattenunterhalt gleich gewertet werden.[136] **350**

Unterhalt für den nachfolgenden **Ehegatten**. Heiratet der Unterhaltspflichtige erneut, erwirbt auch der »zweite« Ehegatte einen Anspruch auf Unterhalt. Dieser Unterhaltsanspruch kann aber bei der Berechnung des Bedarfs des Unterhalts für den ersten Ehegatten nicht berücksichtigt werden. Vielmehr prägt der Unterhaltsanspruch des ersten Ehegatten auch den Bedarf des zweiten Ehegatten.[137] **351**

Beachte:

- Die Tatsache, dass eine Einkommensveränderung bei der Ermittlung des Bedarfs nicht berücksichtigt werden kann, besagt nicht, dass diese Einkommensänderung für die Berechnung des Unterhaltes unerheblich wäre. Vielmehr kann sie auf der Ebene der Berechnung der Leistungsfähigkeit erheblich werden; denn auf der Ebene der Leistungsfähigkeit ist grundsätzlich jedes Einkommen des Unterhaltspflichtigen zu berücksichtigen, und zwar in voller Höhe ohne Abzug des Erwerbstätigenbonus.
- Soweit Einkommensschmälerungen für die Bedarfsberechnung unerheblich sind, gilt dies auch für damit verbundene Einkommenserhöhungen und umgekehrt. Beispielsweise darf bei der Bedarfsberechnung nicht der Vorteil aus dem Zusammenleben berücksichtigt werden, den der Unterhaltspflichtige daraus zieht, dass er mit seinem neuen Ehepartner zusammenlebt. Erzielt der Unterhaltspflichtige Einkünfte aufgrund eines Karrieresprungs, dürfen die damit zusammenhän-

133 BGH NJW 2012, 384.
134 Palandt/*Brudermüller* BGB § 1578 Rn. 26.
135 Palandt/*Brudermüller* BGB § 1578 Rn. 50; BGH NJW 2012, 384.
136 BGH NJW 2012, 384.
137 Palandt/*Brudermüller* BGB § 1578 Rn. 53.

genden Ausgaben nicht einkommensmindernd berücksichtigt werden: daher sind die berufsbedingten Aufwendungen aus dem Einkommen zu berechnen, das der Unterhaltspflichtige ohne Karrieresprung erzielen würde. Weiterhin ist in diesem Fall auch der Kindesunterhalt nur in der Höhe abzuziehen, die sich ergeben würde, wenn der Unterhaltspflichtige den Kindesunterhalt aus dem Einkommen ohne Berücksichtigung des Karrieresprungs zu zahlen hätte.[138]

352 **Begrenzung/Befristung (§ 1578b BGB):** Durch das Gesetz zur Reform des Unterhaltsrechts vom 21.12.2007 (BGBl. I 3189) wurde die sog. »Lebensstandardgarantie«[139] abgeschafft. Vielmehr gilt seitdem der Grundsatz, dass Unterhaltsansprüche des nachehelichen Ehegatten herabgesetzt oder zeitlich begrenzt werden können (§ 1578b BGB). Hierüber ist von Amts wegen zu entscheiden.

353 Es empfiehlt sich, folgendes Prüfungsschema anzuwenden:

Anwendungsbereich	§ 1578b BGB gilt nur für Ansprüche auf nachehelichen Unterhalt. Auch bei langem Getrenntleben ist die Vorschrift nicht anwendbar. § 1570 BGB enthält hinsichtlich der zeitlichen Begrenzung (im Folgenden Befristung genannt) eine abschließende Sonderregelung; Herabsetzung des Unterhaltes ist aber möglich.[140]
Ehebedingter Nachteil	Ein ehebedingter Nachteil liegt vor, wenn ein Ehegatte aus in der Ehe angelegten Gründen Nachteile für die Erzielung von Erwerbseinkommen hinnehmen musste. **Beispiel:** Ein Ehegatte beendet aufgrund der Eheschließung seine Ausbildung und sieht davon ab, einen Abschluss als Industriemeister zu erwerben.
Bestimmung des angemessenen Lebensbedarfs	Der angemessene Lebensbedarf entspricht dem Einkommen, das der unterhaltsberechtigte Ehegatte erzielen würde, wenn der ehebedingte Nachteil nicht eingetreten wäre **Beispiel:** Der Unterhaltsberechtigte erzielt als Facharbeiter 2.500 EUR bereinigt netto, als Industriemeister würde er 2.900 EUR bereinigt netto erzielen. Der angemessene Lebensbedarf liegt dann bei 2.900 EUR.
War die Ehe von langer Dauer?	Liegt eine Ehe von langer Dauer vor, soll der Anspruch auf nachehelichen Unterhalt grundsätzlich nicht befristet werden (§ 1578b I 2, II 2 BGB). Inwieweit die lange Dauer einer Ehe der Herabsetzung des Unterhaltes entgegensteht, ist eine von den Umständen des Einzelfalles abhängige Frage, die noch kaum geklärt ist.
Liegt ein ehebedingter Nachteil, aber keine langandauernde Ehe vor?	Grundsätzlich gleitende Herabsetzung bis auf den angemessenen Bedarf, aber keine Befristung.[141]
Liegen weder ein ehebedingter Nachteil noch eine langandauernde Ehe vor?	Begrenzung und Befristung können kombiniert werden. Maßstab: nacheheliche Solidarität; Einzelfallentscheidung unter Berücksichtigung aller Umstände des Einzelfalles.[142]

138 Palandt/*Brudermüller* BGB § 1578 Rn. 51.
139 »Einmal Chefarztgattin immer Chefarztgattin«.
140 BGH NJW 2009, 1876; 2012, 1868.
141 BGH NJW 2009, 3783.
142 BGH NJW 2009, 989 (Krankheit); 2010, 3097 (Alter).

d) Leistungsfähigkeit

Der Unterhaltspflichtige braucht nur bis zur Grenze seines angemessenen Unterhaltes Unterhalt zu leisten (§ 1581 I 1 BGB). 354

Auch hier gilt der dynamische Selbstbehalt in Höhe der Hälfte des Bedarfs nach den ehelichen Lebensverhältnissen, jedoch muss dem Unterhaltspflichtigen mindestens ein Einkommen in Höhe des eheangemessenen Selbstbehaltes von 1.200 EUR verbleiben.[143] 355

Im Rahmen der Leistungsfähigkeit sind alle Einnahmen zu berücksichtigen. Daher ist hier auch Einkommen zu berücksichtigen, dass ein Ehegatte aufgrund eines nachehelichen Karrieresprungs oder aufgrund einer nach dem Ende der Ehe angefallenen Erbschaft erzielt. 356

Weiterhin darf dieses Einkommen **nicht** um den Erwerbstätigenbonus gekürzt werden. 357

Zu berücksichtigen sind auch nach dem Ende der Ehe eintretende Unterhaltspflichten, auch soweit sie nicht eheprägend sind. Unterhaltsansprüche von nach Rechtskraft der Scheidung geborenen Kindern sind im Wege des Vorwegabzugs zu beachten. Im Mangelfall dürfen diese Unterhaltsansprüche nur in Höhe des Mindestunterhaltes berücksichtigt werden.[144] 358

Weiterhin sind auch Unterhaltsansprüche neuer Ehegatten und betreuender Elternteile zu berücksichtigen. Insoweit hat es der BGH nicht beanstandet, das für die Ehegatten verbleibende Einkommen im Wege der Drittelmethode aufzuteilen, wenn »alter« und »neuer« Ehegatte bzw. »alter« Ehegatte und betreuender Elternteil gleichrangig sind.[145] 359

Übersicht zur Berechnung des Ehegattenunterhaltes 360

Bedarf	Bedürftigkeit	Leistungsfähigkeit
Nur prägendes Einkommen beider Ehegatten	Prägendes und nichtprägendes Einkommen des Unterhaltsberechtigten sind zu beachten	Prägendes und nichtprägendes Einkommen des Unterhaltspflichtigen sind zu beachten
Abzug des Erwerbstätigenbonus von beiden Einkommen	Abzug des Erwerbstätigenbonus vom Einkommen des Unterhaltsberechtigten	Kein Abzug des Erwerbstätigenbonus

e) Zusatzfragen

Verwirkung: Der Anspruch auf nachehelichen Unterhalt beruht auf dem Gedanken der nachehelichen Solidarität. Vor diesem Hintergrund sind die zahlreichen Tatbestände zu sehen, die zu einer Verwirkung des Anspruchs führen können, § 1579 BGB. Von Bedeutung ist vor allem § 1579 Nr. 2 BGB: Lebt der Berechtigte in einer verfestigten Lebensgemeinschaft, entfällt der Anspruch grundsätzlich. Als Faustformel kann von einer Dauer ab drei Jahren ausgegangen werden, treten aber weitere Umstände hinzu (Geburt eines gemeinsamen Kindes, Anschaffung eines gemeinschaftlichen Hauses), kann der Anspruch auch schon nach einem Jahr entfallen.[146] 361

§ 1579 Nr. 7 BGB kann Bedeutung erlangen, wenn die Ehefrau den Ehemann pflichtwidrig über die Umstände im Unklaren lässt, die dafür sprechen, dass ein vermeintlich von ihm abstammendes Kind, dem er Unterhalt gewährt (hat), in Wirklichkeit nicht von ihm, sondern von einem Dritten abstammt (»Kuckuckskind«[147]).[148] 362

143 S. oben → Rn. 306.
144 Palandt/*Brudermüller* BGB § 1581 Rn. 21.
145 BGH NJW 2012, 384; Palandt/*Brudermüller* BGB § 1581 Rn. 21.
146 Palandt/*Brudermüller* BGB § 1579 Rn. 11–15.
147 Man schätzt, dass mehr als 10% der ehelichen Kinder unter diese Gruppe fallen.
148 Palandt/*Brudermüller* BGB § 1579 Rn. 31; BGH FamRZ 2012, 779; 2013, 939.

363 Verzicht: Anders als auf Getrenntlebensunterhalt kann auf nachehelichen Unterhalt verzichtet werden. Dies ergibt sich aus § 1585c BGB. Demnach ist für einen Verzicht auf nachehelichen Unterhalt vor der Scheidung notarielle Beurkundung erforderlich.

364 Für die Inhaltskontrolle von Eheverträgen, die einen – teilweisen – Verzicht auf nachehelichen Unterhalt zum Gegenstand haben, gelten strenge Anforderungen.[149]

365 Grundsätzlich ist zwischen der Wirksamkeits- und der Ausübungskontrolle zu unterscheiden.

366 Hinsichtlich der Wirksamkeitskontrolle ist zu prüfen, ob der Vertrag gem. § 138 BGB nichtig ist.

367 Maßgeblich sind die Umstände bei Vertragsschluss.

368 Demnach ist zunächst zu prüfen, ob der Inhalt des Vertrages einen Ehegatten unangemessen benachteiligt ohne dass dies durch andere Vorteile oder gegenläufige Interessen der Ehegatten gerechtfertigt werden kann. Die Rechtsprechung beurteilt dies anhand der Bedeutung der Scheidungsfolgen, hinsichtlich deren durch den Vertrag die gesetzliche Regelung abbedungen oder modifiziert werden soll. Je höher eine Scheidungsfolge im Rang steht, umso eher ist davon auszugehen, dass der durch diese Regelung geschützte Ehepartner grob benachteiligt wird, wenn die Scheidungsfolge abbedungen wird. Die Bedeutung der Scheidungsfolgen kann anhand folgenden Rankings bewertet werden:[150]

Betreuungsunterhalt (§ 1570 BGB)	Hier sind allenfalls Modifikationen, aber kein vollständiger Ausschluss möglich.
Unterhalt wegen Alters, Krankheit, Versorgungsausgleich (§§ 1571, 1572, 1587 BGB)	Hier ist ein Ausschluss unter besonderen Bedingungen möglich (zB Ehe, die erst geschlossen wird, nachdem ein Ehegatte bereits das Rentenalter erreicht hat, während der andere Teil deutlich jünger ist). Im Übrigen sind hier vielfältige Modifikationen und Kompensationen denkbar.
Unterhalt wegen Erwerbslosigkeit (§ 1573 I BGB)	Allein der Ausschluss dieses Unterhaltstatbestandes wird in der Regel nicht zur Unwirksamkeit des Vertrages führen; denn es handelt sich um ein allgemeines Risiko, das meist keinen Bezug zur Ehe hat; Ausnahmen werden gelten, wenn sich durch die Eheschließung die Chancen für einen Ehegatten, eine angemessene Erwerbstätigkeit zu finden, deutlich verschlechtern.
Aufstockungsunterhalt	Die Ehegatten sind dispositionsbefugt.
Zugewinnausgleich	Der Güterstand unterliegt grundsätzlich der Dispositionsfreiheit der Ehegatten. Daher nimmt diese Scheidungsfolge den geringsten Rang ein

369 Eine Vereinbarung ist weiterhin nur dann sittenwidrig (§ 138 I BGB), wenn auch der subjektive Tatbestand erfüllt ist: Dies setzt voraus, dass ein Ehegatte die Willensschwäche oder Unerfahrenheit oder auch eine (emotionale) Zwangslage des anderen ausgenutzt hat. Liegen diese Voraussetzungen nicht vor, sind auch Vereinbarungen wirksam, durch die sehr hochrangige Scheidungsfolgen abbedungen werden.[151] Dies gilt für den Anspruch aus § 1570 BGB aber

149 Vgl. hierzu Palandt/*Brudermüller* BGB § 1408 Rn. 7–12.

150 Vgl. hierzu grundlegend BGH NJW 2004, 930; zur inzwischen umfangreichen Kasuistik Palandt/*Brudermüller* BGB § 1408 Rn. 7–12.

151 BGH FamRZ 2013, 195.

nicht, da dieser in erster Linie auch dem Interesse der gemeinschaftlichen Kinder der Ehegatten dient.[152]

Ist ein Vertrag wirksam, kann er aber im Rahmen der Ausübungskontrolle anzupassen sein. Diese erfolgt anhand § 313 BGB,[153] ausnahmsweise anhand § 242 BGB. 370

Demnach ist der Vertrag anzupassen, wenn die tatsächlichen Umstände bei Ehescheidung von Umständen abweichen, die die Ehegatten bei Abschluss des Vertrages zur Grundlage der Ausgestaltung der ehelichen Lebensverhältnisse erhoben haben. 371

> **Beispiel:** Bei Eheschließung sind beide Ehegatten davon ausgegangen, dass sie eine Doppelverdienerehe führen wollen, in der jeder für die ihn betreffenden wirtschaftlichen Folgen selbst verantwortlich sein sollte. Tatsächlich ändern sie ihre Lebensplanung mit der Folge, dass nur noch ein Ehegatte Einkommen und Vermögen erwirbt.

Auf der nächsten Stufe ist zu prüfen, ob diese Vorstellungen kausal für den Inhalt des Vertrages geworden sind. Das ist dann der Fall, wenn mit den fraglichen Umständen nach den Vorstellungen der Beteiligten der Vertrag »stehen und fallen« sollte. 372

Liegt auch diese Voraussetzung vor, ist zu prüfen, ob es für den Ehegatten, der durch die vereinbarte Scheidungsfolge belastet wird, unzumutbar ist, wenn er an dem Vertrag festgehalten wird. Hier gelten dieselben Maßstäbe, die auch im Rahmen des objektiven Tatbestandes des § 138 BGB zu prüfen sind. 373

Ist der Tatbestand des § 313 BGB erfüllt, ist vorrangig zu prüfen, ob der Vertrag angepasst werden kann. Häufig ist dies möglich, indem der Vertrag hinsichtlich einzelner Scheidungsfolgen modifiziert wird (zB hinsichtlich des Anspruchs wegen Krankheit und Versorgungsausgleich) während er hinsichtlich anderer Scheidungsfolgen unverändert aufrechterhalten bleibt (zB Ausschluss des Zugewinnausgleichs). 374

Dies wird im Beispielsfall zu einem Unterhaltsanspruch, nicht aber zur Durchführung von Versorgungsausgleich und Zugewinnausgleich führen. 375

Unterhalt für die Vergangenheit: § 1585b BGB verweist auf § 1613 BGB. Unterhalt für die Vergangenheit kann daher grundsätzlich nur geltend gemacht werden, soweit sich der Unterhaltspflichtige in Verzug befand oder Auskunft gegen ihn geltend gemacht wurde (§ 286 BGB). In diesem Zusammenhang ist zu beachten, dass Getrenntlebens- und nachehelicher Unterhalt zwei unterschiedliche Verfahrensgegenstände bilden. Eine verzugsbegründende Mahnung für den Trennungsunterhalt bewirkt daher nicht, dass der Unterhaltspflichtige auch hinsichtlich der Zahlung von nachehelichem Unterhalt in Verzug kommt. Insoweit bedarf es vielmehr einer erneuten Mahnung.[154] 376

Weiterhin ist zu berücksichtigen, dass nachehelicher Unterhalt grundsätzlich nicht rückwirkend eingefordert werden kann, soweit die Rückstände älter als ein Jahr vor Rechtshängigkeit liegen (§ 1585b III BGB). 377

Sonderfall Unterhaltsregress: Hat der Scheinvater einem scheinehelichen Kind Unterhalt geleistet, kann er nach Anfechtung der Vaterschaft gem. §§ 1607 III 2, 1601 ff. BGB den leiblichen Vater grundsätzlich rückwirkend auf Unterhalt in Anspruch nehmen. Es handelt sich um einen Anspruch des Kindes aus übergegangenem Recht. Das Kind kann den leiblichen Vater grundsätzlich rückwirkend auf Unterhalt in Anspruch nehmen, da es bis zur Anerkennung bzw. Feststellung der Vaterschaft des leiblichen Vaters aus rechtlichen Gründen daran gehindert ist, diesen in Anspruch zu nehmen (§ 1613 II Nr. 2a BGB). 378

Ausnahmsweise kommt auch die inzidente Feststellung der Vaterschaft des leiblichen Vaters in Betracht.[155] 379

152 Palandt/*Brudermüller* BGB § 1408 Rn. 13.
153 Palandt/*Brudermüller* BGB § 1408 Rn. 16.
154 Palandt/*Brudermüller* BGB § 1585b Rn. 2.
155 S. oben → Rn. 116.

Beachte: Der Unterhalt, den der Scheinvater dem scheinehelichen Kind geleistet hat, wird nur in den wenigsten Fällen dem Unterhaltsanspruch entsprechen, den das scheineheliche Kind gegen den leiblichen Vater hat. Erzielt der leibliche Vater ein höheres Einkommen als der Scheinvater, ist dies unproblematisch: In diesem Fall geht der Anspruch des Kindes in voller Höhe auf den Scheinvater über. Erzielt der leibliche Vater demgegenüber ein geringeres Einkommen, kommen auch Ansprüche des Scheinvaters gegen die Mutter und das Kind in Betracht. In Bezug auf das Kind kommt ein Anspruch aus ungerechtfertigter Bereicherung (§ 812 I 1 BGB) in Betracht. Allerdings wird sich das Kind regelmäßig auf § 818 III BGB berufen können.
In Bezug auf die Mutter werden Ansprüche aus § 823 BGB in der Regel durch das Scheidungsfolgenrecht verdrängt. Daher kommt hier nur ein Anspruch in Betracht, wenn ausnahmsweise die Voraussetzungen eines Schadensersatzanspruchs gem. § 826 BGB vorliegen.[156]

380 **Rückforderung zu viel bezahlten Unterhaltes:** Hat der Unterhaltspflichtige zu viel Unterhalt geleistet, oder überhaupt rechtsgrundlos Unterhaltszahlungen erbracht, kommt eine ganze Reihe an Anspruchsgrundlagen in Betracht, auf die der Rückforderungsanspruch gestützt werden könnte:

381 Hat das Gericht den Unterhalt durch einstweilige Anordnung tituliert, die letztlich nicht bestätigt wird, käme grundsätzlich ein Anspruch aus **§ 945 ZPO** auf Schadensersatz in Betracht. Diese Vorschrift ist allerdings auf einstweilige Anordnungen wegen Unterhalt nicht anwendbar (§§ 119 I 2, 112 Nr. 1 FamFG).

382 Ist der Unterhalt durch Entscheidung in der Hauptsache tituliert, hinsichtlich deren sofortige Wirksamkeit angeordnet ist, und wird dieser Beschluss auf Beschwerde abgeändert oder aufgehoben, kommt ein Anspruch auf Schadensersatz gem. § 120 FamFG, **§ 717 ZPO** in Betracht.

383 Ist der Putativvater aufgrund einstweiliger Anordnung zur Zahlung von Unterhalt verpflichtet worden, wird er jedoch im Hauptsacheverfahren nicht als Vater festgestellt, weil der Antrag auf Feststellung der Vaterschaft zurückgenommen oder zurückgewiesen wird, ist das Kind dem als Vater in Anspruch genommenen Mann zum Schadensersatz verpflichtet (**§ 248 V FamFG**). Hierbei handelt es sich um eine nicht analogiefähige Sondervorschrift.

384 **§§ 823, 826 BGB**: Ansprüche aus § 823 I BGB scheiden in der Regel aus, da aufseiten des vermeintlich Unterhaltspflichtigen lediglich ein Vermögensschaden eintritt. Ansprüche aus §§ 823 II, 826 BGB können ausnahmsweise in Betracht kommen, wenn der Unterhaltsberechtigte den Unterhalt in betrügerischer Weise oder unter Verstoß gegen die guten Sitten erlangt hat.

385 Die wichtigste Anspruchsgrundlage für die Rückforderung zu viel gezahlten Unterhaltes bildet **§ 812 I 1 Alt. 1 BGB**.

386 Allerdings wird sich der Empfänger von Unterhalt in der Regel auf **Entreicherung** berufen (§ 818 III BGB). UU kann er sich auch auf § 1360b BGB berufen.

387 Der Empfänger von Unterhalt kann sich nicht auf Entreicherung berufen, soweit er verschärft haftet.

388 **Verschärfte Haftung** tritt auch durch die Rechtshängigkeit eines Antrages auf Abänderung einer unterhaltsrechtlichen Entscheidung in der Hauptsache ein **(§ 241 FamFG)**. Hierbei handelt es sich um eine nicht analogiefähige Sondervorschrift. Diese ist daher insbesondere nicht anwendbar, wenn der Unterhaltspflichtige die Abänderung (Ermäßigung) einer einstweiligen Anordnung beantragt.[157]

389 Ist ein Unterhaltspflichtiger durch einstweilige Anordnung zur Zahlung von Unterhalt verpflichtet worden, kann er in der Hauptsache beantragen, dass **festgestellt** wird, dass er nicht oder nur in geringerem Umfang zur Zahlung von Unterhalt verpflichtet ist. Das Feststel-

156 BGH FamRZ 2013, 939.
157 Thomas/Putzo/*Hüßtege* FamFG § 241 Rn. 1.

lungsinteresse für diesen Antrag ergibt sich aus § 56 I FamFG.[158] Die Rechtshängigkeit dieses Antrages führt jedoch ebenfalls nicht zur verschärften Haftung; denn aus §§ 819, 820 BGB ergibt sich, dass die verschärfte Haftung nur durch Eintritt der Rechtshängigkeit des Herausgabeanspruchs, also der auf Leistung gerichteten Klage eintritt, aber nicht durch Rechtshängigkeit des Feststellungsantrages.[159] Schließlich führen auch Anträge auf Abänderung der einstweiligen Anordnung gem. § 54 I, II FamFG nicht zur Rechtshängigkeit des Anspruchs in der Hauptsache und damit zur verschärften Haftung.

Klausurtipp: Was kann der Unterhaltspflichtige also neben der Erhebung eines negativen Feststellungsantrages in der Hauptsache unternehmen, um den Einwand der Entreicherung zu vermeiden? Im Wege der kumulativen Antragshäufung (am sichersten im Weg der Eventualantragshäufung) den Anspruch auf Rückzahlung der künftig aufgrund einer einstweiligen Anordnung geleisteten Unterhaltsbeträge gerichtlich geltend machen oder aber den Unterhalt in Form eines bedingt rückzahlbaren Darlehens gewähren für den Fall, dass in der Hauptsache festgestellt wird, dass kein oder nur ein geringerer Anspruch besteht.

Schließlich tritt verschärfte Haftung ein, wenn der Empfänger weiß, dass ihm kein Unterhaltsanspruch zusteht (**§ 819 BGB**). Nach der Rechtsprechung ist hierfür erforderlich, dass er die Tatsachen, aber auch die sich daraus ergebende Rechtsfolge kennt, dass kein Unterhaltsanspruch besteht. Allein aus der Erhebung eines Antrages auf Rückgewähr von Unterhalt oder auf Feststellung, dass kein Unterhaltsanspruch besteht, ergibt sich keine entsprechende Kenntnis des Empfängers von Unterhalt. **390**

Verschärfte Haftung tritt weiterhin ein, wenn Unterhaltsberechtigter und Unterhaltspflichtiger davon ausgehen, dass ungewiss ist, ob ein Unterhaltsanspruch besteht (**§ 820 BGB**). Allein daraus, dass der Unterhaltspflichtige den Unterhalt unter **Vorbehalt** leistet, ergibt sich aber keine entsprechende Unsicherheit; denn der Unterhaltsberechtigte muss sich auf diesen Vorbehalt nicht einlassen. **391**

VII. Verfahren

1. Allgemeines

Die **örtliche Zuständigkeit** ist in § 232 FamFG geregelt. **392**

Für die Geltendmachung von Kindesunterhalt sieht § 232 FamFG ausschließliche Zuständigkeiten vor. **393**

Zu beachten ist, dass Kindesunterhalt und Ehegattenunterhalt vor demselben Gericht geltend gemacht werden können, auch wenn nach den allgemeinen Regeln nicht derselbe Gerichtsstand eröffnet wäre (§ 232 III 2 Nr. 1 FamFG). **394**

Unterhaltssachen gehören zu den **Familienstreitsachen** (§ 112 Nr. 1 FamFG). Dies bedeutet, dass für das Verfahren **Anwaltszwang** besteht (§ 114 I FamFG). **395**

Während des Getrenntlebens kann ein Elternteil Unterhalt für ein minderjähriges Kind nur im eigenen Namen geltend machen (§ 1629 III BGB). Es liegt ein Fall der gesetzlichen **Verfahrensstandschaft** vor. **396**

Das **Rechtsschutzbedürfnis** für die Geltendmachung von laufendem Unterhalt ergibt sich aus § 113 I FamFG, § 258 ZPO. **397**

Es besteht bereits dann, wenn der Unterhaltspflichtige der Errichtung eines Titels nicht zustimmt, auch wenn er den Unterhalt ansonsten anstandslos bezahlt: Das **Titulierungsinteresse** reicht für die Erwirkung eines Titels aus, damit der Unterhaltsberechtigte unmittelbar vollstrecken kann, wenn der Unterhaltspflichtige seine Zahlungen reduziert oder einstellt. **398**

158 Thomas/Putzo/*Seiler* FamFG § 246 Rn. 9.
159 Thomas/Putzo/*Seiler* FamFG § 246 Rn. 9.

399 Der Anspruch auf nachehelichen Unterhalt kann allerdings isoliert erst ab Rechtskraft der Scheidung geltend gemacht werden; denn vorher ist auch das Stammrecht noch nicht entstanden. Eine Ausnahme gilt allerdings, wenn der Anspruch auf nachehelichen Unterhalt im Verbund geltend gemacht wird (§ 137 II Nr. 2 FamFG).

400 Der Antrag muss hinreichend bestimmt sein (§ 113 I FamFG, § 253 ZPO). Daraus ergibt sich, dass aus dem Antrag klar hervorgehen muss, ab wann, für wen und in welcher Höhe Unterhalt geltend gemacht wird. Es wäre deswegen unzulässig, zB zu beantragen, dass der Antragsgegner verpflichtet werde, Unterhalt in Höhe der sich aus der Düsseldorfer Tabelle ergebenden Sätze zu bezahlen. Sofern für mehrere Kinder Unterhalt geltend gemacht wird, darf diese Forderung nicht zusammengefasst werden: Vielmehr ist der Unterhalt für jedes Kind gesondert geltend zu machen, also ein eigener Antrag zu stellen. Sollen mehrere Personen auf Unterhalt in Anspruch genommen werden, ist zu beachten, dass diese grundsätzlich nicht als Gesamtschuldner, sondern anteilig haften (§ 1606 III 1 BGB). Daher ist gegen jeden Schuldner ein Antrag zu stellen, aus dem erkennbar ist, in welcher Höhe dieser in Anspruch genommen werden soll.

401 Eine Einschränkung gilt für die Geltendmachung von Unterhalt für minderjährige Kinder: Hier kann der Unterhalt ausnahmsweise als Prozentsatz des Mindestunterhaltes geltend gemacht werden.

> **Beispiel:** M und V leben getrennt. K, geb. am 4.2.2013, lebt bei M, die auch das Kindergeld bezieht. V erzielt ein Einkommen in Höhe von 3.400 EUR bereinigt netto. Er ist M und K zur Zahlung von Unterhalt verpflichtet.
> Hier könnte M beantragen:
>
> V wird verpflichtet, ab … jeweils monatlich im Voraus an die Antragstellerin (M) für K, geboren am 4.2.2013, Unterhalt in Höhe von 128% des Mindestunterhaltes der jeweiligen Altersstufe abzüglich der Hälfte des gesetzlichen Kindergeldes für ein erstes Kind, Zahlbetrag mithin derzeit 334 EUR[160] zu bezahlen …

> **Beachte:** Ab Rechtskraft der Scheidung entfällt die Verfahrensstandschaft gem. § 1629 III BGB. Stattdessen ist M berechtigt, in Unterhaltssachen gegen V K allein zu vertreten. Darum lautet der Antrag, wenn M den Unterhalt erst ab Rechtskraft der Scheidung geltend macht:
>
> V wird verpflichtet, ab … jeweils monatlich im Voraus an den Antragsteller (K), geboren am 4.2.2013, zu Händen seiner gesetzlichen Vertreterin M Unterhalt in Höhe von 128% des Mindestunterhaltes der jeweiligen Altersstufe abzüglich der Hälfte des gesetzlichen Kindergeldes für ein erstes Kind, Zahlbetrag mithin derzeit 334 EUR[161] zu bezahlen …

402 Schließlich ist für die Kostenentscheidung § 243 FamFG gegenüber § 113 I FamFG, §§ 91 ff. ZPO vorrangig. Dies erlaubt insbesondere auch dann eine Billigkeitsentscheidung, wenn das Gericht abweichend von dem Antrag einen Anspruch auf nachehelichen Unterhalt gem. § 1578b BGB begrenzt oder befristet.

403 Sofern der Antragsgegner zur Zahlung laufenden Unterhaltes verpflichtet wird, soll das Gericht die sofortige Wirksamkeit der Entscheidung anordnen (§ 116 III 3 FamFG).

2. Einstweiliger Rechtsschutz

404 Für Verfahren auf einstweiligen Rechtsschutz ist die Sondervorschrift des § 246 FamFG zu beachten. Aus § 49 FamFG ergibt sich, dass eine einstweilige Anordnung grundsätzlich nur ergehen darf, wenn ein dringendes Bedürfnis für eine vorläufige Regelung besteht. Weiterhin sind nach dieser Vorschrift nur vorläufige Regelungen zulässig. Dies sind Regelungen, die die Hauptsache nicht vorwegnehmen.

160 Das Beispiel geht davon aus, dass K in die Altersstufe 1 fällt und sich der Unterhalt aus Einkommensstufe 6 ergibt.
161 Das Beispiel geht davon aus, dass K in die Altersstufe 1 fällt, iÜ wird auf Fn. 161 verwiesen.

Hiervon sieht § 246 FamFG zwei Ausnahmen vor:[162] 405

- Es reicht ein einfaches Regelungsbedürfnis. Dieses liegt bereits dann vor, wenn der Unterhaltspflichtige den laufenden Unterhalt nicht oder nicht vollständig freiwillig leistet. Durch einstweilige Anordnung kann also der Anspruch auf laufenden Unterhalt, nicht aber der Anspruch auf Rückstände tituliert werden. Es ist also mehr als das bloße Titulierungsinteresse, aber weniger als ein dringendes Regelungsbedürfnis erforderlich.
- Das Verbot der Vorwegnahme der Hauptsache gilt für die Titulierung des laufenden Unterhaltes nicht. Daher kann der Unterhaltsberechtigte eine einstweilige Anordnung wegen des vollen laufenden Unterhaltes erwirken, er muss sich nicht auf das Existenzminimum oder eine Art »Notunterhalt« beschränken.

3. Abänderungsverfahren

Abänderungsverfahren sind ein beliebter Prüfungsstoff, da hier eine Vielzahl von Rechtsbehelfen gegeneinander abzugrenzen ist. Grundsätzlich empfiehlt es sich, danach zu unterscheiden, welche Art von Titel vorliegt und ob der Unterhaltsberechtigte eine Erhöhung des titulierten Unterhaltes oder der Unterhaltspflichtige eine Ermäßigung erstrebt. 406

Das System der Abänderungsmöglichkeiten ergibt sich dann aus folgendem Schaubild: 407

Übersicht: Abänderung

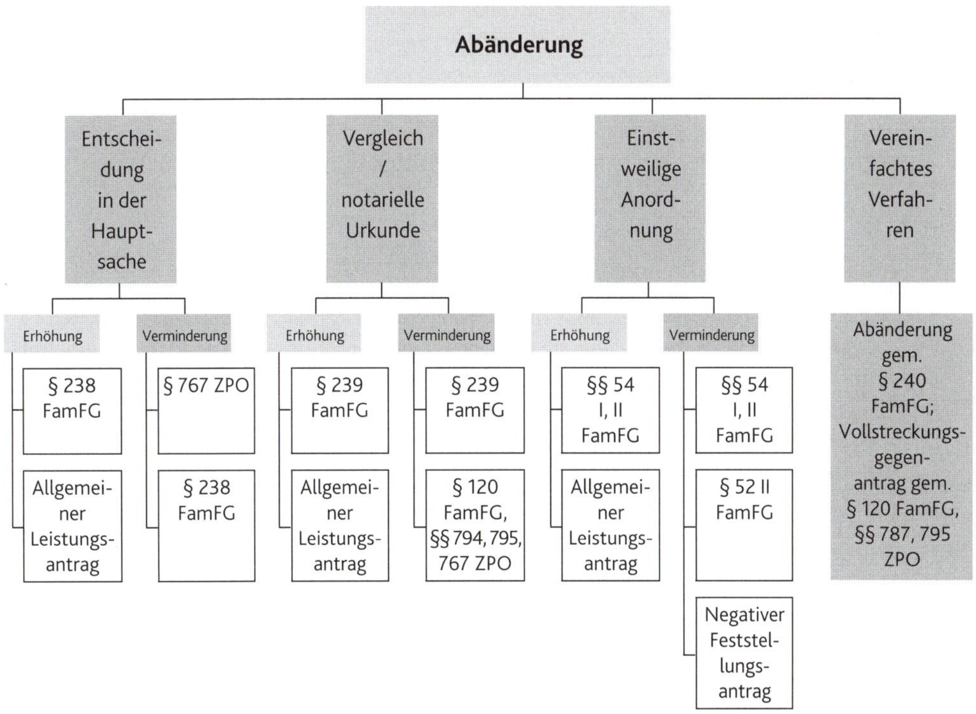

Es empfiehlt sich, die Zulässigkeit und Begründetheit eines Abänderungsantrages gem. §§ 238, 239 FamFG anhand des folgenden Schemas zu prüfen: 408

1. Zulässigkeit des Antrages
   a) Zuständigkeit
   - Sachlich ausschließliche Zuständigkeit des Amtsgerichts gem. § 23a I 1 Nr. 1, S. 2 GVG
   - Örtliche Zuständigkeit gem. §§ 231, 232 FamFG. Insbesondere für die Geltendmachung von Kindesunterhalt sieht § 232 FamFG ausschließliche Zuständigkeiten vor.
   - Zuweisung an das Familiengericht gem. gesetzlicher Geschäftsverteilung gem. § 23b I GVG

162 Thomas/Putzo/*Seiler* FamFG § 246 Rn. 4–6.

b) Ordnungsgemäße Antragstellung
Anwaltszwang gem. § 114 I FamFG, da Familienstreitsache § 112 Nr. 1 FamFG. Im Übrigen gelten die allgemeinen Anforderungen für die Absetzung einer Klageschrift gem. § 113 I FamFG, § 253 ZPO

c) Statthaftigkeit
Das Abänderungsverfahren ist nur statthaft für Titel nach §§ 238–240 FamFG; Dies gilt grundsätzlich auch für Alttitel (Art. 111 FGG-RG). Dies sind:
- § 238 FamFG: **Hauptsacheentscheidung** (also nicht bei e.A.) auf wiederkehrende Unterhaltsleistung; bei abweisendem Beschluss ist zu unterscheiden: Wurde der Anspruch als solches verneint und entsteht nunmehr ein solcher, ist ein neuer Antrag auf Leistung zu stellen. Wurde der Unterhalt auf Null abgeändert oder ein Unterhaltsanspruch nur für eine bestimmte Zeit verneint, so liegt eine Prognose vor, die bei einer Änderung mit dem Abänderungsantrag zu beseitigen ist.[163] Einem Leistungsantrag steht die Rechtskraft der vorausgehenden Entscheidung entgegen. Bei Versäumnisbeschlüssen geht der Einspruch vor § 238 II FamFG.
- Titel nach § 239 FamFG Prozessvergleiche und Urkunden (auch JA-Urkunden)
- Titel nach § 240 FamFG

d) Identität des Verfahrensgegenstandes
Trennungs- und nachehelicher Unterhalt bilden verschiedene Verfahrensgegenstände. Dies bedeutet: Will der Unterhaltsberechtigte nachehelichen Unterhalt geltend machen, muss er immer einen neuen Leistungsantrag in voller Höhe stellen.[164] Wendet sich der Unterhaltspflichtige gegen den alten Titel, muss er Vollstreckungsgegenantrag gem. § 120 FamFG, § 767 ZPO erheben.[165] Rechtsvernichtende Einrede ist die Rechtskraft der Scheidung, durch die das Getrenntleben endet.
Kindesunterhalt bildet demgegenüber immer denselben Verfahrensgegenstand. Daher kann der Unterhaltspflichtige Ermäßigung, der Unterhaltsberechtigte Erhöhung im Wege des Abänderungsantrages geltend machen, wenn sich mit Erreichen der Volljährigkeit der Bedarf ändert.

e) Beteiligtenidentität
Diese liegt auch vor, wenn das volljährige Kind Abänderung eines Kindesunterhaltstitels will, der für es zur Zeit der Minderjährigkeit im Wege der Verfahrensstandschaft erwirkt wurde, § 1629 III 1, 2 BGB. Weiterhin liegt sie auch vor, wenn der Anspruch des Unterhaltsberechtigten auf einen Dritten übergegangen ist (zB § 94 I 1 SGB XII, § 7 UVG).[166]

f) Behauptung einer wesentlichen Änderung der tatsächlichen oder rechtlichen Verhältnisse (bei § 238 FamFG) oder des Wegfalls der Geschäftsgrundlage (bei § 239 FamFG).[167]
Ob diese Änderung tatsächlich vorliegt, ist Frage der Begründetheit.

g) Zeitliche Möglichkeit der Abänderung (echte Zulässigkeitsvoraussetzung)[168]
- **Hauptsache**entscheidungen (also nicht e.A.):
  Nach § 238 III 1 FamFG ist eine rückwirkende Änderung grundsätzlich ab Rechtshängigkeit, § 113 I FamFG, § 261 ZPO, möglich (VKH oder Anhängigkeit reichen nicht). Bei Erhöhung ist eine rückwirkende Änderung nur zulässig, wenn Verzug oder Auskunftsaufforderung, § 238 III 2 FamFG, §§ 1585b, 1613 I BGB, vorliegen. Bei Herabsetzung nur ab Rechtshängigkeit oder ab »Negativmahnung«, § 238 III 3 FamFG. Bei Rechtsprechungs- oder Gesetzesänderung ist keine Rückwirkung eröffnet. Weiterhin ist für eine Ermäßigung die Jahresgrenze gem. § 238 III 4 FamFG zu beachten.
- Vergleich oder Urkunden
  Die Abänderung unterliegt weder der Wesentlichkeitsgrenze noch einer zeitlichen Beschränkung, sondern richtet sich nach materiellem Recht (§ 239 II FamFG). Eine Abänderung kommt also in erster Linie in Betracht, wenn die Voraussetzungen des Wegfalls der

163 Vgl. hierzu Thomas/Putzo/*Hüßtege* FamFG § 238 Rn. 40.
164 Thomas/Putzo/*Hüßtege* FamFG § 238 Rn. 38.
165 Thomas/Putzo/*Hüßtege* FamFG § 238 Rn. 4.
166 Thomas/Putzo/*Hüßtege* FamFG § 238 Rn. 28.
167 Thomas/Putzo/*Hüßtege* FamFG § 238 Rn. 19.
168 Thomas/Putzo/*Hüßtege* FamFG § 238 Rn. 31.

Geschäftsgrundlage vorliegen (§ 313 BGB). Auch der Inhalt der Vereinbarung ist für die Frage der Abänderbarkeit erheblich.

2. Begründetheit des Antrages
   a) Hauptsacheentscheidungen
      - Wesentliche Änderung der tatsächlichen oder rechtlichen Verhältnisse
        Wesentlichkeit ist gegeben, wenn andere Tatsachen (Änderung der Düsseldorfer Tabelle, Einkommensänderungen), Gesetzesänderungen oder Rechtsprechungsänderungen (bei BVerfG immer, sonst nur bei BGH, nicht OLG) vorliegen, die zu einer Änderung des titulierten Unterhaltes um mindestens 10% führen.[169]
      - Bindungswirkung und Präklusion
        § 238 FamFG ermöglicht zwar eine Durchbrechung der Rechtskraft bei Änderung der wirtschaftlichen Verhältnisse, soll aber nicht zu einer Korrektur von Fehlern der Erstentscheidung führen. Was bei Schluss der letzten mündlichen Verhandlung bekannt war, berechtigt auch bei Rechtsanwendungs- oder Rechenfehlern nicht zur Abänderung (wichtig bei Befristungseinwand § 1578 b BGB).[170]
   b) Vergleich oder Urkunden
      Änderung nach den Grundsätzen über den Wegfall der Geschäftsgrundlage (§ 239 II FamFG, § 313 BGB).[171]
3. Besonderheiten
   Liegen sowohl für den Berechtigten als auch den Verpflichteten die Voraussetzungen für eine Abänderung vor, ist ein Widerantrag, § 113 I FamFG, § 33 ZPO, zu stellen.

Ist dem möglicherweise Abänderungsberechtigten nicht bekannt, ob die Voraussetzungen für eine Abänderung vorliegen, kann er den Abänderungsantrag als Stufenantrag gem. § 113 I FamFG, § 254 ZPO erheben und in erster Stufe Auskunft zu verlangen. Je nach Ergebnis der Auskunft kommt auch eine Umdeutung des Antrages in Betracht.[172]

Will der Verpflichtete eine Reduzierung des Unterhaltes erreichen, empfiehlt es sich, die vorläufige Einstellung der Zwangsvollstreckung gem. § 242 FamFG, § 769 IV ZPO zu beantragen.

J. Zugewinnausgleich

I. Grundsätze

1. Allgemeines

Trotz des Namens erwerben die Ehegatten im Güterstand der Zugewinngemeinschaft kein gemeinschaftliches Vermögen (§ 1363 II BGB). Vielmehr verwaltet jeder sein Vermögen selbst (§ 1364 BGB). Mit Beendigung des Güterstandes entsteht lediglich ein schuldrechtlicher Zahlungsanspruch, der auf Ausgleich der unterschiedlichen Wertentwicklung des beiderseitigen Vermögens gerichtet ist (§ 1378 BGB). 409

Allerdings sind mit dem Eintritt der Zugewinngemeinschaft zwei Verfügungsbeschränkungen verbunden: 410

- Ein Ehegatte kann nicht mehr ohne Einwilligung des anderen über sein Vermögen im Ganzen verfügen (§ 1365 BGB). Diese Verfügungsbeschränkung gilt auch, wenn ein Ehegatte über einen Vermögensgegenstand verfügen möchte, der im Wesentlichen sein gesamtes Vermögen bildet.[173] Ein Geschäftspartner wird nicht in seinem Glauben geschützt, der Ehegatte sei ledig bzw. nicht im Güterstand der Zugewinngemeinschaft verheiratet. Allerdings muss er zumindest bösgläubig sein (subjektive Theorie)[174]. Dies ist dann der Fall,

169 Thomas/Putzo/*Hüßtege* FamFG § 238 Rn. 23.
170 Thomas/Putzo/*Hüßtege* FamFG § 238 Rn. 25.
171 Thomas/Putzo/*Hüßtege* FamFG § 239 Rn. 11 ff.
172 Thomas/Putzo/*Hüßtege* FamFG § 238 Rn. 36.
173 Hierzu Palandt/*Brudermüller* BGB § 1365 Rn. 6–7.
174 Palandt/*Brudermüller* BGB § 1365 Rn. 8.

wenn er positiv weiß oder aufgrund grober Fahrlässigkeit nicht weiß, dass sein Geschäftspartner im Wesentlichen über sein Vermögen im Ganzen verfügt.

- Ein Ehegatte kann nicht mehr ohne Einwilligung des anderen über Haushaltsgegenstände verfügen (§ 1369 BGB). Haushaltsgegenstände sind ohne Rücksicht auf den Wert alle Gegenstände, die dazu bestimmt sind, dem ehelichen Haushalt zu dienen.[175]

411 Ist ein Ehegatte ohne Einwilligung des anderen eine solche Verpflichtung eingegangen oder hat er ohne Einwilligung des anderen verfügt, werden diese Rechtsgeschäfte nach Maßgabe von § 1366 BGB wirksam, wenn der andere Ehegatte sie genehmigt.

412 Gem. § 1368 BGB kann auch der andere Ehegatte die Ansprüche geltend machen, die sich daraus ergeben, dass ein Ehegatte ohne die erforderliche Einwilligung verfügt hat (zB kann er gem. § 985 BGB Rückgabe des Gegenstandes verlangen). Dies gilt auch für Haushaltsgegenstände (§ 1369 III BGB). § 1368 BGB enthält eine Regelung der gesetzlichen Verfahrensstandschaft.[176]

413 Gem. § 1365 II BGB kann ein Ehegatte den anderen auf Ersetzung der Einwilligung durch das Familiengericht in Anspruch nehmen.[177]

2. Ausschließlichkeitsgrundsatz

414 Das Gesetz kennt drei »Säulen« des Vermögensausgleichs:

- Versorgungsausgleich
- Aufteilung der Haushaltsgegenstände (§ 1568b BGB)
- Zugewinnausgleich

415 Ein Gegenstand darf im Zugewinnausgleich nur berücksichtigt werden, wenn er nicht nach den Vorschriften des Versorgungsausgleichs auszugleichen ist und auch nicht den Vorschriften über die Aufteilung von Haushaltsgegenständen unterliegt.

416 Für den Versorgungsausgleich ergibt sich dies aus § 2 IV VersAusglG. Dem Versorgungsausgleich unterliegen Anrechte,

- die durch Arbeit oder Vermögen erworben oder geschaffen wurden,
- der Absicherung im Alter oder bei Invalidität dienen
- und auf Zahlung einer Rente gerichtet sind (§ 2 II VersAusglG). Ausnahmsweise sind im Versorgungsausgleich auch Anrechte, die auf Zahlung eines Kapitals gerichtet sind, auszugleichen, wenn diese Anrechte im Sinne des Betriebsrentengesetzes (BetrAVG) oder des Altersvorsorgeverträge-Zertifizierungsgesetzes darstellen (§ 2 II Nr. 3 S. 2 VersAusglG).

417 **Exkurs:**

Stichtag für die Frage, ob ein Anrecht im Versorgungsausgleich zu berücksichtigen ist, ist der Erlass der Entscheidung. Bei Anrechten mit Kapitalwahlrecht (vor allem privaten Rentenversicherungen) kann dies unter ungünstigen Bedingungen dazu führen, dass sie weder im Zugewinnausgleich noch im Versorgungsausgleich ausgeglichen werden, wenn der Berechtigte das Kapitalwahlrecht erst zu einem Zeitpunkt ausübt, zu dem über den Zugewinnausgleich entschieden ist, aber noch nicht über den Versorgungsausgleich.[178]

175 Palandt/*Brudermüller* BGB § 1369 Rn. 4.
176 Thomas/Putzo/*Hüßtege* ZPO § 51 Rn. 24.
177 Es handelt sich um ein Verfahren der freiwilligen Gerichtsbarkeit, das für die Prüfungspraxis keine Rolle spielt.
178 BGH NJW-RR 2012, 769.

Weiterhin darf ein Vermögensgegenstand nicht im Zugewinnausgleich berücksichtigt werden, wenn er gem. § 1568b BGB dem einen oder anderen Ehegatten zuzuteilen ist.[179] **418**

Erste Voraussetzung hierfür ist, dass es sich um einen Haushaltsgegenstand handelt. Haushaltsgegenstände sind alle Gegenstände, die dem gemeinsamen Haushalt dienen sollen, ohne Rücksicht darauf, wer sie tatsächlich überwiegend benutzt. Daher kann auch ein für Familienfahrten genutzter Pkw ein Haushaltsgegenstand sein.[180] Keine Haushaltsgegenstände sind Gegenstände des persönlichen Bedarfs (Kleidung, Schmuck) sowie Gegenstände zur Berufsausübung eines Ehegatten. **419**

Weiterhin unterliegt ein Gegenstand nur dann den Vorschriften über die Aufteilung von Haushaltsgegenständen, wenn er im Miteigentum der Ehegatten steht. Der Erwerb von Miteigentum wird gem. § 1568b II BGB vermutet. Diese Vermutung kann nicht dadurch erschüttert werden, dass ein Ehegatte darlegt, er allein sei Partei des Kaufvertrages gewesen, aufgrund dessen der Gegenstand erworben worden sei; denn auch dann kann der andere Teil nach den Regeln über das Geschäft für den, den es angeht oder durch Besitzkonstitut Miteigentum erwerben.[181] **420**

Die Miteigentumsvermutung gilt aber nicht für Haushaltsgegenstände, die nach der Trennung angeschafft wurden; denn diese Gegenstände werden nicht für den gemeinsamen Haushalt erworben (§ 1568b II BGB).[182] **421**

Der Vorrang von § 1568b BGB bedeutet, dass weder der im Miteigentum stehende Haushaltsgegenstand noch eine etwaige für die Übertragung von Miteigentum gem. § 1568b III BGB zu leistende Ausgleichszahlung bei der Berechnung des Zugewinnausgleichs berücksichtigt werden dürfen. Dies kann sich insbesondere dann auswirken, wenn ein Ehegatte während der Ehe keinen Gewinn, sondern einen Verlust erwirtschaftet hat, oder ohne Berücksichtigung der Haushaltsgegenstände zwar einen Zugewinn realisiert hat, die Ausgleichsforderung jedoch das bei Ende des Güterstandes vorhandene Endvermögen übersteigt (§ 1378 II BGB). **422**

Allgemeine vermögensrechtliche Ansprüche zwischen Ehegatten verdrängen den Zugewinnausgleich nicht. Vielmehr sind diese als Forderung bzw. Verbindlichkeit im Endvermögen des Berechtigten bzw. des Verpflichteten zu erfassen. Dies gilt zB für Ansprüche auf Rückgewähr von Zuwendungen, Abfindung wegen Beendigung einer Ehegatteninnengesellschaft, Gesamtschuldnerausgleich, Ansprüche wegen Aufhebung einer Gemeinschaft nach Bruchteilen, Unterhaltsansprüche oder Schadensersatzansprüche.[183] **423**

Unter ganz besonderen Umständen kann jedoch das Ergebnis des Zugewinnausgleichs unbillig sein. In diesem Fall kommt eine Anpassung durch eine Modifikation des Ausgleichsanspruchs oder auch durch einen Anspruch auf Rückgewähr eines Gegenstandes in natura in Betracht.[184] **424**

Zuwendungen von Schwiegereltern an das Schwiegerkind stellen echte Schenkungen dar.[185] **425** früher
Um eine Schlechterstellung des eigenen Kindes zu vermeiden, sind sie dem Anfangsvermögen aber nur in der Höhe gem. § 1374 II BGB hinzuzurechnen, die dem Schwiegerkind nach Abzug des Rückgewähranspruchs verbleibt.[186]

3. Anspruchsgrundlage für Ausgleich

Zu unterscheiden ist zwischen dem Ausgleich im Todesfall (§ 1371 BGB) und dem Ausgleich **426**
in sonstigen Fällen (§ 1372 BGB). Wird der Zugewinn nicht durch Erhöhung des gesetzlichen Erbteils des überlebenden Ehegatten gem. § 1371 BGB ausgeglichen, ergibt sich die An-

179 Palandt/*Brudermüller* BGB § 1372 Rn. 2.
180 S. oben → Rn. 167.
181 S. oben → Rn. 169, 170.
182 Palandt/*Brudermüller* BGB § 1568b Rn. 7.
183 Palandt/*Brudermüller* BGB § 1372 Rn. 2–11.
184 Palandt/*Brudermüller* BGB § 1372 Rn. 3, 4.
185 Palandt/*Grüneberg* BGB § 313 Rn. 53; Palandt/*Brudermüller* BGB § 1374 Rn. 16.
186 BGH FamRZ 2010, 958; 2010, 1626.

spruchsgrundlage aus § 1378 I BGB. Dem Ausgleichsberechtigten steht ein Anspruch in Höhe der Hälfte der Differenz des beiderseits erzielten Zugewinns zu. Dadurch wird erreicht, dass der Vermögenszuwachs während der Ehe hälftig auf beide Ehegatten aufgeteilt wird.

427 Die Ausgleichsforderung entsteht erst mit Beendigung des Güterstandes (§ 1378 III BGB). Dieser endet insbesondere mit Rechtskraft der Scheidung. § 1384 BGB bezieht sich nur auf die Berechnung der Ausgleichsforderung, aber nicht auf die Fälligkeit.

428 Weiterhin ist die Kappungsgrenze gem. § 1378 II BGB zu beachten.[187]

II. Prüfungsschema eines Ausgleichsanspruchs

429 Es empfiehlt sich, einen Anspruch auf Zugewinnausgleich anhand nachfolgenden Schemas zu prüfen:

430 **Anspruchsgrundlage:** § 1378 I BGB

1.	Vorschriften über Zugewinn durch Ausgleichszahlung anwendbar (§§ 1363, 1372 BGB)	Hier ist zu prüfen, ob die Beteiligten in gültiger Ehe verheiratet sind, ob sie den gesetzlichen Güterstand ausgeschlossen oder modifiziert haben und ob der Zugewinn erbrechtlich gem. § 1371 BGB ausgeglichen wird
2.	Berechnung des Zugewinns des **Ausgleichspflichtigen**: a) Definition: § 1373 BGB	Aus § 1373 BGB ergibt sich die Definition des Zugewinns: Betrag, um den das Endvermögen das Anfangsvermögen übersteigt; weiterhin ergibt sich aus § 1373 BGB, dass der Zugewinn nie negativ sein kann: Ausgeglichen wird nur der Wertzuwachs, aber **nie** der Verlust, den ein oder beide Ehegatten in der Ehezeit erleiden (»Zugewinnausgleich, kein Verlustausgleich«) **Beachte:** Die Berechnungsstichtage für das Anfangsvermögen, das Endvermögen, den Hinzuerwerb und die Vornahme illoyaler Vermögensverfügungen fallen auseinander. Um die Bewertung für all diese Stichtage vergleichbar zu machen, sind Bewertungen, die zeitlich vor dem für die Berechnung des Endvermögens maßgeblichen Stichtag vorzunehmen sind, zu **indexieren**.[188]
	b) Endvermögen des Ausgleichspflichtigen (§ 1375 I BGB) zzgl. Hinzurechnungen (§ 1375 II BGB)	§ 1375 BGB enthält Vorschriften, wie das Endvermögen zu berechnen ist. Grundsätzlich sind alle Gegenstände und Verbindlichkeiten zu berücksichtigen, sofern sie nicht dem Versorgungsausgleich oder der Aufteilung von Haushaltsgegenständen unterliegen oder soweit die Ehegatten vereinbart haben, dass sie nicht oder modifiziert zu berücksichtigen seien. Der Stichtag ist gem. § 1375 I BGB die Beendigung des Güterstandes. Dieser Stichtag wird im Fall der Scheidung durch § 1384 BGB modifiziert. Im Fall des vorzeitigen Zugewinnausgleichs gilt § 1387 BGB.

187 S. → Rn. 430.
188 Vgl. Palandt/*Brudermüller* BGB § 1376 Rn. 25–31.

		Die Bewertung der Gegenstände richtet sich nach § 1376 BGB. Das Verfahren der Wertermittlung ist allerdings nur für landwirtschaftliche Betriebe in den Fällen des § 1376 IV BGB vorgeschrieben. Im Übrigen hat der Tatrichter nach seinem Ermessen eine sachgerechte Bewertungsmethode zu finden. Gem. § 1375 I 2 BGB kann das Endvermögen auch negativ sein. Dies ist sachgerecht; denn auch wer in der Ehezeit Verbindlichkeiten abbaut, realisiert einen Zugewinn. Dem Endvermögen sind die Gegenstände hinzuzurechnen, die zu dem maßgeblichen Stichtag nicht mehr vorhanden sind, weil ein Ehegatte diese aufgrund einer illoyalen Verfügung gem. § 1375 II BGB verloren hat. Hat sich in der Zeit zwischen Trennung und Berechnungsstichtag für die Bewertung des Endvermögens der Vermögensbestand verringert, wird vermutet, dass die Vermögensminderung auf einer illoyalen Vermögensverfügung beruht (§ 1375 II 2 BGB).
	c) abzüglich des Anfangsvermögens des Ausgleichspflichtigen	Das Anfangsvermögen richtet sich nach § 1374 BGB. Demnach sind zunächst die Gegenstände und Verbindlichkeiten des Ausgleichspflichtigen bei Beginn des Güterstandes zu erfassen, sofern sie nicht ausnahmsweise von dem Zugewinnausgleich ausgenommen sind. Das Anfangsvermögen kann wie das Endvermögen negativ sein (§ 1374 III BGB). Dem Anfangsvermögen sind Gegenstände hinzuzurechnen, die ein Ehegatte nach Eintritt des Güterstandes von Todes wegen, mit Rücksicht auf ein künftiges Erbrecht, durch Schenkung oder Ausstattung erwirbt (§ 1374 II BGB). Hierunter fallen nicht die Zuwendungen, die sich Ehegatten untereinander machen, da diese im Zugewinnausgleich voll ausgeglichen werden sollen.[189] Nach hM gilt dies auch für echte Schenkungen unter Ehegatten. Schenkungen, die mit Rücksicht auf die erwartete Eheschließung vor der Ehe erfolgen, können uU vom Anfangsvermögen abzuziehen sein, soweit sie bei Eheschließung den Wert des Anfangsvermögens noch erhöhen.[190] Anfangsvermögen und Hinzuerwerb sind zu indexieren.
	d) Ergibt: **Zugewinn des Ausgleichspflichtigen**	

AV nach EV ?
↳ (+)

189 Palandt/*Brudermüller* BGB § 1374 Rn. 15.
190 Vgl. hierzu BGH NJW 1992, 427.

3.	Berechnung des Zugewinns des **Ausgleichsberechtigten** wie unter 2.	
4.	Berechnung des Überschusses in Höhe der Differenz zwischen 2. und 3.	
5.	**Ausgleichsforderung: ½ von 4**	
6.	Korrektur wegen **Vorausempfängen** gem. § 1380 BGB Berechnung: 4 Schritte: a) Abzug des Wertes der Zuwendung (indexiert!; str.)[191] vom Zugewinn des Empfängers (= Ausgleichsberechtigten) b) Hinzurechnung des Wertes der Zuwendung (indexiert!) zum Zugewinn des Zuwendenden (= Ausgleichspflichtigen) c) ½ Differenz des um Vorausempfang modifizierten Zugewinns des Zuwendenden und des Empfängers (1/2 * (b–a)) d) Anrechnung des (indexierten!) Wertes der Zuwendung auf den modifizierten Zugewinnausgleichsanspruch ergibt Ausgleichsanspruch	Diese Korrektur ist nur erforderlich, wenn der Empfänger der Zuwendung ausgleichsberechtigt ist und wenn der Wert der Zuwendung (nach hM indexiert[192]) den Zugewinn des Ausgleichsberechtigten übersteigt. Dies führt aus mathematischen Gründen dazu, dass sich die Ausgleichsforderung in Höhe der Hälfte des Wertes, um den die anzurechnende Zuwendung den Zugewinn des Ausgleichsberechtigten übersteigt, vermindert.[193]
6.	Begrenzung (§ 1378 II BGB)	**Beachte:** Maßgeblich ist im Fall der Scheidung der Zeitpunkt der Zustellung des Scheidungsantrages (§ 1384 BGB)[194]. Daher muss der Ausgleichspflichtige uU auch über das bei Rechtskraft der Scheidung vorhandene Endvermögen hinaus auf Zugewinn leisten, wenn sich der Wert des Endvermögens zwischen Zustellung des Scheidungsantrags und Rechtkraft der Scheidung vermindert hat.
7.	Sonderfragen, Verwirkung	Für die Verwirkung gelten strenge Anforderungen. UU kann der Anspruch auf Zugewinnausgleich verwirkt sein, wenn die Ehefrau den Ehemann nicht darüber aufklärt, dass ein während der Ehe geborenes Kind möglicherweise nicht von dem Ehemann abstammen könnte.[195]

III. Vorzeitiger Zugewinnausgleich

431 Unter bestimmten Bedingungen kann vorzeitiger Zugewinnausgleich bei vorzeitiger Aufhebung der Zugewinngemeinschaft geltend gemacht werden. Die Voraussetzungen für die vor-

191 Vgl. Palandt/*Brudermüller* BGB § 1380 Rn. 19.
192 Palandt/*Brudermüller* BGB § 1380 Rn. 19.
193 Palandt/*Brudermüller* BGB § 1380 Rn. 11.
194 Palandt/*Brudermüller* BGB § 1384 Rn. 2.
195 OLG Köln FamRZ 1991, 1192.

zeitige Geltendmachung von Zugewinnausgleich ergeben sich aus § 1385 BGB. Wichtig ist vor allem der Tatbestand des § 1385 Nr. 1 BGB. Dieser wirkt sich mittelbar auch dann aus, wenn die Ehegatten lange getrennt leben, jedoch keiner der Ehegatten den vorzeitigen Zugewinnausgleich geltend macht. Auch wenn Ehegatten seit Jahren getrennt leben, und lange nach der Trennung ein Ehegatte einen erheblichen Vermögenszuwachs, zB aufgrund eines Lottogewinns, erzielt, muss er im Ergebnis die Hälfte des Gewinns an den anderen Ehegatten auskehren. Er kann sich nicht auf Unbilligkeit berufen, da er ja jederzeit die Durchführung des vorzeitigen Zugewinnausgleichs hätte beantragen können.[196]

Weiterhin kann vorzeitiger Zugewinnausgleich beantragt werden, wenn ein Ehegatte sich ohne Grund beharrlich weigert, den anderen über den Bestand seines Vermögens zu unterrichten (§ 1385 Nr. 4 BGB). Hierfür reicht es aber nicht aus, wenn ein Ehegatte seine Auskunftspflicht aus § 1379 BGB nicht erfüllt.[197] Demgegenüber kommt der Anspruch in Betracht, wenn sich ein Ehegatte weigert, seinen aus der ehelichen Lebensgemeinschaft folgenden Auskunftspflichten nachzukommen.[198] 432

Beachte: Der Antrag lautet:

1. Die Zugewinngemeinschaft wird vorzeitig aufgehoben.
2. Der Antragsgegner wird verpflichtet, ab Rechtskraft der Entscheidung zu Ziff. 1 an die Antragstellerin ... EUR zu bezahlen.
3. Der Antragsgegner trägt die Kosten des Verfahrens.

Für den Zahlungsanspruch fallen keine Prozesszinsen an, da dieser erst mit Rechtskraft der Entscheidung über die vorzeitige Aufhebung der Zugewinngemeinschaft fällig wird.

IV. Auskunftsansprüche

Auskunftsansprüche ergeben sich aus § 1379 BGB. Jeder Ehegatte kann demnach von dem anderen Auskunft über dessen Vermögen für folgende Stichtage verlangen: 433

- Beginn des Güterstandes sowie Hinzuerwerb.
- Zu dem für die Berechnung des Endvermögens maßgeblichen Stichtag. Diese Auskunft ist um Auskünfte über illoyale Vermögensverfügungen zu ergänzen, sofern Anhaltspunkte vorhanden sind, dass solche vorgenommen wurden.
- Bestand des Vermögens zum Zeitpunkt der Trennung.

Die Auskunftspflicht wurde stark erweitert. Sie ist für das Anfangsvermögen erforderlich. Zwar wird vermutet, dass das Endvermögen den Zugewinn darstellt, wenn über das Anfangsvermögen kein Verzeichnis aufgenommen wurde (§ 1377 III BGB). Auch diese Vermutung weist jedoch den vollständigen Zugewinn nicht aus, wenn das Anfangsvermögen negativ war. 434

Auskunft über das Vermögen zum Stichtag der Trennung ist erforderlich, um die Vermutung des § 1375 II 2 BGB auszulösen. Bleibt das in der Auskunft für das Endvermögen angegebene Vermögen hinter dem Vermögen zum Trennungszeitpunkt zurück, ist der betreffende Ehegatte darlegungs- und beweisbelastet, dass dies nicht auf einer illoyalen Vermögensverfügung beruht. 435

Dieser Anspruch kann bereits mit Eintritt des Getrenntlebens geltend gemacht werden (§ 1379 III BGB). Hierbei ist darauf zu achten, dass der Stichtag der Trennung genau benannt wird; denn der Anspruch besteht nur stichtagsbezogen. Der Antrag auf Auskunft für einen nach der Trennung liegenden Stichtag ist daher unbegründet.[199] Die Darlegungs- und Beweislast für den Stichtag der Trennung trägt derjenige Ehegatte, der den Auskunftsanspruch geltend macht. 436

196 BGH FamRZ 2014, 24.
197 BGH NJW 2015, 154.
198 Palandt/*Brudermüller* BGB § 1386 Rn. 8.
199 Palandt/*Brudermüller* BGB § 1379 Rn. 3; Johannsen/Henrich/*Jaeger* BGB § 1379 Rn. 5.

437 Die Auskunft ist so genau zu erteilen, dass der andere Teil nicht nur erkennen kann, welche Vermögensgegenstände und Verbindlichkeiten zu dem jeweiligen Stichtag vorhanden waren, sondern diese auch, ggf. unter Hinzuziehung eines Sachverständigen, bewerten kann.[200]

438 Auf Verlangen ist die Auskunft zu belegen.

439 Schließlich sieht § 1379 I 3 BGB einen Anspruch auf Wertermittlung vor. Dieser ist darauf gerichtet, dass der auskunftspflichtige Ehegatte nach pflichtgemäßem Ermessen den Wert der Vermögensgegenstände schätzt und die dafür herangezogenen Grundlagen offenlegt. Zu weitergehenden, uU auch kostenpflichtigen Handlungen wie der Beiziehung eines Gutachters ist er nicht verpflichtet.[201]

V. Ansprüche gegen Dritte

440 Gem. § 1390 BGB kann der ausgleichsberechtigte Ehegatte auch einen Dritten auf Ersatz des Wertes einer unentgeltlichen Zuwendung in Anspruch nehmen, wenn diese in Benachteiligungsabsicht erfolgt ist und den Anspruch auf Zugewinnausgleich schmälert. Dies ist gem. § 1390 I Nr. 2 BGB dann der Fall, wenn die Ausgleichsforderung des ausgleichsberechtigten Ehegatten das bei Beendigung des Güterstandes vorhandene Vermögen des Ausgleichspflichtigen übersteigt. Insoweit ist eine wirtschaftliche Betrachtungsweise geboten: Zwar ist gem. § 1375 II 1 BGB der Wert der Zuwendung für die Berechnung des Ausgleichsanspruchs dem Endvermögen hinzuzurechnen, der Wert der Zuwendung wird aber nicht berücksichtigt, wenn es um die Frage geht, ob im Fall des § 1390 BGB die Ausgleichsforderung den Wert des Vermögens des ausgleichspflichtigen Ehegatten übersteigt.[202] Diese Grundsätze gelten für andere Handlungen in Benachteiligungsabsicht entsprechend, soweit diese dem Begünstigten bekannt war (§ 1390 II BGB).

441 Ausgleichspflichtiger Ehegatte und Dritter haften gesamtschuldnerisch (§ 1390 I 4 BGB). Auch der Dritte kann vor dem Familiengericht in Anspruch genommen werden, denn eine Güterrechtssache liegt auch vor, wenn dieser in Anspruch genommen wird.[203]

VI. Unbilligkeit, Stundung und Anspruch auf Übertragung von Gegenständen

1. Leistungsverweigerungsrecht wegen grober Unbilligkeit

442 Gem. § 1381 BGB kann der Schuldner die Erfüllung der Ausgleichsforderung verweigern, soweit der Ausgleich des Zugewinns grob unbillig wäre.

443 Der Vorschrift des § 1381 BGB geht § 1382 BGB vor. Kann durch Stundung eine grobe Unbilligkeit vermieden werden, besteht deshalb kein Leistungsverweigerungsrecht. Eine Korrektur des Zugewinnausgleichs gem. § 242 BGB wird ausgeschlossen.[204]

444 Gem. § 1381 BGB kann der Anspruch auf Zugewinnausgleich nur gekürzt oder ausgeschlossen werden. Dies bedeutet: Fehlverhalten oder andere Umstände aufseiten des Schuldners können nie dazu führen, dass sich der Anspruch auf Zugewinnausgleich erhöht. Für illoyale Vermögensverfügungen wird dieser Effekt über § 1375 II BGB erreicht.

445 § 1381 BGB enthält eine echte Einrede. Sie wird also im Verfahren nur berücksichtigt, wenn sie durch den Schuldner der Ausgleichsforderung zumindest konkludent auch erhoben wird.[205]

200 Palandt/*Brudermüller* BGB § 1379 Rn. 9.
201 Palandt/*Brudermüller* BGB § 1379 Rn. 15.
202 Palandt/*Brudermüller* BGB § 1390 Rn. 1.
203 Vgl. allgemein Thomas/Putzo/*Hüßtege* FamFG § 261 Rn. 3.
204 Palandt/*Brudermüller* BGB § 1381 Rn. 2.
205 Palandt/*Brudermüller* BGB § 1381 Rn. 7.

An das Vorliegen einer groben Unbilligkeit sind strenge Anforderungen zu stellen. Es empfiehlt sich, Fallgruppen zu bilden, innerhalb derer eine Abwägung aller Umstände des Einzelfalles vorzunehmen ist:[206] 446

- Verstoß gegen die sich aus dem ehelichen Verhältnis ergebenden **wirtschaftlichen Verpflichtungen**: Eine Kürzung des Anspruchs auf Zugewinnausgleich wegen Unbilligkeit kommt in Betracht, wenn der Gläubiger über längere Zeit in erheblicher Weise die sich aus der Ehe ergebenden wirtschaftlichen Verpflichtungen nicht erfüllt hat (§ 1381 II BGB). Hierzu gehören insbesondere auch erhebliche Verstöße gegen die Verpflichtung, Unterhalt für die Familie, den Ehegatten oder die Kinder zu leisten.[207] Da auf den Zeitraum abgestellt wird, in dem die Ehe besteht, sind hier vor allem auch Verstöße gegen die Verpflichtung, Getrenntlebensunterhalt zu leisten, beachtlich.
- Eheliche **Untreue** allein rechtfertigt die Kürzung des Anspruchs nicht. Dies kommt aber in besonders qualifizierten Fällen[208] oder dann in Betracht, wenn die Ehefrau dem Ehemann verheimlicht, dass ein aus der Ehe hervorgegangenes Kind scheinehelich ist.[209]
- **Straftaten:** Gravierende Straftaten zum Nachteil des Ausgleichspflichtigen können den Ausschluss des Zugewinnausgleichs rechtfertigen. So kann die Einrede durch die Erben dem Anspruch des überlebenden Ehegatten entgegengesetzt werden, wenn dieser den ausgleichspflichtigen Ehegatten vorsätzlich getötet hatte.[210]
- **Lange Trennungszeit:** Die Dauer der Trennungszeit rechtfertigt die Unbilligkeit für sich genommen nicht. Hält diese über drei Jahre an, ist es vielmehr Sache des Ausgleichspflichtigen, Nachteile zu vermeiden, indem er vorzeitigen Zugewinnausgleich geltend macht.[211]
- **Vermögenserwerb während der Trennungszeit:** Da § 1384 BGB auf den Zeitpunkt der Zustellung des Scheidungsantrages und nicht auf die Trennung der Ehegatten abstellt, kann der Zugewinnausgleich grundsätzlich nicht mit der Begründung verweigert werden, dass der für die Erhöhung des Endvermögens relevante Erwerb erst nach der Trennung erzielt wurde.[212]
- **Vermögensminderung nach Zustellung des Scheidungsantrages:** § 1384 stellt für die Berechnung der Ausgleichsforderung allein auf den Zeitpunkt der Zustellung des Scheidungsantrages ab. Gem. § 1378 II BGB soll der Zugewinnausgleich aber grundsätzlich nicht dazu führen, dass sich ein Ehegatte verschulden muss, um die Ausgleichsforderung erfüllen zu können. Daher kommt die Kürzung des Ausgleichsanspruchs gem. § 1381 BGB in Betracht, wenn das Vermögen des Ausgleichspflichtigen nach dem Stichtag unverschuldet erheblich an Wert verliert, zB weil der Kurswert eines Wertpapierdepots erheblich gesunken ist[213]
- **Bedürftigkeit des Ausgleichsschuldners:** Würde der Ausgleichsschuldner durch Erfüllung des Ausgleichsanspruchs dauerhaft bedürftig, während der Ausgleichsberechtigte auf den Ausgleich nicht dringend angewiesen ist, kann dies unter besonderen Umständen die teilweise oder vollständige Kürzung des Anspruchs rechtfertigen. Dies kommt etwa in Betracht, wenn der Ausgleichsschuldner aufgrund des Zugewinnausgleichs verpflichtet wäre, seinen Gewerbebetrieb zu veräußern, der seine Existenzgrundlage bildet.[214] Entsprechendes gilt, wenn die Ausgleichspflicht eines Querschnittsgelähmten auf Entschädigungszahlungen wegen eines Unfalles beruht, die eigentlich dem Ausgleich der verletzungsbedingten Folgen, die zu der Querschnittslähmung geführt haben, dienen sollten.[215]
- **Unterhaltsrückstände:** Die Berücksichtigung von Ansprüchen auf Unterhaltsrückständen führt dazu, dass der Unterhaltsberechtigte über den Zugewinnausgleich einen Teil der Unterhaltsrückstände wieder ausgleichen muss. Gleichwohl führt dieser Gesichtspunkt re-

206 Vgl. Palandt/*Brudermüller* BGB § 1381 Rn. 10 ff.
207 Palandt/*Brudermüller* BGB § 1381 Rn. 14.
208 Palandt/*Brudermüller* BGB § 1381 Rn. 17.
209 OLG Köln FamRZ 1991, 1192.
210 OLG Karlsruhe FamRZ 1987, 823.
211 BGH NJW 2013, 3642.
212 Palandt/*Brudermüller* BGB § 1381 Rn. 19.
213 Palandt/*Brudermüller* BGB § 1381 Rn. 20.
214 Palandt/*Brudermüller* BGB § 1381 Rn. 21.
215 OLG Stuttgart FamRZ 2002, 99.

gelmäßig nicht zu Unbilligkeit: Der BGH geht davon aus, dass bei rechtzeitiger Unterhaltszahlung dieser Vermögensstatus nur eher erreicht worden wäre.[216]

2. Stundung

447 Gem. § 1382 BGB kann der Schuldner Stundung beantragen, wenn die sofortige Zahlung des Zugewinnausgleichs zur Unzeit erfolgen würde. Dies kommt etwa in Betracht, wenn der Schuldner genötigt wäre, ein Haus zu verkaufen, das ihm und den Kindern, die aus der Ehe hervorgegangen sind, als angemessener Wohnraum dient.[217] Dieser Umstand alleine ist allerdings nicht ausreichend. Vielmehr ist immer eine umfassende Abwägung auch unter Berücksichtigung der Interessen des Gläubigers erforderlich.

448 Zu beachten ist, dass der Schuldner den Antrag in dem Verfahren anhängig machen muss, in dem auch über die Ausgleichsforderung entschieden wird (§ 1382 V BGB). Da über die Stundung nur entschieden werden kann, wenn die Forderung unstreitig ist (§ 1382 I BGB), ist der Antrag als Hilfsantrag für den Fall zu stellen, dass das Gericht eine Ausgleichsforderung feststellen sollte.

449 Versäumt der Schuldner in diesem Verfahren den Antrag zu stellen, kann er nach Rechtskraft der Entscheidung über den Zugewinnausgleich den Antrag auf Stundung der Ausgleichsforderung nur noch auf Gesichtspunkte stützen, die nach Erlass der Entscheidung entstanden sind.[218]

450 Unabhängig davon, ob der Antrag isoliert oder im Verfahren wegen Zahlung von Zugewinnausgleich geltend gemacht wird, ist über ihn immer nach den Regeln über das Verfahren in Angelegenheiten der freiwilligen Gerichtsbarkeit zu entscheiden, es gelten also die Verfahrensvorschriften des ersten Buches des FamFG (§§ 112 Nr. 2, 261 II FamFG).

Klausurtipp: In einer Anwaltsklausur sollte also für den Ausgleichspflichtigen dieser Antrag hilfsweise gestellt werden, wenn Anhaltspunkte dafür vorhanden sind, dass die Verpflichtung, den Zugewinnausgleich zu bezahlen, den Schuldner zur Unzeit treffen würde.

3. Übertragung von Vermögensgegenständen

451 Gem. § 1383 BGB kann der Gläubiger beantragen, dass der Schuldner in Anrechnung auf die Ausgleichsforderung bestimmte Vermögensgegenstände zu übertragen hat.

452 Diese Vorschrift bildet einen der seltenen Fälle, in denen das Gesetz zugunsten des Gläubigers einer Forderung eine **Ersetzungsbefugnis** vorsieht.[219]

453 Auch dieser Anspruch besteht nur, soweit die Übertragung von Vermögensgegenständen erforderlich ist, um eine grobe Unbilligkeit für den Gläubiger zu vermeiden.

454 Der Antrag kann darauf gestützt werden, dass Zweifel bestehen, ob der Schuldner die Ausgleichsforderung erfüllen kann. Aber auch ideelle Gesichtspunkte können berücksichtigt werden, zB dass der zu übertragende Gegenstand seit Generationen in der Familie des Gläubigers vererbt wurde. Auch in diesen Fällen ist aber immer eine umfassende Interessenabwägung erforderlich.[220]

455 Kein Anspruch auf Übertragung besteht hinsichtlich von Haushaltsgegenständen, die im Miteigentum stehen und Gegenständen, deren Wert die Ausgleichsforderung übersteigt.[221] Weiterhin kann auch nicht die Einräumung einer Mitberechtigung gefordert werden, da dies dem Ziel widersprechen würde, die güterrechtliche und vermögensrechtliche Auseinandersetzung zwischen Ehegatten endgültig zu beenden.[222]

216 BGH 2003, 1544; aA *Kogel* FF 2003, 249.
217 Johannsen/Henrich/*Jaeger* BGB § 1382 Rn. 7.
218 Palandt/*Brudermüller* BGB § 1382 Rn. 5.
219 Palandt/*Brudermüller* BGB § 1383 Rn. 1.
220 Palandt/*Brudermüller* BGB § 1383 Rn. 4.
221 Palandt/*Brudermüller* BGB § 1383 Rn. 5.
222 Erman/*Budzikiewicz* BGB § 1383 Rn. 5.

Die verfahrensrechtlichen Überlegungen hinsichtlich der Geltendmachung des Anspruchs auf Stundung gelten hier entsprechend. 456

Auch hier ist zu beachten, dass der Antrag ggf. hilfsweise im laufenden Verfahren wegen Zugewinnausgleichs geltend zu machen ist. Nach Abschluss dieses Verfahrens kann er nur noch auf Gesichtspunkte gestützt werden, die nach Erlass der Entscheidung entstanden sind. 457

VII. Verfahren

1. Allgemeines

Güterrechtssachen sind Familienstreitsachen (§§ 112 Nr. 2, 261 I FamFG). Ausgenommen sind hiervon die in § 261 II FamFG genannten Verfahren.[223] Zu den Güterrechtssachen gehören auch Verfahren, in denen ein Ehegatte gegen einen Dritten gem. § 1368 BGB vorgeht.[224] In diesem Fall sind die Familiengerichte also auch für die Entscheidung über dingliche Herausgabeansprüche oder Rückforderung wegen ungerechtfertigter Bereicherung aus unwirksamen Verträgen zuständig. 458

Die örtliche Zuständigkeit ergibt sich aus § 262 FamFG. 459

In Verfahren gem. § 1368 BGB kann die gesetzliche Verfahrensstandschaft des Ehegatten, der die Rechte aus einem von ihm nicht genehmigten Geschäft geltend macht, zu beachten sein. 460

Für das Verfahren gilt Anwaltszwang (§ 114 I FamFG). 461

2. Stufenantrag

Der Zugewinnausgleich kann im Wege eines **Stufenantrages** geltend gemacht werden (§ 113 I FamFG, § 254 ZPO). 462

Hier können sich auf der Auskunftsstufe folgende Konstellationen ergeben:[225] 463

Das Gericht weist den Antrag ab, weil nach seiner Auffassung bereits dem Grunde nach kein Anspruch auf Zugewinnausgleich besteht. In diesem Fall richtet sich die Beschwer nach der von dem Antragsteller erwarteten Forderung. 464

Das Gericht weist den Antrag ab, weil nach seiner Auffassung kein Auskunftsanspruch besteht. In diesem Fall richtet sich die Beschwer für den Antragsteller danach, welches Interesse er an der Erteilung der Auskunft hatte, um seinen Anspruch geltend zu machen. 465

Das Gericht spricht den Auskunftsanspruch zu: Die Beschwer richtet sich für den Auskunftspflichtigen allein nach dem Aufwand, der diesen trifft, um die Auskunftspflicht zu erfüllen. 466

Das Gericht spricht den Auskunftsanspruch zu. Aus der Auskunft ergibt sich, dass dem Antragsteller kein Anspruch auf Zugewinnausgleich zusteht (sog. »0«-Auskunft). In diesem Fall muss der Auskunftsberechtigte seinen Antrag ändern, wenn er die kostenpflichtige Abweisung seines Antrages vermeiden möchte. Er muss jetzt beantragen, dass der Antragsgegner verpflichtet wird, die Kosten des Verfahrens zu tragen. Dieser Antrag hat Erfolg, wenn hierfür ein materiell-rechtlicher Grund besteht, zB weil der Auskunftspflichtige mit der Erteilung der Auskunft in Verzug gekommen ist. Demgegenüber führt es nicht zum Ziel, wenn er den Antrag zurücknimmt; denn dann sind grundsätzlich dem Antragsteller die Kosten des Verfahrens aufzuerlegen (§ 113 I FamFG, § 269 ZPO): Weiterhin kann er das Verfahren auch nicht einseitig für erledigt erklären; denn sein Antrag war von Anfang an unbegründet, wenn sich aus der Auskunft ergibt, dass der Antragsgegner keinen auszugleichenden Zugewinn erzielt hat. 467

223 Diese spielen allerdings für die Examenspraxis keine Rolle.
224 Thomas/Putzo/*Hüßtege* FamFG § 261 Rn. 3.
225 Vgl. hierzu Thomas/Putzo/*Reichold* ZPO § 254 Rn. 6 ff.

VIII. Einstweiliger Rechtsschutz

468 Der Anspruch auf Zugewinnausgleich kann durch Arrest gesichert werden (§ 119 II FamFG). Dieser kommt vor allem zur Sicherung des Anspruchs auf vorzeitigen Zugewinnausgleich gem. § 1385 Nr. 2 BGB in Betracht.[226]

469 In der Regel ist der Antrag auf Arrest nur zulässig, wenn gleichzeitig zumindest ein Stufenantrag in der Hauptsache gestellt wird; denn andernfalls kann die zu sichernde Forderung kaum glaubhaft gemacht werden, da unklar ist, auf welcher Grundlage diese zu berechnen ist (vgl. §§ 1384, 1387 BGB).

K. Sonstige Familiensachen

470 Sonstige Familiensachen sind in § 266 FamFG legal definiert.

471 Es handelt sich um vielfältige Ansprüche, die sich überwiegend aus dem Schuld- und Sachenrecht ergeben. § 266 I Nr. 3 FamFG erfasst sowohl Ansprüche zwischen Ehegatten als auch Ansprüche zwischen einem Ehegatten und (Schwieger-)Eltern. Entscheidend ist nur, dass ein Bezug zu Trennung und Scheidung besteht. Hierfür reicht es aus, dass Trennung oder Scheidung einen rechtlichen oder tatsächlichen Zusammenhang haben.[227] Ob dazu auch gehört, dass die Auseinandersetzung in zeitlichem Zusammenhang mit Trennung oder Scheidung steht, ist umstritten.

472 § 266 I Nr. 4 FamFG bezieht sich auf vermögensrechtliche Ansprüche aus dem Eltern-Kind-Verhältnis in Abgrenzung zu den Kindschaftssachen.[228]

473 Inhaltlich soll zu diesen Ansprüchen an dieser Stelle nicht näher Stellung genommen werden. Es handelt sich überwiegend um allgemeine zivilrechtliche Ansprüche, die nur Auswirkungen im Familienrecht haben können.

474 Hinsichtlich des Verfahrens ist zu beachten, dass sich die örtliche Zuständigkeit nach den Regeln der ZPO richtet, sofern keine Ehesache anhängig ist (§ 267 FamFG).

475 Bei den Verfahren gem. § 266 I FamFG handelt es sich um Familienstreitsachen (§ 112 Nr. 3 FamFG).

476 Dies bedeutet, dass (unabhängig von dem Verfahrenswert) Anwaltszwang gilt (§ 114 I FamFG).

477 Im Übrigen gelten im Wesentlichen die Vorschriften des ZPO.

478 Sonstige Familiensachen können nicht in den Verbund einbezogen werden (§ 137 II FamFG) – und dies auch dann nicht, wenn sie unmittelbar mit einer Güterrechtssache zusammenhängen.

L. Verbundverfahren

I. Bedeutung des Verbundes

479 Die Rechtskraft der Scheidung hat einschneidende Bedeutung:

- Der Versorgungsausgleich wird wirksam.
- Der Anspruch auf Getrenntlebensunterhalt erlischt.
- Der Anspruch auf Zugewinnausgleich entsteht.
- UU werden die Rechtsverhältnisse an Haushaltsgegenständen und Ehewohnung umgestaltet.

226 Palandt/*Brudermüller* BGB § 1385 Rn. 12.
227 Thomas/Putzo/*Hüßtege* FamFG § 266 Rn. 5.
228 Thomas/Putzo/*Hüßtege* FamFG § 266 Rn. 8.

Darüber hinaus kann auch das Sorgerecht und Umgangsrecht für gemeinschaftliche Kinder in 480
Abhängigkeit von der Rechtskraft der Scheidung geregelt werden (§ 137 III FamFG).

Um diese Rechtsfolgen aufeinander abzustimmen, ist das Verbundverfahren vorgesehen. Es 481
stellt eine Ausnahme von dem grundsätzlichen Verbindungsverbot für Ehesachen dar (§ 126 I FamFG). Im Verbund können diese teilweise erst mit Rechtskraft der Scheidung entstehenden Ansprüche gleichzeitig geltend gemacht werden. Man nennt sie dann **Folgesachen** (§ 137 II, III FamFG). Nach der Systematik des Verfahrensrechts stellt der Verbund einen Sonderfall der objektiven Antragshäufung dar (§ 126 FamFG, § 260 ZPO).

Über den Antrag auf Scheidung und die Folgesachen muss gemeinsam verhandelt und ent- 482
schieden werden (§§ 137 I, 142 I FamFG). Eine Entscheidung ist also erst möglich, wenn sowohl die Scheidungssache als auch alle Folgesachen entscheidungsreif sind. Die Entscheidung in Folgesachen wird erst wirksam, wenn die Scheidung rechtskräftig wird (§ 148 FamFG). Dadurch wird erreicht, dass mit Rechtskraft der Scheidung eine einheitliche und aufeinander abgestimmte Regelung der Folgesachen wirksam wird.

II. Entstehung des Verbundes

Für die Entstehung des Verbundes kann folgendes Prüfungsschema verwendet werden: 483

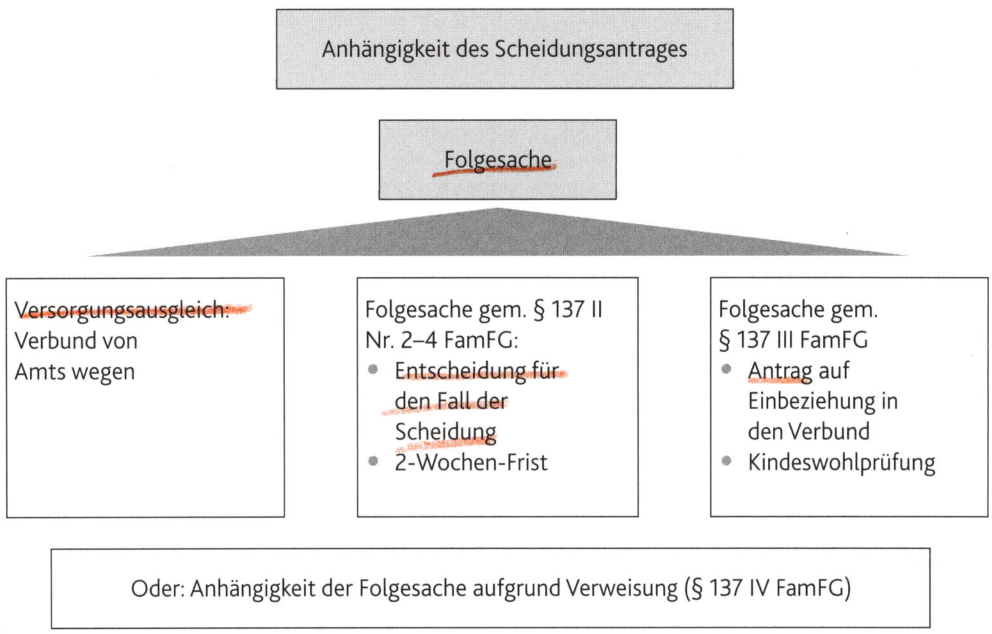

Im Einzelnen:

1. Folgesache Versorgungsausgleich

Gem. § 137 II 2 FamFG ist über den **Versorgungsausgleich** immer von Amts wegen im Ver- 484
bund zu entscheiden.

Das Gericht holt also von Amts wegen die erforderlichen Auskünfte für den Versorgungsaus- 485
gleich von den Ehegatten und von den beteiligten Versorgungsträgern ein (§ 220 FamFG).

Da über den Versorgungsausgleich immer von Amts wegen zu entscheiden ist, muss der Ver- 486
sorgungsausgleich im Tenor auch berücksichtigt werden, wenn die Ehegatten diesen ausgeschlossen haben, oder wenn die Ehezeit nur bis zu drei Jahren beträgt und kein Ehegatte die Durchführung des Versorgungsausgleichs beantragt. Die Entscheidung lautet dann:

Der Versorgungsausgleich findet nicht statt.

2. Folgesachen Unterhalt, Zugewinnausgleich, Haushalts- und Ehewohnungssachen

487 Über die **vermögensrechtlichen Verfahrensgegenstände** gem. § 137 II FamFG kann im Verbund nur entschieden werden, wenn eine Entscheidung »**für den Fall der Scheidung**« zu treffen ist. Dies bedeutet: **Ehegattenunterhalt** kann nur im Verbund geltend gemacht werden, soweit ein Ehegatte nachehelichen Unterhalt geltend macht (§§ 1569 ff. BGB). Der Anspruch auf Getrenntlebensunterhalt wird dagegen nicht »für den Fall der Scheidung« geltend gemacht. Vielmehr erlischt dieser Anspruch mit Rechtskraft der Scheidung.

Klausurtipp: Will ein Ehegatte sowohl für die Dauer des Getrenntlebens, aber auch noch nach Rechtskraft der Scheidung Unterhalt, ist in der Anwaltsklausur darauf zu achten, dass dieser zwei Anträge stellen muss: einen Antrag auf Zahlung von Getrenntlebensunterhalt. Dieser Antrag kann nur isoliert gestellt werden. Und einen Antrag auf Zahlung von nachehelichem Unterhalt: Dieser Antrag kann nur im Verbund als Folgesache gestellt werden, da andernfalls das Rechtsschutzbedürfnis für die Geltendmachung einer künftigen Forderung fehlen würde. Der Anspruch auf Getrenntlebensunterhalt könnte auch im Wege der einstweiligen Anordnung geltend gemacht werden, dies ggf. auch zusätzlich zu einem Hauptsacheantrag.

488 Hinsichtlich **Kindesunterhalt** ist zu differenzieren wie folgt: Wird der Kindesunterhalt sofort geltend gemacht, ist er insgesamt isoliert geltend zu machen, auch soweit der Zeitraum ab Rechtskraft der Scheidung betroffen ist; denn er wird dann insgesamt nicht »für den Fall der Scheidung« geltend gemacht. Als Folgesache kann Kindesunterhalt nur geltend gemacht werden, wenn dieser erst beginnend mit dem auf die Rechtskraft der Scheidung folgenden Monat gefordert wird.

489 **Ehewohnungs- und Haushaltssachen** (§ 137 II Nr. 3 FamFG) sind nur verbundfähig, soweit die Ansprüche aus §§ 1568a, 1568b BGB geltend gemacht werden; denn nur diese Ansprüche werden für den Fall der Scheidung geltend gemacht. Nicht verbundfähig sind daher Ansprüche auf Zuweisung der Ehewohnung gem. § 1361b BGB sowie auf Zuweisung von Haushaltsgegenständen zur Benutzung gem. § 1361a BGB.[229]

490 **Güterrechtssachen** (§ 137 II Nr. 4 FamFG) sind ebenfalls nur verbundfähig, soweit eine Entscheidung für den Fall der Scheidung begehrt wird. Daher können Ansprüche auf vorzeitigen Zugewinnausgleich (§ 1385 BGB), vorzeitige Aufhebung der Zugewinngemeinschaft (§ 1386 BGB) sowie aus §§ 1365, 169, 1368 BGB nicht im Verbund geltend gemacht werden.[230]

491 Weiterhin kann über diese vermögensrechtlichen Folgesachen im Verbund nur entschieden werden, wenn diese durch einen Ehegatten **spätestens zwei Wochen** vor der (letzten) mündlichen Verhandlung im ersten Rechtszug in der Scheidungssache anhängig gemacht werden. Allerdings hat das Familiengericht den Termin in der Scheidungssache so zu bestimmen, dass den Ehegatten nach Zugang der Ladung ausreichend Zeit bleibt, ggf. noch Folgesachen anhängig zu machen.[231] Terminiert das Gericht, ohne diesen zeitlichen Vorlauf einzuhalten, können die Ehegatten entweder Terminsverlegung beantragen oder eine Folgesache anhängig machen, ohne dass die Zwei-Wochen-Frist eingehalten werden muss.

492 Wird eine **Folgesache verspätet** eingereicht, ist diese im Ergebnis unzulässig. Im Verbund darf gem. § 137 II FamFG über sie nicht entschieden werden. Auch im Fall der Abtrennung (§ 113 I FamFG, § 145 ZPO)[232] ist sie unzulässig: Die Folgesache wird bedingt für den Fall, dass die Scheidung rechtskräftig wird, geltend gemacht (vgl. § 142 II FamFG). Aus dieser an sich zulässigen innerverfahrensrechtlichen (»innerprozessualen«) Bedingung wird durch die Abtrennung eine unzulässige außerverfahrensrechtliche Bedingung. Aber auch, wenn der Antrag dahingehend abgeändert wird, dass er nunmehr unbedingt gestellt wird, ist er meist unzulässig, da er auf Verpflichtung zu einer Leistung gerichtet ist, hinsichtlich deren der Anspruch erst künftig, nämlich mit Rechtskraft der Scheidung entsteht (vgl. § 113 I FamFG,

229 Thomas/Putzo/*Hüßtege* FamFG § 137 Rn. 10.
230 Thomas/Putzo/*Hüßtege* FamFG § 137 Rn. 11.
231 BGH NJW 2012, 1734.
232 Hier ist umstritten, ob die Abtrennung überhaupt zulässig ist, vgl. Thomas/Putzo/*Hüßtege* FamFG § 137 Rn. 20.

§§ 257–259 ZPO). Selbst wenn man die Abtrennung für zulässig halten würde, könnte sie allenfalls für die Geltendmachung von Ansprüchen auf Kindesunterhalt dazu führen, dass ein zulässiger Antrag gestellt werden kann.

III. Folgesachen gem. § 137 III FamFG

Verfahren mit einem Verfahrensgegenstand gem. § 137 II FamFG werden allein dadurch zu Folgesachen, dass sie während der Anhängigkeit einer Ehesache anhängig gemacht werden. Dies gilt für die »**Kindschaftsfolgesachen**« gem. § 137 III FamFG nicht: Diese werden nur Folgesache, wenn der Antragsteller die Einbeziehung in den Verbund **beantragt.** Hierfür gilt allerdings, anders als für vermögensrechtliche Folgesachen, keine Frist. 493

Weiterhin wird über diese Folgesachen im Verbund nur entschieden, wenn das Gericht diese Verfahren nicht aus Gründen des **Kindeswohls** abtrennt (§ 137 III FamFG). 494

Klausurtipp: Diese Ausführungen zeigen, dass die Voraussetzungen des Verbundes als besondere Sachentscheidungsvoraussetzungen im Rahmen der Zulässigkeit zu erörtern sind.

IV. Abtrennung

Um mit Rechtskraft der Scheidung eine einheitliche Entscheidung der Folgesachen zu erreichen, können Folgesachen aus dem Verbund grundsätzlich nicht abgetrennt werden. Nur in den Fällen des § 140 FamFG ist eine Abtrennung zulässig. § 140 FamFG geht §§ 20, 113 I FamFG, § 145 ZPO vor. 495

In vielen Fällen verzögert sich durch die Geltendmachung von Folgesachen die Scheidung erheblich. Trotzdem dürfen in diesen Fällen Verfahren wegen Folgesachen nur abgetrennt werden, wenn die Voraussetzungen gem. § 140 II Nr. 4, 5 FamFG vorliegen. 496

Zu entscheiden ist über die Abtrennung durch gesonderten, nicht selbstständig anfechtbaren Beschluss (§ 140 VI FamFG). Allerdings ist im Rahmen eines Rechtsmittels gegen die in der Hauptsache ergangene Entscheidung zu prüfen, ob die Abtrennung zu Recht erfolgt ist. War die Abtrennung fehlerhaft, führt dies meist zur Zurückverweisung des Verfahrens an das Amtsgericht, da dieses dann eine unzulässige Teilentscheidung erlassen hat.[233] 497

Zu beachten ist, dass die Rechtsfolgen der Abtrennung nicht einheitlich sind. Wird eine Folgesache gem. § 137 II FamFG (vermögensrechtliche Folgesache) abgetrennt, wird diese als Folgesache fortgeführt (§ 137 V 1 FamFG). Die besonderen Regelungen für Folgesachen wie Anwaltszwang oder Entscheidung über die Kosten gem. § 150 FamFG gelten also fort. Auch bei der Kostenerhebung sind die Kosten im Ergebnis so zu erheben, als wären die abgetrennte Folgesache und das Verfahren im Übrigen einheitlich geführt worden (§§ 44, 6 FamGKG). 498

Wird demgegenüber eine Kindschaftsfolgesache (§ 137 III FamFG) abgetrennt, ist diese als selbstständige Familiensache fortzuführen. Der Anwaltszwang entfällt, über die Kosten ist nach Maßgabe von § 81 FamFG zu entscheiden, der Verfahrenswert richtet sich nach § 45 FamGKG, die Kosten sind so zu erheben, als wäre das Verfahren von Anfang an als selbstständige Familiensache geführt worden (§ 6 II FamGKG). 499

V. Verfahren und Entscheidung

Gem. § 137 I FamFG ist über den Scheidungsantrag und die Folgesachen einheitlich zu verhandeln und zu entscheiden. 500

Der Unterhalt und der Zugewinnausgleich können jedoch durch einen **Stufenantrag** geltend gemacht werden. Dies bedeutet, dass über jede Stufe gesondert zu verhandeln und zu ent- 501

233 Thomas/Putzo/*Hüßtege* FamFG § 140 Rn. 7.

scheiden ist. Zur nächsten Stufe (eidesstattliche Versicherung bzw. Betragsverfahren) darf erst übergegangen werden, wenn die vorausgegangene Stufe erledigt ist. Für das Verbundverfahren wird das darin angelegte Spannungsverhältnis so gelöst, dass vorab über die dem Betragsverfahren vorausgehenden Stufen zu verhandeln und zu entscheiden ist. Einheitlich mit der Scheidung ist erst im Betragsverfahren zu verhandeln und zu entscheiden, es sei denn, bereits vorher wäre der gesamte Stufenantrag abweisungsreif (zB weil die Ehegatten den Anspruch auf Zugewinnausgleich wirksam abbedungen haben).

502 Ist der Antragsgegner **säumig** (zB auch deswegen, weil er anwaltlich nicht vertreten ist), muss eine gemischte Entscheidung ergehen. In der Ehesache darf gegen den Antragsgegner keine Versäumnisentscheidung ergehen (§ 130 II FamFG); denn diese widerspräche dem Grundsatz, dass eheerhaltende Tatsachen durch das Gericht auch von Amts wegen ermittelt und berücksichtigt werden können (§ 127 FamFG). Daher ist über den Scheidungsantrag auch in diesem Fall durch sachlich zu begründenden Endbeschluss zu entscheiden.

503 Demgegenüber kann hinsichtlich der vermögensrechtlichen Folgesachen gem. § 137 II Nr. 2, 4 FamFG (Güterrecht und Unterhalt) durch Versäumnisbeschluss entschieden werden.

504 Dies bedeutet: Ist das Verfahren auch hinsichtlich des Scheidungsantrages und der Folgesachen, hinsichtlich derer keine Versäumnisentscheidung ergehen kann (zB Versorgungsausgleich), entscheidungsreif, wird einheitlich durch »**Teilversäumnis- und Endbeschluss**« entschieden (§ 142 I FamFG). Dieser Beschluss ist mit dem Einspruch anfechtbar, soweit durch Versäumnisbeschluss entschieden wurde, im Übrigen durch Beschwerde. Wird der Beschluss sowohl durch **Einspruch** als auch durch Beschwerde angefochten (uU auch durch unterschiedliche Beteiligte) ist vorab über den Einspruch und die Versäumnisentscheidung zu verhandeln und zu entscheiden (§ 143 FamFG).

505 Die **Verbundentscheidung** ergeht einheitlich über den Scheidungsantrag und die Folgesachen.

506 Im **Rubrum** sind alle Beteiligten aufzuführen. Hierzu gehören zB auch Kinder, wenn eine Kindschaftsfolgesache entschieden wird. Dies ist vor allem dann zu beachten, wenn das Kind das 14. Lebensjahr vollendet hat (vgl. §§ 9, 60 FamFG).

507 Der **Tenor** wird üblicherweise so aufgebaut, dass er mit der Entscheidung über die Scheidung beginnt, es schließen sich die Folgesachen an, sodann die Nebenentscheidungen (Kosten; Anordnung der sofortigen Wirksamkeit).

508 Der Aufbau der **Gründe** unterscheidet sich von dem Aufbau von Beschlüssen gem. § 38 FamFG in anderen Fällen. Normalerweise werden die Gründe so aufgebaut, dass zunächst die tatsächlichen Grundlagen, auf denen die Entscheidung beruht, dargestellt werden (in Familienstreitsachen vergleichbar dem Tatbestand im Urteil) und im Anschluss hieran die tragenden rechtlichen Erwägungen (in Familienstreitsachen entsprechend den Regeln für die Abfassung der Entscheidungsgründe). Hiervon abweichend ist in Verbundentscheidungen vorrangig nach Gegenständen (Scheidung, Versorgungsausgleich; Ehegattenunterhalt, andere Folgesachen) zu gliedern. Hinsichtlich dieser Gegenstände sind dann zunächst die tatsächlichen Grundlagen, im Anschluss hieran die rechtlichen Erwägungen darzustellen. Dies liegt daran, dass den Beteiligten, die nicht Ehegatten sind, nur Teilausfertigungen des Beschlusses zugestellt werden dürfen, soweit diese betroffen sind (beispielsweise sind für das Jugendamt die Berechnungen zum Unterhalt völlig unerheblich). Im Anschluss hieran sind die die gesamte Entscheidung (Kosten, Anordnung der sofortigen Wirksamkeit,) betreffenden Erwägungen aufzuführen.

509 Es folgen die Rechtsbehelfsbelehrung und die Unterschrift.

Muster: 510

Amtsgericht ...

Abteilung für Familiensachen Az.: F 500/15

Übergabe an die Geschäftsstelle am ...

In dem Verfahren
(1.)

... – Antragsteller/in –
Verfahrensbevollmächtigte/r:
Rechtsanwalt/wältin ...

gegen

... – Antragsgegner/in –
Verfahrensbevollmächtigte/r: ...
Rechtsanwalt/wältin ...

wegen Scheidung und Folgesachen

Weitere Beteiligte:
... (Versorgungsträger)
... (Kind) [1]

erlässt das Amtsgericht ..., ... Abteilung, durch Richter/in am Amtsgericht ... am ... folgenden

Teilversäumnis- und Endbeschluss [2]

1. Die am ... in ... Heiratsregisternummer ... geschlossene Ehe des/der Antragstellers/in und des/der Antragsgegners/in wird geschieden. [3]
2. ... (Versorgungsausgleich)
3. Die elterliche Sorge für das Kind ... wird auf den/die Antragsteller/in übertragen.
4. Der/die Antragsgegner/in wird verpflichtet, jeweils monatlich im Voraus an den/die Antragsteller/in Unterhalt in Höhe von 500 EUR beginnend ab dem ersten auf die Rechtskraft der Scheidung folgenden Monat zu bezahlen. Im Übrigen wird der Antrag abgewiesen. [4]
5. Die Kosten des Verfahrens werden gegeneinander aufgehoben. [5]
6. Die sofortige Wirksamkeit hinsichtlich Ziffer 4 wird ab Rechtskraft der Scheidung angeordnet. [6]

Gründe: [7]

I. Scheidung
   1. (Ausführungen zu den tatsächlichen Voraussetzungen)
   2. (Ausführungen zu den rechtlichen Gesichtspunkten)

II. Versorgungsausgleich
   1. (Ausführungen zu den tatsächlichen Voraussetzungen)
   2. (Ausführungen zu den rechtlichen Gesichtspunkten)

III. Elterliche Sorge
   1. Tatsächliche Voraussetzungen
   2. Rechtliche Gesichtspunkte
      a. formelle Rechtmäßigkeit (Zuständigkeit, Zulässigkeit des Antrages, Voraussetzungen des Verbundes, Anhörung der Beteiligten)
      b. materielle Rechtmäßigkeit (§ 1671 BGB). [8]

III. Unterhalt:
   Wie Scheidung, bei teilweiser unechter Versäumnisentscheidung umfassende Begründung erforderlich

IV. Nebenentscheidungen und Kosten [9]

Rechtsmittelbelehrung [10]

[Unterschrift des/der Richters/in]

Erläuterungen zu den in eckige Klammern gesetzten Ziffern:

511 [1] Im **Rubrum** sind alle Beteiligten anzugeben. Sofern sie nicht als Antragsteller bzw. Antragsgegner beteiligt sind, sollten sie als weitere Beteiligte aufgeführt werden.

512 [2] Gem. § 38 IV Nr. 1 FamFG muss eine **Versäumnisentscheidung** als solche bezeichnet werden, wenn sie nicht begründet wird. Auch sonst sollte eine Versäumnisentscheidung kenntlich gemacht werden.

513 [3] Die hier vorgeschlagene **Tenorierung** berücksichtigt, dass außer den Ehegatten noch weitere Beteiligte an dem Verfahren beteiligt sind, zwischen denen aber keine Ehe besteht. Trotzdem ist es auch üblich zu tenorieren:

> Die Ehe der Beteiligten …

514 [4] Das Beispiel geht davon aus, dass über den Unterhalt ein Versäumnisbeschluss ergeht, der Antrag jedoch nur teilweise schlüssig begründet war. Soweit der Antrag unschlüssig ist, ist entsprechend den für die ZPO geltenden Regelungen ein »**unechter Versäumnisbeschluss**« zu erlassen. Dies bedeutet, dass die Entscheidung auf jeden Fall zu begründen ist. Weiterhin ist bei der Rechtsbehelfsbelehrung große Sorgfalt anzuwenden. Soweit der Antragsgegner verpflichtet wurde, lautet die Rechtsbehelfsbelehrung »Einspruch«, soweit der Antrag abgewiesen wurde, »Beschwerde«.

515 [5] Die **Kostenentscheidung** für die Scheidung und die Folgesachen ergibt sich aus § 150 FamFG. Demnach sind unabhängig von Obsiegen und Unterliegen die Kosten der Scheidungssache und der Folgesachen gegeneinander aufzuheben. Die Vorschrift stellt damit eine Sonderregelung gegenüber § 91 ZPO dar. Abweichungen sind möglich, wenn es unbillig erscheint, die Kosten gegeneinander aufzuheben (§ 150 IV FamFG). Dies kommt zB in Betracht, wenn ein Antrag zu einem großen Teil abgewiesen wird, weil dieser von vorneherein unbegründet war und dies für den Antragsteller auch erkennbar war. Auch hinsichtlich der Kosten sehr teurer Beweismittel (Sachverständigengutachten) kann es im Einzelfall geboten sein, eine abweichende Kostenentscheidung zu treffen.[234]

516 [6] Die Anordnung der **sofortigen Wirksamkeit** beruht auf § 116 III 3 FamFG. Für die Anordnung der sofortigen Wirksamkeit ab Rechtskraft der Scheidung besteht ein erhebliches Bedürfnis. Zwar wird die Entscheidung in der Folgesache Unterhalt erst wirksam ab Rechtskraft des Scheidungsausspruchs (§ 148 FamFG). Jedoch könnte ein Beteiligter auch nur isoliert gegen die Entscheidung in der Folgesache Unterhalt Beschwerde einlegen. Dies hätte zur Folge, dass aus dem Beschluss in Bezug auf den Unterhalt nicht vollstreckt werden könnte, weil dieser noch nicht rechtskräftig und damit noch nicht wirksam ist (§§ 116 III 1, 120 FamFG), umgekehrt aber gegen die Vollstreckung aus einem Titel, durch den Getrenntlebensunterhalt tituliert ist, eingewandt werden könnte, dass der zugrundeliegende Anspruch durch Rechtskraft der Scheidung erloschen ist (§ 120 FamFG, § 767 ZPO).

517 Anders als bei Versäumnisurteilen bestehen hinsichtlich der vorläufigen Vollstreckbarkeit keine Sondervorschriften. Vielmehr ergeht die Anordnung der sofortigen Wirksamkeit für Endentscheidungen und Versäumnisentscheidungen einheitlich.

518 [7] Da ein Beschluss ergeht, folgen einheitlich »**Gründe**« (§ 38 FamFG), nicht wie beim Urteil Tatbestand und Entscheidungsgründe. Die Gründe sind in Scheidung und Folgesachen zu untergliedern, wobei Überschriften verwendet werden können.

519 [8] In **Familienstreitsachen** werden die tatsächliche und die rechtliche Begründung nach dem Muster für Tatbestand und Entscheidungsgründe in einem zivilgerichtlichen Urteil abgesetzt.

520 Hinsichtlich Folgesachen der **freiwilligen Gerichtsbarkeit** sind Abweichungen zu beachten:

521 In tatsächlicher Hinsicht ist der festgestellte Sachverhalt wiederzugeben. Soweit dieser streitig war, ist in den rechtlichen Gründen auszuführen, warum das Gericht eine Tatsache für erwiesen erachtet, bzw. bei Unklarheit, wer die Feststellungslast trägt.

234 Vgl. Thomas/Putzo/*Hüßtege* FamFG § 150 Rn. 8

Bei den rechtlichen Gründen sind die formelle und die materielle Rechtmäßigkeit des Beschlusses festzustellen. 522

In Antragsverfahren bedeutet dies, dass hier als Voraussetzung für die formelle Rechtmäßigkeit des Beschlusses die wirksame Antragstellung erwähnt werden sollte. Dies wird auch in dem vorliegenden Muster vorgeschlagen; denn aus § 1671 BGB ergibt sich, dass eine Entscheidung über die elterliche Sorge gemeinschaftlicher Kinder der Ehegatten bei Trennung und Scheidung nur auf Antrag ergehen darf. 523

Weiterhin ist bei der formellen Rechtmäßigkeit auch festzustellen, dass die wesentlichen Verfahrenshandlungen wie insbesondere die vorgeschriebenen Beteiligungen und Anhörungen erfolgt sind. 524

Im Rahmen der materiellen Rechtmäßigkeit ist die Subsumtion unter die maßgeblichen Vorschriften vorzunehmen. 525

In den Gründen wird die Prüfung der formellen bzw. materiellen Rechtmäßigkeit aber nicht als solche bezeichnet. Vielmehr sind die einzelnen Gedankenschritte nur durch Gliederungsziffern voneinander abzugrenzen. 526

[9] Soweit das Ergebnis nicht von der regelmäßig angeordneten Kostenfolge abweicht, reicht der Verweis auf § 150 FamFG als Begründung aus. 527

[10] Das Rechtsmittelsystem zu Verbundbeschlüssen ist ziemlich kompliziert. In der **Rechtsmittelbelehrung** muss nicht über alle Varianten informiert werden. Vielmehr reicht es aus, auf die Grundlagen hinzuweisen: 528

Demnach kann jeder Ehegatte den Verbundbeschluss mit der Beschwerde angreifen (§ 58 FamFG). Diese ist innerhalb eines Monats nach Zustellung beim Amtsgericht einzulegen (§§ 63, 64 FamFG). Soweit Beschwerde gegen den Scheidungsausspruch oder gegen eine Folgesache, die eine Familienstreitsache bildet, eingelegt wurde, ist diese innerhalb von zwei Monaten ab Zustellung gegenüber dem OLG als Beschwerdegericht zu begründen (§ 117 I FamFG). § 117 FamFG verweist nicht auf § 520 III ZPO. Trotzdem muss in der Begründung grundsätzlich angegeben werden, inwieweit der Beschluss angefochten wird (Beschwerdeanträge (§ 117 I FamFG, § 520 III 1 ZPO) und welche Fehler des Verfahrens, in der Rechtsanwendung oder bei der Tatsachenfeststellung gerügt werden (Beschwerdebegründung). Wird die Beschwerde auf neue Tatsachen oder Beweismittel gestützt, sind auch die Tatsachen anzugeben, die die Berücksichtigung dieser Tatsachen und Beweismittel in der Beschwerdeinstanz zulassen (§ 520 III Nr. 4 ZPO).[235] 529

Weiterhin können sich Ehegatten in den Grenzen des § 145 FamFG auch dem Rechtsmittel eines anderen Beteiligten anschließen und dies auf den Scheidungsausspruch oder weitere Folgesachen erweitern. Hierüber muss aber nicht belehrt werden. 530

235 Thomas/Putzo/*Hüßtege* FamFG § 117 Rn. 10.

2.Teil. Klausuren aus dem Familienrecht

1. Klausur: Gerichtliche Entscheidung: Zugewinnausgleich, Ehewohnung und Haushaltsgegenstände

Aufgabenstellung: Gerichtliche Entscheidung

Materiell: Geltendmachung einer Nutzungsentschädigung für die Nutzung eines gemeinschaftlichen Hauses; Berücksichtigung einer Lebensversicherung und eines Pkw im Zugewinnausgleich; Abgrenzung von Haushaltsgegenständen und im Zugewinnausgleich zu berücksichtigenden Vermögenswerten; Bewertungsfragen; Anrechnung von Zuwendungen auf den Zugewinnausgleich; Kappungsgrenze

Prozessual: Abgrenzung Güterrechtssachen, Haushaltssachen und Sonstige Familiensachen; Widerantrag Fragen der Beweislast

Aktenauszug

Amtsgericht Regensburg
Familiengericht

14.5.2016

In dem Verfahren

Astrid Adler
Karpfenteich 5
94032 Passau

Antragstellerin

Verfahrensbevollmächtigter
RA Fritz Fondo
Weg der Klage 5
94032 Passau

gegen

Bodo Adler
Falkoweg 107
93128 Regensburg

Antragsgegner

wegen Güterrechts

zeige ich die Vertretung der Antragstellerin an. Namens und in Vollmacht der Antragstellerin beantrage ich:

1. Der Antragsgegner wird verpflichtet, an die Antragstellerin 24.000 EUR zzgl. Zinsen in Höhe von 5%-Punkten hieraus ab Rechtshängigkeit zu bezahlen.

2. Der Antragsgegner trägt die Kosten des Verfahrens.

Bei Vorliegen der gesetzlichen Voraussetzungen wird der Erlass eines Versäumnis- oder Anerkenntnisbeschlusses beantragt.

Gründe

Die Beteiligten waren verheiratet. Sie haben am 4.5.1995 vor dem Standesbeamten des Standesamts Passau die Ehe unter HRegNr. 333/1995 geschlossen.

Beweis: Auszug aus dem Heiratsregister des Standesamtes Passau, vorgelegt als Anlage 1

Die Beteiligten haben sich im März 2014 getrennt. Seitdem lebt der Antragsgegner bei seiner neuen Freundin in Regensburg. Die Antragstellerin ist in der früheren Ehewohnung geblieben.

Die Ehe der Beteiligten wurde durch Beschluss des Amtsgerichts – Familiengericht – Passau vom 30.9.2015, Az. 1 F 1847/2015 geschieden. Dieser Beschluss ist rechtskräftig seit 15.11.2015.

Beweis: Ausfertigung des mit Rechtskraftvermerk versehenen Scheidungsbeschlusses des Amtsgerichts Passau vom 30.9.2015, Az. 1 F 1847/2015, vorgelegt als Anlage 2

Der Scheidungsantrag wurde dem Antragsgegner am 5.3.2015 zugestellt.

Beweis: Im Bestreitensfall Beiziehung der Akte 1 F 1847/2015 des Amtsgerichts Passau

Die Beteiligten waren im gesetzlichen Güterstand verheiratet.

Die Antragstellerin verfügte bei Eheschließung über kein Vermögen.

Später wandte ihr ihre Oma väterlicherseits ein Sparbuch mit einem Guthaben von 3.000 EUR zu. Sie erklärte, die Antragstellerin solle über dieses Guthaben frei verfügen können.

Beweis: Sparbuch über das Sparkonto Nr. 4567 bei der V-Bank, vorgelegt als Anlage 3; Vernehmung des Mitarbeiters Georg Geld, zu laden über die V-Bank, Geschäftsstelle Passau, Goldregenweg 5, Passau

Der Antragsgegner erzielte während der Ehezeit ein deutlich höheres Einkommen als die Antragstellerin. Um für einen gewissen Ausgleich zu sorgen, wandte er der Antragstellerin 7 Jahre nach der Hochzeit einen Sparbrief mit einem Guthaben von 5.000 EUR zu. Diesen sollte die Antragstellerin für eigene Zwecke oder auch zu ihrer Absicherung verwenden können.

Beweis: Sparbrief mit der Nr. 8888 der B-Bank nebst formularmäßiger Abtretung, vorgelegt als Anlage 4

Bei Zustellung des Scheidungsantrages hatte die Antragstellerin das Sparguthaben von 3.000 EUR aufgebraucht. Weiterhin hatte sie auch den Sparbrief eingelöst und bis auf ein Restguthaben von 4.000 EUR, das auf dem Girokonto der Antragstellerin Nr. 1234 bei der V-Bank vorhanden war, verbraucht.

Beweis: Saldenbestätigungen der B-Bank und der V-Bank, vorgelegt als Anlagen 5 und 6

Weiterhin waren die Ehegatten bei Zustellung des Scheidungsantrages Miteigentümer des Anwesens Karpfenteich 5, Passau, zu je ½.

Beweis: Auszug aus dem Grundbuch des AG Passau von Grubweg, Bl. 5689, vorgelegt als Anlage 7

Dieses Anwesen hatte im Mai 2015 einen Verkehrswert von 400.000 EUR.

Beweis: Sachverständigengutachten.

Die Beteiligten haben zur Finanzierung dieses Anwesens bei der S-Bausparkasse einen Kredit aufgenommen. Beide Ehegatten sind Kreditnehmer. Im Hinblick auf dieses Verfahren hat die Antragstellerin die S-Bausparkasse gebeten, den Saldo des Kredites für Mai 2015 zu bescheinigen. Aus der Mitteilung der S-Bausparkasse ergibt sich, dass der Kredit im Mai 2015 noch mit einem Betrag von 400.000 EUR valutierte.

Beweis: Saldomitteilung der S-Bausparkasse, vorgelegt als Anlage 8

Über weitere Vermögensgegenstände verfügte die Antragstellerin bei Zustellung des Scheidungsantrages nicht.

Der Antragsgegner war bei Eheschließung verschuldet. Insbesondere bestand eine offene Verbindlichkeit bei dem Bundesverwaltungsamt aufgrund darlehensweise in Anspruch genommenen BAFöGs von 9.000 EUR.

Beweis: Schreiben des Bundesverwaltungsamtes vom 20.4.2016, vorgelegt als Anlage 9

Über weiteres Vermögen verfügte der Antragsgegner, der sich bei Eheschließung noch in Ausbildung befand, nicht.

Bei Zustellung des Scheidungsantrages hat der Antragsgegner diese Verbindlichkeit gegenüber dem Bundesverwaltungsamt weggefertigt.

Beweis: Schreiben des Bundesverwaltungsamtes vom 20.4.2016, bereits vorgelegt als Anlage 9

Weiterhin war er zu diesem Zeitpunkt Eigentümer eines Pkw, Marke Opel Astra Baujahr 2008. Dieser wird in den allgemein zugänglichen Listen der DEKRA und der sog. Schwackeliste mit einem Händlerverkaufspreis in Höhe von 6.000 EUR gelistet.

Beweis: Sachverständigengutachten

Nach der Trennung hat der Antragsgegner seine neue Wohnung unter anderem mit einer Waschmaschine, einer Geschirrspülmaschine und einem Elektroherd mit Ceranfeld eingerichtet. Im Übrigen hat er eine komplette Kücheneinrichtung, eine Wohnzimmereinrichtung und eine Schlafzimmereinrichtung sowie Geschirr, Besteck und Kochutensilien erworben. Der Hausrat war bei Zustellung des Scheidungsantrages neuwertig und hatte einen Einkaufswert von mindestens 8.000 EUR.

Beweis: Sachverständigengutachten

Weiterhin ist der Antragsgegner Versicherungsnehmer und Bezugsberechtigter aus einer Lebensversicherung bei der A-AG. Aus der anliegenden Mitteilung der A-AG ergibt sich, dass diese bei Zustellung des Scheidungsantrages einen Rückkaufswert von 20.000 EUR hatte. Bleiben die Stornokosten unberücksichtigt, ergibt sich unter Berücksichtigung von Überschussanteilen und des zu erwartenden Schlussüberschussanteils ein Wert von 25.000 EUR. Dieser ist maßgeblich.

Beweis: Auskunft der A-AG vom 1.4.2016, vorgelegt als Anlage 10

Hieraus ergibt sich, dass der Antragsgegner einen Zugewinn von 48.000 EUR erzielt hat. Die Hälfte hiervon, 24.000 EUR stehen der Antragstellerin als Zugewinnausgleich zu. Dieser Anspruch wird mit diesem Antrag geltend gemacht.

Rechtsanwalt
Gerichtskostenvorschuss wird mit beiliegendem Scheck entrichtet

---

AG Regensburg
1 F 111/16

Verfügung

1. Es wird ein schriftliches Vorverfahren durchgeführt

2. An den Antragsgegner ergehen folgende Aufforderungen …

Rechenmeister
(RiAG)

… Postzustellungsurkunde: Das Schriftstück nebst der gerichtlichen Verfügung vom … wurde dem Antragsgegner durch Übergabe am 19.5.2016 zugestellt. …

Rechtsanwalt
Dr. Felix Ungemach
Sumpfdotterblumenplatz 12
93112 Regensburg

Regensburg, den 31.5.2016

AG Regensburg
1 F 111/16

Eingangsstempel: 1.6.2016

In dem Verfahren

Astrid Adler
...

– Antragstellerin –

gegen

Bodo Adler
...

– Antragsgegner –

zeige ich die Vertretung des Antragsgegners an. Namens und in Vollmacht des Antragsgegners beantrage ich:

1. Der Antrag der Antragstellerin vom 14.5.2016 wird abgewiesen.

Weiterhin erhebe ich Widerantrag gegen die Antragstellerin und beantrage:

2. Die Antragstellerin und Widerantragsgegnerin wird verpflichtet, an den Antragsgegner einen Betrag in Höhe von 2.000 EUR nebst Zinsen in Höhe von 5%-Punkten über dem jeweiligen Basiszinssatz hieraus seit Rechtshängigkeit sowie ab 1.7.2016 jeweils zum Ende eines Monats einen Betrag in Höhe von monatlich 400 EUR zu bezahlen.

3. Die Antragstellerin trägt die Kosten des Verfahrens.

Begründung:

1.

Der Antragsgegner hat keinen Zugewinn erzielt, der den Zugewinn der Antragstellerin übersteigen würde. Jedenfalls steht der Antragstellerin aber kein Anspruch auf Zugewinnausgleich zu, da auf diesen die Zuwendung des Antragsgegners voll anzurechnen wäre. Dies ergibt sich aus Folgendem:

Die Antragstellerin ist Eigentümerin einer Lithographie mit dem Titel »Zahnräder«. Diese hat sie vor etwa 7 Jahren auf der Ausstellung des Malers Klecksel erworben. Bereits damals war sie mit einem Preis von 3.000 EUR ausgezeichnet. Diesen Wert hat sie auch heute noch, da dieser Maler inzwischen zu den bekanntesten Malern der Künstlerkolonie Murnau gehört und deren Bilder sehr teuer gehandelt werden.

Beweis: Sachverständigengutachten

Dass die Antragstellerin von ihrer Oma ein Sparbuch mit einem Guthaben von 3.000 EUR erhalten hat, soll nicht bestritten werden.

Unter Berücksichtigung ihrer eigenen Angaben beträgt das Endvermögen der Antragsgegnerin daher mindestens 7.000 EUR, der Zugewinn 4.000 EUR.

Weiterhin trifft die Berechnung des Zugewinns des Antragsgegners nicht zu:

Es stimmt zwar, dass dieser bei Zustellung des Scheidungsantrages alleiniger Eigentümer des Pkw Opel Astra war. Dieser kann aber allenfalls mit einem Wert von 5.000 EUR bei der Berechnung des Zugewinnausgleichs berücksichtigt werden, da der Antragsgegner nur diesen Wert hätte realisieren können, wenn er den Pkw an einen Gebrauchtwagenhändler verkauft hätte.

Beweis: Sachverständigengutachten

Weiterhin darf auch die Lebensversicherung nur mit dem Rückkaufswert von 20.000 EUR berücksichtigt werden; denn nur diesen Wert könnte der Antragsgegner realisieren, wenn er die Lebensversicherung kündigen und sich das Kapital auszahlen lassen würde.

Die Haushaltsgegenstände, die der Antragsgegner nach der Trennung erworben hat, dürfen bei der Berechnung des Zugewinns nicht berücksichtigt werden; denn Haushaltsgegenstände sind ausschließlich nach den für diese geltenden besonderen Vorschriften zwischen den Ehegatten aufzuteilen. Lediglich ergänzend ist auszuführen, dass die Antragstellerin den Wert dieser Haushaltsgegenstände weit übersetzt hat. Für gebrauchte Haushaltsgegenstände besteht kein funktionierender Markt. Würde der Antragsgegner versuchen, diese Gegenstände second hand zu veräußern, könnte er allenfalls einen Erlös von 2.000 EUR erzielen.

Beweis: Sachverständigengutachten

Schließlich hat der Antragsgegner für die Finanzierung des Pkw und der Haushaltsgegenstände ein Darlehen bei der B-Bank aufgenommen. Dieses Darlehen valutierte bei Zustellung des Scheidungsantrages noch mit einem Betrag in Höhe von 20.000 EUR.

Beweis: Saldenbestätigung der B-Bank vom 20.4.2016, vorgelegt als Anlage B1

Nicht bestritten werden soll, dass der Antragsgegner bei Eheschließung Schulden in Höhe von 9.000 EUR hatte. Gleichwohl bestehen Bedenken, ob diese Schulden berücksichtigt werden können; denn das Anfangsvermögen darf aus Sicht des Antragsgegners nicht negativ werden, um einen Ausgleich von Schulden zu vermeiden. Der Zugewinnausgleich soll ja nur positive Vermögenswerte ausgleichen.

Der Zugewinn des Antragsgegners beträgt also allenfalls 14.000 EUR. Er übersteigt den Zugewinn der Antragstellerin um 10.000 EUR. Grundsätzlich würde der Antragstellerin also ein Ausgleichsanspruch in Höhe von 5.000 EUR zustehen. Auf diesen Anspruch ist aber der Wert des Sparbriefs anzurechnen, den der Antragsgegner der Antragstellerin zugewandt hatte. Insgesamt steht dieser also kein Anspruch auf Zugewinnausgleich zu.

Lediglich hilfsweise beruft sich der Antragsgegner darauf, dass er auch über kein Vermögen mehr verfügt, aus dem der Zugewinnausgleichsanspruch befriedigt werden könnte. Es trifft zwar zu, dass das Einfamilienhaus der Beteiligten bei Zustellung des Scheidungsantrages einen Wert von 400.000 EUR hatte. Aufgrund der Entwicklung am Immobilienmarkt ist der Wert dieses Hauses jedoch auf 250.000 EUR abgesunken. Dieser Werteverfall ist insbesondere darauf zurückzuführen, dass in unmittelbarer Nähe des Hauses eine Umgehungsstraße errichtet werden soll. Demgegenüber valutieren die Verbindlichkeiten der Beteiligten immer noch in Höhe von annähernd 400.000 EUR.

2.

Dem Antragsgegner steht gegen die Antragstellerin ein Anspruch auf Zahlung einer Nutzungsentschädigung in Höhe von monatlich 400 EUR ab 1.7.2016 sowie rückständiger 2.000 EUR für die Zeit von 1.2.2016 bis 30.6.2016 zu. Dies ergibt sich aus Folgendem:

Wie die Antragstellerin zutreffend ausführt, sind sie sowie der Antragsgegner Miteigentümer des Hauses Karpfenteich 5, Passau zu je ½. Die Darlehensraten für dieses Anwesen tragen die Beteiligten gesamtschuldnerisch zu je ½. Würden die Beteiligten das Anwesen vermieten, könnten sie mindestens eine Kaltmiete in Höhe von 800 EUR monatlich erzielen.

Beweis: Sachverständigengutachten

Tatsächlich bewohnt aber die Antragstellerin dieses Anwesen alleine. Bis zur Zustellung des Scheidungsantrages hat der Antragsgegner zunächst davon abgesehen, von der Antragstellerin eine Nutzungsentschädigung zu verlangen. Dies hätte sich aus unterhaltsrechtlichen Gründen kaum ausgewirkt. Nach der Rechtskraft der Scheidung hat der Antragsgegner der Antragstellerin allerdings mit Schreiben vom 4.1.2016, der Antragstellerin zugegangen am 8.1.2016, mitgeteilt, dass er auch weiterhin damit einverstanden sei, wenn diese die vormalige Ehewohnung alleine nutze, allerdings nur unter der Bedingung, dass diese eine Nutzungsentschädigung in Höhe von monatlich 400 EUR bezahle.

Beweis: Schreiben vom 4.1.2016 nebst Rückschein, vorgelegt als Anlage B2

Die Antragstellerin zieht es aber vor, den Miteigentumsanteil des Antragsgegners unentgeltlich zu nutzen.

Rechtsanwalt

AG Regensburg
1 F 111/16

Verfügung

1. Zustellung des Schriftsatzes vom 31.5.2016 an:
   Antragstellervertreter, verbunden mit der Aufforderung, innerhalb von zwei Wochen auf den Schriftsatz zu erwidern
2. Haupttermin wird bestimmt auf: 28.9.2016, 9:00 Uhr, Amtsgericht Regensburg, …, SS 107
3. Das persönliche Erscheinen der Beteiligten zum Termin wird angeordnet.
4. Zum Termin sind zu laden:

   Antragstellervertreter

   Antragsgegnervertreter

   Antragstellerin

   Antragsgegner

…
Rechenmeister 10.6.2015
(RiAG)

EB, unterzeichnet durch RA Fondo, dass diesem der Widerantrag am 13.6.2016 zugestellt wurde.

Rechtsanwalt Fritz Fondo Passau, den 27.6.2016
Amtsgericht Regensburg
1 F 111/16

In dem Verfahren

Astrid Adler

Antragstellerin

gegen

Bodo Adler

Antragsgegner

nehme ich zum Schriftsatz des Antragsgegners vom 31.5.2016 wie folgt Stellung.

Ich beantrage:

Der Antrag vom 31.5.2016 wird abgewiesen.

Gründe:

Die Ausführungen des Antragsgegners zur Berechnung des Zugewinnausgleichs können nicht unwidersprochen bleiben.

Die Lithographie kann bei der Berechnung des Zugewinns der Antragstellerin nicht berücksichtigt werden. Die Lithographie ist für die Antragstellerin von hohem ideellem Wert. Sie möchte sie deshalb keinesfalls verkaufen. Dies würde ihr ihr neuer Partner, der Maler Klecksel, keinesfalls verzeihen.

Selbstverständlich sind die Lebensversicherung und der Pkw mit dem jeweils höheren Wert, so wie von der Antragstellerin angegeben, zu berücksichtigen. Schließlich leistet der Antragsgegner für die Lebensversicherungen nach wie vor die Prämien und er fährt auch immer noch mit dem Pkw.

Es wäre grob unbillig, den Sparbrief voll auf die Ausgleichsforderung anzurechnen. Schließlich hat der Antragsgegner diesen der Antragstellerin geschenkt. Es wird vorsorglich bereits jetzt bestritten, dass dies unter dem Vorbehalt der Anrechnung auf die Zugewinnausgleichsforderung geschehen ist.

Unzutreffend ist auch die Auffassung, die durch den Antragsgegner nach der Trennung angeschafften Haushaltsgegenstände seien nach den besonderen für Haushaltsgegenstände geltenden Vorschriften aufzuteilen. Das Gegenteil ist der Fall: Haushaltsgegenstände, die nach der Trennung angeschafft werden, sind grundsätzlich im Zugewinnausgleich zu berücksichtigen.

Hinsichtlich des Widerantrages bestehen bereits Bedenken gegen die Zulässigkeit. Eine Ehewohnungssache kann wohl kaum im Wege des Widerantrages gegen einen güterrechtlichen Anspruch gemeinschaftlich mit diesem verhandelt werden. Im Übrigen ist diese Forderung jedenfalls in dieser Höhe nicht berechtigt: Die Antragstellerin zahlt monatlich auf nutzungsunabhängige Kosten des gemeinsamen Eigentums wie Versicherungen und Grundsteuer einen Betrag von 80 EUR, der zumindest zur Hälfte auch dem Antragsgegner zugutekommt.

Der Wertverlust des Hauses trifft die Antragstellerin in gleicher Weise wie den Antragsgegner. Es wäre unbillig, wenn sie nunmehr zusätzlich auch noch eine Kürzung ihres Anspruchs auf Zugewinnausgleich hinnehmen müsste.

Rechtsanwalt

Auszug aus dem Protokoll der Sitzung vom 28.9.2016

Bei Aufruf erscheinen:

Die Antragstellerin mit RA Fondo
Der Antragsgegner mit RA Dr. Ungemach

Der Antragstellervertreter stellt den Antrag aus dem Schriftsatz vom 14.5.2016.

Der Antragsgegnervertreter beantragt, diesen Antrag abzuweisen und stellt im Übrigen die Anträge aus dem Schriftsatz vom 31.5.2016.

Der Antragstellervertreter beantragt, den Widerantrag abzuweisen.

Der Antragsgegner erklärt:

> Aus meiner Sicht kann mein Pkw schon deshalb nicht im Rahmen des Zugewinnausgleichs berücksichtigt werden, weil dieser auch für Zwecke der Familie wie Einkäufe und Urlaubsfahrten benützt wurde. Im Übrigen trifft es aber zu, dass ich den Pkw nach wie vor in Gebrauch habe und auch die Prämien für die Lebensversicherung entrichte.

Der Verfahrensbevollmächtige des Antragsgegners erklärt:

> Meines Erachtens ist es unerheblich, ob die Aufwendungen, die die Antragstellerin für die Wohnung trägt, teilweise verbrauchsunabhängig sind. Würde die Antragstellerin die Wohnung nicht für ihre Zwecke nutzen, könnten die Ehegatten diese Kosten auf den Mieter umlegen und im Übrigen die im Antrag genannte Kaltmiete je hälftig vereinnahmen.

Das Gericht weist darauf hin, dass hinsichtlich des Anspruchs auf Zahlung einer Nutzungsentschädigung auch eine sonstige Familiensache gem. § 266 FamFG vorliegen könnte. Der Antragstellervertreter erklärt hierzu: Nach meiner Ansicht kann auch eine sonstige Familiensache nicht gemeinsam mit einer Güterrechtssache verhandelt werden. Der Antragstellervertreter erklärt, dass, sollte das Gericht wirklich zu dem Ergebnis kommen, dass dem Antragsgegner ein Anspruch auf Zahlung einer Nutzungsentschädigung zustehe, dieser jedenfalls bei der Berechnung des Zugewinns berücksichtigt werden müsse.

Das Gericht weist darauf hin, dass der Wert der Zuwendung des Antragsgegners an die Antragstellerin auch bei der Berechnung des beiderseitigen Zugewinns berücksichtigt werden müsse. Der Antragstellervertreter erklärt hierzu: Meines Erachtens erhöht er das Anfangsvermögen meiner Mandantin, sodass die geltend gemachte Forderung erst recht begründet ist.

B. u. v.: Termin zur Verkündung einer Entscheidung wird bestimmt auf:

25.10.2016, 9:00, Amtsgericht Regensburg, Zimmer 938 (Dienstzimmer des Richters)

Die vollständige Entscheidung des Gerichts ist zu entwerfen. Sofern nach Auffassung des Bearbeiters eine Endentscheidung zu treffen ist, reicht es aus, in der Rechtsmittelbelehrung lediglich anzugeben, welche Rechtsmittel statthaft sind.

Es wurden alle erforderlichen Hinweise erteilt. Es ist davon auszugehen, dass eine weitere Sachaufklärung nicht möglich war.

Es ist davon auszugehen, dass der Lebenshaltungskostenindex zu allen relevanten Stichtagen 100% beträgt.

Die Anfertigung eines Verfahrenswertbeschlusses ist erlassen.[1]

1 Im Examen würde aus Zeitgründen auch die Anfertigung des Rubrums und des Tatbestandes bzw. der entsprechenden Ausführungen im Beschluss erlassen. Zu Übungszwecken enthält die nachfolgend angebotene Musterlösung allerdings auch diese Teile.

Lösung

Amtsgericht Regensburg 531
1 F 111/16

Im Namen des Volkes![2]

Endbeschluss[3]

In dem Verfahren

Astrid Adler, Karpfenteich 5, 94032 Passau

– Antragstellerin und Widerantragsgegnerin –

Verfahrensbevollmächtigter: Rechtsanwalt Fritz Fondo, Weg der Klage 5, 94032 Passau

gegen

Bodo Adler, Falkoweg 107, 93128 Regensburg

– Antragsgegner und Widerantragsteller –

hat das Amtsgericht - Familiengericht - Regensburg, 1. Abteilung in Familiensachen, durch RiAG Rechenmeister aufgrund mündlicher Verhandlung vom 28.9.2016 für Recht erkannt:[4]

1. Der Antragsgegner wird verpflichtet, an die Antragstellerin 11.500 EUR zuzüglich Zinsen in Höhe von 5%-Punkten über dem Basiszinssatz hieraus seit 20.5.2016 zu bezahlen. Im Übrigen wird der Antrag abgewiesen.
2. Die Antragstellerin wird verpflichtet, an den Antragsgegner 2.000 EUR zuzüglich Zinsen in Höhe von 5%-Punkten über dem Basiszinssatz aus 1.600 EUR seit 14.6.2016 und weiteren 400 EUR seit 1.7.2016, sowie monatlich 400 EUR, fällig jeweils zum Monatsende, erstmals zum 31.7.2016 zu bezahlen.
3. Von den Kosten des Verfahrens tragen die Antragstellerin ¾, der Antragsgegner ¼.[5]

Gründe:

A.

Die Beteiligten streiten um Zugewinnausgleich und die Zahlung einer Nutzungsentschädigung. 532

Die Antragstellerin und der Antragsgegner schlossen am 4.5.1995 vor dem Standesbeamten des Standesamtes Passau die Ehe. 533

Sie leben seit März 2014 getrennt. Seitdem lebt der Antragsgegner in Regensburg, die Antragstellerin ist in der früheren Ehewohnung geblieben. 534

Der Scheidungsantrag wurde am 5.3.2015 dem Antragsgegner zugestellt. 535

Die Ehe wurde durch Beschluss des Amtsgerichts – Familiengericht – Passau vom 30.9.2015, Az. 1 F 1847/2015 geschieden. 536

2 Zur Frage, ob in Familienstreitsachen ein Beschluss im Namen des Volkes ergeht Thomas/Putzo/*Hüßtege* FamFG § 113 Rn. 2.

3 Die Bezeichnung ist nur gem. § 38 IV Nr. 1 FamFG vorgeschrieben, aber üblich.

4 Vgl. zu diesen Angaben § 38 II Nr. 1–3 FamFG sowie Thomas/Putzo/*Hüßtege* FamFG § 38 Rn. 5–10, wo ausdrücklich auch die Angabe der Abteilung gefordert wird.

5 An die Stelle der Regelung der vorläufigen Vollstreckbarkeit tritt in Familienstreitsachen die Anordnung der sofortigen Wirksamkeit gem. § 116 III 2 FamFG (→ Rn. 29). Anders als in Unterhaltssachen (§ 116 III 3 FamFG) ist diese in Güterrechtssachen und sonstigen Familiensachen nur im Einzelfall nach Ermessen des Gerichts anzuordnen. Im vorliegenden Fall wird hierfür kein Bedürfnis gesehen, gerade im Hinblick auf die Nutzungsentschädigung ist aber auch eine andere Auffassung vertretbar.

537 Einen Ehevertrag haben die Antragstellerin und der Antragsgegner nicht geschlossen.

538 Bei Eheschließung hatte der Antragsgegner 9.000 EUR Schulden bei der Bundesschuldenverwaltung.

539 Während der Ehe wandte der Antragsgegner der Antragstellerin einen Sparbrief mit einem Guthaben in Höhe von 5.000 EUR zu.

540 Bei Zustellung des Scheidungsantrages war der Antragsgegner Eigentümer eines Pkw Opel Astra. Dieser hatte einen Händlereinkaufswert von 5.000 EUR und einen Händlerverkaufswert von 6.000 EUR. Er wurde auch für Zwecke der Familie wie zum Einkaufen und für Urlaubsfahrten genutzt.

541 Weiterhin war er Inhaber einer Lebensversicherung. Diese hatte bei Zustellung des Scheidungsantrages einen Rückkaufswert von 20.000 EUR. Der Wert zuzüglich der gutgeschriebenen Überschussanteile und des geplanten Schlussüberschussanteils beträgt 25.000 EUR.

542 Nach der Trennung hat der Antragsgegner seine neue Wohnung möbliert. Der Neuwert der Wohnungseinrichtung liegt bei 8.000 EUR.

543 Die Ehegatten sind Miteigentümer des Einfamilienhauses Karpfenteich 5, Passau. Dieses war bei Zustellung des Scheidungsantrages 400.000 EUR wert. Zwischenzeitlich ist der Wert des Hauses auf 250.000 EUR gesunken.

544 Zur Finanzierung des Pkw und der neuen Wohnungseinrichtung nahm der Antragsgegner ein Darlehen auf, das bei Zustellung des Scheidungsantrages noch mit 20.000 EUR valutierte.

545 Um das Einfamilienhaus zu finanzieren, nahmen beide Ehegatten gemeinsam ein Darlehen auf. Dieses valutierte bei Zustellung des Scheidungsantrages in Höhe von 400.000 EUR. Es wurde nur unwesentlich zurückgeführt.

546 Die Antragstellerin verfügte bei Eheschließung nicht über Vermögen.

547 Allerdings wandte ihr ihr Großvater väterlicherseits ein Sparbuch mit einem Guthaben von 3.000 EUR zu.

548 Während der Ehezeit hatte die Antragstellerin eine Lithographie mit dem Titel »Zahnräder« des Malers Klecksel, handsigniert, erworben. Bei Zustellung des Scheidungsantrages hatte diese Lithographie einen Wert von mindestens 3.000 EUR.

549 Bei Zustellung des Scheidungsantrages verfügte die Antragstellerin über ein Guthaben auf ihrem Girokonto in Höhe von 4.000 EUR.

550 Die Antragstellerin und der Antragsgegner streiten darüber, wie die Gegenstände im Einzelnen zu bewerten sind, inwieweit diese im Rahmen des Zugewinnausgleichs zu berücksichtigen sind und wie die Zuwendung des Antragsgegners an die Antragstellerin in Höhe von 5.000 EUR im Rahmen des Zugewinnausgleichs zu berücksichtigen ist und ob der Wertverlust des Hauses berücksichtigt werden könne.

551 Die objektive Kaltmiete für ein dem Einfamilienhaus der Ehegatten vergleichbares Anwesen liegt bei 800 EUR monatlich. Mit Schreiben vom 4.1.2016 forderte der Antragsgegner die Antragstellerin zur Zahlung einer Nutzungsentschädigung in Höhe von monatlich 400 EUR auf. Die Antragstellerin verweigert die Zahlung der Nutzungsentschädigung unter anderem unter Verweis darauf, dass sie auch die nicht verbrauchsabhängigen Nebenkosten in vollem Umfang trage.

552 Der Antrag in der Hauptsache ist am 19.5.2016 an den Antragsgegner zugestellt worden.

553 Hierauf hat der Antragsgegner mit Schriftsatz vom 31.5.2016, der Antragstellerin zugestellt am 13.6.2016, Widerantrag erhoben.

554 Die Antragstellerin beantragt:

> Der Antragsgegner wird verpflichtet, an die Antragstellerin 24.000 EUR zzgl. Zinsen in Höhe von 5%-Punkten hieraus ab Rechtshängigkeit zu bezahlen.

Der Antragsgegner beantragt, diesen Antrag abzuweisen. 555

Im Wege des Widerantrags beantragt er: 556

> Die Antragstellerin und Widerantragsgegnerin wird verpflichtet, an den Antragsgegner einen Betrag in Höhe von 2.000 EUR nebst Zinsen in Höhe von 5%-Punkten über dem jeweiligen Basiszinssatz hieraus seit Rechtshängigkeit sowie ab 1.7.2016 jeweils zum Ende eines Monats einen Betrag in Höhe von monatlich 400 EUR zu bezahlen.

Die Antragstellerin beantragt, diesen Antrag abzuweisen. 557

Das Gericht hat die Beteiligten in der mündlichen Verhandlung vom 28.9.2016 auf die von ihnen noch nicht ausreichend erörterten Gesichtspunkte hingewiesen. Hierzu haben die Beteiligten Stellung genommen. Hinsichtlich der weiteren Einzelheiten wird auf die Sitzungsniederschrift vom 28.9.2016 verwiesen. 558

B.

Der Antrag ist zulässig, jedoch nur teilweise begründet. Der Widerantrag ist demgegenüber in vollem Umfang zulässig und begründet. 559

I.

1.

Der Antrag ist zulässig. 560

Das Amtsgericht – Familiengericht – Regensburg ist sachlich zuständig gem. § 23a I Nr. 1 GVG, §§ 111 Nr. 9, 261 I FamFG. Es liegt eine Güterrechtssache gem. § 261 I FamFG vor. Die Antragstellerin macht den aus dem gesetzlichen Güterstand folgenden Anspruch auf Zahlung von Zugewinnausgleich geltend. 561

Die örtliche Zuständigkeit folgt aus § 262 II FamFG, §§ 12, 13 ZPO. Der Antragsgegner hat seinen gewöhnlichen Aufenthalt in Regensburg. 562

Das Amtsgericht Regensburg hat durch die Abteilung für Familiensachen zu entscheiden, da eine Familiensache vorliegt (§ 23b I GVG; gesetzliche Regelung für die Geschäftsverteilung).[6] 563

Der Antrag wurde ordnungsgemäß gestellt. Insbesondere ist die Antragstellerin anwaltlich vertreten (§§ 114 I Alt. 3, 112 Nr. 2 FamFG). Güterrechtssachen gem. § 261 I FamFG gehören zu den Familienstreitsachen (§ 112 Nr. 2 FamFG). Für diese besteht auch bei isolierter Geltendmachung Anwaltszwang. 564

2.

a.

Der Antrag ist jedoch nur teilweise begründet. 565

Der Antragstellerin steht gegen den Antragsgegner ein Anspruch auf Zahlung von 11.500 EUR gem. § 1378 I BGB zu. 566

Die Vorschriften über den rechnerischen Ausgleich des Zugewinns gem. §§ 1372 ff. BGB sind anwendbar.[7] Die Beteiligten waren im gesetzlichen Güterstand verheiratet. Sie haben am 567

6 Hier ist darauf zu achten, dass sauber zwischen Zuständigkeit und Geschäftsverteilung unterschieden wird. § 23b GVG enthält insbesondere auch keine Regelung zur funktionellen Zuständigkeit. Die Frage nach der funktionellen Zuständigkeit betrifft die Frage, welches Organ der Rechtspflege innerhalb des zuständigen Gerichts zu entscheiden hat (Richter, Rechtspfleger, Urkundsbeamter der Geschäftsstelle oder Gerichtsvollzieher), nicht aber die Frage, welcher Spruchkörper nach der Geschäftsverteilung des Gerichts berufen ist; vgl. hierzu, wenn auch mit missverständlicher Formulierung Thomas/Putzo/*Hüßtege* GVG § 23b Rn. 3.

7 Prüfungsschema: → Rn. 429 ff.

4.5.1995 vor dem Standesbeamten des Standesamtes Passau die Ehe geschlossen. Weiterhin haben sie keinen Ehevertrag geschlossen (§ 1363 BGB).[8]

568 Der Antragstellerin steht mithin ein Anspruch auf Zahlung in Höhe der Hälfte des Betrages zu, um den der Zugewinn des Antragsgegners ihren Zugewinn übersteigt.

569 Der Zugewinn des Antragsgegners entspricht dem Betrag, um den der Wert seines Endvermögens den Wert seines Anfangsvermögens übersteigt (§ 1373 BGB).[9] Diese Differenz beträgt 28.000 EUR.

b.

570 Der Wert des Endvermögens des Antragsgegners beträgt 19.000 EUR. Er berechnet sich gem. §§ 1375, 1376 BGB wie folgt:

571 Maßgeblich ist der Stichtag der Zustellung des Scheidungsantrages (§ 1384 BGB). Dies war der 5.3.2015.

572 Am 5.3.2015 verfügte der Antragsgegner über einen Pkw Opel Astra im Wert von 6.000 EUR. Dieser Pkw ist bei der Berechnung des Endvermögens zu berücksichtigen. Es trifft zwar zu, dass nach hM die Vorschriften über die Aufteilung der Haushaltsgegenstände gem. § 1568b BGB den Regeln über den Zugewinnausgleich vorgehen.[10] Der Pkw des Antragsgegners wird hiervon jedoch nicht betroffen. Zwar gehören zu den Haushaltsgegenständen auch Kraftfahrzeuge, die für Zwecke der Familie wie Einkäufe und Freizeit- und Urlaubsfahrten genutzt werden.[11] Voraussetzung für den Vorrang von § 1568b BGB ist jedoch immer, dass ein Gegenstand im gemeinsamen Eigentum der Ehegatten steht. Dies ist hinsichtlich des Pkw nicht der Fall, da unstr. der Antragsgegner Alleineigentümer dieses Fahrzeugs ist.[12]

573 Der Pkw ist mit dem höheren Händlerverkaufswert von unstr. 6.000 EUR und nicht nur mit dem geringeren Händlereinkaufswert von lediglich 5.000 EUR zu berücksichtigen. Maßgeblich für die Bewertung eines Gegenstandes im Rahmen der Berechnung des Zugewinnausgleichs ist nicht rein schematisch der Einkaufs- oder Verkaufswert eines Gegenstandes, sondern dessen »wahrer« Wert für den betreffenden Ehegatten. Beabsichtigt dieser einen Gegenstand weiter zu benutzen, ist es daher in der Regel sachgerecht, diesen Gegenstand mit dem Wert anzusetzen, den der betreffende Ehegatte aufwenden müsste, um einen vergleichbaren Gegenstand zu erwerben.[13] Der Antragsgegner beabsichtigt nicht, den Pkw zu verkaufen, sondern er benützt ihn weiter. Dies hat der Antragsgegner im Rahmen der Anhörung des Gerichts eingeräumt. Der Pkw ist daher mit dem Händlerverkaufswert von unstr. 6.000 EUR anzusetzen. Diesen Betrag müsste der Antragsgegner aufwenden, um einen vergleichbaren Pkw zu erwerben.

574 Der Antragsgegner war am 5.3.2015 weiterhin Versicherungsnehmer und Bezugsberechtigter aus einer Lebensversicherung bei der A-AG. Diese ist mit einem Wert von 25.000 EUR anzusetzen. Dies entspricht dem Wert der Lebensversicherung für den Antragsgegner. Dieser führt die Lebensversicherung fort. Ihm kommt daher der in der Ehezeit gebildete Wert des gebildeten Kapitals einschließlich der gutgeschriebenen Überschussanteile und des vorgesehenen Schlussüberschussanteils zugute. Da er die Lebensversicherung fortführt, dürfen auch die bei vorzeitiger Auflösung anfallenden Stornokosten nicht berücksichtigt werden; denn diese hat der Antragsgegner nicht zu tragen. Der niedrigere Rückkaufswert von 20.000 EUR ist daher nicht ausreichend, um den wahren Wert der Versicherung abzubilden; denn der Rückkaufs-

8 Die Darlegungs- und Beweislast für einen Ehevertrag trägt, wer sich darauf beruft. Trägt keiner der Ehegatten zu einem Ehevertrag vor, kann das Familiengericht deshalb davon ausgehen, dass die Ehegatten keinen Ehevertrag geschlossen haben; vgl. Palandt/*Brudermüller* BGB Vor § 1363 Rn. 1.

9 Wie der Zugewinn auch, sind das Anfangsvermögen und das Endvermögen reine Rechengrößen, die einen Wert ausdrücken, aber keine speziellen Vermögensmassen, vgl. Palandt/*Brudermüller* BGB § 1374 Rn. 4.

10 Vgl. hierzu Palandt/*Brudermüller* BGB § 1372 Rn. 2.

11 Palandt/*Brudermüller* BGB § 1361a Rn. 5.

12 Zur Abgrenzung zwischen Zugewinnausgleich und Haushaltssachen → Rn. 157 ff., 418 ff.

13 Vgl. hierzu Palandt/*Brudermüller* BGB § 1376 Rn. 2.

wert darf nur angesetzt werden, wenn der versicherte Ehegatte die Lebensversicherung tatsächlich vorzeitig kündigt und sich das Kapital auszahlen lässt.[14]

Im Endvermögen ist weiterhin der Wert des Hausrates von 8.000 EUR anzusetzen, den der Antragsgegner nach der Trennung zur Einrichtung seiner neuen Wohnung erworben hat. Insoweit gilt der Vorrang der Aufteilung gem. § 1568b BGB nicht. Gem. § 1006 I BGB wird vermutet, dass die nach der Trennung angeschafften Haushaltsgegenstände im Alleineigentum des Antragsgegners stehen; denn dieser ist alleiniger Besitzer dieser Gegenstände. Gem. § 1568b I BGB sind nur Haushaltsgegenstände zwischen den Ehegatten aufzuteilen, an denen diese Miteigentum haben. Dies wird aber nur für Haushaltsgegenstände vermutet, die während der Ehe für den gemeinsamen Haushalt angeschafft wurden (§ 1568b II BGB).[15] 575

Die Haushaltsgegenstände sind mit dem Wiederbeschaffungswert unter grundsätzlicher Berücksichtigung eines Abzuges neu für alt, nicht aber mit dem Veräußerungswert anzusetzen; denn der Antragsgegner beabsichtigt, diese Gegenstände weiterhin für seinen Haushalt zu benützen. Daher kommt lediglich ein Abzug neu für alt in Betracht.[16] Dieser ist vorliegend aber zu vernachlässigen, da die Gegenstände unstreitig neuwertig sind. Die Gegenauffassung, die auf den – fiktiven – Veräußerungswert abstellt,[17] wird dem Wert der Gegenstände nicht gerecht; denn diese wurden weder zur Veräußerung erworben noch ist eine Veräußerung beabsichtigt. Der Antragsgegner wird daher den mit einer Veräußerung von Haushaltsgegenständen am Second-Hand-Markt verbundenen deutlichen Wertverlust nicht realisieren. Dieser Wertansatz würde auch der Tatsache nicht gerecht, dass der Antragsgegner gerade keine gebrauchten, sondern fabrikneue Gegenstände für seinen neuen Haushalt erworben hat. Die erheblichen, hiermit verbundenen Aufwendungen wirken sich vermögensmindernd im Zugewinnausgleich aus. Es ist daher sachgerecht, auch die hierdurch erworbenen Gegenstände anhand der hierfür gezahlten Preise zu bewerten, sofern diese das übliche Maß nicht überschreiten.[18] Dass die von der Antragstellerin genannten Haushaltsgegenstände einen Neuwert von mindestens 8.000 EUR hatten, bestreitet der Antragsgegner nicht. 576

Schließlich ist der Wert des Miteigentumsanteils an dem Einfamilienhaus, Karpfenteich 5, Passau bei der Berechnung des Endvermögens zu erfassen. Dieser richtet sich nach dem Verkehrswert und beträgt unstreitig ½ von 400.000 EUR = 200.000 EUR. 577

Abzuziehen sind von dem Wert des Endvermögens die bei Zustellung des Scheidungsantrages bestehenden Verbindlichkeiten (vgl. § 1375 I 2 BGB). 578

Das Darlehen, das der Antragsgegner zur Finanzierung des Pkw und des Hausrates für die nach der Trennung bezogene Wohnung aufgenommen hat, valutierte bei Zustellung des Scheidungsantrages unstreitig in Höhe von 20.000 EUR. 579

Weiterhin ist das Darlehen bei der Bausparkasse S, das die Ehegatten gemeinsam aufgenommen haben, zu berücksichtigen. Dieses valutierte bei Zustellung des Scheidungsantrages in Höhe von noch 400.000 EUR. Für die Rückzahlung dieses Darlehens haften die Ehegatten gesamtschuldnerisch (§ 421 BGB). Daher sind sie im Außenverhältnis der Bausparkasse jeweils in voller Höhe verpflichtet. Diese Verbindlichkeit ist deshalb bei den Passiva mit einem Betrag von 400.000 EUR zu berücksichtigen. 580

Allerdings sind die Ehegatten im Innenverhältnis einander verpflichtet, zu gleichen Teilen zur Rückführung des Darlehens beizutragen. Dies wird gem. § 426 I BGB vermutet. Diese Verpflichtung kann zwar während des Bestehens der ehelichen Lebensgemeinschaft durch die Ausgestaltung der ehelichen Lebensgemeinschaft überlagert sein. Scheitert die Lebensgemeinschaft der Ehegatten, entfällt dieser Umstand. Dies kommt ab dem Zeitpunkt der endgültigen 581

14 Palandt/*Brudermüller* BGB § 1376 Rn. 17.
15 Vgl. Palandt/*Brudermüller* BGB § 1568b Rn. 7.
16 Palandt/*Brudermüller* BGB § 1376 Rn. 24.
17 Schwab/*Schwab* Handbuch des Scheidungsrechts Kap VII Rn. 83; vgl. die kritische Darstellung dieser Auffassung in Palandt/*Brudermüller* BGB § 1376 Rn. 24.
18 Prüfungstipp: Die Frage, wie Haushaltsgegenstände im Zugewinnausgleich zu bewerten sind, ist in Rechtsprechung und Literatur umstritten. Eine gute Lösung der Klausur sollte daher zu dieser Frage eine eigenständige Argumentation suchen.

Trennung in Betracht. Ehegatten sind dann einander wie andere Gesamtschuldner auch zur Rückführung einer gemeinschaftlichen Verbindlichkeit zu gleichen Teilen verpflichtet.[19] Der Anspruch auf Ausgleich ist jeweils bei den Aktiva eines jeden Ehegatten zu erfassen.

582 Insgesamt berechnet sich das Endvermögen des Antragsgegners also wie folgt:

Pkw	6.000 EUR
Lebensversicherung	25.000 EUR
Haushaltsgegenstände	8.000 EUR
Miteigentumsanteil an dem EFH	200.000 EUR
abzüglich	
Darlehen	20.000 EUR
Bauspardarlehen	400.000 EUR
Zuzüglich Ausgleichsanspruch aus Gesamtschuldnerausgleich	200.000 EUR
Saldo	**19.000 EUR**

583 Für die Berechnung des Endvermögens kann es dahingestellt bleiben, ob dem Antragsgegner gegen die Antragstellerin die geltend gemachten Ansprüche auf Zahlung einer Nutzungsentschädigung zustehen; denn der Antragsgegner macht lediglich für die Zeit nach Rechtskraft der Scheidung eine Nutzungsentschädigung geltend. Forderungen, die erst ab Rechtskraft der Scheidung entstanden sind, sind jedoch erst nach dem Stichtag der Zustellung des Scheidungsantrages gem. § 1384 BGB entstanden. Sie können daher bei der Berechnung des Endvermögens nicht berücksichtigt werden.

584 Grundsätzlich kann zwar auch während des Getrenntlebens ein Anspruch auf Zahlung einer Nutzungsentschädigung entstehen (§ 1361b III BGB). Auch dieser Anspruch setzt allerdings voraus, dass er eindeutig geltend gemacht wird.[20] Dies ergibt sich aus dem Wortlaut des § 1361b III BGB. Weiterhin ist ein ausdrückliches Zahlungsverlangen aber auch aus Gründen der Billigkeit geboten, damit sich der in der Ehewohnung verbliebene Ehegatte darauf einstellen kann, dass er eine fortlaufende, meist nicht unerhebliche Belastung für die Nutzung der Wohnung zu tragen hat. Der Antragsgegner hat bis zur Rechtskraft der Scheidung aber die Antragstellerin nicht zur Zahlung einer Nutzungsentschädigung aufgefordert. Vielmehr hat er aus unterhaltsrechtlichen Gründen zunächst davon abgesehen, einen solchen Anspruch geltend zu machen.

c.

585 Der Wert des Anfangsvermögens des Antragsgegners beträgt - 9.000 EUR.

586 Das Anfangsvermögen entspricht dem Wert der Vermögensgegenstände und Verbindlichkeiten, die einem Ehegatten bei Eheschließung gehören (§ 1374 I BGB). Übersteigen die Verbindlichkeiten den Wert der Vermögensgegenstände, kann das Anfangsvermögen auch negativ sein (§ 1374 III BGB). Dies steht dem Ziel des Zugewinnausgleichs, einen tatsächlichen Vermögenszuwachs auszugleichen, nicht entgegen; denn das Vermögen eines Ehegatten erhöht sich auch, wenn dieser bei Eheschließung zunächst überschuldet war und dann im weiteren Verlauf der Ehe die Schulden zurückführt. Der Antragsgegner verfügte bei Eheschließung über kein Vermögen. Unstreitig bestand aber eine Verbindlichkeit gegenüber dem Bundesverwaltungsamt in Höhe von 9.000 EUR.

19 BGH FamRZ 2015, 1272; Palandt/*Brudermüller* BGB § 1375 Rn. 18.
20 Palandt/*Brudermüller* BGB § 1361b Rn. 23.

d.

Der Zugewinn des Antragsgegners berechnet sich also wie folgt: 587

Endvermögen	19.000 EUR
Abzüglich Anfangsvermögen	- 9.000 EUR
Zugewinn	28.000 EUR

e.

Der Zugewinn der Antragstellerin beträgt 4.000 EUR (§ 1373 BGB). Er berechnet sich wie folgt: 588

Das Endvermögen der Antragstellerin beträgt gem. § 1375 I BGB 7.000 EUR. 589

Maßgeblich ist auch insoweit der Stichtag der Zustellung des Scheidungsantrages am 5.3.2015 (§ 1384 BGB). 590

Es setzt sich zusammen wie folgt: 591

Guthaben auf dem Girokonto bei der V:Bank: 4.000 EUR. Dieser Wert ist unstreitig. 592

Lithographie »Zahnräder«: 3.000 EUR. 593

Dieser Wert ist im Rahmen des Zugewinnausgleichs zu berücksichtigen. Die Antragstellerin war bei Zustellung des Scheidungsantrages Alleineigentümerin der Lithographie. 594

Zwischen den Beteiligten ist unstr., dass die Lithographie einen Wert von mindestens 3.000 EUR hat. 595

Unerheblich ist, dass die Antragstellerin aus ideellen Gründen dieses Kunstwerk derzeit nicht verkaufen möchte; denn auch in diesem Fall ist es sachgerecht, das Kunstwerk mit dem Betrag zu bewerten, den die Antragstellerin aufwenden müsste, wenn sie die Lithographie am Kunstmarkt neu erwerben wollte. 596

Hinsichtlich der Berücksichtigung des Miteigentumsanteils an dem Anwesen Karpfenteich 5 sowie der darauf lastenden Schulden kann auf die Ausführungen in Bezug auf den Antragsgegner verwiesen werden. 597

Insgesamt berechnet sich das Endvermögen also wie folgt: 598

Guthaben auf dem Girokonto	4.000 EUR
Lithographie	3.000 EUR
½ Anteil an dem Einfamilienhaus Karpfenteich 5	200.000 EUR
Darlehensverbindlichkeit gegenüber der S-Bausparkasse	-400.000 EUR
Ausgleichsanspruch gem. § 426 I BGB gegen den Antragsgegner	200.000 EUR
Saldo	**7.000 EUR**

Das Anfangsvermögen der Antragstellerin beträgt gem. § 1374 I, II BGB 3.000 EUR. Zwar verfügte die Antragstellerin bei Eheschließung über kein Vermögen, dem Anfangsvermögen ist jedoch das Sparguthaben in Höhe von 3.000 EUR gem. § 1374 II BGB hinzuzurechnen, das diese von ihrer Großmutter väterlicherseits erhalten hat.[21] Es handelt sich um eine Schenkung gem. § 516 I BGB. Diese ist durch Vollzug wirksam geworden (§ 518 I BGB). Der Vollzug liegt darin, dass die Großmutter väterlicherseits der Antragstellerin das Guthaben kon- 599

21 Zur Hinzurechnung von Schenkungen → Rn. 430.

kludent abgetreten hat und ihr zur Einziehung des Guthabens das Sparbuch übergeben hat. Dieses stellt gegenüber der kontoführenden Bank ein Legitimationspapier dar (§ 808 I BGB). Schließlich ist diese Zuwendung auch nicht den Einkünften der Antragstellerin zuzurechnen; denn die Großmutter der Antragstellerin wollte, dass ihr persönlich diese Zuwendung zugutekäme, nicht, dass sie für die Deckung des Lebensbedarfs der Familie verwendet wird.

600 Demgegenüber ist das Anfangsvermögen der Antragstellerin nicht um die Zuwendung des Antragsgegners in Höhe von 5.000 EUR zu erhöhen. Zuwendungen durch Ehegatten gehören nicht zu den Zuwendungen, die gem. § 1374 II BGB dem Anfangsvermögen hinzuzurechnen sind. Dies ergibt sich für unbenannte Zuwendungen bereits daraus, dass diese keine Schenkung bilden. Sie werden nicht unentgeltlich, sondern zur Förderung der ehelichen Lebensgemeinschaft erbracht. Der Zuwendende hofft, über die Förderung der Lebensgemeinschaft auch selbst von diesen Zuwendungen zu profitieren. Aber auch, wenn die Zuwendung eine echte Schenkung bildet, erhöht sie nach hM nicht das Anfangsvermögen,[22] denn es kann im Zweifel nicht davon ausgegangen werden, dass der Zuwendende nicht nur seinem Ehegatten eine unentgeltliche Zuwendung machen möchte, sondern darüber hinaus im Fall des Scheiterns der Ehe diesen Gegenstand auch noch wertmäßig dem güterrechtlichen Ausgleich entziehen möchte. Diesem Aspekt wird durch die Gegenauffassung nicht ausreichend Rechnung getragen.

601 Der Zugewinn der Antragstellerin berechnet sich also wie folgt:

Endvermögen	7.000 EUR
Abzüglich Anfangsvermögen	3.000 EUR
Zugewinn	4.000 EUR

f.

602 Der Ausgleichsanspruch der Antragstellerin gem. § 1378 I BGB beträgt grundsätzlich 12.000 EUR. Auf diesen Anspruch ist aber gem. § 1380 BGB der Wert der Zuwendung von 5.000 EUR anzurechnen. Dies führt dazu, dass sich der Ausgleichsanspruch auf 11.500 EUR vermindert. Dies ergibt sich aus Folgendem:

603 Der Ausgleichsanspruch gem. § 1378 I BGB beträgt die Hälfte des Überschusses des Zugewinns des Antragsgegners gegenüber dem Zugewinn der Antragstellerin. Dieser berechnet sich wie folgt:

Zugewinn des Antragsgegners	28.000 EUR
Zugewinn der Antragstellerin	4.000 EUR
Überschuss	24.000 EUR
Davon 1/2	12.000 EUR

604 Auf diesen Anspruch ist der Wert der Zuwendung des Antragsgegners von 5.000 EUR gem. § 1380 BGB mit einem Betrag von 500 EUR anzurechnen.

605 Bei der Zahlung von 5.000 EUR handelt es sich um eine Zuwendung des Antragsgegners. Auch hier kann dahingestellt bleiben, ob diese Zuwendung eine unbenannte Zuwendung oder aber eine echte Schenkung darstellt; denn in beiden Fällen ist der Wert der Zuwendung grundsätzlich gem. § 1380 I BGB auf die Ausgleichsforderung anzurechnen. Der Mindermeinung, die dies für eine echte Schenkung nicht gelten lassen will, ist nicht zu folgen; denn auch im Fall einer echten Schenkung ist zwar davon auszugehen, dass der zuwendende Ehegatte seinem Ehegatten eine Vermögensposition zukommen lassen möchte, ohne in der Erwartung zu handeln, über die Förderung der ehelichen Lebensgemeinschaft hiervon auch selbst zu profitieren. Hieraus kann aber nicht geschlossen werden, dass er diesen Gegenstand im Er-

22 Vgl. hierzu Palandt/*Brudermüller* BGB § 1374 Rn. 15.

gebnis auch aus der güterrechtlichen Abwicklung herausnehmen möchte, indem er diesen über die Erhöhung des Anfangsvermögens und Verzicht auf die Anrechnung letztlich als zugewinnneutral behandelt sehen möchte.[23]

Soweit die Antragstellerin bestreitet, dass die Zuwendung des Sparbriefs unter dem Vorbehalt der Anrechnung auf die Ausgleichsforderung erfolgt ist, ist dies nicht ausreichend; denn gem. § 1380 I 2 BGB wird vermutet, dass Zuwendungen auf die Ausgleichsforderung angerechnet werden sollen, die den Wert von Gelegenheitsgeschenken übersteigen. Diese Vermutung hat die Antragstellerin durch ihr Bestreiten nicht widerlegt. **606**

Die Anrechnung auf die Ausgleichsforderung hat in drei Schritten zu erfolgen.[24] Sie führt zu einer Ermäßigung der Ausgleichsforderung um 500 EUR. **607**

Zunächst ist der Zugewinn des Antragsgegners um den Wert der Zuwendung zu erhöhen. Er beträgt dann 28.000 EUR + 5.000 EUR = 33.000 EUR. **608**

In einem zweiten Schritt ist der Zugewinn der Antragstellerin um den Wert der Zuwendung zu vermindern. Dieser Rechenschritt ist in § 1380 II BGB zwar nicht ausdrücklich vorgesehen. Er ist aber notwendig, weil ansonsten die Zuwendung von 5.000 EUR im Zugewinn der Ehegatten doppelt berücksichtigt würde, obwohl dieser Vermögensgegenstand nur einmal vorhanden war. Der Zugewinn der Antragstellerin beträgt dann 4.000 EUR – 5.000 EUR = 0 EUR, denn der Zugewinn darf, anders als das Anfangs- und Endvermögen, nie negativ werden, da andernfalls der Zugewinnausgleich bei negativem Zugewinn auch zu einem Verlustausgleich führen würde. **609**

Der Ausgleichsanspruch der Antragstellerin beträgt dann (33.000 EUR – 0 EUR) / 2 = 16.500 EUR. Auf den so berechneten Ausgleichsanspruch ist der Wert der Zuwendung von 5.000 EUR anzurechnen, es verbleibt ein Ausgleichsanspruch in Höhe von 11.500 EUR. **610**

Der Anspruch ist nicht gem. § 1378 II BGB zu kürzen. Zwar führt der Wertverlust des Hauses dazu, dass das Vermögen des Antragsgegners negativ wird. Dies ist jedoch unerheblich, denn auch hinsichtlich der Kappungsgrenze des § 1378 II BGB ist auf den Stichtag der Zustellung des Scheidungsantrags abzustellen.[25] Da der Wertverlust beide Ehegatten gleicherweise trifft, ist die Zubilligung des ungekürzten Anspruchs auch nicht grob unbillig (§ 1381 BGB).[26] **611**

g.

Der Ausgleichsanspruch ist fällig (§ 1378 III BGB). Mit Rechtskraft der Scheidung endete der Güterstand der Zugewinngemeinschaft und entstand die Ausgleichsforderung. **612**

Der Anspruch auf die zugesprochenen Zinsen folgt aus §§ 288, 291 BGB. **613**

Im Übrigen ist der Antrag unbegründet. **614**

II.

1.

Der Widerantrag ist zulässig. **615**

Das Amtsgericht – Familiengericht – Regensburg ist gem. § 23a I Nr. 1 GVG, §§ 111 Nr. 10, 266 I Nr. 3 FamFG sachlich zuständig. Der Anspruch auf Zahlung einer Nutzungsentschädigung für die Zeit ab Rechtskraft der Scheidung bildet eine sonstige Familiensache (§§ 111 Nr. 10, 266 I Nr. 3 FamFG). Die Antragstellerin und der Antragsgegner sind ehemals miteinander verheiratete Personen. Der Anspruch steht im Zusammenhang mit Trennung und Scheidung. Der Antragsgegner fordert die Zustimmung der Antragstellerin zu einer Neurege- **616**

23 So die hM aber aA Palandt/*Brudermüller* BGB § 1380 Rn. 3.

24 Vgl. hierzu Palandt/*Brudermüller* BGB § 1380 Rn. 10.

25 Palandt/*Brudermüller* BGB § 1378 Rn. 8.

26 Vgl. zur Berücksichtigung eines erheblichen Vermögensverlustes, der nach Rechtshängigkeit des Scheidungsantrags eintritt, im Rahmen von § 1381 BGB Palandt/*Brudermüller* BGB § 1381 Rn. 4.

lung der Benutzung des gemeinschaftlichen Hauses in der Form, dass die Antragstellerin berechtigt ist, dieses alleine zu nutzen, im Gegenzug aber auch verpflichtet wird, an den Antragsgegner eine Nutzungsentschädigung zu bezahlen. Diese Neuregelung der Benutzung des gemeinschaftlichen Hauses ist aufgrund der Trennung der Beteiligten notwendig geworden. Anspruchsgrundlage für diesen Anspruch ist § 745 BGB.[27]

617 Es liegt keine Ehewohnungssache gem. § 200 I Nr. 2 FamFG vor, denn keiner der Ehegatten hat die Überlassung der Ehewohnung gem. § 1568a BGB unter Begründung eines entsprechenden Nutzungsverhältnisses mit den Ehegatten als Miteigentümern geltend gemacht. Grundsätzlich steht Ehegatten, die Miteigentümer der früher als Ehewohnung genutzten Immobilie sind, ab Rechtskraft der Scheidung ein Wahlrecht zu, ob sie die Überlassung der Ehewohnung unter Begründung eines schuldrechtlichen Nutzungsverhältnisses geltend machen wollen (dann Ehewohnungssache gem. §§ 111 Nr. 5, 200 I Nr. 2 FamFG) oder ob sie gerichtlich einen Anspruch auf Zustimmung zur Neuregelung der Benutzung gem. § 745 BGB (dann sonstige Familiensache gem. §§ 111 Nr. 10, 266 I Nr. 3 FamFG) geltend machen wollen.[28] Eine abschließende Regelung, die § 745 BGB verdrängt, enthält lediglich für die Dauer des Getrenntlebens § 1361b BGB.[29]

618 Das Amtsgericht Regensburg ist örtlich gem. § 267 II FamFG, § 33 ZPO zuständig. Die Voraussetzungen für die Erhebung des Widerantrages liegen vor.

619 Antrag und Widerantrag stehen in sachlichem und rechtlichem Zusammenhang. An das Merkmal des sachlichen bzw. rechtlichen Zusammenhangs dürfen keine hohen Anforderungen gestellt werden. Es reicht deshalb aus, wenn Antrag und Widerantrag im Kern auf denselben Lebenssachverhalt gestützt werden.[30] Sowohl der Anspruch auf Zahlung von Zugewinnausgleich, der mit dem Antrag geltend gemacht wird, als auch der Anspruch auf Zahlung einer Nutzungsentschädigung, der Gegenstand des Widerantrages ist, sind Folgen der Scheidung der Ehe der Antragstellerin und des Antragsgegners.

620 Die besonderen Voraussetzungen des Widerantrages liegen vor.[31]

621 Der Antrag in der Hauptsache wurde dem Antragsgegner am 19.5.2016 zugestellt.

622 Auch hinsichtlich des Widerantrages stehen sich Antragsgegner und Antragstellerin als Beteiligte gegenüber (Identität der Beteiligten).

623 Schließlich gelten sowohl für den Antrag als auch den Widerantrag dieselben Verfahrensvorschriften. Beides sind Familienstreitsachen (§§ 112 Nr. 2, 261 I bzw. 112 Nr. 3, 266 I Nr. 3 FamFG). Dies bedeutet, dass nach Maßgabe von § 113 FamFG für beide Verfahren im Wesentlichen die Vorschriften der ZPO für das Verfahren vor den Landgerichten erster Instanz maßgeblich sind. Das güterrechtliche Verfahren kennt keine Sondervorschriften, die der Geltendmachung einer sonstigen Familiensache im Wege des Widerantrages entgegenstehen würden.[32] Über beide Ansprüche ist also in derselben Verfahrensart zu entscheiden.

624 Die Erhebung eines Widerantrages ist auch nicht ausgeschlossen. Zwar ist § 126 FamFG dahingehend auszulegen, dass er auch der Erhebung eines Anspruchs im Wege des Widerantrages entgegensteht.[33] Es handelt sich aber um eine Sonderbestimmung, die nur für Ehesachen, nicht aber für Güterrechtssachen gilt.

625 Der Widerantrag ist auch zulässig, soweit der Antragsgegner für die Zukunft die Zahlung einer Nutzungsentschädigung begehrt. Dies ergibt sich aus §§ 112 Nr. 3, 113 I FamFG, § 258

27 Vgl. hierzu Palandt/*Sprau* BGB § 745 Rn. 5.
28 Palandt/*Brudermüller* BGB § 1568a Rn. 12; Palandt/*Sprau* BGB § 745 Rn. 5.
29 Palandt/*Brudermüller* BGB § 1361b Rn. 20.
30 Vgl. hierzu Thomas/Putzo/*Hüßtege* ZPO § 33 Rn. 5.
31 Vgl. hierzu Thomas/Putzo/*Hüßtege* ZPO § 33 Rn. 22 ff.; soweit sie unproblematisch vorliegen, reicht es aus, diese Voraussetzungen nur kurz zu erwähnen.
32 Vgl. OLG Schleswig FamRZ 2015, 1519.
33 Vgl. Thomas/Putzo/*Hüßtege* FamFG § 126 Rn. 3.

ZPO.[34] Der Antrag auf Zahlung einer Nutzungsentschädigung hat wiederkehrende Leistungen zum Gegenstand.

2.

Der Widerantrag ist sowohl auf Zahlung einer rückständigen als auch auf Zahlung einer laufenden Nutzungsentschädigung gerichtet. Diese Ansprüche können gemeinsam geltend gemacht und verhandelt werden, weil die Voraussetzungen der objektiven Antragshäufung vorliegen (§§ 112 Nr. 2, 3, 113 I FamFG, § 260 ZPO).[35] 626

3.

a.

Der Antrag ist begründet. Dem Antragsgegner steht gegen die Antragstellerin ein Anspruch auf Zahlung einer Nutzungsentschädigung in Höhe von monatlich 400 EUR ab 1.7.2016 gem. § 745 BGB zu. 627

Auf das Rechtsverhältnis der geschiedenen Ehegatten an dem Einfamilienhaus sind die Vorschriften über die Bruchteilsgemeinschaft anwendbar (§§ 741 ff. BGB), denn ihnen steht das Eigentum an dieser Immobilie gemeinschaftlich zu. 628

Die Vorschriften über die Bruchteilsgemeinschaft werden nicht durch die Vorschriften über Ehewohnungssachen verdrängt. 629

Zwar bildet § 1361b BGB eine abschließende Sondervorschrift für die Nutzung der Ehewohnung, auch wenn diese im Miteigentum beider Ehegatten steht. Dieser Vorrang gilt aber nur für die Dauer des Getrenntlebens. Dieses endete mit Rechtskraft der Scheidung am 15.11.2015. 630

Für die Zeit nach der Scheidung steht den Ehegatten ein Wahlrecht zu, ob sie die Zuweisung der Ehewohnung unter Begründung eines Nutzungsverhältnisses gem. § 1568a BGB oder die Neuregelung der Benutzung einer gemeinschaftlichen Ehewohnung gem. § 745 BGB geltend machen wollen. 631

Dem Antragsgegner steht ein Anspruch auf Zustimmung zur Neuregelung der Benutzung des gemeinschaftlichen Hauses Karpfenteich 5, Passau zu. Diesen Anspruch kann er in der Weise geltend machen, dass er direkt auf die Zahlung der Nutzungsentschädigung anträgt.[36] 632

Mit endgültiger Trennung der Beteiligten und Rechtskraft der Scheidung ist eine Änderung der tatsächlichen Verhältnisse eingetreten, die eine Neuregelung der Nutzung des gemeinschaftlichen Hauses erforderlich macht. Bis zur Trennung haben die Ehegatten das Haus gemeinschaftlich bewohnt. Die Gebrauchsvorteile kamen ihnen also in gleicher Weise zugute. Dieser Umstand ist zwar mit Eintritt des Getrenntlebens entfallen. Während des Getrenntlebens steht der Geltendmachung der Zustimmung zur Neuregelung der Benutzung und Zahlung einer Nutzungsentschädigung der Vorrang von § 1361b BGB entgegen. Diese Vorschrift enthält eine ihrer Natur nach zwar abschließende, aber nur vorläufige Regelung für die Dauer des Getrenntlebens. Erst ab Rechtskraft der Scheidung kann daher die Zustimmung zu einer billigem Ermessen entsprechenden Neuregelung der Nutzung geltend gemacht werden. 633

Es entspricht billigem Ermessen, der Antragstellerin die Zahlung einer Nutzungsentschädigung in Höhe der hälftigen ortsüblichen Kaltmiete aufzuerlegen. Sie nutzt das gemeinschaftliche Haus einvernehmlich alleine. Es ist daher angemessen, dass sie für die Nutzung des dem Antragsgegner zustehenden Miteigentumsanteils an diesen eine angemessene Entschädigung leistet. 634

Weiterhin entspricht es billigem Ermessen, diese Nutzungsvergütung in Höhe der Hälfte der 635

34 Eine Sachentscheidungsvoraussetzung, die bei der Bearbeitung von Klausuren oft übersehen wird!

35 Dies sind: gleiche Zuständigkeit des Gerichts, gleiche Beteiligte, gleiche Verfahrensart, kein Verbindungsverbot, vgl. Thomas/Putzo/*Reichold* ZPO § 260 Rn. 12 ff.

36 Vgl. hierzu Palandt/*Sprau* BGB § 745 Rn. 5.

ortsüblichen Kaltmiete anzusetzen;[37] denn im Fall der Fremdvermietung könnte der Antragsgegner eine Beteiligung an den Mieterträgen des gemeinschaftlichen Hauses in dieser Höhe fordern (§§ 743 I, 99 III BGB). Umgekehrt erspart sich die Antragstellerin durch die Nutzung des gemeinschaftlichen Hauses Mietaufwand in dieser Höhe. Schließlich entspricht es billigem Ermessen, von dieser Nutzungsentschädigung nicht anteilig die verbrauchsunabhängigen Lasten und Kosten des Hauses abzusetzen, soweit die Antragstellerin diese in vollem Umfang trägt; denn auch im Fall der Nutzung des gemeinschaftlichen Hauses durch Vermietung könnten diese Kosten in vollem Umfang auf den Mieter des Hauses umgelegt werden (§ 556 BGB). Würde die Antragstellerin ein anderes Haus mieten, hätte sie diese Kosten auch in vollem Umfang zu tragen.

636 Unstreitig beträgt die ortsübliche Kaltmiete für ein Haus, das dem der Beteiligten entspricht, 800 EUR. Es ist daher angemessen, die Nutzungsvergütung entsprechend dem Anteil des Antragsgegners in Höhe von ½ von 800 EUR, also in Höhe von 400 EUR anzusetzen.

637 Schließlich hat der Antragsgegner auch mit Schreiben vom 4.1.2016, der Antragstellerin zugegangen am 8.1.2016 (§ 130 I 1 BGB), die Antragstellerin aufgefordert, eine Nutzungsvergütung in Höhe von 400 EUR an diesen zu bezahlen.[38]

b.

638 Dem Antragsgegner steht weiterhin ein Anspruch auf Zahlung einer rückständigen Nutzungsentschädigung für die Zeit von Februar bis Juni 2016 zu. Mit Schreiben vom 4.1.2016, der Antragstellerin zugegangen am 8.1.2016, hat er diese aufgefordert, an den Antragsgegner eine angemessene Nutzungsentschädigung in Höhe von mindestens 400 EUR monatlich zu bezahlen. Ab Februar 2016 lagen damit die Voraussetzungen für die Zahlung einer Nutzungsentschädigung vor. Für fünf Monate ergibt sich der geltend gemachte Betrag von 2.000 EUR.

639 Der Anspruch auf die zugesprochenen Zinsen folgt aus §§ 288, 291 BGB. Hierbei ist zu berücksichtigen, dass bei Zustellung des Widerantrags die Nutzungsentschädigung für die Monate Februar bis Mai 2016 fällig war. Mit Ende des Monats Juni 2016 ist auch die Nutzungsentschädigung für diesen Monat fällig geworden.[39]

III.

640 Die Kostenentscheidung beruht auf §§ 112 Nr. 2, 3, 113 I FamFG, §§ 91, 92, 100 ZPO.[40]

IV.
Rechtsbehelfsbelehrung:

641 Für Antragstellerin und Antragsgegner: Beschwerde gem. § 58 FamFG ist statthafter Rechtsbehelf

Unterschrift

37 Vgl. zur Bemessung der Höhe der Nutzungsentschädigung Palandt/*Sprau* BGB § 745 Rn. 5.

38 Die Aufforderung ist hier Tatbestandsmerkmal und nicht nur Fälligkeits- oder Verzugsvoraussetzung, damit sich der Ehegatte, der die gemeinschaftliche Wohnung nutzt, auf eine entsprechende Verpflichtung einstellen kann, vgl. Palandt/*Sprau* BGB § 745 Rn. 5.

39 Hinsichtlich der Monate Juli bis August 2016 dürfen demgegenüber keine Zinsen zugesprochen werden, da dies nicht beantragt ist, § 113 I FamFG, § 308 I ZPO.

40 In einem Hilfsgutachten wäre die Berechnung offenzulegen:
Volumen: Antrag der Antragstellerin: 24.000 EUR; Antrag des Antragsgegners: laufende Nutzungsentschädigung: § 9 ZPO: 400 EUR * 42 zzgl. 2.000 EUR = 18.800 EUR; gebührenrechtlicher Verfahrenswert gesamt: 42.800 EUR.
Unterliegen Antragstellerin 31.300 EUR, Antragsgegner 11.500 EUR bzw. gerundet ¾ bzw. ¼.

2. Klausur: Anwaltsklausur Volljährigenunterhalt

Aufgabenstellung: Erstellen eines Schriftsatzes nebst Begleitschreiben durch einen Anwalt

Materiell: Volljährigenunterhalt; Ausbildungsunterhalt; Ermittlung des bereinigten Nettoeinkommens; Berücksichtigung von Vorsorgeaufwendungen; Berücksichtigung von Wohnwert und Schulden; Anrechnung des Kindergeldes; Aufteilung der Unterhaltslast zwischen barunterhaltspflichtigen Eltern; Unterhaltsbestimmungsrecht

Prozessual: Abänderungsantrag

Aktenauszug

Am 15.8.2016 spricht der Minderjährige Pfifficus Erasmus Teiler bei Rechtsanwalt Sorge, Waaggasse 5 aus Lindau vor. Er erklärt:

Ich bin der Sohn von Amanda und Balduin Teiler. Geboren wurde ich am 1.7.1997. Als ich 10 Jahre alt war, trennten sich meine Eltern. Seit 2012 sind sie geschieden. Die Ausfertigung des Scheidungsbeschlusses des Amtsgerichts Bayreuth, Az. 1 F 233/2011, halten meine Eltern in Händen. Nach der Trennung bin ich bei meiner Mutter aufgewachsen, die mich auch betreut hat. Mein Vater hat zunächst Unterhalt für mich geleistet. Dann erkrankte er an Krebs und stellte die Unterhaltszahlungen ein. Mit Rücksicht hierauf hat meine Mutter zunächst davon abgesehen, Unterhalt für mich gerichtlich geltend zu machen. Als sich die Erkrankung jedoch in die Länge zog, hat meine Mutter den Unterhalt für mich gerichtlich geltend gemacht. Meine Mutter und ich wohnten damals in Bayreuth. Da mein Vater Krankengeld bezog und deshalb nur beschränkt leistungsfähig war, hat das Amtsgericht Bayreuth den Unterhalt lediglich in Höhe von 200 EUR zugesprochen.

Ab Oktober möchte ich in Augsburg das Studium der Physik aufnehmen. Ich habe dort auch schon in einem Studentenwohnheim ein Zimmer gefunden. Eine Bescheinigung der Universität, dass ich dort zum 1.10. das Studium aufnehmen kann, habe ich mitgebracht. Wegen des Lebensunterhaltes habe ich mit meinen Eltern gesprochen. Diese sind aber nicht bereit, mein Studium zu finanzieren. Mein Vater meint, ich sei zu diesem Studium nicht in der Lage. Schließlich hätte ich die sechste Klasse wiederholen müssen. Dies trifft zwar zu, liegt aber vor allem an den Streitigkeiten zwischen meinen Eltern. Ich konnte nicht mehr schlafen und hatte Mühe, mich auf den Unterricht zu konzentrieren. Außerdem rügt er, dass ich nur einen mäßigen Schnitt im Abitur erreicht habe. Aber das kann ja wohl meinem Wunsch zu studieren nicht entgegenstehen, oder? Meine Mutter meint, ich müsse ja nicht nach Augsburg gehen, sondern könnte auch weiterhin bei ihr in Lindau leben und solle dort besser etwas Vernünftiges lernen. Von der Wohnung meiner Mutter aus kann ich aber nicht Physik studieren. Außerdem wendet sie ein, sie habe nicht damit gerechnet, für mich noch Unterhalt bezahlen zu müssen, da ich ein Jahr Bundesfreiwilligendienst absolviert hätte. Schließlich hätten wir das nicht zuvor ausgemacht.

Mein Vater hat sich zwischenzeitlich von seiner Krebserkrankung gut erholt. Er ist nunmehr in München vollschichtig berufstätig.

Auch um zu klären, ob mir ein Anspruch auf BAföG zusteht, habe ich meinen Vater gebeten, mir eine Gehaltsbescheinigung zu schicken. Diesem Wunsch ist mein Vater mit dem Brief vom 15.7.2016 nachgekommen, den ich mitgebracht habe. Diesem Brief ist zu entnehmen, dass er ein Einkommen von monatlich 5.200 EUR brutto erzielt, wie sich aus der dem Brief beigefügten Jahresverdienstbescheinigung für 2015 ergibt, die ich ebenfalls mitgebracht habe. Aus der Verdienstbescheinigung ergibt sich weiterhin, dass er monatlich etwa 675 EUR als Gesamtsozialversicherungsbeitrag und Krankenversicherungsbeitrag nach Erstattung des Arbeitgeberanteils zu zahlen hat. Die Lohn- und Kirchensteuer einschließlich des Solidaritätszuschlages beträgt monatlich 1.700 EUR. Gleichwohl meint mein Vater, dass er abgesehen von den grundsätzlichen Erwägungen, die gegen meine Studienpläne sprächen, für mich auch keinen Unterhalt leisten könne. Insbesondere beruft er sich darauf, dass er nach der Trennung eine neue Wohnung habe einrichten müssen. Da aufgrund der Streitigkeiten kein Vermögen mehr vorhanden gewesen sei, habe er hierfür ein Darlehen aufnehmen müssen, für das er monatlich 150 EUR bezahle. Dies hat er durch einen Kontoauszug der Postbank vom 30.6.2016 belegt, den ich ebenfalls mitgebracht habe. Weiterhin habe er im Zuge der vermögensrechtlichen Auseinandersetzung mit meiner Mutter seinen ½ Anteil an dem von uns früher als Ehewohnung genutzten Einfamilienhaus übertragen. Gleichwohl müsse er nach wie vor für das zur Finanzierung dieses Hauses aufgenommene Darlehen Zahlungen an die Bausparkasse S leisten. Diese betragen monatlich 350 EUR, wobei der Zinsanteil 200 EUR beträgt, wie sich aus dem dem Schreiben beigefügten Jahresauszug der Bausparkasse ergibt. Der Kredit ist durch eine entsprechende Grundschuld auf dem Hausgrundstück besichert. Mir liegt allerdings kein aktueller Grundbuchauszug vor und auch der Brief und die Zweckerklärung befinden sich in den Händen meiner Eltern.

Weiterhin beruft er sich darauf, dass er auch Aufwendungen für Fahrten zu seiner Arbeitsstelle und Kleidung habe, die er aus beruflichen Gründen tragen müsse, weil er im Büro nicht im Trainingsanzug erscheinen könne.

Schließlich hat mein Vater eine Lebensversicherung fortgeführt, die bereits vor der Eheschließung bestand. Hier zahlt er monatlich 125 EUR ein. Er meint, gerade auch im Hinblick auf die Scheidung und den Versorgungsausgleich auf die Auszahlung der Versicherungssumme als Vorsorge für das Alter angewiesen zu sein. Die Angaben meines Vaters hinsichtlich der Höhe der Versicherungsprämie werden durch den beiliegenden Kontoauszug vom 15.7. bestätigt.

Die Anschrift meines Vaters lautet:

Weg des Pfauenauges 12, 85435 Erding.

Wie gesagt, auch meine Mutter lehnt meine Studienpläne ab. Immerhin hat aber auch sie mir Auskunft über ihr Einkommen erteilt, weil ich einen Antrag auf Bewilligung von BaföG stellen wollte.

Vor einem Jahr hat meine Mutter wieder eine Erwerbstätigkeit aufgenommen. Aus der Gehaltsabrechnung Juni 2016 der Brezel-GmbH, die ich mitgebracht habe, ergibt sich, dass sie ein Einkommen von 1.200 EUR netto monatlich als Verkäuferin erzielt. Weiterhin hat sie für das vergangene Jahr eine Einkommensteuererklärung eingereicht. Sie hat eine Einkommensteuererstattung in Höhe von 720 EUR erhalten. Den Steuerbescheid übergebe ich in Kopie. Diese hohe Steuererstattung beruht unter anderem auf der erheblichen Entfernung zwischen der Wohnung meiner Mutter und der Verkaufsstelle, wo sie arbeitet. Weiterhin hat meine Mutter im Dezember ein Weihnachtsgeld erhalten, das zu einer Erhöhung des Nettolohnes für Dezember gegenüber den übrigen Monaten um 480 EUR geführt hat. Dies ergibt sich aus der ebenfalls beiliegenden Verdienstabrechnung für Dezember 2015. Meine Mutter meint allerdings, dass sie keinesfalls unterhaltspflichtig sei. Ihr Einkommen sei nicht eheprägend, da sie während der Ehezeit nicht berufstätig gewesen sei. Weiterhin müsse jedenfalls zu ihren Gunsten ein Erwerbstätigenbonus berücksichtigt werden. Außerdem reiche dieses Einkommen nicht aus, um ihren Lebensunterhalt zu bestreiten, wenn sie auch noch Unterhalt zahlen müsse. Sie sieht aber ein, dass sie mir das mir zustehende Kindergeld auszahlen muss, wenn ich ausziehen sollte.

Nach einer kurzen Episode in Bayreuth, ist meine Mutter nach der Scheidung wieder in das nunmehr ihr allein gehörende Einfamilienhaus in Lindau gezogen, das meine Eltern vor der Trennung als Familienheim bewohnt hatten. Die Anschrift lautet: Schwalbenschwanzweg 12, 88131 Lindau. Nach Auskunft des Maklers Bescheiden könnte meine Mutter eine Kaltmiete von mindestens 565 EUR verlangen, wenn sie dieses Haus vermieten würde. Das scheint mir zwar sehr wenig zu sein, vorerst möchte ich mich jedoch mit dieser Auskunft zufrieden geben. Meine Mutter meint jedenfalls, dieser Vorteil könne schon deswegen nicht berücksichtigt werden, da dieser durch die Kosten für Heizung, Strom, Warm- und Kaltwasser, Steuer, Versicherung und die weiteren monatlich anfallenden Gebühren wie Müllabfuhr mehr als »aufgefressen« werde.

Sehr geehrter Herr Rechtsanwalt, meine Eltern können sehr hartnäckig streiten. Sofern mir Unterhaltsansprüche zustehen sollten, möchte ich Sie deshalb bitten, diese möglichst so durch die Gerichte festzustellen zu lassen, dass künftige Streitigkeiten ausgeschlossen sind. Muss ich meine Ansprüche in Erding gerichtlich geltend machen oder geht dies auch anders? Bitte wählen Sie die effektivste und billigste Möglichkeit. Weiterhin steht der Beginn des Semesters nahe bevor. Gibt es eine Möglichkeit, ggf. auch vorläufig Unterhalt geltend zu machen? Bitte beraten Sie mich darüber vorab.

Ergänzend möchte ich noch anmerken, dass mein Vater aufgrund der Krebserkrankung nach wie vor auf schmerzstillende Medikamente angewiesen ist. Weiterhin muss er Diät halten. Er hat mir dargelegt, dass dies mit einem monatlichen Aufwand von mindestens 65 EUR verbunden ist. Dies scheint mir plausibel. Ich möchte daher, dass Sie, sehr geehrter Herr Rechtsanwalt, dies bei der Unterhaltsberechnung berücksichtigen, sofern es nach Ihrer Ansicht überhaupt darauf ankommt.

Bearbeitervermerk:

Der oder die Schriftsätze, die Pfifficus Erasmus Teiler in Auftrag gegeben hat, sind zu fertigen. Sofern hierin nicht auf alle aufgeworfenen Rechtsfragen einzugehen ist, sind diese ergänzend in einem Begleitschreiben für Pfifficus Erasmus Teiler zu erörtern. Hierin ist auch zu den von Pfifficus Erasmus Teiler angesprochenen Fragen einzugehen.

Das Amtsgericht Erding hat folgende Adresse:

AG Erding,
Münchener Str. 27
85435 Erding

Das Amtsgericht Lindau hat folgende Adresse:

Amtsgericht Lindau
Stiftsplatz 4,
88131 Lindau (Bodensee)

Das Amtsgericht Bayreuth hat folgende Adresse:

Amtsgericht Bayreuth
Wittelsbacherring 22,
95444 Bayreuth

Der Beschluss des Amtsgerichts Bayreuth lautet auszugsweise:

Amtsgericht Bayreuth
1 F 455/2011

Beschluss

In der Unterhaltssache

Amanda Teiler
...

– Antragstellerin –

gegen

Balduin Teiler
...

– Antragsgegner –

hat das Amtsgericht Bayreuth, 1. Abteilung für Familiensachen, aufgrund mündlicher Verhandlung vom 28.9.2011, durch RiAG Gerecht für Recht erkannt:

1. Der Antragsgegner wird verpflichtet, ab 1.5.2011 an die Antragstellerin für das Kind Pfifficus Erasmus Teiler monatlich im Voraus Unterhalt in Höhe von 200 EUR zu bezahlen. Im Übrigen wird der Antrag abgewiesen.

2. Die Kosten des Verfahrens werden gegeneinander aufgehoben.
3. Die sofortige Wirksamkeit von Ziff. 1 wird angeordnet.

...

Im Übrigen ist davon auszugehen, dass die von Erasmus Pfifficus genannten Anlagen den von diesem behaupteten Inhalt haben. Soweit ein Eingehen auf in der Aufgabe aufgeworfene Rechtsfragen aus Sicht des Bearbeiters in den Schriftsätzen von RA Sorge nicht veranlasst ist, sind diese in einem Hilfsgutachten zu erörtern.

Eine Einsichtnahme im Grundbuch durch RA Sorge ergab, dass das Grundstück Schwalbenschanzweg 12, 88131 Lindau im Grundbuch des Amtsgerichts Lindau von Lindau, Blatt Nr. 345 vorgetragen ist und die Angaben von Erasmus Pfifficus zutreffend sind.

Für die Bearbeitung ist davon auszugehen, dass Erasmus Pfifficus Teiler kein Anspruch auf BAföG zusteht.

Auf Ansprüche auf Auskehr des Kindergeldes ist nicht einzugehen.

Fragen der Verfahrenskostenhilfe sind nicht Gegenstand dieser Aufgabe.

Lösung

A. Schriftsatz

Amtsgericht 642
– Familiengericht –
Lindau
Stiftsplatz 4
88131 Lindau

In der Familiensache

Erasmus Pfifficus Teiler
Schwalbenschwanzweg 12
88131 Lindau

– Antragsteller –

gegen

Balduin Teiler
Weg des Pfauenauges 12
85435 Erding

– Antragsgegner zu 1) –

Amanda Teiler
Schwalbenschwanzweg 12
88131 Lindau

– Antragsgegnerin zu 2) –

Wegen Unterhaltes

Vorläufiger Verfahrenswert: 4.140 EUR

Zeige ich die Vertretung des Antragstellers an. Namens und in Vollmacht des Antragstellers beantrage ich:

1. Der Beschluss des Amtsgerichts – Familiengericht – Bayreuth vom 28.9.2011, Az. 1 F 455/2011, wird mit Wirkung ab 1.10.2016 dahingehend abgeändert, dass der Antragsgegner zu 1) verpflichtet wird, monatlich im Voraus ab 1.10.2016 Unterhalt in Höhe von 318 EUR an den Antragsteller zu bezahlen.
2. Die Antragsgegnerin zu 2) wird verpflichtet, monatlich im Voraus ab 1.10.2016 Unterhalt in Höhe von 227 EUR an den Antragsteller zu bezahlen.
3. Die Antragsgegner tragen die Kosten des Verfahrens.
4. Die sofortige Wirksamkeit von Ziff. 1) und 2) wird angeordnet.

Begründung:

I.

Der am 1.7.1997 geborene Antragsteller ist das gemeinschaftliche, eheliche Kind der Antragsgegner zu 1) und 2). 643

Beweis: Im Bestreitensfall Vorlage einer Geburtsurkunde des Antragstellers 644

Die Antragsgegner trennten sich im Jahr 2007. Seit 2012 sind sie rechtskräftig geschieden. 645

Beweis: Beiziehung der Akte des Amtsgerichts – Familiengericht – Bayreuth, Az. 1 F 233/2011 646

Seit der Trennung seiner Eltern lebte der Antragsteller bei seiner Mutter. Dies dürfte unstreitig bleiben. Diese vereinnahmt das staatliche Kindergeld in Höhe von derzeit 190 EUR. 647

648 Während des Getrenntlebens hat die Mutter des Antragstellers (die Antragsgegnerin zu 2)) vor dem Amtsgericht – Familiengericht – Bayreuth einen Beschluss erwirkt, durch den der Antragsgegner zu 1) zur Zahlung von Kindesunterhalt in Höhe von 200 EUR verpflichtet wurde. Dieser geringe Betrag ergab sich daraus, dass der Antragsgegner zu 1) damals aufgrund einer Krebserkrankung lediglich Krankengeld bezog und deshalb nicht in weitergehendem Umfang leistungsfähig war.

649 Beweis: Beiziehung der Akte 1 F 455/2011 des Amtsgerichts Bayreuth

650 Im Jahr 2015 erwarb der Antragsteller die Allgemeine Hochschulreife.

651 Beweis: Abiturzeugnis, wird nachgereicht als Anlage 1

652 Er absolvierte sodann ein soziales Jahr im Rahmen des Bundesfreiwilligendienstes.

653 Nunmehr möchte er in Augsburg Physik studieren. Das Studium beginnt am 1.10.2016.

654 Beweis: Bescheid über die Zuweisung eines Studienplatzes durch die Universität Augsburg, vorgelegt als Anlage 2

655 Aufgrund der großen Entfernung zwischen Lindau und Augsburg möchte der Antragsteller in Augsburg in einem Studentenwohnheim ein eigenes Zimmer beziehen.

656 Der Antragsgegner zu 1) hat sich von seiner Krebserkrankung zwischenzeitlich gut erholt. Er ist nunmehr in München vollschichtig beschäftigt. Dort erzielt er ein Einkommen in Höhe von 5.200 EUR brutto monatlich.

657 Beweis: Jahresverdienstbescheinigung 2015, vorgelegt als Anlage 3

658 Die Belastung mit Lohn- und Kirchensteuer sowie Solidaritätszuschlag beträgt monatlich 1.700 EUR.

659 Beweis: wie vor

660 Schließlich beträgt der Arbeitnehmeranteil zum Gesamtsozialversicherungsbeitrag einschließlich des Beitrages zur gesetzlichen Krankenversicherung nach Abzug des durch den Arbeitgeber erstatteten Zuschusses zum Krankenversicherungsbeitrag 675 EUR.

661 Beweis: wie vor

662 Der Antragsgegner zu 1) wendet für eine private Lebensversicherung monatlich 125 EUR auf.

663 Beweis: Kontoauszug, vorgelegt als Anlage 4

664 Diese will er zur Sicherung im Alter verwenden.

665 Im Zuge der Trennung nahm der Antragsgegner zu 1) ein Darlehen auf, um die nach der Trennung neu bezogene Wohnung auszustatten.

666 Beweis: Im Bestreitensfall Vorlage des Kreditvertrages, dessen Vorlage dem Antragsgegner zu 1) aufgegeben werden möge[1]

667 Auf dieses Darlehen hat er monatliche Raten in Höhe von 150 EUR zu bezahlen.

668 Beweis: Kontoauszug der Postbank vom 30.6.2016, vorgelegt als Anlage 5

669 Früher waren die Antragsgegner zu je ½ Miteigentümer des Anwesens Schwalbenschwanzweg 12, 88131 Lindau. Im Zuge der vermögensrechtlichen Auseinandersetzung zwischen den Antragsgegnern anlässlich der Ehescheidung übertrug der Antragsgegner zu 1) seinen Miteigentumsanteil zu ½ auf die Antragsgegnerin zu 2).

670 Beweis: Beiziehung der Grundakten für das Grundstück Schwalbenschwanzweg 12, 88131 Lindau, vorgetragen im Grundbuch des Amtsgerichts Lindau von Lindau, Blatt 345

1 Vgl. hierzu § 421 ZPO.

Dieses Grundstück ist mit einer Grundschuld zugunsten der S-Bausparkasse belastet. 671

Beweis: wie vor 672

Allerdings ist der Antragsgegner zu 1) nach wie vor zur Rückführung des Kredites verpflichtet. Hierfür zahlt er monatlich 350 EUR (Tilgungsanteil 150 EUR). 673

Beweis: Jahresauszug der Bausparkasse S, vorgelegt als Anlage 6 674

Schließlich muss der Antragsgegner zu 1) aufgrund der zwischenzeitlich ausgeheilten Krebserkrankung gleichwohl regelmäßig schmerzstillende Medikamente zu sich nehmen. Außerdem muss er Diät halten. Der Mehraufwand hierfür beträgt 65 EUR. 675

Beweis: Vorlage von Apothekenrechnungen, die dem Antragsgegner zu 1) aufgegeben werden möge[2] 676

Die Antragsgegnerin zu 2) bewohnt das Anwesen Schwalbenschwanzweg 12, 88131 Lindau seit einigen Jahren alleine. Dies dürfte unstreitig bleiben. Die ortsübliche Kaltmiete für vergleichbare Objekte liegt bei mindestens 565 EUR. 677

Beweis: Sachverständigengutachten 678

Weiterhin hat die Antragsgegnerin zu 2) eine Beschäftigung bei der Brezel GmbH aufgenommen. Aus dieser Tätigkeit erzielt sie ein Einkommen in Höhe von 1.200 EUR netto monatlich. 679

Beweis: Gehaltsabrechnung für Juni 2016, vorgelegt als Anlage 7 680

Weiterhin hat sie für das Jahr 2015 eine Einkommensteuererstattung in Höhe von 720 EUR erhalten. 681

Beweis: Steuerbescheid in Kopie, vorgelegt als Anlage 8 682

Schließlich bekommt sie jährlich ein Weihnachtsgeld ausgezahlt, durch das sich das Nettogehalt für Dezember um 480 EUR gegenüber den übrigen Monaten erhöht. 683

Beweis: Gehaltsabrechnung für Dezember 2015, vorgelegt als Anlage 9 684

Vorgerichtlich haben die Antragsgegner aus unterschiedlichen Gründen die Zahlung von Unterhalt für das beabsichtigte Studium abgelehnt. Diese werden sich im gerichtlichen Verfahren nicht als stichhaltig erweisen, sofern die Antragsgegner an diesen festhalten sollten. Der Antragsteller ist dringend auf die Zahlung von Unterhalt angewiesen, um sein Studium aufnehmen zu können. 685

II.

1. Zulässigkeit des Antrages

a) Die sachliche Zuständigkeit des Amtsgerichts ergibt sich aus § 23a I 1 Nr. 1 GVG, §§ 111 Nr. 8, 231 I Nr. 1 FamFG. Der Antragsteller macht einen durch die Verwandtschaft begründeten Unterhaltsanspruch gegen seine Eltern geltend. 686

Die örtliche Zuständigkeit des AG Lindau ergibt sich hinsichtlich der Antragsgegnerin zu 2) aus § 232 III 1 FamFG, §§ 12, 13 ZPO. Die Antragsgegnerin hat ihren gewöhnlichen Aufenthalt im Bezirk das Amtsgerichts Lindau. 687

Es besteht keine vorrangige – ausschließliche – Zuständigkeit gem. § 232 I FamFG. Die Zuständigkeit richtet sich nicht nach § 232 I Nr. 1 FamFG, da das Scheidungsverfahren zwischen den Antragsgegnern (Ehesache gem. §§ 111 Nr. 1, 121 Nr. 1 FamFG) nicht mehr anhängig ist. Die Zuständigkeit richtet sich auch nicht nach § 232 I Nr. 2 FamFG. Der Antragsteller ist 19 Jahre alt und damit nicht mehr minderjährig. Er steht auch nicht gem. § 1603 II 2 BGB 688

2 Vgl. hierzu § 421 ZPO; hier dürfte dieses Beweisangebot erfolgversprechend sein, da sich bei Beweisfälligkeit der Anteil des Antragsgegners zu 1) am Gesamtunterhalt erhöht.

einem minderjährigen Kind gleich. Er hat inzwischen die allgemeine Hochschulreife erworben. Damit befindet er sich nicht mehr in der allgemeinen Schulausbildung.[3]

689 Hinsichtlich des Antragsgegners zu 1) ergibt sich die örtliche Zuständigkeit des angegangenen Gerichts aus § 232 III 2 Nr. 2 FamFG. Der Antragsteller nimmt als Kind seine beiden Eltern auf Erfüllung ihrer Unterhaltspflicht in Anspruch. Er kann demnach wahlweise beide Eltern vor dem Gericht in Anspruch nehmen, bei dem für einen Elternteil ein Gerichtsstand eröffnet ist. Dies ist beim AG Lindau hinsichtlich der Antragsgegnerin zu 2) (Mutter des Antragstellers) der Fall. Dass dem Antragsteller das Wahlrecht zusteht, ergibt sich aus § 232 I 1 FamFG, § 35 ZPO.

690 Gem. § 23b I GVG ist das Verfahren der Abteilung für Familiensachen (Familiengericht) zuzuweisen.

691 b) Soweit der Antragsteller den Antragsgegner zu 1) auf Zahlung von (weiterem) Unterhalt in Anspruch nimmt, ist der Abänderungsantrag gem. § 238 FamFG statthaft.

692 Einem Leistungsantrag würde die Rechtskraft der Entscheidung des AG – Familiengericht – Bayreuth entgegenstehen. Dieses hat über die Verpflichtung des Antragsgegners zu 1), an den Antragsteller Unterhalt zu leisten, abschließend entschieden. Wird das unterhaltsberechtigte Kind volljährig, lässt dies den Anspruch auf Kindesunterhalt nicht entfallen. Der Verfahrensgegenstand ändert sich daher nicht. Vielmehr wirkt sich dies lediglich auf die Höhe des Unterhalts aus. Führt der Eintritt der Volljährigkeit zu einer wesentlichen Änderung des Bedarfs, ist daher eine Abänderung des Unterhaltstitels zu beantragen.[4]

693 Im Übrigen liegen die besonderen Zulässigkeitsvoraussetzungen gem. § 238 I–III FamFG vor.[5]

694 Der Beschluss des AG Bayreuth ist eine in einem Hauptsacheverfahren ergangene Endentscheidung.[6] Durch diesen Beschluss wird der Antragsgegner zu 1) zur Zahlung fortlaufender Unterhaltszahlungen verpflichtet.

695 Weiterhin sind der Antragsteller und der Antragsgegner zu 1) die richtigen Beteiligten. § 238 I FamFG lässt nach seinem Wortlaut zwar nur zu, dass jeder Teil des abzuändernden Beschlusses Abänderung beantragt. Beteiligte des Abänderungsverfahrens können daher streng genommen nur Antragsteller und Antragsgegner des Ursprungsverfahrens sein. Der Antragsteller war aber nicht Beteiligter des Ursprungsverfahrens; denn den Beschluss des AG Bayreuth hat die Mutter des Antragstellers gem. § 1629 III BGB in Verfahrensstandschaft erwirkt.

696 Berechtigt, einen Abänderungsantrag zu stellen, sind aber auch Personen, die als Rechtsnachfolger an die Stelle eines der ursprünglichen Beteiligten getreten sind[7]; denn auch diese werden von der Rechtskraftwirkung des Beschlusses gem. § 113 I FamFG, § 325 I ZPO erfasst. Demnach ist auch der Antragsteller befugt, einen Abänderungsantrag zu stellen; denn er ist im Wege der Rechtsnachfolge an die Stelle seiner Mutter als Antragstellerin getreten. Fallen die Voraussetzungen der Verfahrensstandschaft weg, tritt der materiell Berechtigte im Wege der Rechtsnachfolge an die Stelle des Verfahrensstandschafters.[8] Ursprünglich war die Mutter des Antragstellers im Wege der gesetzlichen Verfahrensstandschaft berechtigt, den Unterhaltsanspruch des Antragstellers im eigenen Namen gegen den Antragsgegner geltend zu machen (§ 1629 III BGB). Die Eltern des Antragstellers waren 2011 noch verheiratet, lebten aber getrennt. Weiterhin lebte der Antragsteller bei seiner Mutter. Schließlich war er minderjährig.

3 Auch für Abänderungsanträge richtet sich die örtliche Zuständigkeit nach § 232 FamFG, vgl. → Rn. 408.
4 Palandt/*Brudermüller* BGB § 1601 Rn. 4.
5 Zur Abgrenzung zwischen Leistungs- und Abänderungsantrag → Rn. 408.
6 Hier ist vor allem die Abgrenzung zu Entscheidungen, die im Verfahren der einstweiligen Anordnung ergangen sind, wichtig. Auch diese Beschlüsse stellen Endentscheidungen dar. Für diese gelten aber die strengen Anforderungen gem. § 238 FamFG nicht, da sie grundsätzlich jederzeit gem. § 54 FamFG geändert werden können. In diesem Verfahren tritt keine Bindungswirkung des Gerichts ein (Thomas/Putzo/*Seiler* FamFG § 54 Rn. 1).
7 Thomas/Putzo/*Hüßtege* FamFG § 238 Rn. 28.
8 Thomas/Putzo/*Hüßtege* ZPO § 51 Rn. 24.

Diese Voraussetzungen sind durch die rechtskräftige Scheidung der Eltern des Antragstellers sowie den Eintritt der Volljährigkeit des Antragstellers entfallen.

Der Antragsteller hat mehrere Umstände vorgetragen, die zu einer wesentlichen Änderung der Entscheidung des AG – Familiengericht – Bayreuth führen.[9] 697

Zum einen hat sich sein Bedarf durch die Volljährigkeit und das beabsichtigte auswärtige Studium deutlich erhöht. Dies ändert sich auch nicht deshalb, weil nunmehr das Kindergeld in voller Höhe auf den Bedarf anzurechnen ist (§ 1612b I Nr. 2 BGB). 698

Weiterhin hat sich das Einkommen des Antragsgegners deutlich erhöht. Statt Krankengeld bezieht er nunmehr ein Einkommen aus vollschichtiger Beschäftigung in Höhe von 5.100 EUR monatlich brutto. 699

Auch unter Berücksichtigung der Tatsache, dass nunmehr auch die Mutter des Antragstellers diesem anteilig barunterhaltspflichtig ist, führt dies zu einer wesentlichen Änderung der Unterhaltspflicht des Antragsgegners zu 1). Eine wesentliche Änderung der Unterhaltspflicht liegt grundsätzlich vor, wenn die Änderung der rechtlichen oder tatsächlichen Grundlage der Entscheidung dazu führen, dass sich der Unterhalt um mindestens 10% gegenüber der ursprünglichen Entscheidung verändert.[10] Wie die nachfolgenden Berechnungen zeigen, wird diese Grenze überschritten: Der Unterhaltsanspruch des Antragstellers gegen den Antragsgegner zu 1) hat sich von den zugesprochenen 200 EUR auf 318 EUR erhöht. Die maßgebliche Schwelle liegt bei 10% von 200 EUR gleich 20 EUR. Demgegenüber ist eine Veränderung in Höhe von 118 EUR eingetreten. 700

Schließlich wird die zeitliche Schranke des § 238 III FamFG eingehalten;[11] denn der Antragsteller macht die Abänderung erst für die Zeit ab 1.10.2016 und damit für einen Zeitpunkt, der zeitlich nach dem voraussichtlichen Datum der Zustellung des Abänderungsantrages liegt, geltend. 701

c) Das besondere Rechtsschutzbedürfnis für die Geltendmachung künftiger (erhöhter) Unterhaltszahlungen folgt aus § 113 I FamFG, § 258 ZPO. Die Bestimmung des § 258 ZPO ist anwendbar. Da der Antragsteller im Weg des Abänderungsantrags erhöhten Unterhalt geltend macht, liegt eine Unterhaltssache gem. § 231 I Nr. 1 FamFG vor. Dies stellt eine Familienstreitsache gem. § 112 Nr. 1 FamFG dar, für die gem. § 113 I FamFG im Grundsatz die Vorschriften der ZPO über das landgerichtliche Verfahren erster Instanz anzuwenden sind. Der Antrag ist auf wiederkehrende Leistungen gerichtet. 702

d) Der Leistungsantrag gegen die Antragsgegnerin zu 2) ist statthaft; denn der Unterhaltsanspruch des Antragsstellers gegen diese ist noch nicht tituliert. Insbesondere betrifft der Beschluss des Amtsgerichts – Familiengericht – Bayreuth lediglich den Unterhaltsanspruch des Antragstellers gegen den Antragsgegner zu 1). Er enthält aber keine Entscheidung dahingehend, dass die Antragsgegnerin zu 2) dem Antragsteller nicht zum Unterhalt verpflichtet wäre. 703

Das besondere Rechtsschutzbedürfnis für die Geltendmachung künftiger Unterhaltsansprüche ergibt sich auch hier aus § 113 I FamFG, § 258 ZPO. 704

2. Streitgenossenschaft und Antragshäufung

Die Voraussetzungen der subjektiven Antragshäufung liegen gem. §§ 112 Nr. 1, 113 I FamFG, §§ 59, 60 ZPO, § 260 ZPO analog vor. Daher kann hinsichtlich beider Beteiligter gemeinsam verhandelt und entschieden werden. 705

Die Antragsgegner zu 1) und 2) sind als Eltern dem Antragsteller aus demselben rechtlichen Grund zur Zahlung von Unterhalt verpflichtet. 706

Weiterhin liegen auch die Voraussetzungen von § 260 ZPO vor. Hinsichtlich beider Elterntei- 707

9 Insoweit liegen sog. »doppeltrelevante Tatsachen« vor; zu deren prozessualer Berücksichtigung → Rn. 408.
10 Thomas/Putzo/*Hüßtege* FamFG § 238 Rn. 23.
11 Auch dies ist Zulässigkeitsvoraussetzung, vgl. → Rn. 408.

le ist das Amtsgericht – Familiengericht – Lindau sachlich und örtlich zuständig. Dieses entscheidet auch in demselben Verfahren. Sowohl hinsichtlich des Antragsgegners zu 1) als auch hinsichtlich der Antragsgegnerin zu 2) liegt eine Unterhaltssache gem. § 112 Nr. 1 FamFG vor, über die als Familienstreitsache zu verhandeln ist. Dass hinsichtlich des Antragsgegners zu 1) ein Abänderungsantrag statthaft ist, hinsichtlich der Antragsgegnerin zu 2) demgegenüber ein allgemeiner Leistungsantrag, betrifft nur die Antragsart (Gestaltungsantrag hinsichtlich des Antragsgegners zu 1), Leistungsantrag hinsichtlich der Antragsgegnerin zu 2), nicht aber die Verfahrensart.

708 Die Ansprüche auf Unterhalt können gem. §§ 112 Nr. 1, 3, 113 I FamFG, § 260 ZPO gemeinsam verhandelt und entschieden werden, da für beide Anträge dasselbe Gericht zuständig ist, in derselben Verfahrensweise zu entscheiden ist, dieselben Personen an diesem Verfahren beteiligt sind und kein Verbindungsverbot besteht.

3. Begründetheit hinsichtlich des Antragsgegners zu 1)

709 Dem Antragsteller steht ein Anspruch darauf zu, dass der Beschluss des Amtsgerichts – Familiengericht – Bayreuth vom 28.9.2011 dahingehend abgeändert wird, dass der Antragsgegner zu 1) verpflichtet wird, an den Antragsteller ab Oktober 2016 monatlich im Voraus 318 EUR zu bezahlen.

710 Dass dem Antragsteller gegen den Antragsgegner ein Anspruch auf Kindesunterhalt zusteht, ist rechtskräftig durch das AG Bayreuth festgestellt. Die Entscheidung des Amtsgerichts Bayreuth ist insoweit auch im Abänderungsverfahren zugrunde zu legen (§ 238 IV FamFG).[12]

711 Der Antragsteller ist bedürftig (§ 1602 I BGB). Er kann nicht darauf verwiesen werden, seinen Bedarf durch eigenes Einkommen aus eigener Erwerbstätigkeit zu decken. Zwar ist das volljährige Kind grundsätzlich gehalten, durch eigenes Einkommen seinen Bedarf zu decken. Dies gilt jedoch dann nicht, wenn es aufgrund einer Ausbildung keiner Erwerbstätigkeit nachgehen kann, und diese Ausbildung unterhaltsrechtlich gem. § 1610 II BGB geschuldet ist.[13] Diese Voraussetzungen sind in der Person des Antragstellers erfüllt. Da dieser das Abitur erfolgreich abgelegt hat, stellt das Studium grundsätzlich eine angemessene Vorbildung zum Beruf dar. Neben dem Studium besteht grundsätzlich keine Obliegenheit zur Ausübung einer Erwerbstätigkeit.[14] Dies muss erst recht für das Studium der Physik gelten, das bekanntlich sehr anspruchsvoll ist.

712 Der Bedarf (§ 1610 I BGB) hat sich seit dem 28.9.2011 erhöht. Dies ist gem. § 238 II FamFG der maßgebliche Stichtag, ab dem Veränderungen in tatsächlicher oder rechtlicher Hinsicht berücksichtigt werden können. Der Antragsteller ist nunmehr volljährig. Er beabsichtigt, außerhalb des Elternhauses mit eigenständigem Hausstand einer Ausbildung nachzugehen. Hierfür kann ein Bedarf in Höhe des BAföG-Höchstsatzes von derzeit pauschal 735 EUR angesetzt werden.[15] Auf diesen Bedarf ist gem. § 1612b I Nr. 2 BGB allerdings das staatliche Kindergeld in voller Höhe anzurechnen. Dieses beträgt seit 1.1.2016 190 EUR.[16] Der Bedarf des Antragstellers liegt damit bei monatlich 545 EUR.

713 Im Unterschied zum 28.9.2011 ist weiterhin zu berücksichtigen, dass mit Volljährigkeit des Antragstellers beide Eltern gem. § 1606 III 1 BGB anteilig zum Barunterhalt verpflichtet sind.

714 Der Anteil Antragstellers errechnet sich, indem sein bereinigtes Einkommen, vermindert um den angemessenen Selbstbehalt zum bereinigten Gesamteinkommen der Eltern, vermindert um den doppelten angemessenen Selbstbehalt, in Bezug gesetzt wird.[17] Er beträgt 318 EUR.

715 Im Einzelnen berechnet er sich wie folgt:

12 Hier wäre es ein schwerer Fehler erneut den Anspruch auf §§ 1601, 1592 Nr. 1 BGB zu stützen; denn hinsichtlich der Anspruchsgrundlage ist keine Änderung eingetreten.

13 Palandt/*Brudermüller* BGB § 1602 Rn. 6; ob die Ausbildung unterhaltsrechtlich geschuldet ist, ist im Rahmen des Tatbestandsmerkmals der Bedürftigkeit zu prüfen, aber nicht als eigener Anspruch, vgl. → Rn. 253.

14 Palandt/*Brudermüller* BGB § 1602 Rn. 7.

15 Vgl. Palandt/*Brudermüller* BGB § 1610 Rn. 5.

16 Vgl. Palandt/*Brudermüller* BGB § 1612b Rn. 5.

17 Vgl. Palandt/*Brudermüller* BGB § 1606 Rn. 13.

aa) bereinigtes Nettoeinkommen des Antragsgegners zu 1)

Auszugehen ist von dem monatlichen Bruttoeinkommen des Antragsgegners zu 1) in Höhe von 5.200 EUR monatlich. 716

Hiervon sind die Lohnsteuer sowie der Arbeitnehmeranteil zum Gesamtsozialversicherungsbeitrag in Abzug zu bringen. 717

Das Nettoeinkommen berechnet sich also wie folgt: 718

Bruttoeinkommen	5.200 EUR
Abzüglich Lohnsteuer	1.700 EUR
Abzüglich Arbeitnehmeranteil zum Gesamtsozialversicherungsbeitrag	675 EUR
Ergibt	2.825 EUR netto

Von diesem Betrag sind private Vorsorgeaufwendungen abzuziehen, soweit sie angemessen sind. Dies ist hinsichtlich des Beitrages des Antragsgegners zu 1) zur Lebensversicherung der Fall.[18] Dieser Beitrag dient der Vorsorge im Alter oder wegen Invalidität. Hinsichtlich der Anlageform ist der Unterhaltspflichtige frei. Er muss also nicht in einer der staatlich geförderten Formen der Alterssicherung private Vorsorge betreiben, sondern kann dies auch durch andere Formen der Vermögensbildung, beispielsweise durch Ansparen einer Kapitallebensversicherung oder Erwerb von Immobiliareigentum, tun. Dieser Aufwand kann unterhaltsrechtlich allerdings nur berücksichtigt werden, wenn er die Grenze von 4% des Bruttoeinkommens (bzw. 5% im Fall des Elternunterhaltes) nicht übersteigt.[19] Demnach ist der Beitrag zur Lebensversicherung berücksichtigungsfähig, da er bei etwa 2% des Bruttoeinkommens liegt. 719

Das um Vorsorgeaufwand bereinigte Einkommen berechnet sich also wie folgt: 720

Einkommen netto	2.825 EUR
Abzüglich private Vorsorge	125 EUR
Um Vorsorgeaufwand bereinigtes Einkommen:	2.700 EUR

Dieses Einkommen ist um berufsbedingte Aufwendungen in Höhe von 5% zu bereinigen.[20] 5% von 2.700 EUR betragen 135 EUR. 721

Das um berufsbedingte Aufwendungen bereinigte Einkommen beträgt mithin 2.700 EUR – 135 EUR = 2.565 EUR. 722

Weiterhin sind die berücksichtigungsfähigen Darlehensverbindlichkeiten in Abzug zu bringen. Insoweit macht der Antragsgegner zu 1) zum einen geltend, dass er ein Darlehen aufnehmen musste, um nach der Trennung seine neue Wohnung einzurichten. Dieses Darlehen hat er in monatlichen Raten von 150 EUR zurückzuzahlen. Diese Verbindlichkeit erscheint berücksichtigungsfähig. Zwar wurde sie in Kenntnis der zu erwartenden Unterhaltspflichten aufgenommen. Allerdings war dies unvermeidlich, da dem Antragsgegner zu 1) nach der Trennung nicht zuzumuten war, in einer leeren oder mit Second-Hand-Möbeln ausgestatteten Wohnung zu leben.[21] Jedenfalls im Hinblick auf sein jetziges Einkommen ist die monatliche Belastung auch angemessen. 723

18 Grundsätzlich ist es verfehlt, in der Antragsschrift umfangreich auszuführen, warum eine Abzugsposition berücksichtigt wurde. Im vorliegenden Fall geht es aber nicht um die Begründung der Höhe des Unterhaltes, sondern um die Aufteilung der Unterhaltsschulden zwischen beiden Eltern. Hier besteht Veranlassung, ausführlich zu begründen, warum eine Abzugsposition zugunsten eines Elternteils und damit notwendig zulasten des anderen berücksichtigt wurde.

19 Vgl. zu diesen Abzügen Palandt/*Brudermüller* BGB § 1361 Rn. 47.

20 Vgl. hierzu Palandt/*Brudermüller* BGB § 1361 Rn. 48.

21 Vgl. zur Berücksichtigung von Kreditverpflichtungen für die Einrichtung eines neuen Hausstandes nach der Trennung Palandt/*Brudermüller* BGB § 1361 Rn. 52.

724 Zu berücksichtigen ist auch die monatliche Kreditrate für den Kredit zur Finanzierung des Hauses in Höhe von 350 EUR.[22] Der Antragsteller hält es für angemessen, diese Rate in voller Höhe und nicht nur mit dem Zinsanteil anzusetzen. Kreditraten, die der Rückzahlung eines vermögensbildenden Kredites (wie zB der Finanzierung einer Immobilie) dienen, dürfen zwar nur mit dem Zinsanteil berücksichtigt werden, wenn die Berücksichtigung des Tilgungsanteils dazu führen würde, dass der Unterhaltspflichtige auf Kosten des Unterhaltsberechtigten einseitig Vermögen bildet. Dies ist vorliegend aber nicht der Fall: In Bezug auf den Antragsteller tritt keine einseitige Vermögensbildung ein, da dessen Bedarf auch bei Berücksichtigung der vollen Kreditrate durch beide Eltern gedeckt werden kann. Aber auch in Bezug auf die Antragsgegnerin zu 2) kommt es nicht zu einer einseitigen Vermögensbildung; denn die Rückführung des Kredites führt dazu, dass sich entsprechend die Belastung ihres Hauses verringert. Es kann daher dahingestellt bleiben, ob Darlehensverbindlichkeiten, die nicht auf Konsumentenkrediten beruhen, im Verhältnis mehrerer Unterhaltspflichtiger nach denselben Grundsätzen, die in Bezug auf den Unterhaltsberechtigten gelten, in voller Höhe oder nur mit dem Zinsanteil zu berücksichtigen sind.

725 Schließlich ist der krankheitsbedingte Mehraufwand von monatlich 65 EUR zu berücksichtigen; denn dieser mindert das für den Unterhalt zur Verfügung stehende Einkommen des Antragsgegners zu 1) ohne dass er diesen Aufwand vermeiden könnte. Weiterhin gehören diese Kosten auch nicht zu den allgemeinen Kosten der Lebensführung, die grundsätzlich aus dem nach Erfüllung der Unterhaltspflicht verbleibenden Einkommen aufzubringen sind, denn es handelt sich um besondere, nur die Person des Antragsgegners zu 1) treffende Verbindlichkeiten, die durch die Antragsgegnerin zu 2) nicht in entsprechender Höhe zu tragen sind.

726 Das prägende Einkommen des Antragsgegners zu 1) berechnet sich damit wie folgt:

Einkommen bereinigt netto nach Abzug berufsbedingter Aufwendungen	2.565 EUR
Abzüglich Darlehen Wohnungseinrichtung	150 EUR
Abzüglich Darlehen Einfamilienhaus	350 EUR
Abzüglich krankheitsbedingter Mehraufwand	65 EUR
Ergibt Einkommen **bereinigt**	**2.000 EUR**

bb) Bereinigtes Nettoeinkommen der Antragsgegnerin zu 2)

727 Auch die Antragsgegnerin zu 2) ist dem Antragsteller unterhaltspflichtig. Der Unterhaltsanspruch ergibt sich aus §§ 1601, 1589, 1591 BGB. Die Beteiligten sind in gerader Linie miteinander verwandt, da der Antragsteller (auch) von der Antragsgegnerin zu 2) abstammt (§ 1589 I BGB).

728 Hinsichtlich der Bedürftigkeit und des Bedarfs des Antragstellers gelten die Ausführungen gem. aa) entsprechend. Auch die Antragsgegnerin zu 2) ist barunterhaltspflichtig.

729 Das Einkommen der Antragsgegnerin berechnet sich wie folgt:

Einkommen monatlich netto	1.200 EUR
Zuzüglich anteilige Einkommensteuererstattung. Hierbei handelt es sich schwerpunktmäßig um die Erstattung von Lohnsteuer. Auch einmalige Einkünfte sind zu berücksichtigen, sofern sie für die Einkommenslage prägend sind. Dies ist hinsichtlich der Einkommensteuererstattung der Fall, da bei gleichbleibenden Verhältnissen auch in den künftigen Jahren entsprechende Erstattungen zu erwarten sind: 720 EUR / 12 =	60 EUR

22 Vgl. hierzu Palandt/*Brudermüller* BGB § 1361 Rn. 53.

Zu berücksichtigen ist weiterhin das Weihnachtsgeld. Auch dieses ist auf ein durchschnittliches Monatseinkommen netto umzurechnen: 480 EUR / 12 =	40 EUR
Einkommen gesamt	**1.300 EUR**
Hiervon in Abzug zu bringen sind die berufsbedingten Aufwendungen. Mangels anderer Anhaltspunkte wird ein Betrag von pauschal 5% berücksichtigt: 1.300 EUR * 0,05 =	65 EUR
Verbleibt bereinigtes Einkommen aus Erwerbstätigkeit von	1.235 EUR
Dieses Einkommen ist zu erhöhen um den Wohnvorteil. Dieser ist in Höhe der Nettokaltmiete anzusetzen, die die Antragsgegnerin zu 2) entrichten müsste, wenn sie ein dem in ihrem Eigentum stehendes Einfamilienhaus in vergleichbarer Lage und mit vergleichbarem Standard mieten würde; denn insoweit lebt die Antragsgegnerin zu 2) billiger als ein Mieter. Der Wert dieser Nutzungen beträgt monatlich 565 EUR. Ein Abzug von Kosten, die typischerweise auf den Mieter umgelegt werden können, hat bei der Bemessung des Wohnwertes zu unterbleiben; denn diese Kosten wären auch aus dem der Antragsgegnerin zu 2) nach Leistung des Unterhaltes verbleibenden Einkommen aufzubringen, wenn diese zur Miete wohnen würde.[23]	565 EUR
Prägendes Einkommen gesamt	**1.800 EUR**

cc) Berechnung des Anteils des Antragsgegners zu 1)

Der Anteil des Barunterhaltes, den der Antragsgegner zu 1) zu tragen berechnet sich wie folgt. Dabei wird berücksichtigt, dass in Höhe des angemessenen Selbstbehaltes weder der Antragsgegner zu 1) noch die Antragsgegnerin zu 2) aus ihrem Einkommen zum Unterhalt beizutragen hat. Daher ist für die Berechnung der Haftungsquote nur das für den Unterhalt einzusetzende Einkommen zu berücksichtigen.[24] 730

Demnach beträgt die Quote, zu der durch den Antragsgegner zu 1) Barunterhalt zu leisten ist: 731

$$\frac{2.000\text{ EUR} - 1.300\text{ EUR}}{2.000\text{ EUR} + 1.800\text{ EUR} - 2.600\text{ EUR}} = \frac{7}{12}$$

Dementsprechend beträgt der durch den Antragsgegner zu 1) zu tragende Anteil des Unterhaltes: 732

$$\frac{7}{12} * 545\text{ EUR} = 318\text{ EUR (gerundet).}$$

3.

Der Antrag ist auch hinsichtlich der Antragsgegnerin zu 2) begründet. Diese hat entsprechend ihrem geringeren Einkommen gem. §§ 1601, 1589, 1591, 1602, 1610 I, 1606 I 1 BGB für den Rest des Unterhaltes aufzukommen. Ihr Anteil beträgt 227 EUR. 733

23 Zur Berechnung des Wohnwertes vgl. Palandt/*Brudermüller* BGB § 1361 Rn. 35; § 1577 Rn. 9.
24 Rechenformel SüdL Ziff. 13.3 sowie Palandt/*Brudermüller* BGB § 1606 Rn. 13.

4.

734 Es wird billigem Ermessen entsprechen, den Antragsgegnern die Kosten des Verfahrens aufzuerlegen (§ 243 FamFG). Entsprechend § 100 ZPO haften diese für die Kosten anteilig.[25]

735 Der Antragsteller ist auf die Zahlung des Unterhaltes dringend angewiesen, um sein Studium aufnehmen zu können. Daher wird gem. § 116 III 2 FamFG beantragt, die sofortige Wirksamkeit der Entscheidung anzuordnen.

736 Der vorläufige Verfahrenswert wurde gem. § 51 FamGKG berechnet. Ein entsprechender Gerichtskostenvorschuss ist per Scheck beigefügt.

Sorge
(Rechtsanwalt)

Sehr geehrter Herr Teiler,

737 vielen Dank für das Mandat und das Vertrauen, das Sie mir durch die Mandatierung entgegengebracht haben.

738 Anliegend erhalten Sie eine Abschrift des Schriftsatzes, den ich vorbereitet habe, um diesen beim Amtsgericht – Familiengericht – Lindau einzureichen. Bitte prüfen Sie genau, ob die in diesem Schriftsatzentwurf enthaltenen Angaben den Tatsachen entsprechen.

739 Ich darf Sie weiterhin bitten, noch eine Kopie Ihres Abiturzeugnisses einzureichen, damit dieses als Anlage zu dem Schriftsatz nachgereicht werden kann.

740 Die Einwände Ihrer Eltern gegen die Aufnahme des Studiums der Physik habe ich in den Schriftsatz nicht aufgenommen. Sofern Ihre Eltern an diesen Einwänden festhalten, wäre es Sache Ihrer Eltern, dem Gericht diese Einwände vorzutragen.[26] Nach der geltenden Rechtsprechung dürften diese Einwände aber kaum dazu ausreichen, Ihren Unterhaltsanspruch zu versagen.

741 Ein Volljähriger hat keine Erwerbsobliegenheit, solange er einer unterhaltsrechtlich geschuldeten Ausbildung nachgeht und deswegen keine Erwerbstätigkeit ausüben kann.[27] Von der Unterhaltspflicht ist auch eine angemessene Vorbildung zum Beruf umfasst (§ 1610 II BGB).

742 Eltern schulden ihrem Kind eine seinen Begabungen, seinen Fähigkeiten und seinem Leistungswillen entsprechende Ausbildung, die seinen Interessen entspricht. Die Einwände Ihres Vaters dürften kaum geeignet sein, Ihren Wunsch Physik zu studieren, infrage zu stellen. Dadurch dass Sie das Abitur erfolgreich abgelegt haben, haben Sie grundsätzlich den Nachweis erbracht, dass Sie für jedes Hochschulstudium geeignet sind. Auch wenn der Schnitt nicht ganz optimal gewesen sein sollte, wird dadurch die Eignung für ein naturwissenschaftliches Studium nicht grundsätzlich in Frage gestellt. Weiterhin ist insoweit auch unerheblich, wenn Sie während der Mittelstufe eine Klasse wiederholen mussten; denn entscheidend ist Ihr Leistungsstand bei Aufnahme der Ausbildung bzw. des Studiums, nicht, wie dieser in der Vergangenheit gewesen ist.[28] Im Übrigen führen Sie die schulischen Probleme in der sechsten Klasse ja auch nachvollziehbar auf die schwierige Situation zu Hause zurück.

743 Auch die Einwände Ihrer Mutter rechtfertigen die Versagung von Unterhalt für das Studium nicht. Zum einen endet das Recht des Personensorgeberechtigten über die Ausbildung des unterhaltsberechtigten Kindes zu entscheiden, sobald das Kind volljährig geworden ist.

744 Ohne Erfolg beruft sich Ihre Mutter auch darauf, sie habe nicht mehr damit gerechnet, dass Sie noch studieren würden. Dies sei nie besprochen worden. Dieser Einwand kann vor allem

25 Dies könnte auch im Hilfsgutachten oder im Begleitschreiben ausgeführt werden.

26 Daher wäre es fehlerhaft, all diese Einwände der Eltern gegen die Unterhaltsverpflichtung in der Antragsschrift abzuhandeln.

27 Palandt/*Brudermüller* BGB § 1602 Rn. 6.

28 In Bezug auf den Willen, durch ein Studium eine Ausbildung zu erwerben vgl. Palandt/*Brudermüller* BGB § 1610 Rn. 20.

dann erheblich sein, wenn ein Kind die Ausbildung in mehreren Abschnitten oder im zweiten Bildungsweg absolvieren möchte; denn Eltern sollen sich nur begrenzte Zeit darauf einstellen müssen, ihrem zwischenzeitlich volljährigen Kind noch unterhaltspflichtig zu sein.[29] Demgegenüber müssen die Eltern eines Kindes, das die allgemeine Hochschulreife erworben hat, auch damit rechnen, dass dieses im Anschluss an das Abitur studieren wird. Durch die Ableistung des Bundesfreiwilligendienstes wird dieser zeitliche Zusammenhang nicht unterbrochen; denn dieser Dienst im Interesse der Allgemeinheit ist nicht geeignet, dem Kind eine dauerhafte, seinen Neigungen und Fähigkeiten entsprechende berufliche Stellung zu verschaffen. Daher führt die Ableistung des Bundesfreiwilligendienstes dazu, dass der Unterhaltsanspruch grundsätzlich nur vorübergehend erlischt.[30]

Der Anspruch auf Barunterhalt entfällt auch nicht deshalb, weil Ihre Mutter Sie darauf verwiesen hat, während des Studiums in ihrem Haushalt zu leben. Zwar steht gem. § 1612 II BGB dem Unterhaltspflichtigen grundsätzlich das Recht zu, zu bestimmen, in welcher Art der Unterhalt geleistet werden soll. Bei der Ausübung dieses Rechts ist aber auf die Belange des Kindes in gebotener Weise Rücksicht zu nehmen (§ 1612 II 1 BGB). Eine Unterhaltsbestimmung, die diese Rücksicht verletzt, ist unwirksam. In diesem Fall sind die unterhaltspflichtigen Eltern zur Zahlung von Barunterhalt verpflichtet.[31] Die Bestimmung Ihrer Mutter, Naturalunterhalt zu gewähren, nimmt auf Ihre Belange nicht ausreichend Rücksicht; denn es ist Ihnen nicht zuzumuten, jeden Tag von Lindau nach Augsburg zum Studium zu fahren. **745**

Schließlich ist auch der Einwand Ihrer Mutter unerheblich, ihr jetziges Einkommen sei nicht eheprägend. Diese Frage betrifft nur die Berechnung des Ehegattenunterhaltes. Demgegenüber sind bei der Berechnung des Bedarfs sowie der Leistungsfähigkeit in Bezug auf Kindesunterhalt auch nicht eheprägende Einkünfte des Barunterhaltspflichtigen zu berücksichtigen. Auch die Frage, ob ein Erwerbstätigenbonus einkommensmindernd berücksichtigt werden muss, betrifft nur die Berechnung des Ehegattenunterhaltes. **746**

Ihre Eltern sind auch leistungsfähig.[32] **747**

Der angemessene Selbstbehalt gegenüber einem volljährigen Kind (§ 1603 I BGB) beträgt 1.300 EUR.[33] Durch den geltend gemachten Unterhalt wird hinsichtlich beider Elternteile dieser Selbstbehalt nicht verletzt. Dem Antragsgegner zu 1) bleiben 2.000 EUR abzüglich 318 EUR = 1.682 EUR. Der Antragsgegnerin zu 2) bleiben 1.800 EUR abzüglich 227 EUR = 1.573 EUR. **748**

Vorab kann der Unterhalt durch einstweilige Anordnung geltend gemacht werden. Für den Erlass der einstweiligen Anordnung wäre ebenfalls das Amtsgericht – Familiengericht – Lindau zuständig (§ 50 I FamFG). **749**

Der Antrag wäre in etwa genauso wie der Hauptsacheantrag zu begründen. Allerdings kann im Verfahren der einstweiligen Anordnung keine separate Beweisaufnahme erfolgen. Dafür reicht es aus, wenn der Sachverhalt glaubhaft gemacht wird (§ 51 I 2 FamFG). Dies kann dadurch geschehen, dass Sie entsprechend dem Antrag eine eigene Schilderung des Sachverhaltes abgeben und deren Richtigkeit an Eides statt versichern, soweit die für die Schlüssigkeit des Antrags erforderlichen Tatsachen nicht durch die Urkunden zu beweisen sind, die Sie mir übergeben haben (§§ 51 II, 112 Nr. 1, 113 I FamFG, § 294 ZPO). **750**

Der Antrag hätte in demselben Umfang Aussicht auf Erfolg, wie der Hauptsacheantrag auch. **751**

Der Anordnungsanspruch ergibt sich aus denselben Vorschriften, auf die auch der Antrag in der Hauptsache gestützt ist. **752**

29 Vgl. für den zweiten Bildungsweg Palandt/*Brudermüller* BGB § 1610 Rn. 32.
30 Zum Unterhalt während eines freiwilligen sozialen Jahres und vergleichbaren Zeiten Palandt/*Brudermüller* BGB § 1610 Rn. 19.
31 Palandt/*Brudermüller* BGB § 1612 Rn. 16.
32 Hierbei handelt es sich um einen Einwand gegen eine an sich bestehende Unterhaltspflicht, der durch den Unterhaltsschuldner zu erheben ist. Darum wird auf diesen Problemkreis im Rahmen des Anschreibens an den Mandanten eingegangen.
33 Vgl. Palandt/*Brudermüller* BGB § 1603 Rn. 16.

753 Grundsätzlich kann gem. § 49 I FamFG eine einstweilige Anordnung nur erlassen werden, wenn dafür ein dringendes Bedürfnis besteht. Gem. § 246 FamFG kann demgegenüber in Unterhaltssachen eine einstweilige Anordnung bereits dann ergehen, wenn dafür ein Regelungsbedürfnis besteht. Dies ist bereits dann der Fall, wenn der Unterhaltspflichtige nicht bereit ist, den geschuldeten Unterhalt freiwillig zu leisten.[34] Allerdings kann eine einstweilige Anordnung nur ergehen, um den laufenden Unterhalt zu titulieren, nicht die Rückstände.

754 Schließlich gilt für das Verfahren des einstweiligen Rechtsschutzes grundsätzlich das Verbot der Vorwegnahme der Hauptsache (§ 49 II FamFG).[35] Auch insoweit enthält § 246 FamFG für die einstweilige Anordnung in Unterhaltssachen eine Sondervorschrift: demnach kann in Unterhaltssachen wegen des vollen laufenden Unterhaltes eine einstweilige Anordnung ergehen.[36] Sie wären also nicht darauf beschränkt, nur in Höhe eines »Notunterhaltes« eine einstweilige Anordnung zu erwirken. Da der Unterhaltsanspruch gegen Ihren Vater allerdings bereits in Höhe von 200 EUR tituliert ist, kann insoweit nur eine einstweilige Anordnung wegen der weitergehenden 118 EUR beantragt werden. Im Übrigen müssten Sie einen Antrag auf eine Umschreibung der Vollstreckungsklausel gem. § 120 FamFG, § 727 ZPO stellen; denn derzeit kann als Vollstreckungsgläubigerin nur Ihre Mutter die Vollstreckung aus dem Beschluss des Amtsgerichts – Familiengericht – Bayreuth betreiben.

755 Einstweilige Anordnung und Hauptsache können nebeneinander geltend gemacht werden. Da die einstweilige Anordnung ihrem Wesen nach nur eine vorläufige Regelung für einen bestehenden Zustand trifft, hat diese einen anderen Verfahrensgegenstand als das Hauptsacheverfahren. Weiterhin entfällt auch das Rechtsschutzbedürfnis für eine einstweilige Anordnung nicht, wenn zeitgleich ein Hauptsacheantrag gestellt ist.

756 Der Antrag auf Erlass einer einstweiligen Anordnung ist kostengünstig; grundsätzlich ermäßigt sich der Verfahrenswert auf den hälftigen Verfahrenswert für die Hauptsache (§ 41 FamGKG). Darüber hinaus gelten für das gerichtliche Verfahren ermäßigte Gebühren (KVFamGKG Nr. 1420). Ich würde Ihnen daher empfehlen, auch den Erlass einer einstweiligen Anordnung zu beantragen, um sicherzustellen, dass Sie mit Aufnahme des Studiums auch Unterhalt erhalten. Weiterhin würde ich Ihnen empfehlen, einen Antrag zu stellen, dass eine vollstreckbare Ausfertigung des Beschlusses des Amtsgerichts Bayreuth mit einer Klausel, die Sie als Vollstreckungsgläubiger ausweist, erteilt wird.

Mit freundlichen Grüßen,

(Rechtsanwalt)

---

34 Thomas/Putzo/*Seiler* FamFG § 246 Rn. 4.
35 Thomas/Putzo/*Seiler* FamFG § 49 Rn. 3.
36 Thomas/Putzo/*Seiler* FamFG § 246 Rn. 6.

3. Klausur: Scheidung mit Folgen

Aufgabenstellung: Verbundentscheidung des Gerichts
Materiell: Scheidung; Ausschluss nachehelicher Unterhalt; Zugewinnausgleich
Prozessual: Scheidungsverbund mit Folgesachen nachehelicher Unterhalt und Güterrecht

Aktenauszug

Auszug aus den Akten des Familiengerichts Ingolstadt 4 F 4678/15

Dr. H. Heidler
Am Münster 7
85034 Ingolstadt

Ingolstadt, 10.9.2015
Eingang bei Gericht 11.9.2015

An das
Amtsgericht
– Familiengericht –
Ingolstadt

Antrag auf Ehescheidung[1]

In dem Verfahren[2]

Michael Filser, Münchener Straße 13, 85276 Pfaffenhofen

– Antragsteller –

Verfahrensbevollmächtigter: Dr. H. Heidler

gegen

Anette Filser, geb. Huber, Hessstraße 2, 85049 Ingolstadt

– Antragsgegnerin –

wegen Ehescheidung

stelle ich namens und im Auftrag des Antragstellers unter Vorlage einer ordnungsgemäßen Vollmacht folgenden Antrag:

> Die am 1.12.2003 vor dem Standesamt München I unter der Registernummer 1349/03 geschlossene Ehe der Beteiligten wird geschieden.

Begründung:

Die Eheleute haben am 1.12.2003 vor dem Standesamt München I die Ehe geschlossen. Die Ehe blieb kinderlos.

Beweis: beigefügte Heiratsurkunde

Beide Eheleute haben die deutsche Staatsangehörigkeit. Andere Familiensachen iSd § 133 I Nr. 3 FamFG sind nicht anhängig.

Der Antrag auf Scheidung ist begründet, denn die Ehe der Beteiligten ist gescheitert.

Die Ehegatten leben seit dem 15.12.2014 innerhalb der Ehewohnung getrennt und schlafen in getrennten Schlafzimmern. Am 10.6.2015 ist der Antragsteller aus der Ehewohnung Hess-

1 Zum Inhalt des Scheidungsantrages § 133 FamFG.
2 Bei Ehesachen und Familienstreitsachen (§ 112 FamFG) sind die Begrifflichkeiten nach § 113 V FamFG zu beachten.

straße 2, 85049 Ingolstadt ausgezogen. Die Ehe ist zerrüttet. Beide Ehepartner wollen die Lebensgemeinschaft nicht wieder aufnehmen, sondern sich scheiden lassen. Der Antragsteller hat sich einer neuen Partnerin zugewandt.

Über die Scheidungsfolgen sind sich die Parteien im Wesentlichen einig, sodass beabsichtigt ist, eine entsprechende Scheidungsvereinbarung zu schließen.

Dr. H. Heidler
Rechtsanwalt

Anlagen:
Vollmacht für Scheidungsverfahren
Heiratsurkunde

Der zuständige Richter am Amtsgericht Schnell verfügte am 14.9.2015 die Zustellung des Antrags, setzte eine Erwiderungsfrist von sechs Wochen und bestimmte Termin auf den 7.1.2016. Laut Postzustellungsurkunde erfolgte die Zustellung an die Antragsgegnerin am 17.9.2015.

Rechtsanwältin
Dr. Zankig
... München

9.10.2015

Amtsgericht Ingolstadt
Eingang: 12.10.2015

An das
Amtsgericht Ingolstadt
- Familiengericht -
...

In Sachen

Filser ./. Filser

wegen Scheidung und Folgesachen

bestelle ich mich unter Vorlage einer Vollmacht für die Antragsgegnerin und stelle namens und im Auftrag der Antragsgegnerin folgende Anträge:

1. Der Scheidungsantrag wird abgewiesen.
2. Der Antragsteller wird verpflichtet, an die Antragsgegnerin einen monatlich im Voraus ab dem auf die Rechtskraft der Scheidung folgenden Monat von 135 EUR zu bezahlen.
3. Der Antragsteller wird verpflichtet, an die Antragsgegnerin einen mit Rechtskraft der Scheidung fälligen Zugewinnausgleich von 72.500 EUR zu bezahlen.

Begründung:

I.

Die Antragsgegnerin wird der Scheidung nicht zustimmen.

Die Angaben zur Eheschließung und zur Trennungszeit sind richtig. Obwohl der Antragsteller eine neue Lebensgefährtin hat, will die Antragsgegnerin an der Ehe festhalten. Sie liebt ihren Mann und würde ihm jederzeit verzeihen.

II.

Die Antragsgegnerin arbeitet wie in der Ehe in ihrem erlernten Beruf Vollzeit und verdient monatlich bereinigt netto 2.700 EUR. Der Antragsteller verdient monatlich bereinigt netto 3.000 EUR.

Der Anspruch ergibt sich aus § 1573 II BGB.

Er errechnet sich wie folgt:

Bedarf: ½ * (9/10 * 3.000 EUR + 9/10 * 2.700 EUR) = 2.565 EUR

Höhe: 2.565 EUR – 9/10 * 2.700 EUR = 135 EUR

III.

Der Anspruch auf Zugewinnausgleich ergibt sich aus folgenden Umständen:

Die Beteiligten haben keinen vertraglichen Güterstand vereinbart. Der Stichtag für das Endvermögen ist der 17.9.2015.

An diesem Tag hatte der Antragsteller einen Pkw BMW 318i mit einem Zeitwert von 15.000 EUR. Ferner verfügt er über ein Guthaben aus einem Lottogewinn vom August 2015 in Höhe von 60.000 EUR .Dazu kommt das hälftige Miteigentum an einer vermieteten Eigentumswohnung in ... München. Die Antragsgegnerin war (und ist) die andere Miteigentümerin zu ½. Der Wert der Wohnung betrug zum Stichtag 300.000 EUR, der Hälfteanteil also 150.000 EUR. Hinzuzurechnen sind nach § 1375 II BGB 20.000 EUR Sparguthaben bei der B-Bank. Die Antragsgegnerin hat den Antragsteller mit Schreiben vom 10.7.2015 aufgefordert, Auskunft über sein Vermögen zum Trennungszeitpunkt zu erteilen. Darin hat der Antragsteller hat eingeräumt, bei Auszug am 10.6.2015 das Sparbuch mit einem Guthaben in dieser Höhe mitgenommen zu haben. Zwischenzeitlich habe er jedoch das Geld bis zur Zustellung des Scheidungsantrages mit seiner neuen Partnerin verbraucht. In der Ehezeit lebten die Eheleute sehr bescheiden. Größere Anschaffungen oder Reisen wurden nicht unternommen.

Bei der Heirat hatte er nur Schulden in Höhe von indexiert 50.000 EUR.

Die Antragsgegnerin hat als Endvermögen nur das hälftige Miteigentum an der Eigentumswohnung. Im Zeitpunkt der Eheschließung hatte sie kein Vermögen.

Somit errechnet sich der Zugewinn des Antragstellers von 295.000 EUR und der der Antragsgegnerin auf 150.000 EUR. Der Zugewinnausgleich beträgt 72.500 EUR.

Dr. Zankig
Rechtsanwältin

Der Schriftsatz wurde vom Gericht dem Antragstellervertreter ordnungsgemäß am 15.10.2015 zugestellt.

Dr. H. Heidler — Ingolstadt, 26.10.2015
...

An das
Amtsgericht Ingolstadt
– Familiengericht –

Az.: 4 F 4678/15

Scheidungsverfahren Filser/Filser

Ich kündige folgende Anträge an:

1. Der Scheidungsantrag bleibt aufrechterhalten.
2. Die Anträge auf Unterhalt und Zugewinnausgleich werden abgewiesen.

Begründung:

I.

Die Scheidung ist unausweichlich, da der Antragsteller eine neue Partnerin hat und definitiv nicht zur Antragsgegnerin zurückkehren will.

II.

Ein Anspruch auf Ehegattenunterhalt besteht nicht. Zwischen den Beteiligten fand am 6.7.2015 in einem Verfahren über Trennungsunterhalt vor dem Amtsgericht Ingolstadt, Az. 4 F 3986/15, die mündliche Verhandlung statt. Das Verfahren endete mit folgender Vereinbarung:

1. …

2. Die Beteiligten verzichten bereits jetzt wechselseitig auf nachehelichen Unterhalt in allen Lebenslagen und nehmen den Verzicht wechselseitig an.

3. …

Die Beteiligten gehen von folgenden wirtschaftlichen Verhältnissen aus: Bereinigtes Nettoeinkommen der Frau 2.700 EUR, des Mannes 3.000 EUR. Damit errechnet sich kein wesentlicher Unterhaltsbetrag.

Beweis: Beiziehung der Akten des Familiengerichts Ingolstadt 4 F 3986/15

III.

Zum Zugewinnantrag ist Folgendes auszuführen:

Es trifft zu, dass der Antragsteller über einen Pkw BMW 318i verfügt. Der Antragsteller benötigt den Pkw für die Fahrt zur Arbeit. Der angesetzte Wert von 15.000 EUR entspricht aber dem Händlerverkaufswert. Würde der Antragsteller das Fahrzeug an einen Händler abgeben, bekäme er nur den Händlereinkaufspreis von 13.500 EUR, der daher anzusetzen ist.

Beweis: Sachverständigengutachten

Der Antragsteller verfügt nicht über ein Guthaben aus dem Lottogewinn vom August 2015 in Höhe von 60.000 EUR. Der Gewinn als solches wird nicht bestritten. Zum einen muss er aber diesen Gewinn mit seiner neuen Lebensgefährtin teilen, da sie gemeinsam getippt haben. Nachdem der Lottogewinn aber nach der Trennung erfolgte, ist es unbillig, diesen beim Zugewinn zu berücksichtigen. In jedem Fall handelt es sich insoweit um einen mit dem privilegierten Erwerb nach § 1374 II BGB vergleichbaren Fall, sodass der Betrag auch beim Anfangsvermögen zu berücksichtigen wäre.

Beweis: Frau Isle Neu, zu laden über den Antragsteller als Zeugin

Die Höhe des Wertes der Wohnung betrug zum Stichtag nicht 300.000 EUR, sondern wegen Renovierungsbedürftigkeit nur 200.000 EUR, der Hälfteanteil also 100.000 EUR.

Beweis: Sachverständigengutachten

Das Sparguthaben bei der B-Bank ist nicht zu berücksichtigen. Es ist richtig, dass der Antragsteller bei Auszug am 10.6.2015 das Sparbuch mit einem Guthaben in dieser Höhe mitgenommen hat. Zutreffend ist aber auch, dass zum maßgeblichen Stichtag für die Berechnung des Zugewinnausgleiches das Geld verbraucht ist. Der Antragsteller lebt seit Jahren erstmals wieder in einer glücklichen Beziehung und lässt es sich mit seiner neuen Freundin gut gehen. Da es sein Geld ist, kann er damit machen, was er will.

Die Schulden bei der Heirat in Höhe von 50.000 EUR sind richtig, aber rechtlich nicht zu berücksichtigen.

Somit errechnet sich der Zugewinn des Antragstellers von 113.500 EUR:

Anfangsvermögen:

30.000 EUR (½ Lotto § 1374 II BGB analog)

Endvermögen:

100.000 EUR (½Wohnung)

13.500 EUR (Pkw)

30.000 EUR (½ Lotto)

143.500 EUR

Der Zugewinn der Antragsgegnerin beträgt 100.000 EUR. Der Zugewinnausgleich beträgt rechnerisch 6.750 EUR. Die Geltendmachung ist aber im Hinblick auf den Lottogewinn insgesamt unbillig.

Dr. H. Heidler
Rechtsanwalt

---

4 F 4678/15

Vermerk über die nichtöffentliche mündliche Verhandlung[3] vom 7.1.2016

Anwesend: Schnell, Richter am Amtsgericht

Nach Aufruf der Sache erschienen:

Der Antragsteller persönlich mit Rechtsanwalt Dr. Heidler.

Die Antragsgegnerin persönlich mit Rechtsanwältin Dr. Zankig.

Scheidung:

Anhand der vorgelegten Personalausweise wurden die Personalien der Beteiligten sowie deren deutsche Staatsangehörigkeit festgestellt.

Aus der bei den Akten befindlichen Heiratsurkunde wurde festgestellt, dass die Beteiligten am 1.12.2003 vor dem Standesamt München I, Reg.Nr. 1349/03 die Ehe geschlossen haben.

Antragstellervertreter stellt Antrag auf Scheidung gem. Schriftsatz vom 10.9.2015.

Antragsgegnervertreterin beantragt Abweisung gem. Schriftsatz vom 9.10.2015.

Die Beteiligten wurden sodann angehört.[4]

Der Antragsteller erklärt:

> Wir leben seit dem 15.12.2014 innerhalb der Wohnung getrennt. Jeder hatte ein gesondertes Zimmer und hat sich selbst versorgt. Am 10.6.2015 bin ich endgültig aus der Ehewohnung zu meiner neuen Partnerin gezogen. Ich sehe keine Basis mehr für die Ehe und will geschieden werden.

Die Antragsgegnerin erklärt:

> Was mein Mann zu Art und Zeitpunkt des Getrenntlebens ausführt, ist richtig. Ich bin bereit, meinem Mann das Verhältnis mit seiner Freundin zu verzeihen. Ich wäre bereit, die eheliche Lebensgemeinschaft wieder aufzunehmen und will daher nicht geschieden werden.

Nachehelicher Unterhalt:

Antragsgegnervertreterin stellt Antrag aus Schriftsatz vom 9.10.2015.

---

3 Vgl. hierzu § 170 GVG.
4 S. § 128 FamFG.

Antragstellervertreter stellt Antrag aus Schriftsatz vom 26.10.2015.

Eine gütliche Einigung über die Folgesachen kommt nicht zustande. Die Sach- und Rechtslage wird eingehend erörtert.

Die Antragstellerin erklärt, der Vergleich sei nach § 1585c BGB unwirksam, da er nicht der geforderten Form entspräche. Ein Ersatz der notariellen Form sei im Trennungsunterhaltsverfahren nicht möglich, da es sich um keine Ehesache handle.

Zugewinnausgleich:

Antragsgegnervertreterin stellt Antrag aus Schriftsatz vom 9.10.2015.

Antragstellervertreter stellt Antrag aus Schriftsatz vom 26.10.2015.

Eine gütliche Einigung über die Folgesachen kommt nicht zustande. Die Sach- und Rechtslage wird eingehend erörtert.

Die Antragsgegnerin, erklärt, dass die Angaben um Wert des Pkw und der Vortrag zum Lottogewinn nicht bestritten werden. § 1374 II BGB greift nicht. Im Übrigen gelte im Zugewinn ein strenges Stichtagsprinzip, sodass der Einwand der Unbilligkeit fehlgehe.

Der Antragsteller erklärt, dass die Beweislast für die Anrechnung der 20.000 EUR nicht bei ihm liege, sodass er nicht erklären müsse, wofür er das Geld verbraucht habe. Die Antragstellerin erwidert, dass Ausgaben in dieser Höhe im Zeitraum von drei bis vier Monaten in der ganzen Ehezeit nie ein Thema gewesen wären. Der Antragsteller habe das Geld verschwendet, um sie zu benachteiligen.

Sodann schließt der Vorsitzende die mündliche Verhandlung und verkündet folgenden

Beschluss:

Termin zur Verkündung einer Entscheidung wird bestimmt auf Freitag, den 15.1.2016, 13:30 Uhr, Zimmer E 10.

Bearbeitervermerk:

Die Entscheidung des Gerichts ist zu entwerfen. Fragen des Versorgungsausgleichs sind nicht zu erörtern. Das Rubrum nach § 38 I Nr. 1 FamFG, die Sachverhaltsdarstellung und die Entscheidung zum Verfahrenswert sowie die Ausformulierung einer eventuell notwendigen Rechtsbehelfsbelehrung sind erlassen. Hinsichtlich der Rechtsbehelfsbelehrung genügt die Angabe des einschlägigen Rechtsbehelfs und der maßgeblichen Vorschriften.

Ladungen, Zustellungen und sonstige Formalien sind in Ordnung. Erforderliche Hinweise wurden erteilt.

Soweit im Beschluss nicht auf alle angeschnittenen Rechtsfragen einzugehen ist, sind diese in einem Hilfsgutachten abzuhandeln.

Es ist mit einem Erwerbsbonus von 10% zu rechnen.

Lösung

Amtsgericht Ingolstadt[5] 757
– Familiengericht –
Az.: 4 F 4678/15

Im Namen des Volkes[6]

In der Familiensache

[Rubrum teilweise erlassen]

wegen Scheidung und Folgesachen

erlässt das Amtsgericht Ingolstadt – Familiengericht – durch Richter am Amtsgericht Schnell aufgrund der mündlichen Verhandlung vom 7.1.2016 am 15.1.2016 folgenden

Endbeschluss

I. Die am 1.12.2003 vor dem Standesamt München I (Heiratsregister Nr. 1349/03) geschlossene Ehe der Beteiligten wird geschieden.

II. Der Antrag auf Verpflichtung zur Zahlung von Ehegattenunterhalt[7] abgewiesen.

III. Der Antragsteller wird verpflichtet, an die Antragsgegnerin 57.500 EUR zu bezahlen. Im Übrigen wird der Antrag auf Verpflichtung zur Zahlung von Zugewinnausgleich abgewiesen.[8]

IV. Die Kosten des Verfahrens werden gegeneinander aufgehoben.[9]

Gründe:

Der zulässige Verbundantrag ist bezüglich der Ehescheidung und teilweise in der Folgesache Güterrecht begründet, hinsichtlich der Folgesache Unterhalt jedoch unbegründet. 758

I.

[Sachverhalt Scheidung erlassen] 759

Der zulässige Scheidungsantrag ist begründet.

1.

Der Antrag der Beteiligten auf Scheidung der Ehe ist zulässig, insbesondere ist das Amtsgericht Ingolstadt gemäß § 23a I 1 Nr. 1, S. 2 GVG iVm §§ 111 Nr. 1, 121 Nr. 1 FamFG sachlich und örtlich ausschließlich zuständig, weil die Ehewohnung in Ingolstadt war und die Antragsgegnerin noch dort wohnt, § 122 Nr. 3 FamFG. Im Wege der gesetzlichen Geschäftsverteilung ist das Familiengericht nach § 23b I GVG zuständig. 760

---

5 In der in Bayern für das Zweite Staatsexamen zugelassenen Formularsammlung *Kroiß/Neurauter* befindet sich kein Muster für einen Scheidungsverbundbeschluss. Man kann aber das Muster Nr. 10 »Scheidungsantrag« leicht in einen gerichtlichen Beschluss »umbauen«, In der Begründung erhält jeder Verfahrensgegenstand einen eigene Gliederungsziffer.

6 Vgl. dazu Thomas/Putzo/*Hüßtege* FamFG § 113 Rn. 2.

7 Im Gegensatz zum sonstigen Zivilrecht ist es in Familiensachen zur Klarstellung üblich anzugeben, woraus sich die Zahlungsverpflichtung ergibt.

8 Jede Folgesache sollte einen eigenen Hauptsachetenor erhalten, der ggf. auch eine Teilabweisung enthält.

9 Beschlüsse nach dem FamFG kennen keine vorläufige Vollstreckbarkeit, wie sie die §§ 708 ff. ZPO anordnen. Denkbar wäre die Anordnung der sofortigen Wirksamkeit, die nach § 116 III 3 FamFG bei Unterhaltssachen angeordnet werden **soll**, im Übrigen angeordnet werden kann, § 116 III 2 FamFG. Von Letzterem sollte in der Klausur nur sehr zurückhaltend Gebrauch gemacht werden.

2.

761 Der Scheidungsantrag ist begründet. Die Ehe ist gescheitert, § 1565 I BGB.

762 Zwar wird das Scheitern der Ehe mangels Zustimmung der Antragsgegnerin nicht nach § 1566 I BGB vermutet; für die Vermutung des § 1566 II BGB fehlt es am dreijährigen Getrenntleben.

763 Jedoch war positiv die Zerrüttung der Ehe festzustellen. Nach § 1565 I 2 BGB ist die Ehe gescheitert, wenn die Lebensgemeinschaft der Ehegatten nicht mehr besteht (Diagnose) und nicht erwartet werden kann, dass die Ehegatten sie wiederherstellen (Prognose).[10]

764 Die Ehegatten leben bereits seit 15.12.2014 innerhalb der Wohnung und seit dem Auszuge des Antragstellers am 10.6.2015 auch räumlich getrennt. Seit der Trennung im Dezember 2014, §§ 1565 I, 1567 I, II BGB, besteht keine eheliche Lebensgemeinschaft mehr.

765 Für die Prognose, ob die Wiederherstellung noch zu erwarten ist, ist entscheidend, ob die unstreitig bestehende Ehekrise überwindbar ist. Dies ist angesichts der Anhörung des Antragstellers, dass er sich dauerhaft einer neuen Partnerin zugewandt habe und die Ehe keine Zukunft habe, abzulehnen. Zwar wollte die Antragsgegnerin an der Ehe festhalten, konnte jedoch keine tragfähigen Anknüpfungstatsachen vorbringen, aus denen sich eine konkrete Erwartung der Wiederherstellung der ehelichen Lebensgemeinschaft gegen die erklärte Ablehnung ergibt.[11]

II.

766 [Sachverhalt Unterhalt erlassen]

767 Der Antrag auf Verpflichtung des Antragstellers zur Zahlung von Ehegattenunterhalt ist zulässig aber unbegründet.

1.

768 Das Amtsgericht Ingolstadt ist sachlich gemäß § 23a I 1 Nr. 1, S. 2 GVG iVm § 111 Nr. 8 FamFG und örtlich gemäß § 232 I Nr. 2 ausschließlich zuständig. Im Wege der gesetzlichen Geschäftsverteilung ist das Familiengericht nach § 23b I GVG zuständig.

769 Der Antrag wurde in zulässiger Weise innerhalb des Scheidungsverbundverfahrens als Folgesache gestellt, § 137 II 1 Nr. 2 FamFG.[12]

2.

770 Der Antrag ist unbegründet. Der nacheheliche Unterhalt wurde wirksam nach § 1585c BGB durch die Vereinbarung vom 6.7.2015 ausgeschlossen.

771 Nach § 1585c BGB können die Ehegatten über die Unterhaltspflicht für die Zeit nach der Scheidung Vereinbarungen treffen. Eine Vereinbarung, die vor der Rechtskraft der Scheidung getroffen wird, bedarf der notariellen Beurkundung. § 127a BGB, wonach die notarielle Beurkundung bei einem gerichtlichen Vergleich durch die Aufnahme der Erklärungen in ein nach den Vorschriften der ZPO errichtetes Protokoll ersetzt wird, findet nach § 1585c S. 3 BGB auch auf eine Vereinbarung Anwendung, die in einem Verfahren in Ehesachen vor dem Prozessgericht protokolliert wird.

772 Die Vereinbarung vom 6.7.2015 wurde im Verfahren Trennungsunterhalt zwischen Beteiligten geschlossen. Hierbei handelt es sich nicht um eine Ehesache nach § 1585c S. 3 BGB, § 121 FamFG.

773 Ob auch eine Vereinbarung, die nach § 127a BGB in einem anderen gerichtlichen Verfahren als der Ehesache geschlossen wird, die notarielle Beurkundung zu ersetzen vermag, ist umstritten. Der BGH führt dazu aus:

10 Palandt/*Brudermüller* BGB § 1565 Rn. 2 ff.
11 OLG Brandenburg NZFam 2015, 379.
12 Zur Zulässigkeit von Folgesachen vgl. → Rn. 479 ff.

»Nach einer Meinung, die sich auf den Wortlaut des § 1585c S. 3 BGB beruft, ist die Frage zu verneinen … 774

Nach anderer Auffassung ist die Frage zu bejahen, weil die Möglichkeit einer Beurkundung entsprechend § 127a BGB durch die Regelung in § 1585c S. 3 BGB nicht eingeschränkt worden sei … 775

Der Senat hält mit dem OLG die zuletzt genannte Auffassung für zutreffend. Die Form des § 127a BGB vermag die notarielle Beurkundung auch bei einer außerhalb der Ehesache geschlossenen Vereinbarung zu ersetzen. Die Regelung in § 1585c S. 3 BGB steht dem nicht entgegen. 776

Nach § 1585c S. 2 BGB bedarf eine Vereinbarung über nachehelichen Unterhalt, die vor der Rechtskraft der Scheidung getroffen wird, der notariellen Beurkundung. Das Formerfordernis ist durch das Unterhaltsrechtsänderungsgesetz vom 21.12.2007 (BGBl. I 2007, 3189) eingeführt worden und verfolgt das Ziel, durch die Mitwirkung eines Notars die fachkundige und unabhängige Beratung der Vertragsparteien sicherzustellen, um sie vor übereilten Erklärungen zu bewahren und ihnen die rechtliche Tragweite ihrer Vereinbarungen vor Augen zu führen (BT-Drs. 16/1830, 22). 777

Nach § 127a BGB wird die notarielle Beurkundung bei einem gerichtlichen Vergleich durch die Aufnahme der Erklärungen in ein nach den Vorschriften der ZPO errichtetes Protokoll ersetzt. Diesen Erfordernissen genügt nach § 113 I FamFG, §§ 160 ff. ZPO auch ein Protokoll in einer Familienstreitsache … Aus der Regelung in § 1585c S. 3 BGB, nach der § 127a BGB auch auf eine Vereinbarung Anwendung findet, die in einem Verfahren in Ehesachen vor dem Prozessgericht protokolliert wird, folgt nicht, dass die notarielle Beurkundung ausschließlich durch eine in der Ehesache protokollierte Vereinbarung ersetzt werden kann. 778

[19](1) Bereits der Wortlaut der Vorschrift (»auch«) deutet darauf hin, dass die bestehenden Möglichkeiten einer formwirksamen Vereinbarung nicht eingeschränkt, sondern allenfalls erweitert werden sollten und die grundsätzliche Anwendbarkeit des § 127a BGB nicht in Frage gestellt worden ist. Dies wird durch die Gesetzesmotive bestätigt. Im Gegensatz zu § 1585c S. 2 BGB ist Satz 3 dieser Vorschrift erst auf Vorschlag des Rechtsausschusses des Deutschen Bundestages im Zuge der Gesetzesberatungen angefügt worden. Er beruht auf der vom Rechtsausschuss angestellten Erwägung, dass – parallel zu § 1378 III 2 BGB beim Zugewinnausgleich und zu § 1587o II 1 und 2 BGB beim Versorgungsausgleich – sichergestellt werden solle, dass außer in einem Prozessvergleich von den Parteien eine formwirksame Vereinbarung über den nachehelichen Unterhalt auch im Verfahren in Ehesachen im Wege der Protokollierung durch das Prozessgericht abgeschlossen werden könne. Damit solle Rechtssicherheit geschaffen werden für den in der Praxis nicht seltenen Fall, in dem die Ehegatten in einer Ehesache das Gericht um Protokollierung einer zuvor getroffenen Einigung, beispielsweise eines Unterhaltsverzichts, ersuchen, ohne dass eine Unterhaltssache im Scheidungsverbund anhängig ist oder dass Streit oder Ungewissheit über den Unterhalt durch gegenseitiges Nachgeben ausgeräumt wird (BT-Drs. 16/6980, 9). 779

Mit der Anfügung des Satzes 3 sollte somit lediglich sichergestellt werden, dass eine in der Ehesache protokollierte Vereinbarung die notarielle Beurkundung ersetzen kann, ohne dass eine Folgesache auf nachehelichen Unterhalt rechtshängig ist. Selbst wenn demnach der Rechtsausschuss der Meinung gewesen sein sollte, dass ohne gleichzeitig rechtshängigen Antrag zum nachehelichen Unterhalt eine Formwahrung durch Protokollierung in der Ehesache – wie auch in einem anderen Verfahren – ohne ausdrückliche Erwähnung im Gesetz nicht möglich gewesen wäre, ergäbe sich daraus kein der Anwendung von § 127a BGB entgegenstehender gesetzgeberischer Wille. Ein solcher würde voraussetzen, dass der Gesetzgeber die nach bestehendem Rechtszustand durch § 127a BGB gewährte Möglichkeit einschränken wollte, und lässt sich, wie das OLG zu Recht anführt, insoweit nicht feststellen. Vielmehr zeigt der Verweis auf § 1378 III 2 und § 1587o II 1 und 2 BGB (nunmehr § 7 VersAusglG) als Parallelvorschriften, dass deren Regelung auch für den nachehelichen Unterhalt übernommen werden sollte. Zu beiden Vorschriften war und ist aber anerkannt, dass eine Protokollierung nach § 127a BGB die notarielle Beurkundung ersetzt. Insbesondere zu § 1378 III 2 BGB, dem die Formulierung 780 *in § 1585c S. 3 BGB entspricht, war dies in der Rechtsprechung nicht zweifelhaft ... Entsprechendes gilt für Vereinbarungen zum Versorgungsausgleich ...*

781 *Dementsprechend ist bereits in der Begründung des Gesetzentwurfs auf die allgemeine Anwendbarkeit von § 127a BGB verwiesen worden (BT-Drs. 16/1830, 22), was vom Rechtsausschuss nicht in Frage gestellt worden ist.*

782 *Schließlich spricht für eine einschränkende Auslegung auch nicht der Gesichtspunkt, dass das Verfahren in der Ehesache dem Anwaltszwang unterliegt, während dies etwa bei Unterhaltsverfahren erst seit Inkrafttreten der FGG-Reform am 1.9.2009 der Fall ist (§ 114 I FamFG ...). Denn die gerichtliche Protokollierung nach § 127a BGB ersetzt die notarielle Beurkundung, welche eine Vertretung durch Rechtsanwälte ebenfalls nicht vorsieht. Das Gesetz geht davon aus, dass den Beteiligten der gleiche Schutz zugutekommt, weil es das Gericht in seiner Aufklärungs- und Beratungsfunktion einem Notar gleichstellt. Dass die im Eheverfahren abgeschlossene Vereinbarung als Prozess- bzw. Verfahrensvergleich im Scheidungsverbund dem Anwaltszwang unterliegt ..., stellt dies nicht in Frage.*

783 *§ 1585c S. 3 BGB kommt somit nur eine klarstellende Bedeutung zu. Dass sich die Vorschrift lediglich auf das Verfahren in der Ehesache bezieht und hinsichtlich des weitergehenden Anwendungsbereichs des § 127a BGB unvollständig bleibt, ist schon in Anbetracht des Wortlauts (»auch«) unerheblich, weil es jedenfalls nicht in der Absicht des Gesetzgebers lag, den Anwendungsbereich des § 127a BGB einzuschränken ...«*[13]

784 Anhaltspunkte für ein Sittenwidrigkeit der Vereinbarung nach § 138 BGB oder eine Anpassung nach § 242 BGB sind weder vorgetragen noch ersichtlich.

III.

785 [Sachverhalt Zugewinn erlassen]

Der zulässige Antrag auf Zahlung eines Zugewinnausgleichs ist teilweise begründet.

1.

786 Das Amtsgericht Ingolstadt ist sachlich gemäß § 23a I 1 Nr. 1, S. 2 GVG, § 111 Nr. 9 FamFG und örtlich gemäß § 262 I 1 FamFG ausschließlich zuständig. Im Wege der gesetzlichen Geschäftsverteilung ist das Familiengericht nach § 23b I GVG zuständig.

787 Es handelt sich ebenfalls um eine Scheidungsverbundsache, § 137 I, II 1 Nr. 4 FamFG.

2.

788 Die Antragsgegnerin hat gegen den Antragsteller einen Anspruch auf Zugewinnausgleich in Höhe von 57.500 EUR.

789 Nach § 1378 I BGB schuldet der Ehegatte, der den höheren Zugewinn erwirtschaftet hat, dem Ehegatten mit dem geringeren Zugewinn die Hälfte des Überschusses als Ausgleich. Zugewinn ist der Betrag, um den das Endvermögen eines Ehegatten das Anfangsvermögen übersteigt (§ 1373 BGB).

790 a. Der Antragsteller hat einen Zugewinn von 215.000 EUR erzielt:

791 aa. Das Endvermögen des Antragstellers nach § 1375 I BGB beträgt 215.000 EUR:

Lottogewinn:	30.000 EUR
Pkw BMW:	15.000 EUR
Eigentumswohnung:	150.000 EUR
Aktiva:	195.000 EUR

13 BGH NJW 2014, 1231.

(1) Der Lottogewinn war zum Stichtag Zustellung des Scheidungsantrages vorhanden, sodass er in das Endvermögen einzustellen war, allerdings nur mit 30.000 EUR, da die andere Hälfte des Gewinns nach dem unwidersprochenen Vortrag des Antragstellers dessen neuer Partnerin zusteht. 792

(2) Der Pkw war nach § 1376 II BGB mit dem tatsächlichen Wert anzusetzen. Da der Antragsteller den Pkw täglich für die Fahrt zur Arbeit benötigt, müsste er für ein vergleichbares Fahrzeug 15.000 EUR für den Erwerb aufwenden.[14] 793

(3) Die Eigentumswohnung steht im hälftigen Miteigentum der Beteiligten. Der Wertansatz ist daher grundsätzlich zugewinnneutral, da er bei beiden Ehegatten gleich hoch anzusetzen ist. Hinzu kommt, dass der Ehemann die Renovierungsbedürftigkeit der Wohnung nicht substanziiert vorgetragen hat und damit mangels wirksamen Bestreitens von den 150.000 EUR auszugehen ist. 794

Hinzuzurechnen sind nach § 1375 II 1 Nr. 2 und 3 BGB das Sparguthaben in Höhe von 20.000 EUR. 795

Zwar war dieser Betrag im Berechnungszeitpunkt für das Endvermögen der Ehegatten nach § 1384 BGB – Rechtshängigkeit des Scheidungsantrags – nicht mehr im Endvermögen des Antragstellers vorhanden. 796

Nach § 1375 II 1 BGB wird dem Endvermögen eines Ehegatten der Betrag hinzugerechnet, um den dieses Vermögen unter anderem dadurch vermindert ist, dass ein Ehegatte nach Eintritt des Güterstands Vermögen verschwendet hat (Nr. 2) oder Handlungen in der Absicht vorgenommen hat, den anderen Ehegatten zu benachteiligen (Nr. 3). Dabei ist unter Verschwendung das ziellose und unnütze Ausgeben von Geld in einem Maße zu verstehen, das in keinem Verhältnis zu den Einkommens- und Vermögensverhältnissen des Ehegatten stand.[15] 797

»Ein großzügiger Lebensstil oder ein Leben über die Verhältnisse reicht dagegen nicht aus. Die Benachteiligungsabsicht iSv § 1375 II 1 Nr. 3 BGB gegenüber dem anderen Ehegatten muss das leitende Motiv gewesen sein … 798

Die Darlegungs- und Beweislast für das Vorhandensein von Endvermögen obliegt grundsätzlich dem Ausgleichsgläubiger … Den nicht beweisbelasteten Ausgleichsschuldner trifft prozessual die Obliegenheit, eine schlüssig behauptete illoyale Vermögensminderung substanziiert zu bestreiten, weil die vorgetragenen Tatsachen seine eigenen Handlungen betreffen … Im Übrigen hat der Gesetzgeber diesen Gedanken mit der Einfügung von § 1375 II 2 BGB ersichtlich aufgegriffen …«[16] 799

Zum Teil[17] wird eine analoge Anwendung der Norm für den Fall befürwortet, dass ein Vermögenswert zum Trennungszeitpunkt unstreitig noch vorhanden war und zum Scheidungszeitpunkt dann verschwunden ist. Dies kann offenbleiben. 800

»Danach traf den Ag. im vorliegenden Fall die Obliegenheit, substanziiert zu bestreiten, über das bei der Trennung unstreitig vorhandene Guthaben auf dem Sparbuch illoyal verfügt zu haben. Denn die Antragsgegnerin hatte eine illoyale Vermögensminderung schlüssig behauptet, indem sie geltend gemacht hat, dass der erhebliche Betrag in dem allein in Betracht kommenden Zeitraum zwischen der Trennung und der Zustellung des Scheidungsantrags nicht im Rahmen einer ordnungsgemäßen Lebensführung verbraucht worden sein kann. Damit hat die Ast. den objektiven und subjektiven Tatbestand einer Handlung iSv § 1375 II 1 Nr. 2 BGB schlüssig dargelegt; eine Benachteiligungsabsicht ergibt sich bei den in Rede stehenden wirtschaftlichen Verhältnissen schon aus der Höhe des streitigen Betrags. 801

Dem Vorbringen ist der Antragsteller nicht substanziiert entgegengetreten. ER behauptet, das Geld verbraucht zu haben. Einzelheiten hierzu hat er trotz des Bestreitens der Antragsgegne- 802

14 Palandt/*Brudermüller* BGB § 1376 Rn. 2.
15 Palandt/*Brudermüller* BGB § 1375 Rn. 27.
16 BGH NJW-RR 2015, 132.
17 OLG München BeckRS 2014, 23037.

rin nicht dargetan. Das hat zur Folge, dass die behauptete Tatsache, nämlich die Verschwendung des Geldes, als zugestanden anzusehen ist.«[18]

803 Auf die Beweislastumkehr nach §§ 1379 II, 1375 II 2 BGB kommt es daher nicht an.

804 bb. Das Anfangsvermögen nach § 1374 I BGB beträgt Minus 50.000 EUR.

805 (1) Maßgeblicher Zeitpunkt ist der Eintritt des Güterstandes der Zugewinngemeinschaft am 1.12.2003. Gemäß § 1374 III BGB sind die Schulden über die Höhe des Vermögens hinaus abzuziehen, sodass ein negatives Anfangsvermögen zu berücksichtigen ist.

806 (2) Eine Hinzurechnung des Lottogewinns zum Anfangsvermögen des Mannes nach § 1374 II BGB kommt nicht in Betracht. Danach ist nur Vermögen, das ein Ehegatte nach Eintritt des Güterstands von Todes wegen oder mit Rücksicht auf ein künftiges Erbrecht, durch Schenkung oder als Ausstattung erwirbt, seinem Anfangsvermögen hinzuzurechnen und damit vom Zugewinnausgleich ausgenommen. Einen solchen Erwerb stellt der Lottogewinn eines Ehegatten nicht dar.

807 *»§ 1374 II BGB kann auf einen solchen Vermögenszuwachs auch nicht entsprechend angewendet werden. Zwar wird im Schrifttum vereinzelt die Auffassung vertreten, dass ein während der Zeit des Getrenntlebens eingetretener Vermögenszuwachs, der nicht auf der gemeinsamen Lebensleistung der Ehegatten beruht, in entsprechender Anwendung des § 1374 II BGB dem Anfangsvermögen zugerechnet werden solle … Der BGH, auch der Senat, hat jedoch bereits mehrfach entschieden, dass § 1374 II BGB einer ausdehnenden Anwendung im Wege der Analogie nicht zugänglich ist … Dies entspricht auch der ganz überwiegenden Auffassung im Schrifttum*[19] *… Die Fälle des § 1374 II BGB, in denen ein Zugewinnausgleich nicht stattfinden soll, stellen Ausnahmen von dem gesetzlichen Prinzip dar, wonach es für den Zugewinnausgleich grundsätzlich nicht darauf ankommt, ob und in welcher Weise der den Ausgleich fordernde Ehegatte zur Entstehung des Zugewinns beigetragen hat … Dabei sind die in § 1374 II BGB geregelten Ausnahmen nicht allein dadurch gerechtfertigt, dass der andere Ehegatte in diesen Fällen nicht zu dem Erwerb beigetragen hat. Ein wesentlicher Grund für die gesetzliche Ausnahmeregelung ist vielmehr, dass eine derartige Zuwendung meist auf persönlichen Beziehungen des erwerbenden Ehegatten zu dem Zuwendenden oder auf ähnlichen besonderen Umständen beruht … Da dieses kennzeichnende Merkmal bei einem durch einen Lottogewinn erzielten Vermögenszuwachs nicht gegeben ist, kommt eine erweiternde Anwendung des § 1374 II BGB in dem hier vorliegenden Fall nicht in Betracht.«*[20]

808 Der Zugewinn entspricht der Differenz zwischen End- und Anfangsvermögen (§ 1373 BGB), also der Differenz zwischen 215.000 EUR und Minus 50.000 EUR, somit 265.000 EUR.

809 b. Der Zugewinn der Antragsgegnerin beträgt 150.000 EUR:

810 aa. Das Endvermögen der Antragsgegnerin, § 1375 I BGB, enthielt am 17.9.2015 folgende Vermögenswerte:

811 Eigentumswohnung: 150.000 EUR

812 bb. Ein Anfangsvermögen nach § 1374 I BGB hatte die Antragsgegnerin nicht.

813 c. Die Ausgleichsforderung nach § 1378 I BGB berechnet sich daher wie folgt:

814 Differenz der erwirtschafteten Zugewinne des Ehemannes 265.000 EUR und der Ehefrau 150.000 EUR ergibt 115.000 EUR, hieraus die Hälfte 57.500 EUR. Die Kappungsgrenze[21] des § 1378 II BGB ist nicht verletzt.

815 d. Dem Antragsteller steht nicht die Einrede des § 1381 BGB zu.

18 BGH NJW-RR 2015, 132.

19 Palandt/*Brudermüller*, 71. Aufl. 2012, BGB § 1374 Rn. 19.

20 BGH NJW 2013, 3645.

21 Prüfen Sie immer § 1378 I und II BGB als Einheit. Durch die Kappungsgrenze des § 1378 II BGB soll verhindert werden, dass der Zugewinnausgleich kreditfinanziert wird, er soll aus vorhandenen Mitteln bezahlt werden

Nach § 1381 I BGB kann der Schuldner die Erfüllung der Ausgleichsforderung verweigern, soweit der Ausgleich des Zugewinns nach den Umständen des Falls grob unbillig wäre. 816

»Die Vorschrift ermöglicht eine Korrektur von Ergebnissen, die sich in besonders gelagerten Einzelfällen aus der schematischen Anwendung der Vorschriften zur Berechnung des Ausgleichsanspruchs ergeben können. Nicht ausreichend ist allerdings, dass sich die Unbilligkeit allein aus dem vom Gesetzgeber im Interesse der Rechtssicherheit und Praktikabilität festgelegten pauschalisierenden und schematischen Berechnungssystem ergibt … Dem ausgleichsverpflichteten Ehegatten steht das Leistungsverweigerungsrecht aus § 1381 BGB nur dann zu, wenn die Gewährung des Ausgleichsanspruchs in der vom Gesetz vorgesehenen Art und Weise dem Gerechtigkeitsempfinden in unerträglicher Weise widersprechen würde … ohne dass Absatz 1 dieser Vorschrift ein Verschulden des den Ausgleich verlangenden Ehegatten voraussetzt … Ob eine grobe Unbilligkeit i.S. von § 1381 I BGB gegeben ist, ist auf Grund einer umfassenden Abwägung aller relevanten Umstände zu beurteilen. … 817

Die Tatsache, dass der für den Zugewinnausgleich maßgebliche Vermögenszuwachs zu einer Zeit erfolgte, zu der die Ehegatten bereits Zeit getrennt lebten, rechtfertigt für sich allein betrachtet die Anwendung des § 1381 I BGB nicht … Zwar wird im Schrifttum die Auffassung vertreten, in solchen Fällen fehle es an einer wesentlichen Voraussetzung für den Ausgleich des in der Trennungszeit erzielten Zugewinns … Dem vermag der Senat jedoch nicht beizutreten. Nach der gesetzlichen Regelung des § 1384 BGB fällt die Trennungszeit bis zur Rechtshängigkeit des Scheidungsantrags in den Zeitraum, für den ein Zugewinnausgleich stattfindet. Vermögensänderungen, die in der Zeit zwischen der Trennung und der Rechtshängigkeit des Scheidungsantrags eingetreten sind, sind deshalb in die Ausgleichsberechnung einzubeziehen … Hinzu kommt, dass die §§ 1385, 1386 BGB einem Ehegatten, der keinen Antrag auf Scheidung der Ehe stellen möchte, die Möglichkeit eröffnen, nach einer dreijährigen Trennungszeit die vorzeitige Aufhebung der Zugewinngemeinschaft zu verlangen, um damit zu verhindern, dass ein bei ihm später eintretender Vermögenszuwachs im Zugewinnausgleichsverfahren Berücksichtigung findet … 818

Zutreffend weist die Rechtsbeschwerde darauf hin, dass auch die Herkunft des Zugewinns im Rahmen von § 1381 BGB grundsätzlich ohne Bedeutung ist … Der Zugewinnausgleich soll nach seinem Grundgedanken der Teilhabe an dem während der Ehe gemeinsam erwirtschafteten Vermögen dienen … Die vom Gesetz vorgesehene pauschalisierte Berechnungsweise differenziert dabei nicht danach, in welchem Umfang die Ehegatten zum Vermögenserwerb während der Ehe beigetragen haben … Diese Wertung ist auch bei der Auslegung des § 1381 BGB zu beachten. Deshalb kann die Vorschrift nicht etwa schon dann eingreifen, wenn der ausgleichsberechtigte Ehegatte keinen Beitrag zur Entstehung des Zugewinns geleistet hat.«[22] 819

IV.

Die Kostenentscheidung beruht auf § 150 I FamFG.[23] 820

Rechtsbehelfsbelehrung:

Beschwerde nach §§ 58 ff. FamFG … zum OLG München[24] 821

Schnell
Richter am Amtsgericht

22 BGH NJW 2013, 3645.

23 Von der nach § 150 IV FamFG sollten Sie auch bei Teilunterliegen nur sehr zurückhaltend Gebrauch machen, vgl. Thomas/Putzo/*Hüßtege* FamFG § 150 Rn. 8. Wenn irgendwie vertretbar, heben Sie die Kosten gegeneinander auf.

24 Über die Sprungrechtsbeschwerde muss nach § 39. S. 2 FamFG nF nicht belehrt werden.

4. Klausur: Willst du weniger, dann will ich mehr!

Aufgabenstellung: Abänderungsbeschluss des Gerichts
Materiell: Nachehelicher Unterhalt; Befristung § 1578b BGB; eheliche Lebensverhältnisse § 1578 BGB; Berücksichtigung eines nach der Scheidung aufgenommenen Kredits
Prozessual: Abänderung eines Unterhaltsbeschlusses § 238 FamFG; Widerantrag

Aktenauszug

Rechtsanwalt Dr. Fuchs
Hauptplatz 10
85276 Pfaffenhofen

Pfaffenhofen, den 12.11.2015

An das
Amtsgericht Pfaffenhofen an der Ilm
...
– Familiengericht –

Antrag auf Unterhaltsabänderung

In dem Verfahren

Huber Michael, Münchener Straße 2, 85276 Pfaffenhofen

– Antragsteller –

Verfahrensbevollmächtigter: Rechtsanwalt Dr. Fuchs, Hauptplatz 10, 85276 Pfaffenhofen

gegen

Huber Marianne, Schulstr. 5, 85276 Pfaffenhofen

– Antragsgegnerin –

wegen Unterhaltsabänderung

zeige ich unter Vorlage einer Vollmacht die Vertretung des Antragstellers an. Namens und im Auftrag des Antragstellers stelle ich folgende Anträge:

1. Der Beschluss des Amtsgerichts Pfaffenhofen Az. 1 F 215/10 vom 1.4.2010 wird in Ziff. III. mit Wirkung ab 1.9.2015 dahingehend abgeändert, dass der Antragsteller nicht mehr verpflichtet ist, an die Antragsgegnerin Unterhalt zu bezahlen.
2. Die Antragsgegnerin trägt die Kosten des Verfahrens
3. Die sofortige Wirksamkeit wird angeordnet.[1]

Für den Fall der Anordnung des schriftlichen Vorverfahrens wird bereits jetzt Antrag auf Erlass einer Säumnisentscheidung gestellt, § 113 I 2 FamFG, § 331 III ZPO.[2]

Begründung:

I.

Die am 3.5.1996 geschlossene Ehe der Beteiligten wurde aufgrund des am 1.2.2009 zugestellten Scheidungsantrages durch Verbundbeschluss des Amtsgerichts Pfaffenhofen,

---

1 Nebenanträge nicht erforderlich, aber üblich.
2 Denkbar wäre auch ein zusätzlicher Antrag auf einstweilige Einstellung der Vollstreckung § 242 FamFG, der aber hier nicht gestellt ist.

Az. 1 F 215/10, am 1.4.2010 rechtskräftig geschieden. Aus der Ehe ist der am 1.3.1997 geborene Sohn Lukas hervorgegangen, der nach der Scheidung bei der Antragsgegnerin blieb. Der Unterhalt war einvernehmlich geregelt. Zwischenzeitlich ist Lukas volljährig und wirtschaftlich selbstständig, sodass keine Unterhaltsverpflichtung mehr besteht.

In Ziffer III des oben genannten Beschlusses wurde der Antragsteller verpflichtet, an die Antragsgegnerin einen monatlichen Geschiedenenunterhalt von 990 EUR zu bezahlen.

Beweis: Beiziehung der Akten Az. 1 F 215/10 des Amtsgerichts Pfaffenhofen

Bei der damaligen Unterhaltsberechnung ging das Gericht von folgenden Bemessungsgrundlagen aus:

Einkommen des Mannes 4.500 EUR netto, monatliche Abzüge von 200 EUR Riesterrente, Fahrtkosten zur Arbeitsstelle nach München 300 EUR und Schuldentilgung für ein Darlehen, das auf einer vor der Ehe gescheiterten selbstständigen Tätigkeit beruht, 312 EUR. Aus dem sich daraus ergebenden bereinigten Nettoeinkommen errechnete sich ein Kindesunterhaltszahlbetrag von 488 EUR.

Die Antragsgegnerin arbeitet damals wie in der Ehe halbtags in ihrem erlernten Beruf als Bürokraft und verdiente 1.100 EUR netto, wovon 100 EUR monatliche Fahrkosten zur Arbeit abgezogen wurden.

Beweis: Beiziehung der Akten Az. 1 F 215/10 des Amtsgerichts Pfaffenhofen

Dies ergab folgende Unterhaltsberechnung:

Bedarf: ½ * (9/10 * 3.200 EUR + 9/10 * 1.000 EUR) = 1.890 EUR

Höhe: 1.890 EUR – 9/10 * 1.000 EUR = 990 EUR

Beweis: Beiziehung der Akten Az. 1 F 215/10 des Amtsgerichts Pfaffenhofen

Die Antragsgegnerin hat seit 1.9.2015 ihre bisherige Tätigkeit auf Vollzeit aufgestockt und verdient nunmehr 1.900 EUR netto. An den Fahrtkosten hat sich nichts geändert.

Beweis: Vorlage des aktuellen Arbeitsvertrages und der Gehaltsabrechnungen für September und Oktober 2015, die der Antragsgegnerin nach § 235 I FamFG aufgegeben werden mögen

Mit Schreiben vom 12.9.2015 hat der Antragsteller die Antragsgegnerin aufgefordert, auf den Unterhalt zu verzichten.

Beweis: Kopie des Schreibens vom 12.9.2015

Eine Reaktion darauf erfolgte nicht.

II.

Der Antrag ist vollumfänglich begründet. Die Antragsgegnerin arbeitet Vollzeit ohne irgendwelche Nachteile in ihrem erlernten Beruf. Nach der Scheidung ist jeder Ehegatte selbst für sein Auskommen selbst verantwortlich. Der Unterhaltsanspruch fällt daher nach §§ 1569, 1578b BGB weg. Der Antragsteller hat ausreichend lange Unterhalt bezahlt. Das gemeinsame Kind ist volljährig und bedarf keiner Betreuung.

Unterschrift
Anlagen ...

Der Antrag wurde dem Antragsgegner ordnungsgemäß am 20.11.2015 mit Äußerungsfrist 2 Wochen unter dem Az. 1 F 450/15 zugestellt.

Rechtsanwältin A. Herzig-Rösch
Dampfgasse 5
85276 Pfaffenhofen

Pfaffenhofen, den 24.11.2015

An das
Amtsgericht Pfaffenhofen an der Ilm
– Familiengericht –
Az. 1 F 450/15

In dem Verfahren

Huber ./. Huber

Hiermit zeige ich die anwaltliche Vertretung der Antragsgegnerin an und stelle folgende Anträge:

1. Der Antrag wird kostenpflichtig abgewiesen.
2. Der Beschluss des Amtsgerichts Pfaffenhofen, Az. 1 F 215/10, vom 1.4.2010 wird in Ziff. III. mit Wirkung ab 1.11.2015 dahingehend abgeändert, dass der Antragsteller verpflichtet ist, an die Antragsgegnerin einen monatlichen, im Voraus fälligen Unterhalt von 1.198 EUR zu bezahlen.

Begründung:

Das tatsächliche Vorbringen des Antragstellers wird mit Ausnahme des Nachstehenden nicht bestritten.

1. Der Antrag ist unzulässig.

Nach § 238 III FamFG kann eine Unterhaltsherabsetzung nicht rückwirkend verlangt werden. Außerdem ist der Befristungseinwand präkludiert, da ihn der Antragsteller nicht im Ausgangsverfahren verfolgt hat, § 238 II FamFG.

2. Der Antrag ist jedoch auch unbegründet.

Die Antragsgegnerin weiß aus einem Gespräch ein paar Tage nach dem Erhalt des Schreibens der Gegenseite vom 12.9.2015, dass der Antragsteller derzeit monatlich 4.812 EUR netto verdient, also deutlich mehr als bei der Scheidung. Dieser Mehrverdienst resultiert aus Lohnsteigerungen seit der Scheidung, die auch bei Fortbestand der Ehe eingetreten wären. Hingegen bestreitet die Antragsgegnerin wie schon im Scheidungsverfahren, dass die Fahrtkosten des Antragstellers und die Abzüge für das Darlehen abgezogen werden können. Der Antragsteller kann seine Fahrtkosten durch eine Fahrgemeinschaft mit Kollegen auf die Hälfte reduzieren. Die Schulden, die der Antragsteller vor der Ehe aufgenommen hat, gehen die Antragsgegnerin nichts an.

Richtig ist, dass der gemeinsame Sohn Lukas wirtschaftlich selbstständig ist. Er wohnt aber nach wie vor bei der Antragsgegnerin und wird auch nach Volljährigkeit noch betreut. Wer soll denn für ihn kochen, einkaufen und Wäsche waschen?

Es ist falsch, dass die Antragsgegnerin keinen Nachteil erlitten hat. Zwar arbeitet sie in ihrem erlernten Beruf Vollzeit. Durch die Zeit, in der sie wegen der Kindererziehung nur halbtags gearbeitet hat, verdient sie aber jetzt mindestens um 200 EUR monatlich weniger, als wenn sie durchgängig während der gesamten Ehe vollschichtig gearbeitet hätte. Zudem hat sie in dieser Zeit geringe Beiträge zur Rentenversicherung geleistet, sodass sich ihre Rente verringert hat. Der beweisbelstete Antragsteller möge erst einmal Beweis anbieten, dass hier kein Nachteil besteht!

3. Der Widerantrag auf Erhöhung ist zulässig und begründet.

Die Antragsgegnerin hat einen Unterhaltsanspruch nach §§ 1570, 1573 II BGB. Aufgrund der aktuellen wirtschaftlichen Daten errechnet sich der Unterhalt wie folgt:

Nettoeinkommen des Mannes 4.812 EUR – 200 EUR (Riester) – 150 EUR (Fahrtkosten) = 4.462 EUR

Nettoeinkommen der Ehefrau: 1.900 EUR – 100 EUR (Fahrtkosten) = 1.800 EUR

Bedarf: ½ * (9/10 * 4.462 EUR + 9/10 * 1.800 EUR) = 2.817,90 EUR

Höhe: 2.818 EUR – 9/10 * 1.800 EUR = 1.198 EUR

Diesen kann die Antragsgegnerin nach § 1613 I BGB ab dem 1.11.2015 verlangen.

Unterschrift

Der Schriftsatz der Antragsgegnerin wurde dem Antragstellervertreter am 26.11.2015 zugestellt.

An das
Amtsgericht Pfaffenhofen an der Ilm
– Familiengericht –
Az. 1 F 450/15

Pfaffenhofen, den 30.11.2015

In dem Verfahren

Huber ./. Huber

In Erwiderung auf den Schriftsatz des Antragsgegners vom 24.11.2015 wird beantragt:

1. Der Antrag vom 12.11.2015 bleibt aufrechterhalten.
2. Der Widerantrag wird abgewiesen.

Begründung:

1. Der Antrag vom 12.11.2015 ist zulässig und begründet. Die Zulässigkeit ergibt sich aus § 238 III 2 FamFG. Der Befristungseinwand konnte im Scheidungsverfahren 2010 nicht erhoben werden, da die Antragsgegnerin damals noch das gemeinsame Kind betreute und noch nicht absehbar war, wann und in welchem Umfang sie nach dem Wegfall der Kinderbetreuung arbeiten wird können. Die übrigen Ausführungen der Antragsgegnerin liegen neben der Sache. Das Einkommen des Antragstellers ist zwar richtig wiedergegeben, entscheidend ist aber das prägende Einkommen im Zeitpunkt der Scheidung, auf nachträgliche Änderungen kommt es nicht an.

Der Beschluss vom 1.4.2010 ist rechtskräftig, sodass die Frage der Abzugsfähigkeit der Fahrkosten und der Darlehensrate nicht erneut zu prüfen ist. Insoweit hat sich gegenüber der Ausgangsentscheidung nichts geändert. Die Möglichkeit einer Fahrgemeinschaft wurde bereits damals vom Gericht geprüft und abgelehnt. Die Schulden sind eheprägend, da sie während der Ehe stets bezahlt worden sind. Das Darlehen valutiert derzeit auf 20.000 EUR.

Beweis: Beiziehung der Akten Az. 1 F 215/10 des Amtsgerichts Pfaffenhofen; Vorlage einer Bankauskunft im Bestreitensfalle

Der Antragsteller musste zwischenzeitlich am 1.5.2015 ein weiteres Darlehen zur Finanzierung eines weiteren Kredits aufnehmen. Er zahlt dafür monatlich 350 EUR zurück. Das Darlehen war zum Erwerb einer neuen Küche im Wert von 20.000 EUR erforderlich, da die alte 20-jährige Küche ausgedient hatte.

Die Ausführungen zum Einkommensnachteil sind völlig unsubstantiiert. Die Rentennachteile wurden über den Versorgungsausgleich bei der Scheidung kompensiert. Die Beweisfrage stellt sich nicht. Außerdem muss die Antragsgegnerin einen Nachteil, auf den sie sich für sie günstig berufen möchte, beweisen.

2. Der Widerantrag der Antragsgegnerin ist unzulässig. Ein solcher Antrag ist im FamFG nicht vorgesehen. Selbst wenn, wäre die Abänderung nicht begründet.

Unterschrift

Dieser Schriftsatz wurde der Antragsgegnervertreterin am 4.12.2015 mitgeteilt und ordnungsgemäß Termin zur Güte- und mündlichen Verhandlung auf den 21.1.2016 bestimmt.

Auszug aus dem Vermerk der mündlichen Verhandlung vor dem Amtsgericht – Familiengericht – Pfaffenhofen vom 21.1.2016

... Die Beteiligten stellen die Angaben zu den jeweiligen Einkommen sowie die Abzugspositionen der Höhe nach unstreitig. Die Antragsgegnerin äußert: Wenn der Antragsteller meine, eine teure Küche kaufen und finanzieren zu müssen, sei das sein Privatvergnügen, habe aber nichts mit ihrem Unterhaltsanspruch zu tun.

Eine gütliche Einigung kommt nicht zustande.

Antragstellervertreter stellt den Antrag aus dem Schriftsatz vom 12.11.2015, Antragsgegnervertreterin beantragt Abweisung und stellt Widerantrag gemäß Schriftsatz vom 24.11.2015, insoweit beantragt der Antragstellervertreter Abweisung unter Bezugnahme auf den Schriftsatz vom 30.11.2015.

Die Sach- und Rechtslage wurde erörtert. Aus den beigezogenen Akten wurde der Beschluss des Amtsgerichts Pfaffenhofen, Az. 1 F 215/10, vom 1.4.2010 Ziff. III und die dazu gehörige Begründung verlesen.

Die Antragsgegnerin erklärt auf Nachfragen des Gerichts: Ich habe vor unserer Heirat und der Geburt des Kindes Vollzeit bei meinem jetzigen Arbeitgeber gearbeitet. Nach der Geburt habe ich ein Jahr pausiert und dort wieder halbtags angefangen.

Termin zur Verkündung einer Entscheidung wird bestimmt auf Donnerstag 28.1.2016 Zimmer 05: Anwesende erhalten vom Termin an Ladungs statt Kenntnis.

...

Bearbeitervermerk:

Die Entscheidung des Gerichts ist zu entwerfen. Die Entscheidung zum Verfahrenswert[3], sowie das Rubrum und eine eventuelle Rechtsmittelbelehrung sind erlassen. Ladungen, Zustellungen und sonstige Formalien sind in Ordnung. Erforderliche Hinweise wurden erteilt. Bei der Scheidung wurde der Versorgungsausgleich gesetzlich durchgeführt. Zugewinn bestand auf beiden Seiten nicht, da kein nennenswertes Vermögen vorhanden war.

Soweit im Beschluss nicht auf alle angeschnittenen Rechtsfragen einzugehen ist, sind diese in einem Hilfsgutachten abzuhandeln.

Bezüglich der Unterhaltsberechnungen gilt die aktuelle Düsseldorfer Tabelle.

3 Zum Verfahrenswert bei Abänderung Thomas/Putzo/*Hüßtege* FamFG § 238 Rn. 34.

Lösung

822 Rubrum [erlassen] Übergabe an die Geschäftsstelle am …

Es ergeht aufgrund der mündlichen Verhandlung vom 21.1.2016 am 28.1.2016 folgender[4]

Endbeschluss

I. Der Beschluss des Amtsgerichts Pfaffenhofen, Az. 1 F 215/10, vom 1.4.2010 wird in Ziff. III. mit Wirkung ab 1.10.2015 dahingehend abgeändert, dass der Antragsteller verpflichtet ist, an die Antragsgegnerin einen monatlich im Voraus fälligen Unterhalt von 495 EUR zu bezahlen und ab 1.5.2016 dahingehend abgeändert, dass der Antragsteller nicht mehr verpflichtet ist, an die Antragsgegnerin Unterhalt zu bezahlen.[5] Im Übrigen wird der Antrag abgewiesen.

II. Der Widerantrag wird abgewiesen.

III. Die Antragsgegnerin trägt die Kosten des Verfahrens.

IV. Die sofortige Wirksamkeit der Entscheidung in Ziffer I wird angeordnet.[6]

Gründe:

I.[7]

823 Die am 3.5.1996 geschlossene Ehe der Beteiligten wurde aufgrund des am 1.2.2009 zugestellten Scheidungsantrages durch Verbundbeschluss des Amtsgerichts Pfaffenhofen, Az. 1 F 215/10, am 1.4.2010 rechtskräftig geschieden. Der Versorgungsausgleich wurde durchgeführt. Aus der Ehe ist der am 1.3.1997 geborene Sohn Lukas hervorgegangen, der nach der Scheidung bei der Antragsgegnerin blieb. Der Unterhalt war einvernehmlich geregelt. Zwischenzeitlich ist Lukas volljährig und seither wirtschaftlich selbstständig, sodass keine Unterhaltsverpflichtung des Antragstellers mehr besteht. In Ziffer III des oben genannten Beschlusses wurde der Antragsteller verpflichtet an die Antragsgegnerin einen monatlichen Geschiedenenunterhalt von 990 EUR zu bezahlen.

824 Bei der damaligen Unterhaltsberechnung ging das Gericht von folgenden Bemessungsgrundlagen aus:

825 Einkommen des Mannes 4.500 EUR netto, monatliche Abzüge von 200 EUR Riesterrente, Fahrtkosten zur Arbeitsstelle nach München 300 EUR und Schuldentilgung für ein Darlehen, das auf einer vor der Ehe gescheiterten selbstständigen Tätigkeit beruht, 312 EUR. Aus dem sich daraus ergebenden bereinigten Nettoeinkommen errechnete sich ein Kindesunterhaltszahlbetrag von 488 EUR. Die Antragsgegnerin arbeitet damals wie in der Ehe halbtags in ihrem erlernten Beruf als Bürokraft und verdiente 1.100 EUR netto, wovon 100 EUR monatliche Fahrkosten zur Arbeit abgezogen wurden.

826 Die Antragsgegnerin stockte seit 1.9.2015 ihre bisherige Tätigkeit auf Vollzeit auf und verdient nunmehr 1.900 EUR netto, der Antragsteller verdient aufgrund Lohnsteigerungen seit der Scheidung netto 4.812 EUR. An den Abzugspositionen änderte sich auf beiden Seiten nichts. Der Antragsteller musste jedoch am 1.5.2015 ein weiteres Darlehen zur Finanzierung eines weiteren Kredits aufnehmen. Er zahlt dafür monatlich 350 EUR zurück. Das Darlehen war zum Erwerb einer neuen Küche im Wert vom 20.000 EUR erforderlich, da die alte 20-jährige Küche ausgedient hatte.

4 Bei erlassenem Rubrum nicht unbedingt erforderlich; zum Beschlussaufbau Einführung → Rn. 510.

5 Beim Tenor Abänderung ist wegen § 120 FamFG, § 775 Nr. 1 ZPO ganz genau zu formulieren, inwieweit die Ausgangsentscheidung abgeändert wird; vgl. Thomas/Putzo/*Hüßtege* FamFG § 238 Rn. 32, 33.

6 Keine vorläufige Vollstreckbarkeit im FamFG aber ggf. § 116 III 3 FamFG: bei Unterhalt immer sofortige Wirksamkeit anordnen!

7 Zu beginnen ist mit der Sachverhaltsdarstellung. Diese ist nicht so formstreng wie der Tatbestand eines Urteils, dargestellt werden müssen aber der wesentliche unstreitige und streitige Vortrag und die letzten Anträge.

Mit Schreiben vom 12.9.2015 forderte der Antragsteller die Antragsgegnerin auf, auf den Unterhalt zu verzichten. 827

Der Antragsteller meint, die Antragsgegnerin arbeite Vollzeit ohne Nachteile in ihrem erlernten Beruf. Der Unterhaltsanspruch entfalle daher nach §§ 1569, 1578b BGB. 828

Der Antragsteller beantragt, 829

> der Beschluss des Amtsgerichts Pfaffenhofen, Az. 1 F 215/10, vom 1.4.2010 wird in Ziff. III. mit Wirkung ab 1.9.2015 dahingehend abgeändert, dass der Antragsteller nicht mehr verpflichtet ist, an die Antragsgegnerin Unterhalt zu bezahlen.

Die Antragsgegner beantragt, 830

> den Antrag zurückzuweisen,

und erhebt Widerantrag mit dem Antrag,

> der Beschluss des Amtsgerichts Pfaffenhofen, Az. 1 F 215/10, vom 1.4.2010 wird in Ziff. III. mit Wirkung ab 1.11.2015 dahingehend abgeändert, dass der Antragsteller verpflichtet ist, an die Antragsgegnerin einen monatlichen, im Voraus fälligen Unterhalt von 1.198 EUR zu bezahlen.

Der Antragsteller beantragt, 831

> den Widerantrag zurückzuweisen.

Die Antragsgegnerin trägt vor, es sei falsch, dass sie keinen Nachteil erlitten habe. Zwar arbeite sie in ihrem erlernten Beruf Vollzeit. Durch die Zeit, in der sie wegen der Kindererziehung nur halbtags gearbeitet habe, verdiene sie aber jetzt mindestens um 200 EUR monatlich weniger als wenn sie durchgängig während der gesamten Ehe vollschichtig gearbeitet hätte. 832

Die Antragsgegnerin rügt die Zulässigkeit des Antrages wegen des Verbots der Rückwirkung und der Präklusion des Befristungseinwandes. Sie meint, der Mehrverdienst resultiere aus Lohnsteigerungen seit der Scheidung, die auch bei Fortbestand der Ehe eingetreten wären und daher zu berücksichtigen seien, sie bestreitet aber die Fahrtkosten des Antragstellers und die Abzüge für das Darlehen. Der Antragsteller könne seine Fahrtkosten durch eine Fahrgemeinschaft mit Kollegen auf die Hälfte reduzieren. Die Schulden, die der Antragsteller vor der Ehe aufgenommen hat, gingen die Antragsgegnerin nichts an. Eine Kinderbetreuung des gemeinsamen Sohnes sei trotz dessen Volljährigkeit nötig. Das nach der Scheidung aufgenommene Küchendarlehen sei nicht zu berücksichtigen. 833

Der Antragsteller rügt die Zulässigkeit des Widerantrages. 834

Im Übrigen wird auf die wechselseitig ergangenen Schriftsätze vom 12.11.2015, 24.11.2015 und 30.11.2015 sowie auf das Protokoll über die mündliche Verhandlung vom 21.1.2016 Bezug genommen. 835

II.

Der Antrag ist größtenteils zulässig und begründet, der zulässige Widerantrag ist unbegründet. 836

1. Der Antrag ist für die Zeit ab dem 1.10.2015 zulässig.[8] 837

a) Der Abänderungsantrag ist nach § 238 I FamFG gegen den Beschluss des Amtsgerichts vom 1.4.2010 statthaft, da dieser die Verpflichtung zu einer künftig fällig werdenden wiederkehrenden Leistung enthält. 838

b) Das Amtsgericht Pfaffenhofen ist als Familiengericht zuständig. Die ausschließliche sachliche Zuständigkeit folgt aus § 23a I 1 Nr. 1, S. 2 GVG. Verfahren über Geschiedenenunterhalt sind Familiensachen nach §§ 111 Nr. 8, 231 I Nr. 2 FamFG. Bei den Abänderungsverfahren 839

8 Zur Zulässigkeit von Abänderungsanträgen vgl. → Rn. 406 ff.; Thomas/Putzo/*Hüßtege* FamFG § 238 Rn. 14 ff.

handelt es sich um eine Familiensache kraft Verfahrenszusammenhang. Die örtliche Zuständigkeit folgt aus § 232 III 1 FamFG, da die Antragsgegnerin hier ihren gewöhnlichen Aufenthalt hat. Kraft gesetzlicher Geschäftsverteilung ist das Familiengericht zuständig, § 23b I GVG.

840 c) Der Antragsteller hat auch eine wesentliche Änderung der Verhältnisse behauptet, § 238 I 2 FamFG, indem er nachträglich den Wegfall des Unterhaltsanspruchs nach § 1578b BGB geltend macht.

841 d) Die besonderen Voraussetzungen der Abänderung – Identität des Verfahrensgegenstandes und der Beteiligten – sind gegeben.

842 e) Der auf Herabsetzung des Unterhalts gerichtete Antrag ist nach § 238 III 3 FamFG ist erst ab dem 1.10.2015 zulässig. Der Antragsteller hat die Antragsgegnerin am 12.9.2015 aufgefordert auf den Unterhalt zu verzichten. Der Antrag ist daher zum Ersten des Folgemonats zulässig, im Übrigen unzulässig.

843 2. Der Antrag ist überwiegend begründet.

844 Aufgrund der Vollzeittätigkeit der Antragsgegnerin haben sich die wirtschaftlichen Verhältnisse wesentlich geändert und der Unterhaltsanspruch der Antragsgegnerin war in einer angemessenen Übergangsfrist bis zum 30.4.2016 auf den hälftigen Bedarf von 495 EUR zu begrenzen, § 1578b II BGB. Mit Wirkung ab 1.5.2016 war der Beschluss des Amtsgerichts Pfaffenhofen Az. 1 F 215/10 vom 1.4.2010 in Ziff. III dahingehend abzuändern, dass die Unterhaltsverpflichtung des Antragsteller entfällt, § 1578b I BGB.

845 a) Zwar hat die Antragsgegnerin einen Unterhaltsanspruch nach § 1573 II BGB als Aufstockungsunterhalt, da ihr Einkommen den Bedarf nach den ehelichen Lebensverhältnissen nicht erreicht. Ein Anspruch nach § 1570 BGB wegen Kinderbetreuung scheidet aber entgegen deren Ansicht aus. Das Kind ist volljährig und bedarf rechtlich keiner Betreuung. Soweit die Antragsgegnerin gleichwohl irgendwelche Betreuungsleistungen erbringt, sind diese freiwillig und hindern sie nicht an einer Erwerbstätigkeit.

846 b) Aufgrund der derzeitigen Einkommensverhältnisse, soweit sie im Abänderungsverfahren beachtlich sind, errechnet sich nach wie vor ein Unterhaltsanspruch von 990 EUR, § 1578 BGB.

847 Die ehelichen Lebensverhältnisse iSv § 1578 I 1 BGB grundsätzlich durch die Umstände bestimmt, die bis zur Rechtskraft der Ehescheidung eintreten. Es gilt also ein Stichtagsprinzip.[9] Bei der Bemessung des Unterhaltsbedarfs nach den ehelichen Lebensverhältnissen sind somit grundsätzlich die Umstände zu berücksichtigen, die das für Unterhaltszwecke verfügbare Einkommen auch schon vor Rechtskraft der Ehescheidung beeinflusst haben. Ausnahmen von diesem Stichtagsprinzip sind aber möglich. Der BGH[10] führt dazu aus:

848 *»Die ehelichen Lebensverhältnisse i.S. von § 1578 I 1BGB können aber auch durch solche Umstände beeinflusst werden, die erst nach Rechtskraft der Ehescheidung entstanden sind und mit der Ehe in Zusammenhang stehen.*

849 *Dies setzt nach der Rechtsprechung des BVerfG zumindest einen gewissen Bezug zu den ehelichen Lebensverhältnissen voraus, damit die Auslegung noch vom Wortlaut des § 1578 I 1 BGB gedeckt ist (BVerfG, NJW 2011, 836). Solches ist bei Entwicklungen der Fall, die einen Anknüpfungspunkt in der Ehe finden, also gleichsam in ihr angelegt waren, oder die bei Fortbestand der Ehe auch deren Verhältnisse geprägt hätten.*

850 *Einfluss auf die Unterhaltsbemessung nach den ehelichen Lebensverhältnissen können nach Rechtskraft der Ehescheidung eingetretene Umstände also insbesondere dann haben, wenn sie auch bei fortbestehender Ehe eingetreten wären. Gleiches gilt, wenn die späteren Umstände bereits in anderer Weise in der Ehe angelegt und mit hoher Wahrscheinlichkeit zu erwarten waren. Nacheheliche Einkommensänderungen bestimmen somit insbesondere dann die ehelichen Lebensverhältnisse, wenn es sich um bereits während der Ehezeit absehbare Entwicklun-*

9 Palandt/*Brudermüller* BGB § 1578 Rn. 1; → Rn. 339.
10 BGH NJW 2012, 384.

gen handelt. Das gilt sowohl für einen nicht vorwerfbaren nachehelichen Einkommensrückgang als auch für eine nicht vorwerfbare nacheheliche Arbeitslosigkeit oder den Beginn der Regelaltersrente. Auch nacheheliche Veränderungen im Ausgabenbereich sind dann bei der Bemessung des Unterhalts nach den ehelichen Lebensverhältnissen zu berücksichtigen, wenn dies auch bei fortbestehender Ehe zu erwarten war, wie etwa der umzugsbedingte Wegfall von Fahrtkosten.

Die Einkünfte aus einer nachehelich aufgenommenen Erwerbstätigkeit des Unterhaltsberechtigten sind als Surrogat der Haushaltstätigkeit und Kindererziehung während der Ehe zu behandeln und somit ebenfalls bei der Bemessung des Unterhaltsbedarfs nach den ehelichen Lebensverhältnissen zu berücksichtigen. Ein hinreichender Bezug zur Ehe ist in dem erst nachehelich erzielten Erwerbseinkommen deswegen zu erblicken, weil die Erwerbstätigkeit mit zunehmendem Alter der gemeinsamen Kinder auch bei fortbestehender Ehe zu erwarten gewesen wäre. 851

Ohne Auswirkung auf den Unterhaltsbedarf nach den ehelichen Lebensverhältnissen bleibt hingegen eine nacheheliche Entwicklung, die keinen Anknüpfungspunkt in der Ehe findet.« 852

Daher war aufseiten des Mannes ein Nettoeinkommen von 4.812 EUR zu berücksichtigen. Nach dem unwidersprochenen Vortrag der Antragsgegnerin handelt es sich um Gehaltsanpassungen,[11] die auch Fortbestand der Ehe erfolgt wären. Das Einkommen ist daher in dieser Höhe prägend. 853

Davon abzuziehen waren nach wie vor die Riesterrente 200 EUR, die Fahrtkosten 300 EUR und die Darlehensraten 312 EUR. § 238 FamFG ermöglicht ausnahmsweise die Durchbrechung der Rechtskraft eines Beschlusses bei einer wesentlichen Änderung der Verhältnisse. Er dient aber nicht zu einer darüber hinausgehenden Korrektur des Ausgangsverfahrens. § 238 IV FamFG erlaubt ausdrücklich nur eine Entscheidung unter Wahrung der Grundlagen. Die Fahrkosten und die Darlehensraten haben sich seit der Entscheidung im Jahr 2010 nicht geändert. Die Antragsgegnerin erhebt lediglich rechtliche Einwände, die sie aber in gleicher Form im Ausgangsverfahren bereits erhoben hatte. Insoweit ist die Rechtskraft zu schützen. Eine neue, abweichende Entscheidung ist nicht möglich. Das Abänderungsverfahren führt nicht zu einer völligen Unterhaltsneuberechnung. Es erfolgt nur eine Anpassung an die geänderten Verhältnisse. Geändert haben sich nur die beiderseitigen Einkommenshöhen und der Wegfall der Unterhaltspflicht gegenüber dem gemeinsamen Kind. Dieser Wegfall der Unterhaltsverpflichtung gegenüber dem gemeinsamen Kind ist prägend, da er auch bei Fortbestand der Ehe eingetreten wäre. Außer Betracht bleibt im Rahmen des Bedarfs das nach der Scheidung aufgenommene Küchendarlehen. Diese prägte die ehelichen Lebensverhältnisse nicht. Er ist allenfalls bei der Frage der Leistungsfähigkeit des Antragstellers zu berücksichtigen, § 1581 BGB. Das Vollzeiteinkommen der Ehefrau seit September 2015 ist nach der Surrogatsrechtsprechung[12] des BGH als prägend anzusehen. 854

Es errechnen sich daher folgenden Unterhaltsrelevanten Einkommen: 855

Ehemann: 4.812 EUR – 200 EUR – 300 EUR – 312 EUR = 4.000 EUR

Ehefrau: 1.900 EUR – 100 EUR = 1.800 EUR

Der Unterhalt errechnet sich daher nach Additionsmethode wie folgt: 856

Bedarf: ½ * (9/10 * 4.000 EUR + 9/10 * 1.800 EUR) = 2.610 EUR

Höhe: 2.610 EUR – 9/10 * 1.800 EUR = 990 EUR

c) Der Antragsteller ist leistungsfähig nach § 1581 BGB, da ihm die andere Hälfte des oben errechneten Bedarfs 2.610 EUR verbleibt (4.000 EUR – 990 EUR = 3.010 EUR). Die Küchenschulden erscheinen unverhältnismäßig hoch. Der Antragsteller hat auch nichts zu deren Unausweichlichkeit und zur Angemessenheit des Betrages ausgeführt. 857

11 Palandt/*Brudermüller* BGB § 1578 Rn. 22.
12 Palandt/*Brudermüller* BGB § 1578 Rn. 31.

858 d) Der Unterhaltsanspruch war im Rahmen einer Billigkeitsabwägung zunächst bis zum 30.4.2016 auf die Hälfte des titulierten Betrages zu reduzieren und entfällt mit Wirkung zum 1.5.2016.[13]

859 Nach der Rechtsprechung des BGH[14] ist ein *»Anspruch auf nachehelichen Unterhalt ... nach § 1578b Abs. 1 Satz 1 BGB auf den angemessenen Lebensbedarf herabzusetzen, wenn eine an den ehelichen Lebensverhältnissen orientierte Bemessung des Unterhaltsanspruchs auch unter Wahrung der Belange eines dem Berechtigten zur Pflege oder Erziehung anvertrauten gemeinschaftlichen Kindes unbillig wäre. Gemäß § 1578b Abs. 2 Satz 1 BGB ist ein Anspruch auf nachehelichen Unterhalt zeitlich zu begrenzen, wenn ein zeitlich unbegrenzter Unterhaltsanspruch unbillig wäre. Die Kriterien für die Billigkeitsabwägung sind § 1578b Abs. 1 Satz 2 und 3 BGB zu entnehmen. Danach ist neben der Dauer der Ehe vorrangig zu berücksichtigen, inwieweit durch die Ehe Nachteile im Hinblick auf die Möglichkeit eingetreten sind, für den eigenen Unterhalt zu sorgen. Solche Nachteile können sich vor allem aus der Dauer der Pflege und Erziehung eines gemeinschaftlichen Kindes und aus der Gestaltung von Haushaltsführung oder Erwerbstätigkeit während der Ehe ergeben. Ein ehebedingter Nachteil äußert sich in der Regel darin, dass der unterhaltsberechtigte Ehegatte nachehelich nicht die Einkünfte erzielt, die er ohne Ehe und Kinderbetreuung erzielen würde.*

860 *Der Unterhaltspflichtige, der sich auf eine Begrenzung des nachehelichen Unterhalts beruft, trägt hinsichtlich der hierfür sprechenden Tatsachen die Darlegungs- und Beweislast. In diese fällt deshalb grundsätzlich auch der Umstand, dass dem Unterhaltsberechtigten keine ehebedingten Nachteile im Sinne des § 1578b BGB entstanden sind. Die dem Unterhaltspflichtigen obliegende Darlegungs- und Beweislast erfährt jedoch eine Erleichterung nach den von der Rechtsprechung zum Beweis negativer Tatsachen entwickelten Grundsätzen. Nach diesen trifft den Unterhaltsberechtigten eine sekundäre Darlegungslast, die im Rahmen von § 1578b BGB zum Inhalt hat, dass der Unterhaltsberechtigte die Behauptung, es seien keine ehebedingten Nachteile entstanden, substanziiert bestreiten und seinerseits darlegen muss, welche konkreten ehebedingten Nachteile entstanden sein sollen. Erst wenn das Vorbringen des Unterhaltsberechtigten diesen Anforderungen genügt, müssen die vorgetragenen ehebedingten Nachteile vom Unterhaltspflichtigen widerlegt werden. Dabei kann sich der Unterhaltsberechtigte im Rahmen der sekundären Darlegungslast auch des Hinweises auf vergleichbare Karriereverläufe bedienen, um sein Vorbringen zu den seinerzeit vorhandenen beruflichen Entwicklungschancen plausibel zu machen.«*

861 Hier ist zuerst festzuhalten, dass kein ehebedingter Nachteil vorliegt. Soweit sich die Antragsgegnerin auf Rentennachteile beruft, liegen diese nicht vor, da sie durch dem im Rahmen der Scheidung durchgeführten Versorgungsausgleich ausgeglichen wurden. Auch ist nicht von einem ehebedingten Nachteil in Form eines verminderten Lohnes auszugehen. Der Antragsteller hat behauptet, die Antragsgegnerin arbeite Vollzeit ohne Nachteil, während es die Antragsgegnerin im Rahmen der obliegenden sekundären Darlegungslast[15] versäumt hat, substanziiert darzulegen, worin ihr Nachteil besteht. Die pauschale Behauptung, sie hätte bei durchgängiger Vollzeitbeschäftigung ein um 200 EUR höheres Nettoeinkommen, entbehrt jeglicher tatsächlicher Grundlage. Die Beweisfrage stellt sich daher nicht.

862 Bei der vorzunehmenden Billigkeitsabwägung war Folgendes zu berücksichtigen: Die für § 1578b BGB maßgebliche Ehezeit errechnet sich von der Eheschließung bis zur Zustellung Scheidungsantrages. Sie betrug vorliegend also 13 Jahre. Die Antragsgegnerin setzte zwar partiell wegen der Kindererziehung ihre Erwerbstätigkeit aus, begann aber nach dem ersten Lebensjahr wieder halbtags in ihrem erlernten Beruf zu arbeiten. Zwischenzeitlich arbeitet sie dort seit September 2015 Vollzeit und verdient mit 1.900 EUR netto in ausreichendem Umfang. Der Antragsgegner hat bis zum heutigen Zeitpunkt fast sechs Jahr Geschiedenenunterhalt von 990 EUR monatlich bezahlt. Im Rahmen der Billigkeitsabwägung erscheint es daher billig, die Unterhaltspflicht im Rahmen einer Übergangsfrist bis zum 30.4.2016 zunächst noch in halber Höhe fortbestehen zu lassen. Mit Wirkung zum 1.5.2016 erscheint aber eine weitere

13 Zur Herabsetzung vgl. Palandt/*Brudermüller* BGB § 1578b Rn. 352 ff.

14 BGH NJW 2014, 781.

15 Palandt/*Brudermüller* BGB § 1578b Rn. 34 zur Beweislast.

Unterhaltsverpflichtung als unbillig, sodass der Unterhaltsanspruch der Antragsgegnerin ab diesem Zeitpunkt entfällt.

d) Der Befristungseinwand des Antragstellers ist nicht nach § 238 II FamFG präkludiert. **863**

Zunächst ist entgegen der Ansicht der Antragsgegnerin festzuhalten, dass es sich hierbei nicht **864** um eine reine Zulässigkeitsfrage[16], sondern auch und vor allem um eine Begründetheitsfrage handelt. Nach der Rechtsprechung des BGH[17] setzt die Zulässigkeit des Abänderungsantrags wegen tatsächlicher Änderungen den Vortrag von grundsätzlich unterhaltsrelevanten Tatsachen voraus, die erst nach Schluss der Tatsachenverhandlung des letzten Verfahrens eingetreten sind. Erweist sich das Vorbringen des Antragstellers als unrichtig oder ist die sich daraus ergebende Änderung nur unwesentlich, so ist der Abänderungsantrag unbegründet. § 238 II FamFG schützt die zeitlichen Grenzen der Rechtskraft. Über das Abänderungsverfahren sollen nicht Gründe herangezogen werden, die bis zur letzten mündlichen Verhandlung im Ausgangsverfahren vorgebracht hätten werden können.

Nach der Rechtsprechung des BGH[18] ergibt sich Folgendes: **865**

»Konnte eine Herabsetzung auf den angemessenen Lebensbedarf bzw. zeitliche Begrenzung **866** *des Ehegattenunterhalts gem. § 1578b BGB bereits zum Zeitpunkt der letzten mündlichen Verhandlung des Ausgangsverfahrens vorgetragen werden, ist ein mit dem gleichen Ziel erhobener Abänderungsantrag bei gleich gebliebenen Verhältnissen wegen § 238 II FamFG bereits unzulässig. Die Entscheidung, einen Unterhaltsanspruch aus Billigkeitsgründen herabzusetzen oder zu befristen, setzt dabei nicht voraus, dass die hierfür maßgeblichen Umstände bereits eingetreten sind. Soweit die betreffenden Gründe schon im Ausgangsverfahren entstanden oder jedenfalls zuverlässig vorauszusehen waren, mussten sie auch im Ausgangsverfahren berücksichtigt werden. Die Entscheidung über eine Unterhaltsbegrenzung kann dann wegen § 238 II FamFG im Rahmen eines Abänderungsverfahrens grundsätzlich nicht nachgeholt werden.*

Die Präklusion setzt allerdings voraus, dass die Umstände schon für die Entscheidung des Aus- **867** *gangsverfahrens erheblich waren. Das ist dann der Fall, wenn das Gericht des Ausgangsverfahrens bereits eine Herabsetzung oder Befristung hätte aussprechen müssen. Ist ein Umstand allein im Rahmen der Billigkeitsbetrachtung nach § 1578b BGB erheblich, so kommt es mithin grundsätzlich darauf an, ob der fragliche Umstand bereits im Ausgangsverfahren zu einer abweichenden Entscheidung hätte führen müssen.*

Demnach ist zwar bei seit dem Schluss der mündlichen Verhandlung im Ausgangsverfahren **868** *unveränderter Tatsachen- und Rechtslage eine Abänderung nicht zulässig. Ist die Abänderung hingegen aus anderen Gründen eröffnet, so kann auch eine so genannte Alttatsache berücksichtigt werden, wenn sie nicht bereits im Ausgangsverfahren entscheidungserheblich war, das heißt im Hinblick auf die konkrete Rechtsfolge der Herabsetzung und Befristung nach § 1578b BGB für sich genommen noch nicht zu einer anderen Entscheidung hätte führen müssen. Dabei ist zu beachten, dass im Rahmen von § 1578b I und II BGB eine umfassende Billigkeitsabwägung vorzunehmen ist, welche sich regelmäßig nicht auf einzelne Gesichtspunkte reduzieren lässt. Dementsprechend kann das Hinzutreten neuer Gesichtspunkte genügen, um in einer Gesamtschau zu einer Neubewertung auch der unverändert gebliebenen Umstände zu gelangen.*

Hinsichtlich solcher Umstände, die Teil einer umfassenden Abwägung sind, ist vielmehr im **869** *Zweifel davon auszugehen, dass das Gericht über deren Berücksichtigung noch nicht in dem Sinn abschließend entscheiden will, dass diese in einem späteren Abänderungsverfahren außer Betracht gelassen werden müssen. Entsprechend ist zu verfahren, wenn einzelne Aspekte vom Gericht schlicht übersehen und nicht in seine Beurteilung einbezogen wurden.*

Sind die Umstände dagegen im Ausgangsverfahren schon in anderer Hinsicht relevant gewe- **870** *sen, so ist ihre Berücksichtigung im Abänderungsverfahren auch im Zusammenhang mit der Herabsetzung und Befristung des Unterhalts nach § 1578b BGB ausgeschlossen.*

16 Nicht eindeutig Thomas/Putzo/*Hüßtege* FamFG § 238 Rn. 24 »besondere Verfahrensvoraussetzung«.
17 BGH NJW 2015, 2962.
18 BGH NJW 2015, 2962.

871 Hier war die Frage einer Befristung in der Ausgangsentscheidung nicht berücksichtigt worden. Der Antragsgegnerin stand ein Anspruch nach § 1570 BGB zu, da sie wegen Kinderbetreuung nur halbtags arbeitete. Ob und wann sie ganztags arbeiten können wird, konnte nicht abgesehen werden. Erforderlich für eine Präklusion wäre, dass die Befristung damals zuverlässig vorhersehbar gewesen wäre. Dies war aber nicht der Fall und mit vielen Unsicherheiten behaftet.

872 3. Der Widerantrag ist zulässig.

873 a) Der Widerantrag ist jedenfalls statthaft: Zwar ist er nicht ausdrücklich im FamFG geregelt. Da es sich jedoch um eine Familienstreitsache nach § 112 Nr. 1 FamFG handelt, sind über § 113 I 2 FamFG die allgemeinen Vorschriften der ZPO und damit auch § 33 ZPO anzuwenden. Der Widerantrag kann als Abänderungsantrag nach § 238 FamFG gestellt werden.

874 b) Das Amtsgericht Pfaffenhofen – Familiengericht – ist sachlich und örtlich zuständig. Insoweit kann auf die obigen Ausführungen verwiesen werden. Da die Zuständigkeit bereits aus allgemeinen Vorschriften folgt, bedarf es keiner Heranziehung der § 113 I 2 FamFG, § 33 ZPO. Soweit nach dieser Vorschrift als weitere Zulässigkeitsvoraussetzung Konnexität zwischen Antrag und Widerantrag gefordert wird, ist diese gegeben.

875 Die besonderen Voraussetzungen des Widerantrages wie Rechtshängigkeit des Hauptantrages, selbe Verfahrensart und Beteiligtenidentität sind gegeben.

876 Auch die Antragsgegnerin behauptet eine wesentliche Änderung der wirtschaftlichen Verhältnisse.

877 Der Antrag kann nach § 238 III 2 FamFG, § 1613 I BGB ab dem 1.11.2015 gestellt werden, die die Rechtshängigkeit mit der Zustellung des Widerantrages am 26.11.2015 eintrat und nach § 1613 I 2 BGB auf den Monatsersten zurückwirkt.

878 4. Der Widerantrag ist unbegründet. Insoweit kann auf obenstehende Unterhaltsberechnung verwiesen werden, wonach sich kein höherer Unterhalt als der gerichtlich bereits festgesetzte errechnet.

879 5. Die Kostenentscheidung folgt aus § 243 S. 1, 2 Nr. 1 FamFG[19], die Anordnung der sofortigen Wirksamkeit aus § 116 III 3 FamFG.

880 Rechtsmittelbelehrung

Unterschrift des Richters

Hilfsgutachten

881 1. Stehen die für die Abänderung erforderlichen wirtschaftlichen Verhältnisse nicht fest, kann ein Stufenantrag gestellt werden § 113 I 2 FamFG, § 254 ZPO. Liegt ein bezifferter Antrag vor und sind noch wirtschaftliche Verhältnisse zu klären, kann bzw. muss auf Antrag trotz des in Unterhaltsverfahren geltenden Beibringungsgrundsatzes von Amts wegen ermittelt werden §§ 235, 236 FamFG.

882 2. § 1578b wurde vorliegend als Kombinationslösung nach § 1578b III BGB angewendet: Zuerst Herabsetzung § 1578b I BGB und dann zeitliche Begrenzung § 1578b II BGB. Denkbar wäre auch nur eine zeitliche Begrenzung. Hierbei gibt es keine festen Grenzen, erforderlich ist immer eine Billigkeitsabwägung im Einzelfall.[20]

19 Klausurtipp: Wenn es irgendwie vertretbar ist, machen Sie Kostenaufhebung. Setzt man hier das Unterliegen des Mannes (990 EUR für 9/2005 und 7 mal 495 EUR = 4.455 EUR in Relation zum Gesamtverfahrenswert von 17.528 EUR käme man auf ¼ : ¾; damit hätte man aber die Tatsache, dass Frau den Unterhalt »lebenslänglich« möchte, aber noch nicht erfasst.

20 Klausurtipp: Orientieren sich im Bereich eines Drittels der Ehezeit (Eheschließung bis Zustellung des Scheidungsantrages) und ziehen Sie die Zeit des gezahlten Trennungsunterhaltes ab, dann haben Sie sicher eine vertretbare Lösung. Das dürfen Sie aber so nicht in die Begründung Ihres Beschlusses aufnehmen, das ist nur eine Hilfsüberlegung. In der Begründung müssen Sie abwägen!

5. Klausur: Trennung – was tun?

Aufgabenstellung: Anwaltsschriftsatz und Mandantenschreiben

Materiell: Trennungsunterhalt; Unterhalt minderjähriger Kinder; angemessener Wohnwert und Abzugsfähigkeit von Raten für einen Immobilienkredit; freiwillige Leistung Dritter

Prozessual: Einstweilige Anordnung § 246 FamFG, Verfahresstandschaft

Aktenauszug

Am 13.1.2016 erscheint Frau Helga Meier, wohnhaft in der Müllerstraße 40, 85298 Scheyern, bei Rechtsanwältin Hess in Ingolstadt und erklärt Folgendes:

»Ich möchte von meinem Mann Egon so schnell wie möglich geschieden werden. Wir sind seit 13 Jahren verheiratet und haben eine 11-jährige Tochter Lisa und einen 5-jährigen Sohn Tom. Lisa besucht derzeit die 5. Klasse der Realschule, Tom geht unter der Woche von 8:00–13:00 Uhr in den örtlichen Kindergarten. Unsere Ehe kriselt schon seit langem. Im September habe ich erfahren, dass mein Mann eine Freundin hat, am 1.11.2015 ist er zu ihr nach München gezogen. Seither sind wir getrennt.

Ich habe meinen Mann dann am 1.12.2015 in einem Brief aufgefordert, sein Einkommen darzulegen und für mich und die Kinder Unterhalt zu bezahlen. Das Antwortschreiben vom 8.1.2016 habe ich dabei (Anlage 1), es hat mich sehr beunruhigt. Er will ab sofort nichts mehr zahlen und hat ein neues Konto, auf das ich keinen Zugriff mehr habe. Das alte Konto ist leer. Ich benötige für die Kinder und mich dringend Unterhalt. Ich arbeitete halbtags und verdiene monatlich nur 900 EUR netto, wobei ich 100 EUR Fahrtkosten habe. Ich bekomme außerdem das staatliche Kindergeld. Davon kann ich nicht leben. Wir sind zur Hälfte Miteigentümer der Doppelhaushälfte, in der ich und die Kinder geblieben sind. Das Haus hat 160 qm Wohnfläche und sechs Zimmer. An sich würde uns eine Dreizimmer-Wohnung genügen, für die ich 800 EUR Miete bezahlen müsste. Ich kann derzeit wegen der Betreuung der Kinder nicht mehr arbeiten.

Mein Mann hat ein Nettoeinkommen von 4.000 EUR. Bei seiner Freundin wohnt er umsonst. Für unser Haus zahlt er monatlich einen Kredit zurück. Die Monatsrate beträgt 713 EUR, wobei der Tilgungsanteil 400 EUR beträgt, der Rest sind Zinsen. Gehaltsbelege von uns beiden und den Darlehensvertrag habe ich mitgebracht.

Ich möchte, dass sie sofort die Scheidung einreichen. Weiter brauche ich für meine Kinder und mich so schnell wie möglich den Unterhalt seit der Trennung. Wenn es mehrere Vorgehensweisen gibt, wählen Sie bitte den schnellsten und kostengünstigsten Weg. Gerichtsstreitigkeiten wegen unserer Trennung gab es bisher nicht.

Die von meinem Mann genannten Abzugspositionen sind rechnerisch richtig. Ich denke aber, dass das Motorrad sein Privatvergnügen ist. Beim Hausdarlehen sind nur die anteiligen Zinsen zu berücksichtigen, da im Übrigen eine einseitige Vermögensbildung vorliegt. Nachdem wir beide umsonst wohnen, muss ein Wohnwert entweder bei beiden oder bei keinem von uns angesetzt werden. Die volle Miete von 1.500 EUR ist ein Witz, er ist ausgezogen und ich habe jetzt das zu große Haus.«

Frau Meier übergibt der Rechtsanwältin die Heiratsurkunde, Gehaltsbescheinigungen von sich und ihrem Mann, den Darlehensvertrag sowie das Schreiben des Mannes vom 8.12.2015 (Anlage 1) und erklärt auf Nachfrage, dass sowohl sie als auch ihr Mann mit öffentlichen Verkehrsmitteln den Arbeitsplatz erreichen.

Anlage 1

München, den 8.1.2016

»Liebe« Helga,

danke für deine »Weihnachtsgrüße« vom 1.12.2015, die ich etwas verfrüht am 3.12.2015 erhalten habe. Ich denke unsere Zeit ist vorbei. Ich will die Scheidung! Ich habe übrigens ein neues Konto, auf das Du keinen Zugriff mehr hast. Von mir siehst Du keinen Cent mehr. Du wohnst umsonst in unserem Haus, ohne etwas dafür zahlen zu müssen. Für eine solche Doppelhaushälfte müsstest du 1.500 EUR Miete zahlen. Wenn dir das nicht passt, dann zieh aus und wir vermieten das Haus, dann haben wir wenigstens beides etwas davon.

Von meinem Gehalt geht – wie Du ja weißt – jeden Monat einiges weg: Hausdarlehen 713 EUR, Riesterrente 200 EUR und Fahrtkosten 250 EUR. Außerdem habe ich mir einen Jugendtraum erfüllt und ein Motorrad gekauft, für das ich seit 1.1.2016 monatlich 300 EUR zurückzahle. Du musst einfach auch ganztags arbeiten, dann verdienst Du ausreichend. Lisa ist alt genug, um am Nachmittag alleine zu Hause zu bleiben und Tom kann auch noch zusätzlich in die Nachmittagsgruppe. Schau mal im Internet unter § 1569 BGB!

Egon

Vermerk für den Bearbeiter:

Soweit nach Ansicht der Bearbeiter ein gerichtliches Vorgehen Aussicht auf Erfolg verspricht, ist der (sind die) von Rechtsanwältin Hess zu fertigende Schriftsatz (zu fertigenden Schriftsätze) an das Gericht zu entwerfen. Das Rubrum ist erlassen. Dieser hat (diese haben) auch diejenigen Rechtsausführungen zu enthalten, die das Begehren der Mandantin stützen. Die Angaben der Mandantin und des Ehemannes zum Einkommen und den Abzugspositionen sowie zum Wohnwert sind zutreffend.

In einem Schreiben an die Mandantin ist das Vorgehen umfassend zu erläutern, soweit es sich nicht aus dem Schriftsatz (den Schriftsätzen) selbst ergibt. Ferner sind alle sonstigen aufgeworfenen Rechtsfragen darzustellen.

Für Scheyern ist das Amtsgericht Pfaffenhofen an der Ilm zuständig.

Hinweise:

Es gilt die aktuelle Düsseldorfer Tabelle und das aktuelle Kindergeld.

Ein evtl. erforderlicher Kostenvorschuss wird eingezahlt; Fragen der Verfahrenskostenhilfe und der Leistung eines Verfahrenskostenvorschusses bleiben außer Betracht.

Lösung

A. Anwaltsschriftsatz[1]

Namens und im Auftrag der Antragstellerin stelle ich im Wege der einstweiligen Anordnung nach § 246 FamFG folgenden Antrag: 883

I. Der Antragsgegner wird verpflichtet, an die Antragstellerin ab 1.1.2016 folgenden monatlichen, im Voraus fälligen Unterhalt zu zahlen:

1. Ehegattentrennungsunterhalt in Höhe von 230 EUR.
2. für das Kind Lisa, geb. ..., 115 % des Mindestunterhalts durch alle Altersstufen abzüglich des nach § 1612b I Nr.1 BGB anrechenbaren Kindergeldes für ein erstes Kind, somit derzeitiger Zahlbetrag nach Altersstufe 2: 347 EUR.
3. für das Kind Tom, geb. ..., 115 % des Mindestunterhalts durch alle Altersstufen abzüglich des nach § 1612b I Nr.1 BGB anrechenbaren Kindergeldes für ein erstes Kind, somit derzeitiger Zahlbetrag nach Altersstufe 1: 290 EUR.[2]

II. Der Antragsgegner hat die Kosten des Verfahrens zu tragen.[3]

Begründung:[4]

1.

Die Beteiligten sind seit 1.11.2015 getrennt lebende Eheleute. Die Antragstellerin betreut die gemeinsamen Kinder Lisa (11 Jahre) und Tom (5 Jahre), für die sie auch das staatliche Kindergeld erhält. Lisa besucht die 5. Klasse Realschule, Tom geht wochentäglich von 8:00 bis 13:00 Uhr in den Kindergarten. Die Antragstellerin ist teilzeitbeschäftigt bei einem monatlichen Nettoeinkommen von 900 EUR. Der Antragsgegner verfügt über ein monatliches Nettoeinkommen von 4.000 EUR. Dem stehen Fahrtkosten von monatlich 100 EUR bei der Ehefrau und von 250 EUR beim Ehemann für die Fahrt mit öffentlichen Verkehrsmitteln zur Arbeit gegenüber. Die Eheleute sind zur Hälfte Miteigentümer der von der Antragstellerin bewohnten Doppelhaushälfte. Das Haus hat 160 qm Wohnfläche und sechs Zimmer. Der objektive Mietwert beläuft sich auf 1.500 EUR, für eine angemessene Drei-Zimmer-Wohnung müsste die Antragstellerin 800 EUR Miete bezahlen. Die monatliche Abzahlung für das Haus beträgt 713 EUR bei einem Tilgungsanteil von 400 EUR. Diese Rate bezahlt der Antragsgegner. Der Antragsgegner machte vorgerichtlich folgende weitere monatliche Abzugspositionen geltend: 884

- Riesterrente 200 EUR
- Darlehensrate für ein nach der Trennung angeschafftes Motorrad 300 EUR

Glaubhaftmachung:[5] Gehaltsbelege der Beteiligten für die Monate ... als Anlage 885

Mit Schreiben vom 8.1.2016 kündigte der Antragsgegner an, fortan für die Antragstellerin und die gemeinsamen Kinder keinen Unterhalt mehr zu bezahlen. 886

Glaubhaftmachung: Schreiben des Antragsgegners vom 8.1.2016 als Anlage 887

Die Antragstellerin kann von ihrem Einkommen den Lebensunterhalt für sich und die Kinder nicht bestreiten und ist daher dringend auf Unterhalt angewiesen. 888

Glaubhaftmachung: Eidesstattliche Versicherung der Antragstellerin ... als Anlage 889

1 *Kroiß/Neurauter* Muster Nr. 10a.
2 Es muss für jeden Berechtigten gesondert Unterhalt beantragt werden, die Forderung von Gesamtunterhalt wäre als nicht vollstreckungsfähiger Antrag unzulässig!
3 Anträge zu Nebenentscheidungen sind nicht zwingend erforderlich.
4 Bei einem Anwaltsschriftsatz ist auch in Familiensachen streng zwischen tatsächlichen und rechtlichen Ausführungen zu trennen.
5 §§ 51 I 2, 113 I 2 FamFG, § 294 ZPO.

2.

a.)

890 Das Amtsgericht Pfaffenhofen an der Ilm – Familiengericht – ist für das einstweilige Anordnungsverfahren örtlich und sachlich ausschließlich zuständig, § 23a I 1 Nr. 1, S. 2 GVG, §§ 50 I 1, 111 Nr. 8, 231 I Nr. 1 und 2, 232 I Nr. 2, III S. 2 Nr. 1 FamFG, und zwar als Familiengericht nach § 23b I GVG.[6]

891 Die Antragstellerin kann nach § 246 FamFG den vollen laufenden Unterhalt fordern. Aufgrund der angekündigten Zahlungsverweigerung seitens des Antragsgegners besteht jedenfalls ein Rechtsschutzbedürfnis für die einstweilige Anordnung.[7]

892 Nach § 1629 III 1 BGB macht die Antragstellerin den Kindesunterhalt im Wege der gesetzlichen Verfahrensstandschaft geltend.

893 Der Antrag auf künftige Leistung ist nach §§ 112 Nr. 1,113 I 2 FamFG, § 258 ZPO möglich.

b.)

894 Es liegt eine zulässige Antragshäufung vor, §§ 112 Nr. 1, 113 I 2 FamFG, § 260 ZPO.

c.)

895 Der Antragsgegner schuldet Minderjährigenkindesunterhalt[8] nach §§ 1601 ff. BGB.[9]

896 aa. Der Antragsgegner ist der Vater der in der Ehe geborenen Kinder § 1592 Nr. 1 BGB.[10]

897 bb. Die einkommenslosen Kinder sind bedürftig, § 1602 BGB.

898 cc. Das Maß des Unterhalts bestimmt sich gemäß § 1610 I BGB nach der Lebensstellung der Beteiligten, da die minderjährigen Kinder noch keine eigene Lebensstellung besitzen. Während die Antragstellerin ihre Unterhaltspflicht durch Betreuung erbringt, § 1606 III 2 BGB, ist der Antragsgegner barunterhaltspflichtig. Ausgehend vom gesetzlichen Mindestunterhalt nach § 1612a BGB errechnet sich der Unterhalt nach der Düsseldorfer Tabelle.[11]

899 Der Antragsgegner verfügt über ein Nettoeinkommen von 4.000 EUR. Hiervon sind die Riesterrente 200 EUR,[12] die Fahrtkosten von 250 EUR und die Darlehensraten für das Haus 713 EUR abzuziehen. Die Abzugsfähigkeit von Verbindlichkeiten beim Kindesunterhalt richtet sich nach einer Interessenabwägung.[13] Nachdem die volle Hausrate seit Geburt der Kinder immer bezahlt wurde und die Schulden auch angemessen sind, sind Zins und Tilgung abzugsfähig. Nicht abzugsfähig ist die Rate für das Motorrad. Diese Verbindlichkeit ist eine Luxusaufwendung, die nicht zum Nachteil der Kinder gereichen darf.[14]

900 Bei einem bereinigten Nettoeinkommen in Höhe von 2.837 EUR ist der Antragsgegner in Einkommensgruppe 5 der DT einzuordnen. Nachdem die DT im Regelfall auf zwei Unterhaltsberechtigte abstellt und der Antragsgegner einer Ehefrau und zwei Kinder unterhaltsver-

6 Ausführungen zur Zulässigkeit sind in der Praxis in Anwaltsschriftsätzen eher selten, es sei denn es besteht rechtliche Unsicherheit. In Familiensache sollten immer Ausführungen zur Zuständigkeit und zu § 1629 III BGB gemacht werden.

7 Ein dringendes Regelungsbedürfnis ist für die einstweilige Anordnung nach § 246 FamFG nicht erforderlich, vgl. Thomas/Putzo/*Hüßtege* FamFG vor § 246 Rn. 3. Zur Zulässigkeit der e.A. vgl. → Rn. 165; 404.

8 Bei Mischfällen Kindes- und Ehegattenunterhalt immer mit dem Kindesunterhalt beginnen, da dessen Zahlbetrag Abzugsposition bei der Berechnung des Ehegattenunterhalts ist.

9 Zum Unterhaltsprüfungsschema vgl. → Rn. 198.

10 Detaillierte Prüfung der Verwandtschaft nur, wenn der Sachverhalt dafür Anhaltspunkte gibt. Vgl. zur Verwandtschaft → Rn. 110 ff.

11 Die DT wird im in Palandt/*Brudermüller* Einf. v. § 1601 Rn. 12 ff kommentiert.

12 Palandt/*Brudermüller* BGB § 1361 Rn. 47.

13 Palandt/*Brudermüller* BGB § 1361 Rn. 49 ff.

14 Beliebter Fehler: Es wird beim Kindesunterhalt mit dem Begriff der »Prägung« argumentiert. Dieser Begriff gilt nur für den Ehegattenunterhalt (»eheliche Lebensverhältnisse«). Kindesunterhalt wird immer nach der im Zeitpunkt der Geltendmachung gegebenen Situation berechnet!

pflichtet ist, ist eine Abstufung um eine Stufe vorzunehmen. Der Unterhalt errechnet sich daher nach Einkommensgruppe 4 der DT. Die 11-jährige Lisa fällt in Altersstufe 2, Tom in Altersstufe 1, sodass sich Tabellenbeträge von 442 EUR (Lisa) und 385 EUR (Tom) ergeben. Nach § 1612b I Nr. 1 BGB ist das hälftige Kindergeld von je 95 EUR auf den Bedarf anzurechnen, sodass sich Zahlbeträge von 347 EUR (Lisa) und 290 EUR (Tom) errechnen. Es wird beantragt, den Unterhalt als Prozentsatz durch alle Altersstufen festzusetzen, § 1612 a I 1 BGB.

dd. Der Antragsgegner ist auch leistungsfähig, § 1603 I BGB, da der notwendige Selbstbehalt eines Erwerbstätigen von 1.080 EUR nicht unterschritten ist. 901

d.)

Der Antragsgegner schuldet Trennungsunterhalt nach § 1361 BGB. 902

aa. Die Beteiligten sind nach § 1567 BGB getrenntlebende Eheleute. 903

bb. Die Antragstellerin ist innerhalb des ersten Trennungsjahres nicht verpflichtet, ihre während der Ehe ausgeübte Teilzeittätigkeit aufzustocken, § 1361 II BGB.[15] 904

cc. Nach § 1361 I BGB kann sie Unterhalt nach den ehelichen Lebensverhältnissen verlangen. Maßgeblich sind hierfür die jeweiligen Erwerbsverhältnisse. Hierbei sind zunächst die bereinigten Nettoeinkommen[16] beider Ehegatten zu ermitteln. 905

Die Antragstellerin verdient abzüglich ihrer Fahrtkosten 800 EUR monatlich. Hinzuzurechnen ist ihr der Wohnwert,[17] allerdings nur in Höhe des angemessenen Wohnwertes. Dieser orientiert sich an den Kosten, die die Antragstellerin für eine ihr ausreichende Wohnung aufbringen müsste. Der volle Wohnwert ist erst ab dem Zeitpunkt anzurechnen, in dem eine Versöhnung der Ehegatten auszuschließen ist. Nachdem noch keine Scheidung rechtshängig ist, soll einer eventuellen Versöhnung der Ehegatten nicht eine Vermietung oder Veräußerung der bisherigen Ehewohnung im Weg stehen. Dieser wäre aber aus Sicht der Antragstellerin zwangsläufig vorzunehmen, wenn ihr der objektive Marktwert angerechnet würde. 906

Dem Antragsgegner verbleibt abzüglich des Zahlbetrag des Kindesunterhalts in Höhe von insgesamt 637 EUR ein Einkommen von 2.200 EUR. 907

Beide Erwerbseinkommen sind um den Erwerbsbonus[18] von 1/10 zu kürzen und dann nach der sogenannten Additionsmethode zusammenzurechnen. Nach dem Halbteilungsgrundsatz ist das ermittelte Familieneinkommen unter den Eheleuten gleichmäßig zu verteilen. Von dem so errechneten Bedarf ist in einem weiteren Schritt das gerade ermittelte Einkommen der Antragstellerin abzuziehen. Dies ergibt folgende Berechnung:[19] 908

Bedarf: ½ * (9/10 * 2.200 EUR + 9/10 * 800 EUR + 800 EUR) = 1.750 EUR

Höhe: 1.750 EUR – (9/10 * 800 EUR + 800 EUR) = 230 EUR

dd. Der Antragsgegner ist insoweit auch leistungsfähig nach § 1581 BGB analog, da ihm die andere Hälfte des Bedarfs von 1.750 EUR verbleibt (2.200 EUR – 230 EUR) und sein Mindestselbstbehalt von 1.300 EUR nicht unterschritten wird. 909

15 Palandt/*Brudermüller* BGB § 1361 Rn. 13.

16 Vgl. dazu → Rn. 224; die Einkünfte sind für alle Unterhaltsarten bei Palandt/*Brudermüller* BGB § 1361 Rn. 28 ff., die Abzugspositionen bei Palandt/*Brudermüller* BGB § 1361 Rn. 45 ff. kommentiert. Die Reihenfolge der Abzugspositionen ist genau einzuhalten!

17 Vgl. Palandt/*Brudermüller* BGB § 1361 Rn. 22.

18 Palandt/*Brudermüller* BGB § 1578 Rn. 48 ff.

19 Die Berechnungsformel gehört in den Text des Schriftsatzes und nicht etwa in das Hilfsgutachten oder Mandantenschreiben, sie ist Teil des schlüssigen Vortrages. Man findet die Formel bei Palandt/*Brudermüller* BGB § 1578 Rn. 59.

e.)

910 Der Unterhalt kann gemäß §§ 1361 IV 4, 1360 a III, 1613 I BGB ab dem ersten des Monats, in dem das Verfahren rechtshängig wird, gefordert werden, hier also ab dem 1.1.2016. Dies gilt auch im Rahmen der einstweiligen Anordnung, da das Verbot, im Wege der einstweilige Anordnung rückständigen Unterhalt geltend zu machen,[20] nicht für den Monat, in dem das Verfahren rechtshängig wird, passt. Hintergrund des Verbots ist nämlich, dass für Unterhaltsrückstände, die nur ausnahmsweise in den Fällen des § 1613 I BGB geltend gemacht werden können, grundsätzlich wegen des Zeitablaufs keine Eilbedürftigkeit mehr gegeben ist. Dies trifft aber für den Monat, in dem das Verfahren bei Gericht eingereicht wird, wie der vorliegende Fall zeigt, gerade nicht zu. Es handelt sich um einen Zeitraum, für den Unterhalt geschuldet ist und der noch nicht abgelaufen ist. Somit besteht ein Bedürfnis, dass die Antragstellerin auch für Januar Unterhalt im Wege der einstweiligen Anordnung bekommt und nicht für diesen einen Monat auf ein isoliertes Hauptsachverfahren verwiesen werden kann.

Unterschrift Rechtsanwältin

B. Mandantenschreiben:[21]

Sehr geehrte Frau Meier;

911 vielen Dank für Ihr Vertrauen und für Ihre Beauftragung. In Anlage übersende ich Ihnen einen Antrag auf Trennungs- und Kindesunterhalt im Wege der einstweiligen Anordnung zu Ihrer Kenntnisnahme und mit der Bitte um Prüfung und Billigung. Im einzelnen dazu noch folgende Anmerkungen:

1. Scheidung:

912 Bei der vorliegenden Sachlage hätten Sie keine Chancen mit der Härtescheidung bei Gericht Gehör zu finden. Ihr Mann hat sich zwar einer neuen Partnerin zugewendet. Nach § 1565 II BGB müssen Sie das Trennungsjahr dann nicht abwarten, wenn die Fortsetzung der Ehe für Sie aus Gründen, die in der Person Ihres Mannes liegen, eine unzumutbare Härte darstellen würde. Dabei ist nach Art. 6 GG zu beachten, dass die Ehe unter besonderem staatlichen Schutz steht und die Härtescheidung unter einem Jahr Trennungszeit daher die Ausnahme darstellt. Der Ehebruch als solcher reicht dafür nicht aus,[22] da keine besonderen Begleitumstände vorliegen, die die Härte begründen. Ich schlage daher vor, mit der Scheidung noch abzuwarten.

2. Einstweilige Anordnung Unterhalt

913 Den Kindes- und Trennungsunterhalt habe ich im Wege der einstweiligen Anordnung beantragt. Beide Ansprüche können in einem Verfahren geltend gemacht werden. Dies ist der kostengünstigste Weg, da nach § 41 FamGKG im Vergleich zu einem Hauptsacheverfahren[23] nur die halben Gerichtskosten anfallen. In der Regel bestimmt das Gericht schnell einen Termin zur mündlichen Verhandlung, § 246 II FamFG. In diesem Termin können Sie sich mit Ihrem Mann einigen oder das Gericht entscheidet durch Beschluss, der dann Vollstreckungsgrundlage für den Unterhalt ist. Dieser Beschluss ist nicht anfechtbar, § 57 FamFG. Es kann aber die Abänderung bei Vorliegen geänderter Umstände beantragt werden, § 54 FamFG, oder es kann Antrag auf Durchführung eines Hauptsacheverfahrens gestellt werden, § 52 FamFG. Dies bleibt abzuwarten. Mit der einstweiligen Anordnung bekommen Sie nur den laufenden Unterhalt. Aufgrund Ihres Schreibens vom Dezember 2015 muss Ihr Mann zwar rückwirkend ab Dezember Unterhalt für Sie und die Kinder bezahlen, §§ 1361 IV 4, 1360a III, 1613 I BGB,

20 Thomas/Putzo/*Hüßtege* FamFG § 246 Rn. 1.

21 In vielen Anwaltsklausuren wird ein Mandantenschreiben oder Begleitschreiben gefordert. Dies dient dazu den Mandanten als juristischen Laien die Rechtslage und die Vorgehensweise zu erklären. In der Praxis tauchen hier eher selten §§ auf, in einer Examensklausur sollten §§ gebracht werden, da in der Regel für ein Hilfsgutachten kein Raum (und auch keine Zeit) mehr ist.

22 Palandt/*Brudermüller* BGB § 1565 Rn. 11.

23 Vgl. § 51 FamGKG.

verfahrenstechnisch müsste aber insoweit ein gesondertes[24] sogenanntes isoliertes Hauptsacheverfahren eingeleitet werden. Unterhaltsrückstand kann nicht über die einstweilige Anordnung beantragt werden. Das weitere Verfahren hätte zusätzliche Kosten verursacht. Ich schlage vor, insoweit den Termin im einstweiligen Anordnungsverfahren abzuwarten. Vielleicht kann dort auf Vorschlag des Gerichts auch der Rückstand durch eine Vereinbarung miterledigt werden. Dies wäre kostengünstiger. Falls nicht können wir den Antrag immer noch nachträglich stellen.

Für den Fall, dass wir mit der einstweiligen Anordnung durchdringen, haben Sie einen Voll- **914**
streckungstitel, der auch noch nach der Scheidung bis zu einer anderweitigen Entscheidung weiter gilt, § 56 FamFG. Dies gilt für den Kindesunterhalt, beim Trennungsunterhalt ist aber zu beachten, dass dieser Anspruch materiellrechtlich mit Rechtskraft der Scheidung endet. Ob Sie auch noch nach der Scheidung Unterhalt bekommen, richtet sich nach den §§ 1569 ff. BGB. Allerdings weist Ihr Mann in seinem Schreiben vom 8.1.2016 zutreffend auf die gesteigerte Eigenverantwortung hin. Nach dem neu geregelten § 1570 BGB kann zunächst nur für die Dauer von drei Jahren nach der Geburt Betreuungsunterhalt verlangt werden. Verlangt die betreuende Mutter Unterhalt über diesen Zeitraum hinaus, muss sie die Gründe dafür darlegen und beweisen, was eine individuelle Beurteilung der Verhältnisse erfordert. Gründe, die für eine Verlängerung sprechen, ergeben sich zunächst aus kindbezogenen Umständen (§ 1570 I 2 BGB), wobei die Belange des Kindes und die Möglichkeiten der Kinderbetreuung zu berücksichtigen sind. Daneben sind gem. § 1570 II BGB auch elternbezogene Gründe zu berücksichtigen, also die Gestaltung von Kinderbetreuung und Erwerbstätigkeit in der Ehe sowie deren Dauer. Selbst wenn Ihre Kinder in der Schule oder im Kindergarten ganztags betreut werden, führt dies nicht notwendig zu einer vollschichtigen Erwerbspflicht Ihrerseits. In Ihrem Fall wird es daher auf die konkreten Einzelumstände (Möglichkeiten der Kinderbetreuung) ankommen.[25] Erst danach kann man entscheiden, ob und in welchem Umfang Sie eventuell mehr arbeiten müssen. Auf jeden Fall ist nach der Rechtsprechung kein sofortiger Übergang zu einer Vollzeitbeschäftigung erforderlich. Diese für den Unterhalt nach der Scheidung geltenden Grundsätze wendet die Rechtsprechung auch für den Trennungsunterhalt nach Ablauf des ersten Trennungsjahres an. Bis dahin ist noch Zeit, Sie sollten aber rechtzeitig vorher die Betreuungsmöglichkeiten und eine eventuelle Aufstockung Ihrer Tätigkeit überprüfen.

3. Wohnwertanrechnung

Die Rechtsprechung geht im Unterhaltsrecht davon aus, dass die Tatsache, dass jemand um- **915**
sonst wohnt, wie Einkommen anzurechnen ist.

Bei Ihnen ist daher ein Wohnwert anzusetzen. Wie schriftsätzlich ausgeführt, wird aber der- **916**
zeit nicht die objektive Marktmiete in Höhe von 1.500 EUR angerechnet, sondern nur der reduzierte, angemessene Wohnwert von 800 EUR. Dies wird sich ab dem Zeitpunkt ändern, ab dem mit einer Versöhnung der Eheleute nicht mehr zu rechnen ist, als beispielsweise ab Zustellung des Scheidungsantrages. Ab diesem Zeitpunkt müsste der Unterhalt neu berechnet werden und dann die vollen 1.500 EUR angesetzt werden.

Die Aufwendungen für den Immobilienkredit sind bei Ihrem Mann in voller Höhe abzugsfä- **917**
hig, dh Zins und Tilgung. Sie sind Miteigentümer, sodass gerade keine einseitige Vermögensbildung bei Ihrem Mann vorliegt, vielmehr kommt die Rückzahlung auch Ihnen zugute. Soweit der Wohnwert und der Kreditabzug in die Unterhaltsberechnung eingestellt wurden, sind Ansprüche Ihres Mannes gegen Sie auf Nutzungsentgelt nach § 745 II BGB[26] oder ein eventueller Gesamtschuldnerausgleich nach § 426 BGB wegen der bezahlten Kreditraten ausgeschlossen.

Anders verhält es sich bei Ihrem Mann. Ihm ist kein Wohnwert anzurechnen. Die Wohnung **918**
wird ihm von seiner Freundin zur Verfügung gestellt. Darauf hat Ihr Mann keinen Anspruch

24 Vgl. § 51 III 1 FamFG.
25 Palandt/*Brudermüller* BGB § 1570 Rn. 8 ff.
26 Palandt/*Sprau* BGB § 745 Rn. 5.

und dies kann jederzeit revidiert werden. Man spricht von einer sogenannten freiwilligen Leistung Dritter, die unterhaltsrechtlich als Einkommen außer Betracht bleibt.

919 Für weitere Rückfragen stehe ich Ihnen jederzeit zur Verfügung.

Mit freundlichen Grüßen
Rechtsanwältin

3. Teil. Vorbemerkung zur Rolle des Erbrechts im Assessorexamen

»Statt einer Erbscheinsklausur« 920

Mit der Streichung des Erbscheinsverfahrens aus der bayerischen JAPO zum 31.12.2016 ist dieses Rechtsgebiet – soweit ersichtlich – bundesweit nicht mehr länger Prüfungsstoff, weder in der Ersten noch in der Zweiten Juristischen Staatsprüfung. Dieses Klausurenskript verabschiedet sich daher auch von seiner Erbscheinsklausur, nicht ohne anzumerken, dass die Beantragung und Erteilung eines Erbscheins sicherlich ein zentrales Element anwaltlicher und richterlicher Tätigkeit ist. Nicht umsonst wird seit vielen Jahren immer wieder darauf hingewiesen, dass in Deutschland in den nächsten Jahrzehnten gewaltige Vermögen vererbt werden werden.[1] 921

Dass nun die Fragen, die bisher Gegenstand der Erbscheinsklausuren waren, nicht mehr abgeprüft werden könnten, ist sicher nicht ganz oder nur zum Teil richtig. Ging es bisher bei der »klassischen Erbscheinsklausur« regelmäßig um den Streit zwischen mehreren Erbprätendenten und war aus der Sicht des beratenen Juristen zu beurteilen, zu wessen Gunsten sich das Verfahren neigt, kann jede materiell-rechtliche Thematik nun ohne weiteres in das Gewand des streitigen Verfahrens nach der ZPO gekleidet werden. 922

Dies mag der folgende, kurze Fall illustrieren. 923

> Der (verwitwete) Erblasser hinterlässt seine Tochter T und seinen Sohn S. Der Nachlass besteht aus Barvermögen in Höhe von 100.000 EUR. Im Jahr vor seinem Tod errichtete der Erblasser ein Testament, in dem er seine Tochter als Alleinerbin einsetzt.

Lösung:

In der »klassischen« Erbscheinsklausur hätte nun einer der Beteiligten einen Erbscheinsantrag gestellt, der andere hätte widersprochen oder einen eigenen Erbscheinsantrag gestellt. Das Nachlassgericht hätte dann nach § 352 II FamFG entschieden und der Bearbeiter der Klausur hätte die Beschwerdeschrift zum Oberlandesgericht oder dessen Entscheidung zu fertigen gehabt. 924

Doch auch wenn dieser Klausurweg versperrt ist, lässt sich dieselbe Konstellation ohne Weiteres zum Gegenstand einer Examensklausur machen. 925

Folgende Klausurgestaltung ist denkbar: 926

Sohn S klagt gegen T auf Feststellung seines Erbrechts zu ½ beim Landgericht und stützt sich dabei auf die Unwirksamkeit des Testaments (s. oben). T beantragt die Abweisung der Klage, weil sie das Testament für wirksam hält. Gleichzeitig erhebt sie (ggf. hilfsweise) Widerklage auf Feststellung ihres Alleinerbrechts aufgrund gewillkürter Erbfolge. Dagegen erhebt nun wieder der S für den Fall, dass die Widerklage seiner Schwester erfolgreich ist, hilfsweise Widerwiderklage auf Zahlung seines Pflichtteils.

Neben den erbrechtlichen Problemen können mit diesem prozessualen Aufhänger auch weitere prozessuale Probleme geprüft werden. In der genannten Konstellation bieten **stets** sich an: 927

- Zuständigkeit des Gerichts nach § 27, 28 ZPO
- Klärung des Feststellungsinteresses nach § 256 I ZPO bei Klage und Widerklage
- Zulässigkeitsvoraussetzungen der Widerklage (s. dazu Klausur Nr. 7)
- Anspruchsvoll wäre in dieser Konstellation auch die mögliche Kostenentscheidung, wenn zB die Klage erfolglos, die Widerklage und die Hilfswiderklage erfolgreich sind, gleiches gilt für die vorläufige Vollstreckbarkeit.

1 Eine Erbscheinsklausur findet sich noch bei *Schmitz/Dallmayer*, Zivilrechtliche Musterklausuren für die Assessorprüfung 7. Aufl. 2015, 179 ff. mit allgemeinen Hinweisen zum Erbscheinsverfahren.

Gliederung der Lösung:

928 A. Klage des S auf Feststellung seines Erbrechts

929 I. (Zulässigkeit der Klage)[2]

1. Zuständigkeit des Gerichts

a) Örtliche Zuständigkeit

930 Zuständig ist sowohl das Gericht am Wohnort der Beklagten T (§§ 12, 13 ZPO) als auch das Gericht, an dem der Erblasser seinen letzten Wohnsitz hatte (§ 27 I ZPO als besonderer Gerichtsstand der Erbschaft).[3]

b) Sachliche Zuständigkeit

931 Das angerufene Landgericht ist sachlich zuständig, §§ 23, 71 GVG, da der Streitwert für die Klage mit 20.000 EUR über der Streitwertgrenze liegt.[4] Angesichts des Wertes des Nachlasses (EUR 100.000) beträgt das Interesse des S an einer obsiegenden Entscheidung ½ des Nachlasswertes (= 50.000 EUR). Davon abzuziehen ist aber sein Pflichtteil in Höhe der Hälfte des gesetzlichen Erbteils, § 2303 I 2 BGB, denn der Pflichtteil verbleibt S ja in jedem Falle. Dieser Pflichtteilsanspruch beträgt ¼, dies entspricht 25.000 EUR. Weiterhin sind für die positive Feststellungsklage 20% vom Wert einer entsprechenden Leistungsklage abzuziehen, da die Feststellungsklage keinen vollstreckungsfähigen Inhalt hat.[5]

c) Feststellungsinteresse, § 256 I ZPO

932 S hat das nötige Feststellungsinteresse, denn beim Erbrecht handelt es sich um ein feststellungsfähiges Rechtsverhältnis, dh eine aus dem vorgetragenen Sachverhalt abgeleitete rechtliche Beziehung von Personen untereinander (oder zu einem Gegenstand), die ein subjektives Recht enthält oder aus der ein solches Recht entspringen kann.[6]

933 II. Begründetheit der Klage

934 Die Klage des S ist begründet, wenn das Testament des Vaters unwirksam ist und infolge dessen die gesetzliche Erbfolge greift.

Klausurtipp: An dieser Stelle können in der Klausur »alle klassischen Einwendungen« gegen die Wirksamkeit eines Testaments abgeprüft werden.

935 So könnte sich S darauf berufen, dass

936 a) der Erblasser sei bei Errichtung des Testaments infolge einer beginnenden/entwickelten/fortgeschrittenen Demenz testierunfähig gewesen, § 2229 IV BGB.[7]

937 b) das Testament nicht formwirksam errichtet sei, weil es nicht durchgängig handschriftlich errichtet sei[8] und es sich nicht um die Unterschrift des Erblassers handele, § 2247 BGB.

938 c) das Testament sei wegen eines Motivirrtums wirksam angefochten.[9]

---

2 Das Verwenden von Zwischen(Überschriften) dient hier in erster Linie der Verdeutlichung des Aufbaus. Bei der Absetzung des Urteils ist zu beachten, dass dieses – mit Ausnahme der vom Gesetz vorgesehenen Überschriften für Tatbestand und Entscheidungsgründe – keine Überschriften enthält.

3 § 27 ZPO ist in der Praxis insbesondere dann zu beachten, wenn auf Beklagtenseite mehrere Parteien beteiligt sein, die nicht denselben allgemeinen Gerichtsstand haben. Die in solchen Fällen grundsätzlich bestehende Möglichkeit, über § 36 I Nr. 3 ZPO ein zuständiges Gericht bestimmen zu lassen, scheidet hier aus, da ja der besondere Gerichtsstand nach §§ 27, 28 ZPO besteht.

4 Die nachfolgende Berechnung erfolgt, um den Rechenweg verständlich zu machen. Angesichts der Höhe des Nachlasses wäre es in der Klausur sicher auch vertretbar, die sachliche Zuständigkeit des angerufenen Gerichts damit zu begründen, dass der Streitwert »jedenfalls über 5.000 EUR liegt«.

5 Thomas/Putzo/*Hüßtege* ZPO § 3 Rn. 65 (Feststellungsklage).

6 Thomas/Putzo/*Reichold* ZPO § 256 Rn. 5.

7 ZB OLG München DNotZ 2008, 296.

8 ZB OLG Frankfurt a.M. ZEV 2013, 334.

9 ZB OLG Köln BeckRS 1990, 31147717.

d) das Testament unwirksam sei, weil es der Bindungswirkung eines früheren gemeinschaftlichen Testaments[10] oder Erbvertrages[11] widerspricht. 939

e) es sich gar nicht um eine Erbeinsetzung der T handele, da der Erblasser nur »das Haus vermacht« hat.[12] 940

f) (beliebige weitere Gründe gegen die Wirksamkeit des Testaments.) 941

All die vorgenannten Probleme lassen sich insbesondere mit Beweislastfragen kombinieren: 942

So trägt in Variante a) derjenige die Darlegungs- und Beweislast, der sich auf die Testierunfähigkeit beruft, da das Gesetz davon ausgeht, dass eine über 16-jährige Person auch testierfähig ist, § 2229 IV BGB.[13] In Variante b) muss hingegen Tochter T darlegen und beweisen, dass das Testament formwirksam errichtet wurde (§ 2247 BGB), denn sie will aus dieser für sie günstig wirkenden Tatsache Rechte herleiten.[14] Ob das Testament durchgängig handschriftlich errichtet wurde, stellt das Gericht durch Inaugenscheinnahme fest, verbleibende Zweifel gehen auch hier zulasten desjenigen, der aus der Verfügung Rechte herleiten will. In den Varianten c) und d) hingegen trägt wiederum Sohn S die Beweislast, denn für ihn wäre sowohl die Anfechtung des Testaments (§§ 2078 ff. BGB) vorteilhaft[15] als auch eine entgegenstehende Bindungswirkung.[16] Ob mit der Zuwendung eines wesentlichen Vermögensgegenstandes eine Erbeinsetzung verbunden ist, muss das Gericht im Wege der Testamentsauslegung klären. Kann es den wahren Willen des Erblassers auf diesem Wege nicht ermitteln, kann es auf die Zweifelsregelung des § 2087 BGB zurückgreifen. 943

B. Widerklage

I. Zulässigkeit

1. Örtliche Zuständigkeit

Das angerufene Gericht ist in Abhängigkeit dazu, wo S die Klage erhoben hat, entweder über § 27 I ZPO zuständig (besonderer Gerichtsstand der Erbschaft) oder über § 33 I ZPO (besonderer Gerichtsstand der Widerklage).[17] Konnexität im Sinne des § 33 I ZPO ist gegeben, da die Feststellung des Erbrechts von Tochter T auf demselben rechtlichen Verhältnis wie das Erbrecht von Sohn S beruht, nämlich auf der Frage nach der Wirksamkeit des Testaments und der Anwendung gewillkürter oder gesetzlicher Erbfolge (= identischer Tatsachenkomplex).[18] 944

2. Sachliche Zuständigkeit

Das Landgericht ist auch sachlich zuständig, denn T begehrt die Feststellung ihres Alleinerbrechts. Unabhängig von der Frage, ob der in jedem Falle bestehende Pflichtteilsanspruch abzuziehen ist oder nicht, wird die Streitwertgrenze der §§ 23, 71 GVG überschritten. Zu beachten ist, dass gemäß § 5 Hs. 2 ZPO der Streitwert von Klage und Widerklage für die Bestimmung der sachlichen Zuständigkeit nicht addiert werden.[19] 945

3. Feststellungsinteresse

Das Feststellungsinteresse besteht im selben Umfang wie oben bei S. 946

10 ZB OLG München NJW-RR 2011, 1020.
11 ZB OLG Düsseldorf NJW-RR 2012, 391.
12 ZB OLG München NJW-RR 2007, 1162.
13 Palandt/*Weidlich* BGB § 2229 Rn. 11.
14 Palandt/*Weidlich* BGB § 2247 Rn. 17.
15 Palandt/*Weidlich* BGB § 2078 Rn. 11.
16 Palandt/*Weidlich* BGB § 2270 Rn. 4.
17 Selbstverständlich ist auch denkbar, dass eine Zuständigkeit nach §§ 12, 13 ZPO besteht, wenn S und T ihren Wohnort am selben allgemeinen Gerichtsstand haben.
18 Thomas/Putzo/*Hüßtege* ZPO § 33 Rn. 5.
19 Im Gegensatz dazu werden der Wert von Klage und Widerklage gemäß § 45 I GKG addiert. Etwas anderes ergibt sich auch nicht aus S. 3, denn es handelt sich bei Klage und Widerklage auf Feststellung des Erbrechts nicht um denselben Gegenstand. Gesetzliches und gewillkürtes Erbrecht stellen unterschiedliche Gegenstände dar.

947 Darüber hinaus müssen die besonderen Prozessvoraussetzungen der Widerklage vorliegen.

II. Begründetheit der Widerklage

948 Typischerweise hängt die Begründetheit der Widerklage auf Feststellung des Erbrechts von der Entscheidung über die Klage ab, wenn man unterstellt, dass weitere Erbprätendenten nicht vorhanden sind.

Klausurtipp: Für den Klausurbearbeiter ist es deshalb wichtig, sich im Rahmen der Klausurgliederung Klarheit darüber zu verschaffen, wie sich die Erbrechtslage tatsächlich darstellt. Nur so kann vor Beginn des Schreibens festgelegt werden, wie viel Zeit für das Schreiben der einzelnen Klausurteile aufgewendet werden soll

C. Hilfswiderwiderklage

I. Zulässigkeit

949 Das Gericht entscheidet über die Hilfswiderwiderklage nur, wenn zuvor die (Wider-)Klage der T erfolgreich war. Zwar ist die Erhebung einer Klage als Prozesshandlung grundsätzlich bedingungsfeindlich, aber hier handelt es sich lediglich um eine innerprozessuale Bedingung, die dem nicht entgegensteht.

1. Örtliche Zuständigkeit

950 (S. oben A.I.1.)

2. Sachliche Zuständigkeit

951 (S. oben A.I.2.)

II. Begründetheit

952 Die (Leistungs-)klage ist begründet, wenn S nicht Erbe geworden ist und er von T als Alleinerbin Zahlung seines Pflichtteils verlangen kann, § 2303 I BGB.[20]

Hinweis zur Kostenentscheidung:

953 Unterstellt, es wird hier sowohl über die Klage (erfolglos), die Widerklage (erfolgreich) und die Widerwiderklage (erfolgreich) entschieden, könnte die Kostenentscheidung lauten:

> Von den Kosten des Rechtsstreits trägt der S 4/5, die T 1/5.

Auszugehen ist dabei von einem Gesamtstreitwert für die Kosten in Höhe von 125.000 EUR (50.000 EUR Feststellungsklage des S; [weitere] 50.000 EUR für die Feststellungsklage der T). Hinzuzurechnen sind noch 25.000 EUR für den Pflichtteilsanspruch des S. Zwar ist dieser Teil des Gesamtnachlasses. Um jedoch die Kostenquote zu ermitteln, ist, ähnlich wie bei der Baumbach'schen Kostenformel, ein fiktiver Streitwert zur Berechnung der Gebühren zu ermitteln.

954 In Abhängigkeit vom jeweiligen Ausgang einer solchen Klausur lassen sich weitere Probleme bei der Entscheidung über die Kosten und/oder die vorläufige Vollstreckbarkeit einbauen.

955 Alles in allem spricht Vieles dafür, dass auch weiterhin die Probleme in der Bearbeitung der erbrechtlichen Klausuren im materiellen Recht liegen und die Streichung des Erbscheinsverfahren aus der Prüfungsordnung die Prüfungen nur unwesentlich einfacher machen dürfte, wenn überhaupt.

956 Die übrigen erbrechtlichen Klausuren dieses Skripts decken die anderen »klassischen« Themen aus dem Assessorexamen ab: Klausur 6 hat Fragen aus dem Grenzbereich zwischen Beratung und forensischer Anwaltsklausur zum Gegenstand. Klausur 7 ist eine Herausgabeklage gegen den »Erbscheinserben« und Klausur 8 beschäftigt sich im kautelarrechtlichen Bereich mit den Fragen der Erbfolge, des Pflichtteilsrechts und des nachstehenden Unterhaltsverzichts.

20 Denkbar wäre auch eine Klausurkonstellation, in der die T ihrerseits dem Pflichtteilsanspruch des S eine mögliche – im Testament angeordnete – Entziehung des Pflichtteils entgegenhält, § 2333 BGB.

4. Teil. Klausuren aus dem Erbrecht

6. Klausur: Vermögensrechtliche Auseinandersetzung; Pflichtteil; Anrechnung und Ausgleich; Schutz des Vertragserben

Aufgabenstellung: Gutachten mit anwaltlicher Beratung

Rechtsreferendar Alexander Fleißig arbeitet im Rahmen seiner Zivilrechtsstation in der Anwaltskanzlei von Rechtsanwältin Barbara Schön mit, die ihm folgende Fälle zur Bearbeitung überträgt mit der Bitte, ein schriftliches Gutachten zu den aufgeworfenen Fragen zu erstellen:

Fall 1: Mandantin Manuela Einser

Die Eheleute Franz und Manuela Einser haben 1969 geheiratet und weder einen Ehevertrag noch einen Erbvertrag zu Beginn der Ehe oder später geschlossen. Aus der Ehe sind die Kinder Sebastian, Ludmilla und Cordula hervorgegangen. Zu Beginn der Ehe hatten weder Franz noch Manuela Einser ein Anfangsvermögen.

Manuela hat die Kinder betreut und den Haushalt geführt. Am 27.1.2011 erbte Franz Einser ein Grundstück mit einem Wert von (indexiert 2015) 50.000 EUR. Am 10.7.2016 verstirbt er und hinterlässt ein Vermögen iHv 2,2 Millionen EUR. Manuela hat bis zum Tode von Franz kein Vermögen erzielt. Im Vermögen ist ein angemessener Hausrat von 50.000 EUR enthalten; weiter bestehen Verbindlichkeiten iHv 150.000 EUR. Ein Testament liegt nicht vor.

Manuela Einser bittet um Rat, wie sie sich verhalten soll, nachdem sie der Nachlassrechtspfleger zu einer Erklärung aufgefordert hatte, ob sie die Erbschaft annehme oder nicht.

Fall 2: Mandant Cäsar Zweier

Die Eheleute Birgit und Peter Zweier hatten sich im Rahmen eines gemeinschaftlichen Testaments gegenseitig zu Alleinerben eingesetzt. Schlusserben sind die gemeinsamen Kinder Albert, Bertram und Cäsar Zweier zu gleichen Teilen. Birgit hatte Sohn Albert 2012 Zuwendung iHv 200.000 EUR gewährt und deren Ausgleichung bestimmt. Bei ihrem Tod 2015 hinterließ Birgit ihrem Mann Peter noch 200.000 EUR. Zusammen mit seinem eigenen Vermögen von 100.000 EUR hatte er insgesamt ein Vermögen in Höhe von 300.000 EUR. Davon gewährte er dem Bertram noch eine Zuwendung von 50.000 EUR und ordnete deren Ausgleichung an. Schließlich verbrauchte er noch 50.000 EUR für sich selbst.

Er hinterließ nach seinem Tode am 10.9.2016 schließlich 200.000 EUR.

Was erhalten Albert, Bertram und Cäsar?

Fall 3: Mandantin Viola Dreier

Der Erblasser Egon Dreier hinterlässt seine Ehefrau Viola Dreier und die beiden Kinder Anton und Berta Dreier. Die Eheleute lebten im gesetzlichen Güterstand der Zugewinngemeinschaft. Egon Dreier setzte seine Ehefrau zur Alleinerbin ein. Anton hat einen Vorempfang iHv 12.000 EUR erhalten, der auf seinen Pflichtteil angerechnet werden soll. Berta hat einen Vorempfang iHv 10.000 EUR erhalten, der ausgleichungspflichtig ist. Der Nachlass hat einen Wert von 100.000 EUR.

Viola Dreier möchte wissen, wie hoch die Pflichtteilsansprüche der Kinder Anton und Berta sind, wenn sie geltend gemacht würden.

Abwandlung: Wie ist es, wenn der Vorempfang des Anton nicht nur angerechnet, sondern auch ausgeglichen werden soll?

Fall 4: Mandant Karl Vierer

Der Mandant Karl Vierer ist der Sohn eines vor wenigen Tagen verstorbenen wohlhabenden Kaufmanns aus dessen erster Ehe. Er hat diesen aufgrund Erbvertrages seiner Eltern allein beerbt. Nach dem Tod seiner Mutter heiratete sein Vater in zweiter Ehe eine wesentlich jüngere Frau. In der zweiten Ehe bestand gesetzlicher Güterstand. Im Laufe der Zeit löste der Vater des Mandanten eine Reihe von Konten auf und überwies auf das Konto seiner zweiten Ehefrau insgesamt 89.000 EUR. Weiter räumte er ihr unentgeltlich einen Nießbrauch auf dem ehelichen Hausgrundstück ein.

Der Mandant möchte wissen, ob und falls ja, unter welchen Voraussetzungen ihm gegenüber der Witwe des Erblassers ein Anspruch auf Zahlung von 89.000 EUR zusteht und was er gegen den Nießbrauch unternehmen kann.

Fall 5: Mandant Anton Fünfer

Der Mandant Anton Fünfer schildert folgenden Sachverhalt: Der Erblasser, sein Vater, hinterlässt 4 Kinder, ihn, den Anton (kurz A), B, C und D. Die Mutter ist bereits vorverstorben.

Der Erblasser hat in seinem Todesjahr an einen Freund, den X, 200.000 EUR verschenkt. Der Nachlass im Wert von 260.000 EUR geht gem. Testament allein auf Anton Fünfer über.

B hat vom Erblasser 3 Jahre vor dem Tod ein Geschenk im Wert von 60.000 EUR mit der Bestimmung, dass er sich diese Zuwendung auf den Pflichtteil anrechnen lassen muss, erhalten. C erhält nach dem Testament ein Vermächtnis im Wert von 60.000 EUR. D hat nichts erhalten.

Haben die Beteiligten Pflichtteilsansprüche? Muss der Mandant diese befriedigen oder kann er sich auch an den Freund X halten?

Ein etwaiger Kaufpreisschwund kann unberücksichtigt bleiben.

Lösung

Fall 1: Mandantin Manuela Einser

Zunächst muss festgestellt werden, dass die Eheleute Einser wegen § 1363 I BGB im Güterstand der Zugewinngemeinschaft lebten, da sie keinen Ehevertrag geschlossen hatten und insoweit auch nichts anderes vereinbart wurde. 957

Deswegen hat die Mandantin grundsätzlich zwei Möglichkeiten, wie sie vorgehen kann: Sie kann die Erbschaft annehmen (erbrechtliche Lösung) oder diese ausschlagen und damit die sog. familienrechtliche Lösung wählen. Es ist daher zu klären, welche Lösung für die Mandantin wirtschaftlich vorteilhaft ist.

1. Variante: Manuela Einser nimmt die Erbschaft an (erbrechtliche Lösung)[1]

Die Annahme der Erbschaft erfolgt gem. § 1943 BGB durch Erklärung gegenüber dem Nachlassgericht oder Verstreichenlassen der Ausschlagungsfrist. Bei Annahme der Erbschaft wird Manuela Einser neben ihren drei Kindern Erbin. Die Ehefrau erbt gem. § 1931 I BGB neben den Kindern als Erben der 1. Ordnung ein Viertel des Nachlasses. Wegen § 1931 III BGB iVm § 1371 I BGB erhält sie ein weiteres Viertel zu ihrem gesetzlichen Erbteil, sodass sie insgesamt die Hälfte des Nachlasses erbt. Die Kinder erben die andere Hälfte, jedes von ihnen gem. § 1924 I und IV BGB ein Sechstel. 958

Gem. § 1932 I 2 BGB steht Manuela noch der sog. »kleine Voraus«[2] iHv 50.000 EUR zu. 959

Der Nachlasswert von 2,2 Mio. EUR, unter Abzug der Verbindlichkeiten von 150.000 EUR, beträgt somit 2,05 Mio. EUR. Hiervon ist der kleine Voraus mit 50.000 EUR ebenfalls noch in Abzug zu bringen, sodass ein zu verteilender Nachlass iHv 2,0 Mio. EUR verbleibt. Der Abzug des kleinen Voraus erfolgt wegen § 1932 II BGB, da dieser wie ein Vermächtnis zu behandeln ist und als Nachlassverbindlichkeit wegen § 1967 II BGB bei der Auseinandersetzung des Nachlasses vorweg zu berichtigen ist, § 2046 BGB. 960

Manuela stünde daher bei Annahme der Erbschaft aus dem Nachlass ein Betrag von 1,0 Mio. EUR zuzüglich dem Betrag von 50.000 EUR (kleiner Voraus), mithin ein Betrag von insgesamt 1.050.000 EUR zu. 961

2. Variante: Manuela Einser schlägt die Erbschaft aus (güterrechtliche Lösung)[3]

Die Ausschlagung der Erbschaft erfolgt ebenfalls gegenüber dem Nachlassgericht, § 1945 I BGB und ist eine einseitige, form- und fristgebundene, amtsempfangsbedürftige Willenserklärung.[4] Sie wird erst wirksam, wenn sie dem Nachlassgericht zugeht. Gem. § 1953 BGB gilt die Erbschaft an die Manuela dann als nicht erfolgt. 962

Zunächst ist zu beachten, dass nunmehr der Anspruch auf den »kleinen« Voraus entfällt, da er dem überlebenden Ehegatten nur zusteht, wenn er gesetzlicher Erbe geworden ist, § 1932 I 1 BGB.

Nach erbrechtlichen Grundsätzen stünde Manuela nach der Ausschlagung der Erbschaft kein Pflichtteilsrecht zu. Allerdings wurde in § 2303 II 2 iVm § 1371 II und III BGB eine andere 963

1 Palandt/*Brudermüller* BGB § 1371 Rn. 2 ff.

2 Grundsätzlich fallen unter den »Voraus« sämtliche zum ehelichen Haushalt gehörenden Gegenstände, soweit sie nicht Zubehör eines Grundstücks geworden sind und die Hochzeitsgeschenke. Neben Erben der 1. Ordnung erfolgt eine Einschränkung dahingehend, dass sie dem überlebenden Ehegatten nur insoweit zustehen, als sie zur Führung eines angemessenen Haushalts benötigt werden. Palandt/*Weidlich* BGB § 1932 Rn. 6: Voraussetzung ist hier, dass er weder genügend Gegenstände dieser Art besitzt noch ihm die Beschaffung aus eigenen Mitteln zugemutet werden kann; beachte: die Möglichkeit des Selbsterwerbs schließt nicht immer aus, dass er sie benötigt; auch der Wert ist nicht allein entscheidend.

3 Palandt/*Brudermüller* BGB § 1371 Rn. 12 ff. iVm Rn. 18 ff.

4 Palandt/*Weidlich* BGB § 1945 Rn. 1.

Regelung getroffen. Der Ehegatte, der im gesetzlichen Güterstand der Zugewinngemeinschaft gelebt hat, kann zum einen den kleinen Pflichtteil gem. §§ 1931 III, 1371 II BGB, zum anderen den rechnerischen Zugewinnausgleich gem. §§ 1931 III, 1371 III iVm Abs. 2 BGB geltend machen.

964 **1.** Der gesetzliche Erbteil beläuft sich gem. § 1931 I BGB auf ein Viertel des Nachlasses, der Pflichtteil beträgt somit nach § 2303 II 1, I BGB **ein Achtel**.

Die Zugewinnausgleichsforderung als Geldforderung ist eine Nachlassverbindlichkeit.[5] Zu prüfen ist weiter, ob sie vorab vor der Berechnung des Pflichtteilsanspruchs vom Nachlass abzuziehen ist, da der Zugewinnausgleichsanspruch erst mit dem Erbfall geltend gemacht wird. Da das Vermögen des Erblassers bereits zu Lebzeiten durch den Güterstand mit dem möglichen Zugewinnausgleichsanspruch belastet war, ist er als Nachlassverbindlichkeit vorab in Abzug zu bringen.[6]

965 **2. Ermittlung des rechnerischen Zugewinnausgleichsanspruchs**

Zugewinn ist gem. § 1373 BGB der Betrag, um den das Endvermögen eines Ehegatten das Anfangsvermögen übersteigt.

966 **a) Der Zugewinn der Manuela Einser**

Manuela Einser selbst hat keinen Zugewinn erzielt, da sie weder über ein Endvermögen noch über ein Anfangsvermögen verfügt.

967 **b) Der Zugewinn des Franz Eisner**

aa) Franz Einser hat ein Endvermögen iHv 2,05 Mio. EUR, da von dem Vermögen von 2,2 Mio. EUR die Verbindlichkeiten mit 150.000 EUR in Abzug zu bringen sind, § 1375 I 1 BGB.

bb) Franz Einser hatte zunächst auch kein Anfangsvermögen.

Allerdings ist zu beachten, dass gem. § 1374 II BGB Vermögen, das nach dem Eintritt des Güterstandes von Todes wegen erworben wird, dem Anfangsvermögen hinzuzurechnen ist. Franz Einser hat im Jahr 2009 ein Grundstück mit einem gem. § 1376 I BGB indexierten Wert von 50.000 EUR geerbt, sodass dieser Betrag zum Anfangsvermögen hinzugerechnet werden muss.[7]

Das Anfangsvermögen des Franz Einser beträgt somit 50.000 EUR.

cc) Der Zugewinn des Franz Eisner beträgt daher 2.050.000 EUR abzüglich 50.000 EUR, mithin 2.000.000 EUR.

968 **c) Zugewinnausgleichsanspruch der Manuela Einser, § 1378 I BGB**

Da der Zugewinn des Franz Einser größer ist als der Zugewinn der Manuela Einser steht ihr gem. § 1378 I BGB ein Zugewinnausgleichsanspruch in Höhe der Hälfte des Überschusses zu:

Der Ausgleichsanspruch beträgt daher 1,0 Mio. EUR.

969 **3. Die Pflichtteilsberechnung ergeht sodann wie folgt:**

Nachlasswert:	2.050.000 EUR
abzüglich Zugewinnausgleich	1.000.000 EUR
verbleiben	1.050.000 EUR
davon ⅛ Pflichtteilsquote	131.250 EUR

970 **4. Ergebnis der Variante 2**

Manuela Einser erhält, wenn sie die Erbschaft nach ihrem Ehemann Franz Einser ausschlägt, 1.131.250 EUR.

5 Palandt/*Weidlich* BGB § 1967 Rn. 5.

6 BGHZ 37, 5 ff. (64); *Brox/Walker* ErbR Rn. 654–656; als Argument spricht hierfür insbesondere, dass die pflichtteilsberechtigten Abkömmlinge nicht an dem Zugewinn teilhaben sollen, der dem überlebenden Ehepartner gem. § 1371 II und III BGB zugute kommt.

7 Palandt/*Brudermüller* BGB § 1376 Rn. 31: ggf. Tabelle für den Jahresverbraucherpreisindex.

Endergebnis: 971

Da Manuela Einser bei Annahme der Erbschaft wertmäßig nur 1.050.000 EUR erhält, während sie bei Ausschlagung der Erbschaft wertmäßig 1.131.250 EUR erhält, steht sie in der 2. Variante um 81.250 EUR besser.

Daraus lässt sich grundsätzlich folgern: Je größer die Differenz im Zugewinn der Ehegatten ist, desto günstiger ist die familienrechtliche Lösung für den Ehegatten, der den niedrigeren Zugewinn erzielt hatte.

Fall 2: Mandant Cäsar Zweier

Die Kinder Albert, Bertram und Cäsar Zweier (im folgenden A, B und C) bilden eine Erbengemeinschaft nach dem Tode des Peter Zweier, §§ 2032 ff. BGB. Diese soll nun auseinandergesetzt werden, sodass die §§ 2042 ff. BGB gelten. Im vorliegenden Fall geht es vor allem um die Ausgleichung von Zuwendungen iSd §§ 2050 ff. BGB. Der Ausgleichung liegt der vermutete Wille des Erblassers zugrunde, seine Abkömmlinge an der Rechtsnachfolge in sein Vermögen gleichmäßig teilhaben zu lassen. Die §§ 2050 ff. BGB gelten jedoch nur für die gesetzliche Erbfolge und führen zu einer rechnerischen Einbeziehung der zu Lebzeiten erhaltenen Vermögenswerte in Teilung unter den Abkömmlingen. 972

Im vorliegenden Fall liegt allerdings ein Fall der gewillkürten Erbfolge vor, da die Eltern Birgit und Peter Zweier ein gemeinschaftliches Testament verfasst haben, wonach sie sich wechselseitig zu Alleinerben, die Kinder A, B und C als Schlusserben zu gleichen Teilen eingesetzt haben. Gem. § 2052 BGB gilt die Ausgleichungspflicht jedoch auch für Testamentserben, wenn sie der Erblasser auf das einsetzt, was sie als gesetzliche Erben erhalten würden. Dann sollen gem. § 2052 auch die §§ 2050, 2051 BGB gelten. Danach würde auch ohne gesonderte Anordnung eine Ausgleichung erfolgen. Die Anrechnung ist hier wegen § 2050 III BGB problemlos möglich, da in beiden Fällen die Ausgleichung der Zuwendung angeordnet wurde.[8] Gem. § 2057 BGB besteht grundsätzlich eine Auskunftspflicht der Abkömmlinge bezüglich etwaiger Vorausempfänge an die Miterben. 973

Im vorliegenden Fall sollen die Kinder als Schlusserben genau zu gleichen Teilen erben, also entsprechend der gesetzlichen Erbfolge. Ein Fall der Anrechnung liegt vor, wobei grundsätzlich nur die Zuwendungen des zuletzt verstorbenen Erblassers Peter Zweier zu berücksichtigen wären.[9] Bei einem gemeinschaftlichen Testament in Form des »Berliner Testaments« ist weiter zu beachten, dass der »erweiterte Erblasserbegriff« gilt.[10] Danach ist auch eine Zuwendung des erstverstorbenen Ehegatten zu berücksichtigen. Dieser ist als Erblasser anzusehen und die Abkömmlinge müssen beim Tode des Überlebenden (hier: Peter Zweier) die Zuwendungen ausgleichen, die vom Erstverstorbenen (hier: Birgit Zweier) gemacht worden waren.[11] Die Ausgleichung erfolgt unter den Voraussetzungen des § 2055 I BGB, sodass gem. S. 2 zunächst die Zuwendungen dem Nachlass hinzuzurechnen sind: 974

Nachlasswert:	200.000 EUR
Vorausempfang B von Peter Zweier	50.000 EUR
Vorausempfang A von Birgit Zweier	200.000 EUR
Rechnerische Teilungsmasse	450.000 EUR

Auf jedes der Kinder entfiele daher ⅓ der Summe, somit 150.000 EUR. Gem. § 2055 I 1 BGB wird jedem Miterben der Wert der Zuwendung, den er ausgleichspflichtig erlangt hat, auf seinen Erbteil angerechnet. 975

8 Palandt/*Weidlich* BGB § 2050 Rn. 15 ff.; ansonsten sind wegen § 2050 I BGB die Ausstattungen gem. § 1624 BGB auszugleichen (zum Begriff Ausstattung, s. Palandt/*Weidlich* BGB § 2050 Rn. 8); gem. § 2050 II BGB sind insbesondere auch übermäßige Zuschüsse (Palandt/*Weidlich* BGB § 2050 Rn. 12) auszugleichen und Berufsbildungskosten (Palandt/*Weidlich* BGB § 2050 Rn. 13 f.).

9 So zumindest, wenn man nur den Wortlaut des § 2052 BGB annimmt.

10 BGH NJW 1982, 43 und 1983, 2875; Palandt/*Weidlich* BGB § 2052 Rn. 2.

11 Palandt/*Weidlich* BGB § 2052 Rn. 2.

976 Beim Nachlass des A müsste daher von den 150.000 EUR die Zuwendung von 200.000 EUR in Abzug gebracht werden. Gem. § 2056 S. 1 BGB ist ein Miterbe jedoch nicht verpflichtet einen Mehrbetrag auszuzahlen. Gem. § 2056 S. 2 BGB bleiben aber er und die an ihn gerichtete Zuwendung bei der Nachlassteilung unberücksichtigt:

Nachlasswert:	200.000 EUR
Vorausempfang B von Peter Zweier	50.000 EUR
Rechnerische Teilungsmasse	250.000 EUR

Auf jedes der Kinder (B und C) entfiele daher ½ der Summe, somit 125.000 EUR.

B würde unter Anrechnung seines Vorausempfangs daher 125.000 EUR abzüglich 50.000 EUR, somit also 75.000 EUR erhalten.

C würde, da er bislang nichts bekommen hatte, 125.000 EUR erhalten.

977 **Ergebnis:**

A erhält nichts aus dem Nachlass, muss im Hinblick auf seinen Vorausempfang aber auch nichts herausgeben.

B erhält 75.000 EUR und
C erhält 125.000 EUR.

Fall 3: Mandantin Viola Dreier

1. Pflichtteil der Berta Dreier

978 Die Berechnung des Pflichtteils der Berta Dreier erfolgt unabhängig davon, ob Anton Dreier sich seinen Vorempfang anrechnen (§ 2315 BGB) lassen muss oder nicht.

979 Vom realen Nachlass iHv 100.000 EUR ist der gesetzliche Erbteil des Ehegatten in Abzug zu bringen. Da die Ehefrau als Alleinerbin eingesetzt ist, scheidet die güterrechtliche Lösung (§ 1371 II BGB) aus und es ist vom erhöhten Erbteil iHv ½ (¼ + ¼) auszugehen, §§ 1931 I, III, 1371 I BGB[12]. Es sind daher 50.000 EUR in Abzug zu bringen. Weiter muss der ausgleichungspflichtige Vorempfang iHv 10.000 EUR hinzugerechnet werden, § 2316 I BGB. Es ergibt sich daher ein Ausgleichungsnachlass iHv 60.000 EUR.

980 Hiervon beträgt der Ausgleichungserbteil als gesetzlicher Erbteil der Berta Dreier ½, § 1924 IV BGB. Von diesem Ausgleichungserbteil iHv 30.000 EUR ist der Vorempfang iHv 10.000 EUR abzuziehen, §§ 2316 I, 2056 BGB, sodass ein tatsächlicher Erbteil der Berta Dreier iHv 20.000 EUR verbleibt.

Der Ausgleichungspflichtteil beträgt daher ½ von 20.000 EUR, mithin 10.000 EUR.

2. Pflichtteil des Anton Dreier

Bei der Berechnung des Pflichtteils des Anton Dreier ist zu beachten, dass dieser einerseits einen Vorteil aus der Ausgleichung des Vorempfangs der Berta Dreier zieht und zum anderen, dass bei der Abrechnung der eigenen Zuwendung diese vorher dem Nachlass hinzuzurechnen ist, § 2315 II 1 BGB.

981 Dem realen Nachlass ist daher der anzurechnende Vorempfang iHv 12.000 EUR hinzuzurechnen, sodass sich ein Anrechnungsnachlass iHv 112.000 EUR ergibt.

12 Die Berechnungsbeispiele in Palandt/*Weidlich* BGB § 2316 Rn. 3 und 4 gehen von einem kleinen Pflichtteil des Ehegatten gem. § 1371 II aus, da hier davon ausgegangen wurde, dass der Ehegatte nicht Erbe geworden ist; zum Wahlrecht des Ehegatten s. auch eingehend Palandt/*Weidlich* BGB § 2303 Rn. 14–16.

Da der Ausgleich nur unter Abkömmlingen stattfindet, ist der Anteil des Ehegatten (½) in Abzug zu bringen. Der Ausgleichungsnachlass beträgt daher ½ von 112.000 EUR, mithin 56.000 EUR. 982

Zu diesem vorläufigen Ausgleichungsnachlass ist der ausgleichungspflichtige Vorempfang der Berta Dreier iHv 10.000 EUR hinzuzurechnen, sodass sich ein Ausgleichungsnachlass von 66.000 EUR ergibt; der Erbteil des Anton Dreier beträgt daher ½ von 66.000 EUR, mithin 33.000 EUR. 983

Der Ausgleichungspflichtteil für Anton Dreier beträgt ½ von 33.000 EUR; also 16.500 EUR, abzüglich der anrechnungspflichtigen Zuwendung von 12.000. 984

Anton Dreier hat daher einen Anspruch auf den Wertpflichtteil iHv 4.500 EUR. 985

Ergebnis:

Viola Dreier muss daher mit Pflichtteilsansprüchen von insgesamt 10.000 EUR (Berta Dreier) und 4.500 EUR (Anton Dreier) mithin somit iHv 14.500 EUR rechnen. 986

Abwandlung:

Hat sich Anton Dreier die 12.000 EUR nicht nur anrechnen zu lassen (§ 2315 BGB), sondern auch noch auszugleichen (§ 2316 BGB), so ergibt sich Folgendes: 987

1. Pflichtteil der Berta Dreier

Der reale Nachlass von 100.000 EUR ist wie vorher um den Ehegattenanteil zu »entlasten«, sodass nur 50.000 EUR in Ansatz zu bringen sind. Weiter müssen jedoch gem. § 2316 I BGB die ausgleichungspflichtigen Vorausempfänge von 10.000 EUR an Berta Dreier und 12.000 EUR an Anton Dreier hinzugerechnet werden. Es ergibt sich daher ein Betrag von 72.000 EUR. 988

Der Ausgleichungserbteil beträgt daher wieder ½ des Nachlasses von 72.000 EUR, somit insgesamt 36.000 EUR. Von diesem Ausgleichungserbteil ist der Vorempfang mit 10.000 EUR abzuziehen (§§ 2316 I, 2056 BGB), sodass ein tatsächlicher Erbteil von 26.000 EUR verbleibt.

Der Ausgleichungspflichtteil ist wiederum ½ dieses tatsächlichen Erbteils von 26.000 EUR, mithin somit 13.000 EUR.

Berta Dreier kann daher einen Pflichtteil von 13.000 EUR geltend machen.

2. Pflichtteil des Anton Dreier 989

Wegen des § 2316 IV BGB ist auch beim Anton Dreier zunächst vom gleichen Nachlass wie bei der Berta Dreier auszugehen. Es erfolgt nicht noch zusätzlich eine Erhöhung des Nachlasses entsprechend § 2315 II 1 BGB.[13]

Der Nachlass beträgt daher auch hier 100.000 EUR, abzüglich dem Ehegattenanteil von 50.000 EUR. Weiter sind den 50.000 EUR die ausgleichungspflichtigen Zuwendungen von insgesamt 22.000 EUR hinzuzurechnen, sodass sich ein Betrag von 72.000 EUR ergibt (s. oben). 990

Der Ausgleichungserbteil beträgt wieder ½ des Nachlasses, somit 36.000 EUR. Von diesem Ausgleichungserbteil ist der Vorausempfang von 12.000 EUR abzuziehen, §§ 2316 I, 2056 BGB, sodass ein tatsächlicher Erbteil von 24.000 EUR verbleibt. 991

Der Ausgleichungspflichtteil ist wieder ½ des Ausgleichungserbteils von 24.000 EUR, somit 12.000 EUR. Von diesem Betrag muss nunmehr gem. § 2316 IV BGB die Anrechnung in Abzug gebracht werden. Diese ist die Hälfte des Wertes der Zuwendung von 12.000 EUR, mithin 6.000 EUR.

Es bleibt daher ein Pflichtteil des Anton Dreier iHv 6.000 EUR.

13 Palandt/*Weidlich* BGB § 2316 Rn. 8, wonach zunächst der gesetzliche Erbteil nach § 2316 I BGB berechnet werden muss; erst danach ist auf den daraus gewonnenen Pflichtteil die Zuwendung mit der Hälfte des Wertes in Anrechnung zu bringen. Es soll damit verhindert werden, dass die Zuwendung doppelt angerechnet wird. Eingehend zu der Problematik s. auch *Brox/Walker* ErbR § 32, insbesondere Rn. 559–561.

Ergebnis:

992 Viola Dreier muss in der Abwandlung mit einem Pflichtteil von insgesamt 19.000 EUR (13.000 EUR Berta Dreier + 6.000 EUR Anton Dreier) rechnen.

Fall 4: Mandant Karl Vierer[14]

1. Herausgabeanspruch aus § 2018 BGB

993 Ein Anspruch aus § 2018 BGB scheidet aus. Die Anspruchsgegnerin ist nicht Erbschaftsbesitzerin. Sie erlangte das Geld nicht aufgrund eines ihr nicht zustehenden Erbrechts, sondern aufgrund lebzeitiger Rechtsgeschäfte.

2. Anspruch aus § 2287 BGB[15]

994 a) Der Mandant ist aufgrund Erbvertrags,[16] an dessen Wirksamkeit keine Zweifel bestehen, Alleinerbe seines Vaters geworden. Aufgrund der erbvertraglichen Bindung konnte der Erblasser die erbrechtliche Stellung seines Sohnes durch gegenteilige letztwillige Verfügungen nicht mehr beeinträchtigen (sog. Bindungswirkung). Um derartige Verfügungen geht es aber nicht. Der Mandant wendet sich vielmehr dagegen, dass der Erblasser das Volumen der potenziellen Erbschaft durch lebzeitige Rechtsgeschäfte mit seiner zweiten Frau erheblich verringerte.

Zu Lebzeiten des erbvertraglich gebundenen Erblassers hat sowohl der gesetzlich berufene als auch der eingesetzte Erbe nur eine tatsächliche Aussicht auf dessen Vermögen, also eine rechtlich begründete Erwartung auf das Erbrecht, aber noch keine gesicherte Rechtsposition iSe Anwartschaftsrechts.[17] Gegen lebzeitige Rechtsgeschäfte – selbst verschwenderische – ist somit auch der Begünstigte eines Erbvertrages nicht geschützt. Sein freies Verfügungsrecht unter Lebenden verbleibt dem Erblasser auch nach dem Abschluss eines Erbvertrages, § 2286 BGB. Der Erbvertrag bindet den Erblasser nur hinsichtlich seiner künftigen letztwilligen Verfügungen. Eine Nichtigkeit ist damit selbst bei »Aushöhlungsgeschäften« nicht gegeben.[18]

Gegen den Missbrauch der fortbestehenden Verfügungsgewalt durch »bösliche« Schenkungen des vertraglich gebundenen Erblassers wird der Vertragserbe durch § 2287 I BGB aber immerhin in dem Umfang geschützt, dass ihm nach Anfall der Erbschaft ein Bereicherungsanspruch gegen den Beschenkten zusteht.

995 b) Zunächst einmal ist im Rahmen des Anspruchs aus § 2287 I BGB fraglich, ob die Geldüberweisungen des Erblassers an seine zweite Ehefrau als »Schenkungen« iSd § 2287 BGB zu qualifizieren sind.

---

14 Der Fall ist der Entscheidung BGH FamRZ 1992, 300 ff. = NJW 1992, 564 ff. mit Besprechungen von *Hohloch* JuS 1992, 611 f., *Klingelhöffer* NJW 1993, 1097 ff. und *Kues* FamRZ 1992, 924 ff. nachgebildet. Obwohl diese Entscheidung des IV. Zivilsenats des Bundesgerichtshofs zu einem bis dahin umstrittenen Problem des § 2287 BGB erging, hat sie große Ausbildungsrelevanz, weil bei der Behandlung der Beeinträchtigung des erbvertraglich Bedachten durch lebzeitige Verfügungen aufgrund der Rechtsfigur der ehebedingten Zuwendung Erbrecht und Familienrecht in Kollision treten.

15 Beachten Sie auch die Entscheidung BGH JuS 2014, 452. In dieser Entscheidung billigt der BGH die zumindest analoge Anwendung von § 822 BGB auf § 2287 BGB, wenn der Empfänger der beeinträchtigenden Schenkung den Gegenstand seinerseits auf einen Dritten überträgt.

16 Der Erbvertrag ist eines der am schwierigsten zu behandelnden Institute des Erbrechts. Zu seiner Funktion und dogmatischen Einordnung sowie der dem Erbvertrag eigenen Begriffswelt wird empfohlen *Nolting* JA 1993, 129 ff.; im Übrigen s. Klausur Nr. 8 (Notarielle Beratung mit Vertragsentwurf) und sehr ausführlich: *Sikora/Mayer* Kautelarjuristische Klausuren ZivilR 159 ff. (Klausur 7).

17 Palandt/*Weidlich* BGB § 2287 Rn. 1.

18 Von diesem Grundsatz macht das Gesetz für den Fall eine Ausnahme, dass der Erblasser den Bestand seines Vermögens durch Schenkungen verringert, um dadurch den Vertragserben zu benachteiligen, § 2287 I BGB. Zum Ganzen Palandt/*Weidlich* BGB § 2286 Rn. 1, vertieft Anwaltskommentar Erbrecht: NK-BGB/*Seiler* § 2286 Rn. 1 ff. und § 2287 Rn. 1 ff.; lesenswert auch die Entscheidung des BGHZ 59, 343 ff. = NJW 1973, 240 ff., in der die bisherige Rechtsprechung zur Aushöhlungsnichtigkeit aufgegeben wurde.

aa) Der Schenkungsbegriff des § 2287 BGB entspricht grundsätzlich dem des § 516 BGB.[19] 996
Im Verhältnis zwischen Ehegatten ist der Schenkungsbegriff iSd § 516 BGB aber seit längerem gesprengt. Zwar können Zuwendungen des einen Ehegatten an den anderen als echte Schenkung erfolgen, wenn objektiv Unentgeltlichkeit und subjektiv eine Einigung über die Unentgeltlichkeit vorliegt.

Exkurs: Objektive Unentgeltlichkeit 997

BGH FamRZ 1992, 300 ff.: Die objektive Unentgeltlichkeit wird für den Regelfall daraus hergeleitet, dass Entgeltlichkeit nur bei Verknüpfung mit einer Gegenleistung vorliegt und eine derartige Verknüpfung regelmäßig, soweit es sich nicht etwa um unbezahlte Mitarbeit handelt, zu verneinen ist. Der Erwerb eines zugewendeten Gegenstandes (auf den kein Rechtsanspruch besteht) ist unentgeltlich, wenn er nicht rechtlich abhängig ist von einer den Erwerb ausgleichenden Gegenleistung des Erwerbers. Dabei kommen als rechtliche Abhängigkeit, welche die Unentgeltlichkeit ausschließt und die Entgeltlichkeit begründet, Verknüpfungen sowohl nach Art eines gegenseitigen Vertrags (sog. synallagmatische Verknüpfung) als auch durch Setzung einer Bedingung (sog. konditionale Verknüpfung) oder eines entsprechenden Rechtszwecks (sog. kausale Verknüpfung) in Betracht. Entsprechende Gegenleistungen des Empfängers liegen bei Zuwendungen idR nicht vor. Die Ehe als solche gibt im Allgemeinen keinen Anspruch auf derartige Vermögensverschiebungen. Dies gilt sowohl für den gesetzlichen Güterstand der Zugewinngemeinschaft, bei dem ein Ausgleich nur für den Fall der Beendigung des Güterstandes vorgeschrieben ist, als auch für Fälle der Gütertrennung und der Gütergemeinschaft, § 1471 BGB. Bei Gütergemeinschaft hat jeder Ehegatte sein Vorbehaltsgut für sich alleine und verwaltet es selbstständig.
Auch Haushaltstätigkeit eines Ehegatten bildet keine Gegenleistung. Dem steht bereits entgegen, dass es sich bei der Haushaltsführung durch den Ehegatten, der keiner Erwerbstätigkeit nachgeht, um den dem anderen Gatten geschuldeten Beitrag zum Familienunterhalt handelt, § 1360 S. 1 BGB, vgl. auch § 1606 III 2 BGB. Hinzu kommt, dass selbst Leistungen in diesem Bereich, die über das gebotene Maß hinausgehen, nach § 1360b BGB im Zweifel nicht zu vergüten sind und dementsprechend ohne einen in diese Richtung weisenden Anhalt im Verhalten der Beteiligten auch nicht als vergütet angesehen werden können. Das gilt in gleicher Weise für die über den Unterhalt hinausgehenden vielfältigen Dienste und Hilfen, die Ehegatten einander innerhalb und außerhalb der ehelichen Lebensgemeinschaft leisten.

Bei Zuwendungen unter Ehegatten fehlt es aber für eine Schenkung regelmäßig an der Einigung der Eheleute darüber, dass die Zuwendung unentgeltlich erfolgen soll.

Exkurs: Schenkung unter Ehegatten 998

BGH FamRZ 1990, 600 ff. hat im folgenden Fall allerdings keine ehebedingte Zuwendung, sondern eine Schenkung bejaht und der Klage stattgegeben:
Die Ehegatten M und F waren zu gleichen Teilen Miteigentümer eines Grundstücks. Es bestand Gütertrennung. Durch notariellen Vertrag übertrug M seinen Miteigentumsanteil auf F. In der notariellen Urkunde heißt es ausdrücklich, dass, die Übertragung »unentgeltlich, also schenkungshalber« erfolgt. Da der Grundbesitz mit Grundpfandrechten iHv 170.000 DM belastet war, wurde in den notariellen Vertrag die weitere Klausel aufgenommen, dass M sich verpflichtet, die Grundpfandrechte zur Hälfte (und damit in Höhe seines Anteils) abzulösen. Die Übertragung des Miteigentums war erfolgt, um den Gläubigern des M Zugriff auf das Grundstück zu erschweren. Dabei wurde bei der Formulierung des notariellen Übertragungsvertrages darauf geachtet, dass Grunderwerbsteuer nicht anfiel, was nach damaligem Rechtszustand dann der Fall war, wenn die Übertragung als Schenkung erfolgte. Als die Ehe geschieden wurde, erhob F gegen M Klage auf Ablösung der Grundstücksbelastung in hälftiger Höhe.
Der BGH betont, dass der Bezeichnung in der Notariatsurkunde keine allein entscheidende Bedeutung zukommt. Aber: »Da die Parteien mithin ihre Absicht, den Anfall von Grunderwerbsteuer zu

19 Palandt/*Weidlich* BGB § 2287 Rn. 4.

vermeiden, auf legalem Wege nur durch die unentgeltliche Übertragung des Grundstücksanteils verwirklichen konnten, ist ein entsprechender übereinstimmender Schenkungswille und somit auch nach Wortlaut und Inhalt der Urkunde eine echte Schenkung anzunehmen; »denn eine bestimmte, vertragliche Regelung kann nicht gleichzeitig steuerrechtlich gewollt und zivilrechtlich nicht gewollt sein.« (BGH FamRZ 1990, 602).

Die Zuwendung dient vielmehr zumeist der ehelichen Lebensgemeinschaft. Eine derartige Zuwendung (der die Vorstellung oder Erwartung zugrunde liegt, dass die eheliche Lebensgemeinschaft Bestand haben wird) oder die (sonst) um der Ehe willen als Beitrag zur Verwirklichung oder Ausgestaltung der ehelichen Lebensgemeinschaft erbracht wird und die darin ihre Geschäftsgrundlage hat, wird als ehebedingte (unbenannte) Zuwendung verstanden.

Von dieser Unterscheidung ausgehend handelt es sich bei den Geldüberweisungen und der unentgeltlichen Einräumung des Nießbrauch[20] um ehebedingte Zuwendungen und gerade nicht um Schenkungen iSv § 516 BGB.

999 **bb)** Damit stellt sich die Frage, ob auch dann, wenn eine »ehebedingte Zuwendung« vorliegt, im Rahmen des § 2287 BGB von einer »Schenkung« ausgegangen werden kann.

1000 Vor der Einführung der Rechtsfigur der ehebedingten Zuwendung wurde eine Zuwendung unter Ehegatten als Schenkung iSv § 516 BGB angesehen und fiel daher in den Anwendungsbereich des § 2287 BGB.[21] Das entsprach dem gesetzgeberischen Willen, dem die Vorstellung einer die Schenkung verdrängenden »ehebedingten Zuwendung« fremd war. Dementsprechend würde es den Regelungsplan des Gesetzgebers verfehlen, »ehebedingte Zuwendungen« nur deshalb aus dem Anwendungsbereich dieser Vorschrift auszunehmen, weil sie aus Gründen, die lediglich im Bereich der Ehegatten liegen, in deren (Innen-)Verhältnis zueinander nicht mehr als Schenkung behandelt werden. Vielmehr muss eine objektiv unentgeltliche »ehebedingte Zuwendung« unter Ehegatten im Erbrecht regelmäßig wie eine Schenkung behandelt werden, selbst dann, wenn die Ehegatten subjektiv nicht von einer Schenkung ausgegangen sind.[22]

Zu beachten ist aber weiter, dass es bei der Prüfung der Frage, ob eine Zuwendung unter § 2287 BGB fällt, darauf ankommt, ob es sich um einen unentgeltlichen Vorgang handelt. Bei Zuwendungen an den anderen Ehegatten läuft dies auf die Frage hinaus, ob die Leistung etwa unterhaltsrechtlich geschuldet war oder ob ihr eine durch sie ganz oder teilweise vergütete, konkrete Gegenleistung gegenübersteht oder nicht.

1001 **cc)** Damit wird auch der Praxis entgegengewirkt, die erbrechtliche Vermögenszuweisungen zu unterlaufen versucht. Denn nicht selten nutzen Erblasser Möglichkeiten, die es wirklich oder vermeintlich zulassen, erhebliche Teile ihres Vermögens zum Nachteil von Pflichtteilsberechtigten des Vertragserben durch Rechtsgeschäft unter Lebenden am Nachlass vorbei an ihnen genehmere Personen weiterzuleiten.

1002 **c)** Schließlich müsste der Erblasser mit Beeinträchtigungsabsicht gehandelt habe. Direkter und erst recht bedingter Vorsatz reichen nicht aus.

Um den Vertragserben gegen den Missbrauch des in § 2286 BGB dem Erblasser gewährten Rechts zu schützen, arbeitet die Rechtsprechung zur Bestimmung der Beeinträchtigungsabsicht mit der Formulierung vom »lebzeitigen Eigeninteresse des Erblassers«[23].

20 Sofern die Einräumung des Nießbrauchs nach den Einkommens- und Vermögensverhältnissen beider Ehegatten unterhaltsrechtlich (ganz oder teilweise) geboten gewesen sein sollte, handelt es sich dabei nicht um eine unentgeltliche Zuwendung. Das macht dann eine umfassende Prüfung der Einkommens- und Vermögensverhältnisse der Ehegatten dahingehend erforderlich, ob und in welchem Umfang für die Zukunft der zweiten Ehefrau und insbesondere für ihr Alter bereits vorgesorgt war. Ergibt sich, dass die Witwe eine (weitere) Vorsorge nicht oder jedenfalls nicht in Form des ihr überlassenen Nießbrauchs zu beanspruchen hatte und wenn dem Nießbrauch auch keine Gegenleistung gegenüberstand, bleibt Raum, dessen Zuwendung als »unentgeltlich« zu behandeln. Hierauf verweist BGH FamRZ 1992, 300 ff. (304).

21 BGH FamRZ 1993, 300 ff. (302 f.) erhebt den Geltungsanspruch auch für § 2288 BGB (Schutz des Erbvertragsvermächtnisnehmers) und § 2325 BGB (Schutz des Pflichtteilsberechtigten).

22 BGH FamRZ 1993, 300 ff. (302 f.).

23 Palandt/*Weidlich* BGB § 2287 Rn. 7.

Ein lebzeitiges Eigeninteresse ist zB bejaht worden bei dem Bemühen des Erblassers, durch die Zuwendung seine Altersversorgung zu sichern oder zu verbessern[24] oder bei der Erfüllung einer sittlichen Verpflichtung.[25] Dagegen fehlt das lebzeitige Eigeninteresse, wenn die Verfügung ersichtlich darauf angelegt ist, dass anstelle des Vertragserben ein anderer sein wesentliches Vermögen ohne angemessenes Äquivalent erhält.[26]

Im konkreten Fall ist ein lebzeitiges Eigeninteresse des Erblassers jedenfalls derzeit nicht erkennbar. Dieser Punkt bedarf aber noch weiterer Aufklärung.[27]

d) Schließlich ist zu beachten, dass der Anspruch aus § 2287 BGB ausgeschlossen ist, wenn 1003
und soweit die Stiefmutter gegen den Mandanten als Erben ein Pflichtteilsanspruch zusteht.[28] Ist der »Beschenkte« zugleich Pflichtteilsberechtigter, so fehlt es an einer objektiven Beeinträchtigung des Erben iSv § 2287 BGB, soweit es sich um Zuwendungen handelt, die dem Beschenkten durch Pflichtteil und/oder Zugewinnausgleich bereits zustehen würden.[29]

Ob und in welchem Umfang der Mandant durch die Zuwendungen des Erblassers trotz der 1004
Ansprüche der zweiten Ehefrau auf Zugewinnausgleich und auf ihren Pflichtteil überhaupt benachteiligt ist und ggf. in welchem Umfang, bedarf noch näherer Aufklärung.

Hinzuweisen ist der Mandant ferner darauf, dass beweisrechtlich zunächst der Empfänger der Leistung darlegen muss, welche Umstände für ein lebzeitiges Eigeninteresse sprechen, dann aber der – beeinträchtigte – Vertragserbe darlegen und gegebenenfalls beweisen muss, dass der Erblasser mit Beeinträchtigungsabsicht gehandelt hat.[30]

Fall 5: Mandant Anton Fünfer

1. Pflichtteilsansprüche nach § 2303 BGB:

§ 2311 Nachlasswert 260.000 EUR 1005
§ 2310 Feststellung des Erbteils: ¼
§ 2303 Pflichtteilsquote ⅛ = 32.500 EUR

A hat gem. § 2303 BGB keinen Anspruch, da er Erbe ist.

B ist nicht Erbe geworden, sodass ihm ein Pflichtteilsanspruch zusteht, § 2303 I BGB. Gem. § 2315 BGB muss er sich allerdings die Zuwendung iHv 60.000 EUR zurechnen lassen, da dies vom Erblasser bei der Schenkung so bestimmt wurde, § 2315 I BGB:[31]

B: § 2303 BGB: 32.500; aber: § 2315 Abs. 2: 260.000 + 60.000 = 320.000 (rechnerischer Nachlass) : 8 = 40.000 – 60.000 = 0 EUR

Dem B steht daher im Ergebnis kein Pflichtteilsanspruch zu.

C ist auch nicht Erbe geworden; er hat aber ein Vermächtnis iHv 60.000 EUR erhalten. Da der Wert des Vermächtnisses den Wert des Pflichtteilsanspruchs übersteigt, besteht für ihn gem. § 2307 BGB kein Anspruch.

D: § 2303 BGB: 32.500; die 60.000 EUR, die bei B nach § 2315 II BGB hinzugerechnet worden sind, werden hier nicht angesetzt. Anrechnungspflichtige Zuwendungen werden nur bei dem jeweils betroffenen Pflichtteilsberechtigten angesetzt.

---

24 BGHZ 77, 264 ff.
25 BGH NJW 1976, 749 ff.
26 Palandt/*Weidlich* BGB § 2287 Rn. 7; eingehend dazu: NK-BGB/*Seiler/Horn* § 2287 Rn. 39 ff. mit vielen Beispielen, Erläuterungen und Rechtsprechungsnachweisen.
27 BGH NJW-RR 2012, 207 lässt es für die Annahme eines lebzeitigen Eigeninteresses des Erblassers auch ausreichen, wenn der Beschenkte ohne rechtliche Bindungen Leistungen zur Betreuung im weiteren Sinne übernimmt; OLG München BeckRS 2015, 00659 Rn. 31.
28 Der zweiten Frau stehen Pflichtteilsansprüche in Höhe des nicht erhöhten gesetzlichen Erbteils gem. §§ 2303, 1931 I, II BGB zu (kleiner Pflichtteil, s. dazu Palandt/*Weidlich* BGB § 2303 Rn. 15).
29 NK-BGB/*Seiler/Horn* § 2287 Rn. 25 ff.
30 Palandt/*Weidlich* BGB § 2287 Rn. 9.
31 Palandt/*Weidlich* BGB § 2315 Rn. 3 ff.

2. Pflichtteilsansprüche nach § 2325 BGB

1006 Dieser Anspruch besteht neben dem ordentlichen Pflichtteilsanspruch selbstständig, wird aber rechtlich entsprechend dem ordentlichen Pflichtteilsanspruch behandelt. Da die Schenkung an X in den Zehnjahreszeitraum fällt, muss auch der Anspruch nach § 2325 BGB geprüft werden. Er richtet sich gegen den Erben:[32] Da die Schenkung im Todesjahr erfolgte, kommt es auf § 2325 III BGB nicht an.

A: Kein Anspruch nach § 2325 BGB, da er Erbe ist,

aber direkter Anspruch nach § 2329 I 2 BGB gegen den letzten Beschenkten denkbar,

soweit das Ererbte die eigenen Pflichtteilsansprüche nicht deckt.[33]

§ 2303 BGB: 32.500

§ 2325 BGB: 200.000 + 60.000 : 8 = 32.500 Summe 65.000 EUR

Da das Ererbte höher ist, ergibt sich kein Anspruch.

B: § 2327 BGB: 200.000 : 8 = 25.000 EUR

Da B 60.000 EUR erhalten hat als Geschenk, hat er 20.000 EUR mehr erhalten, als der Pflichtteilsanspruch beträgt. Diesen Mehrbetrag muss er sich auch auf den Pflichtteilsergänzungsanspruch anrechnen lassen (§ 2327 I 2 BGB).

Insoweit hat B noch einen Ergänzungsanspruch in iHv 5.000 EUR.

Nach § 2327 I 2 BGB ist das Eigengeschenk auf den Gesamtbetrag von ordentlichem und Ergänzungspflichtteil anzurechnen. 200.000 + 260.000 + 60.000 = 520.000 : 8 = 65.000 – 60.000 = 5.000 EUR.

Insoweit hat B noch einen Pflichtteilsanspruch iHv 5.000 EUR.

C: Kein Anspruch nach § 2303 BGB s. oben.

§ 2325 BGB ist selbstständig daneben anwendbar.

§ 2325: 200.000 + 60.000 = 260.000 : 8 = 32.500 EUR

§ 2326 BGB gilt auch bei Vermächtnissen

60.000 – 32.500 (gem. §§ 2303, 2307 BGB) = 27.500 EUR. Dieser Betrag übersteigt den ordentlichen Pflichtteilsanspruch und wird gem. § 2326 BGB vom Ergänzungsanspruch abgezogen. Verbleibender Anspruch: 5.000 EUR.

D: § 2325 BGB: 200.000 + 60.000 = 260.000 : 8 = 32.500 EUR.

Ergebnis:

A schuldet als Erbe folgende Zahlungen:	§ 2303	an D	32.500	
	§ 2325	an D	32.500	
		an C	5.000	
		an B	5.000	insgesamt 75.000

Die Zahlungen nach § 2303 BGB kann A nicht verweigern.

Im Ergebnis kann A auch die Zahlungen nach § 2325 BGB nicht verweigern, § 2328 BGB, weil ihm mehr verbleibt, als seine eigenen Pflichtteilsansprüche betragen (32.500 + 32.500)[34].

32 Palandt/*Weidlich* BGB § 2325 Rn. 2 ff.; zu den Voraussetzungen Rn. 7 ff.

33 Palandt/*Weidlich* BGB § 2329 Rn. 1 ff.: dieser Anspruch richtet sich seitens des Erben direkt gegen den Beschenkten.

34 Palandt/*Weidlich* BGB § 2328 Rn. 1.

7. Klausur: Herausgabeanspruch gegen den Erbschaftsbesitzer; Auskunftsanspruch; Pflichtteilsergänzungsanspruch

Aufgabenstellung: Klageerwiderung und Widerklage

Am Donnerstag, den 21.4.2016 erscheint in 84028 Landshut, Regierungsplatz 3, in den Kanzleiräumen des Rechtsanwalts Dr. Egon Lange Herr Franz Scheinerb und erklärt Folgendes:

»Sehr geehrter Herr Rechtsanwalt, Sie müssen mir helfen!.

Vor sechs Wochen, am Mittwoch, den 2.3.2016 verstarb mein Vater Fritz Scheinerb im Klinikum Landshut, zuvor zuletzt wohnhaft in 84034 Landshut, Paul-Klee-Straße 3. Nachdem meine Mutter bereits bei meiner Geburt verstarb und ich das einzige Kind bin, ging ich davon aus, Alleinerbe meines Vaters geworden zu sein. Daher nahm ich die Erbschaft meines Vaters, die aus einer schlichten Wohnungseinrichtung im Wert von ungefähr 20.000 EUR, fünf Bildern meines Vaters und einigen kleineren Kunstgegenständen besteht, an mich und beantragte beim Amtsgericht Landshut – Nachlassgericht – einen Erbschein, der mich als Alleinerben kraft gesetzlicher Erbfolge auswies. Diesen erhielt ich am 30.3.2016 ausgehändigt. Ich habe ihn gleich mitgebracht. (Anlage 1)

In der Folgezeit versuchte ich, einige der nur noch vorhandenen fünf Bilder meines Vaters zu veräußern. Am 3.4.2016 verkaufte ich das Ölgemälde »Der findige Jurist«, 40 x 60 cm, rechts unten signiert und mit 1998 datiert für 6.000 EUR an den Kunsthändler Ludwig Listig, bei dem mein Vater, der ein örtlich bekannter Maler war, selbst früher auch schon mehrfach Bilder veräußert hatte. Dieser kam bei mir vorbei, holte das Bild ab und zahlte mir den Kaufpreis von 6.000 EUR sogleich in bar. Herrn Listig kenne ich persönlich. Er rief mich eine Woche nach der Beerdigung an und sagte, ich solle mich doch mit ihm wegen des Verkaufs der noch vorhandenen Bilder in Verbindung setzen, wenn ich trotz meiner Trauer dazu komme. Die übrigen Bilder behielt ich zunächst noch bei mir.

Ca. eine Woche später, am 9.4.2016, meldete sich die Haushälterin Berta Schmutzi bei mir und legte mir ein Testament meines Vaters vom 20.1.2016 vor, wonach sie als Vorerbin und ihre am 9.3.2016 geborene Tochter Katja als Nacherbin eingesetzt wurden. Ich sollte nichts erhalten. (Anlage 2) Sie forderte mich auf, den gesamten Nachlass herauszugeben. Zunächst hielt ich dies alles für einen üblen Scherz; die Handschrift ist aber eindeutig die meines Vaters. Auch seine Unterschrift erkenne ich wieder. In der Folgezeit konnte aufgrund eines DNA-Gutachtens festgestellt werden, dass Katja tatsächlich die Tochter meines Vaters, also meine Halbschwester ist. Daraufhin lieh ich mir am 11.4.2016 von Herrn Listig nochmals das Bild »Der findige Jurist«, um von diesem und allen noch vorhandenen Bildern meines Vaters wenigstens ein Foto zu fertigen. Er meinte, ich könne das Bild ruhig noch bis Ende Mai/Anfang Juni 2016 behalten, da er es erst dann auf seiner »Sommerausstellung« benötige.

Am 14.4.2016 übergab ich Frau Schmutzi alle Nachlassgegenstände mit Ausnahme des verkauften Bildes. Ich bot ihr allerdings an, ihr den Erlös iHv 6.000 EUR zu geben. Dies lehnte sie jedoch ab. Sie sagte, an diesem Bild hätte sie besonders gehangen und wollte es unbedingt haben. Da sie das Bild bei mir sah, verlangte sie es sofort heraus. Ich verweigerte dies unter Hinweis darauf, dass es weder ihr noch mir gehöre, sondern Herrn Listig. Daraufhin meinte sie, ich werde von ihrem Anwalt hören.

Bei diesem Gespräch erinnerte ich mich auch noch daran, dass mein Vater früher einen echten Spitzweg besaß. Dieser stellte einen abrutschenden Jäger dar (Maße 18 x 30 cm). Er schenkte dieses Bild einer betuchten Kunstkennerin, Frau Gierig, im Jahre 2008, da er hoffte, sie würde ihn auf Dauer finanziell unterstützen. Tatsächlich kam es hierzu nicht – sie war nur auf dieses eine Bild aus. Das Spitzwegbild war im Herbstkatalog 2006 des Kunstauktionshauses Meisterwerke in München abgebildet und eingehend beschrieben. Kann man das Bild von Frau Gierig herausverlangen? So ein echter Spitzweg wäre doch auch bei meinem Pflichtteil ganz schön. Ich habe auch Frau Schmutzi darauf angesprochen. Aber sie hat gesagt, geschenkt sei eben geschenkt – da könne man nichts machen, ihr ei die Sache egal.

Am letzten Dienstag, den 26.4.2016 habe ich dann den beiliegenden Schriftsatz vom Landgericht Landshut zugestellt bekommen. (Anlage 3)

Im Übrigen möchte ich noch wissen, ob Katja überhaupt etwas erben kann. Als mein Vater starb, lebte sie ja noch gar nicht. Für meinen Pflichtteilsanspruch ist sie wohl unbeachtlich, da sie schließlich nach dem Testament am Ende alles bekommen soll?«

Herr Scheinerb unterzeichnet eine entsprechende Vollmacht und Prozessvollmacht für Rechtsanwalt Dr. Lange. Er beauftragt ihn, die notwendigen juristischen Schritte zu unternehmen. Soweit ein Vorgehen im Klageweg wegen des verschenkten Spitzwegs möglich erscheint, sollen die entsprechenden Schritte vorbereitet werden. Herr Rechtsanwalt Dr. Müller hatte auf seinen Anruf am 28.4.2016 ihm nur folgendes Nachlassverzeichnis nebst Begleitschreiben gefaxt. (Anlage 4)

Auf Frage von Rechtsanwalt Dr. Lange gibt Herr Scheinerb die Adresse von Ludwig Listig an wie folgt: Große-Meister-Strasse 45, 84030 Landshut und die Adresse von Gerda Gierig mit Goldgäßchen 5, 84036 Landshut.

Anlage 1

Amtsgericht Landshut
– Nachlassgericht –
Az. VI 38/16

Erbschein:

Es wird bezeugt, dass der am 2.3.2016 verstorbene, verwitwete Maler Fritz Scheinerb, geboren am 27.3.1941 in München, zuletzt wohnhaft in der Paul-Klee-Strasse 3, 84034 Landshut aufgrund gesetzlicher Erbfolge von seinem Sohn Franz Scheinerb, wohnhaft Wilhelm-Kaulbach-Weg 17, 84034 Landshut, allein beerbt worden ist.

Landshut, 30.3.2016

Huber
Rechtspfleger

Anlage 2

(Fotokopie)

Testament:

Hiermit bestimme ich Fritz Scheinerb in Vollbesitz meiner geistigen Kräfte, dass Erbin meines gesamten Vermögens meine liebe Haushälterin Barbara Schmutzi werden soll. Nachdem sie nun von mir ein Kind erwartet, soll nach ihrem Tod unser gemeinsames Kind den gesamten Nachlass bekommen.

Landshut, den 20.1.2012 Fritz Scheinerb

Anlage 3

Dr. Gerd Müller 84028
Rechtsanwalt

Landshut, 22.4.2016
Maximilianstrasse 17

Landgericht Landshut
Eingang: 23.4.2016

An das
Landgericht Landshut

– Zivilkammer –
Maximilianstraße 22
84028 Landshut

In Sachen

Barbara Schmutzi,
Rennweg 13, 84034 Landshut

– Klägerin –

Prozessbevollmächtigter: Rechtsanwalt Dr. Gerd Müller,
Maximilianstrasse 17, 84028 Landshut

gegen

Franz Scheinerb
Wilhelm-Kaulbach-Weg 17, 84034 Landshut

– Beklagter –

erhebe ich Klage namens und im Auftrag der Klägerin unter Vollmachtsvorlage und Beifügung des entsprechenden Kostenvorschusses

Klage

I. Der Beklagte wird verurteilt, an die Klägerin das Ölgemälde von Fritz Scheinerb »Der findige Jurist«, Größe 40 x 60 cm, rechts unten signiert und mit »1998« datiert, herauszugeben.

II. Der Beklagte trägt die Kosten des Rechtsstreits.

III. Das Urteil ist vorläufig vollstreckbar.

Für den Fall der Anordnung des schriftlichen Vorverfahrens wird bei Vorliegen der gesetzlichen Voraussetzungen sogleich Versäumnisurteil gegen den Beklagten beantragt.

Begründung:

Die Klägerin ist Vorerbin des am 5.3.2016 verstorbenen Malers Fritz Scheinerb gemäß dessen Testament vom 20.1.2016.

Beweis: Testament vom 20.1.2016 (Anlage 1)

Zwar erhielt der Beklagte am 30.3.2016 einen auf ihn lautenden Erbschein ausgehändigt. Dieser wurde aber mit Beschluss des Amtsgerichts vom 20.4.2016 eingezogen.

Beweis: Beschluss des Amtsgerichts – Nachlassgericht – Landshut vom 20.4.2016 (Anlage 2)

Der Beklagte hatte bereits zuvor sämtliche Nachlassgegenstände, mit Ausnahme des Klagegegenstandes, an die Klägerin herausgegeben. Lediglich bezüglich des streitgegenständlichen Bildes verweigert er die Herausgabe, obwohl er im Besitz des Bildes ist. Vorprozessual berief er sich auf eine Veräußerung des Bildes an den Kunsthändler Listig. Insoweit wird dieser Sachvortrag bereits bestritten. Es ist nicht nachvollziehbar, warum der Beklagte sonst noch das Bild in Besitz hätte. Im Übrigen wird darauf hingewiesen, dass ein gutgläubiger Erwerb am Abhandenkommen des Bildes scheitert. Weiter kann sich die Klägerin zumindest auf ihr verletztes Besitzrecht berufen. An dem Erlös des Bildes hat die Klägerin kein Interesse. Sie will die Herausgabe des Bildes, da es ihr »ans Herz gewachsen« ist.

Dr. Müller
Rechtsanwalt

(Die angegebenen Anlagen liegen dem Schriftsatz bei, ebenso wie die Verfügung des Gerichts, dass ein schriftliches Vorverfahren angeordnet wird und der Beklagte eine Frist zur Anzeige der Verteidigungsbereitschaft binnen zwei Wochen und zur Klageerwiderung binnen zweier weiterer Wochen hat. Das Aktenzeichen lautet: 23 O 709/16.)

Anlage 4

– vorab per Fax –

Dr. Gerd Müller 84028 Landshut, 28.4.2016
Rechtsanwalt Maximilianstrasse 17

Sehr geehrter Herr Scheinerb,

bezugnehmend auf unser heutiges Telefonat übersende ich Ihnen beiliegendes Nachlassverzeichnis. (Anlage 1)

Soweit Sie eine Auskunft oder Wertermittlung bezüglich des Spitzweg-Bildes möchten, so muss ich dieses Begehren für meine Mandantin entschieden ablehnen. Sie haben rechtlich weder einen Auskunfts- noch einen Wertermittlungsanspruch. Das Bild wurde von Ihrem Vater an Frau Gierig bereits 2008 verschenkt. Es gehört daher nicht mehr zum Nachlass. Für eine Pflichtteilsberechnung spielt es daher keine Rolle mehr. Im Übrigen habe ich gehört, dass Frau Gierig nach wie vor im Besitz des Bildes ist. Sollten Sie daran etwas ändern wollen, dann müssten Sie sich schon selbst mit der Dame in Verbindung setzen.

Dr. Müller
Rechtsanwalt

(Das Nachlassverzeichnis Anlage 1 befindet sich als Anhang dabei und wird vom Beklagten nicht weiter beanstandet)

Bearbeitervermerk:

Der/Die erforderlichen Schriftsätze des Rechtsanwaltes Dr. Lange sind zu verfassen. Ebenso ein entsprechendes Begleitschreiben an den Mandanten Scheinerb.

Der Sachbericht ist erlassen.

Lösungsvorschlag

Dr. Egon Lange 84028 Landshut, 4.5.2016 1007
Rechtsanwalt Regierungsplatz 3

An das
Landgericht Landshut
– 2. Zivilkammer –
Maximilianstrasse 22
84028 Landshut

Az.: 2 O 709/16

In Sachen

Berta Schmutzi,
Rennweg 13,
84034 Landshut,

– Klägerin –

Prozessbevollmächtigter: Rechtsanwalt Dr. Gerd Müller, Maximilianstrasse 17, 84028 Landshut

gegen

Franz Scheinerb
Wilhelm-Kaulbach-Weg 17,
84034 Landshut

– Beklagter –

Prozessbevollmächtigter: Rechtsanwalt Dr. Egon Lange, Regierungsplatz 3, 84028 Landshut

zeige ich unter Vollmachtsvorlage an, dass ich den Beklagten und Widerkläger vertrete.

Ich beantrage für meinen Mandanten: 1008

Die Klage wird abgewiesen.

Darüber hinaus erhebe ich Widerklage mit folgenden Anträgen: 1009

I. Die Klägerin (und Widerbeklagte), wird verurteilt,

1. dem Beklagten und Widerkläger Auskunft zu geben über den Wert des im Jahre 2008 von Herrn Fritz Scheinerb, zuletzt wohnhaft in 84034 Landshut, Paul-Klee-Strasse 3, an Frau Gerda Gierig, zur Zeit wohnhaft im Goldgässchen 5, 84036 Landshut, unentgeltlich zugewendeten Ölgemäldes von Spitzweg mit dem Titel »Abrutschender Jäger«, Maße 18 x 30 cm, durch Vorlage eines Sachverständigengutachtens;
2. nach Erteilung der Auskunft an den Beklagten den sich unter Berücksichtigung des Wertes des Bildes ergebenden Pflichtteil iHv ¼ des Nachlasswertes zu zahlen.

II. Die Klägerin trägt die Kosten des Rechtsstreits.

III. Das Urteil ist vorläufig vollstreckbar.

Begründung:

A. Zum Klageabweisungsantrag

I. In tatsächlicher Hinsicht 1010

Eine Herausgabe des Bildes ist dem Beklagten nicht möglich. Der Beklagte hat das Bild »Der findige Jurist« am 3.4.2016 an den Kunsthändler Ludwig Listig veräußert. Dieser ging dabei davon aus, dass der Beklagte Alleinerbe des Erblassers war.

Beweis: Ludwig Listig, Große-Meister-Straße 45, 84030 Landshut, als Zeuge

Der Kaufpreis betrug 6.000 EUR und wurde direkt nach Vertragsschluss in den Räumen des Beklagten vom Käufer bar entrichtet, das Bild wurde von Herrn Listig mitgenommen.

Beweis: Ludwig Listig, wie oben

Zum Zeitpunkt der Veräußerung war für den Beklagten ein Erbschein des Amtsgerichts – Nachlassgericht – Landshut vom 30.3.2016 erteilt, der den Beklagten als Alleinerben auswies.

Beweis: Erbschein des Amtsgerichts – Nachlassgericht – Landshut, vom 30.3.2016 (Anlage 1) in Kopie

Auch wenn der Beklagte diesen Erbschein dem Käufer Listig nicht vorgelegt hat, ändert dies nichts daran, dass der Erbschein wirksam erteilt wurde. Der Erbschein wurde erst durch Beschluss des Amtsgerichts – Nachlassgericht – Landshut vom 20.4.2016, also nach Abschluss des Kaufvertrages, wieder eingezogen.

Am 11.4.2016 lieh sich der Beklagte vom Zeugen Listig nochmals das Bild »Der findige Jurist«, um von diesem und den weiteren verbliebenen vier Bildern seines Vaters zumindest Fotos zu fertigen, nachdem ihm zuvor seitens der Klägerin am 9.4.2016 das eigenhändige Testament seines Vaters vorgelegt worden war, welches die Klägerin zur Erbin einsetzte.

Beweis: Ludwig Listig, wie oben;

Testament vom 20.1.2016 (bereits von der Klägerin vorgelegt)

Die Rückgabe des Bildes an den Listig ist für Ende Mai 2016 vereinbart.

Beweis: Ludwig Listig, wie oben

1011 **II.** In rechtlicher Hinsicht

1012 Die Klägerin hat keinen Herausgabeanspruch wegen des Bildes.

1. Ein Herausgabeanspruch aus § 2018 BGB wegen des Bildes scheitert bereits daran, dass der Beklagte das Bild zwar zunächst als Erbschaftsbesitzer iSd § 2018 BGB an sich nahm. Zwischenzeitlich wurde das Bild jedoch an den Listig veräußert und übergeben. Der Beklagte besitzt es nunmehr nur noch aufgrund eines Leihvertrages mit dem Listig und nicht mehr aufgrund eines mit dem Erbfall im Zusammenhang stehenden Rechtes.[1]

1013 **2.** Ein Herausgabeanspruch besteht auch nicht aus § 985 BGB.

a) Ursprünglich war der Erblasser Eigentümer des Bildes. Mit dem Erbfall gingen das Eigentum gem. § 1922 BGB und der Besitz gem. § 857 BGB auf die Vorerbin Berta Schmutzi über.

b) Durch die Veräußerung des Bildes durch den Beklagten an den Listig ist dieser jedoch Eigentümer des Bildes geworden, §§ 929, 932, 2366 BGB. Da der Beklagte nicht der Eigentümer des Bildes war, erfolgte die Übereignung nach den Gutglaubensvorschriften gem. §§ 932[2], 2366 BGB. Gem. § 2366 BGB wird zugunsten des Erbscheinserben vermutet, dass dieser der

1 **Klausurtipp:** An dieser Stelle war bereits Vorsicht geboten: In Palandt/*Weidlich* BGB § 2018 Rn. 4 heißt es, dass »Anspruchsgegner derjenige ist, der etwas aus der Erbschaft aufgrund eines ihm in Wirklichkeit nicht zustehenden Erbrechts erlangt hat … Wechselt der Erbschaftsbesitzer dann nachträglich seine Stellung und berühmt sich schließlich keines Erbrechts mehr, kann er sich dadurch dem Anspruch nicht entziehen.«
Noch missverständlicher heißt es bei *Brox/Walker* ErbR Rn. 575: »Wer aufgrund angemaßten Erbrechts einen Nachlassgegenstand erlangt hat, bleibt selbst dann aus § 2018 BGB verpflichtet, wenn er die Herausgabe an den Erben nicht mehr unter Berufung auf sein vermeintliches Erbrecht verweigert.« Hier muss aber beachtet werden, dass der Beklagte zwischenzeitlich einen Weiterverkauf geltend macht und den Besitz nunmehr ausschließlich aufgrund des Leihvertrages mit dem Listig erhalten hat. Die oben zitierten Fundstellen wollen lediglich verhindern, dass der Scheinerbe sich später auf einen anderen Rechtsgrund beruft und durch einen solchen »Stellungswechsel« die dingliche Surrogation des § 2019 verhindert. Ein solcher Fall liegt hier nicht mehr vor. Der Anspruch der Klägerin aus § 2019 wird seitens des Beklagten nicht infrage gestellt (s. HGA).

2 Ein Eigentumserwerb allein gem. §§ 929, 932 BGB scheitert an § 935 BGB. Wegen § 857 BGB war die (wahre) Erbin auch sogleich Besitzerin des Bildes geworden, sodass dieses Abhandengekommen war iSd § 935 I BGB (Palandt/*Bassenge* BGB § 857 Rn. 4).

wahre Erbe ist. Dabei ist es nicht erforderlich, dass der Erwerber auf die Richtigkeit des Erbscheins vertraut hat, dass er ihm gegenüber vorgelegt oder erwähnt wurde, oder dass er dem Erwerber überhaupt bekannt war.[3] Dem Listig war bekannt, dass er einen Erbschaftsgegenstand, das Bild des Erblassers Fritz Scheinerb, erwarb. Von dem Erbschein und vor allem von der Tatsache dessen Unrichtigkeit hatte er keine positive Kenntnis.

c) Auch die Tatsache, dass das Bild der Klägerin abhanden gekommen ist, § 935 BGB, weil sie als tatsächliche Erbin kraft Gesetzes mit dem Erbfall zunächst in die Position des unmittelbaren Besitzers eingerückt ist, § 857 BGB, hindert den gutgläubigen Erwerb seitens des Listig nicht.[4] Gem. § 2366 BGB wird der gutgläubige Erwerb gegenüber §§ 932 ff. BGB erheblich erweitert, da er nur durch positive Kenntnis von der Unrichtigkeit des Erbscheins oder von der Anordnung der Einziehung ausgeschlossen wird.[5] Eine solche Kenntnis lag bei Listig nicht vor. Sie wäre im übrigen von der Klägerin vorzutragen und gegebenenfalls zu beweisen. Der Beklagte wurde durch den Erbschein daher so gestellt, als wäre er Alleinerbe, somit auch Alleineigentümer und Berechtigter gewesen. Er konnte das Bild dem Listig somit wirksam übereignen.

3. Ein Herausgabeanspruch nach § 1007 I oder II BGB besteht auch nicht. **1014**

a) § 1007 I BGB scheitert daran, dass der Beklagte bei Besitzerwerb gutgläubig war.

b) § 1007 II BGB liegt seinen Voraussetzungen nach zwar zunächst vor, da das Bild der Klägerin gem. §§ 857, 935 BGB abhanden gekommen war. Allerdings greift hier § 1007 III 2 iVm § 986 BGB ein. Der Beklagte kann sich auf ein Besitzrecht berufen. Das obligatorische Rechtsverhältnis zwischen dem Beklagten und dem Eigentümer Listig (s. hierzu oben), welches sich aus dem Leihvertrag ergibt, ist ausreichend.[6] **1015**

4. Auch § 861 BGB gewährt keinen Herausgabeanspruch, da der Beklagte nicht fehlerhaft besitzt, § 858 II BGB. Er hat den jetzigen Besitz mit Willen des Vorbesitzers Listig erhalten. Dieser seinerseits hatte die ursprüngliche Fehlerhaftigkeit des Besitzes des Beklagten nicht gekannt. Dadurch, dass der Beklagte das Bild an sich nahm, lag möglicherweise verbotene Eigenmacht vor, da die Klägerin mit dem Erbfall unmittelbare Besitzerin wurde, § 857 BGB. Durch die Besitzrückgabe an den zunächst fehlerhaft besitzenden Beklagten lebt diese Fehlerhaftigkeit nicht wieder auf.[7] Ein Aufleben wäre allenfalls denkbar, wenn die Besitzrückgabe im Zusammenhang mit der Rückabwicklung des ursprünglichen Kaufvertrages erfolgt wäre (zB Anfechtung, Rücktritt oder Wegfall der Geschäftsgrundlage). Hier erfolgte der Besitzerwerb, aufgrund eines neuen eigenen Erwerbstatbestandes, der Leihe. **1016**

Ein Anspruch besteht daher nicht.

Nach alledem ist unter keinem rechtlichen Gesichtspunkt ein Herausgabeanspruch denkbar, sodass die Klage abzuweisen ist. **1017**

B. Zur Widerklage

I. In tatsächlicher Hinsicht **1018**

1. Der Beklagte ist neben der nach dem Erbfall am 9.3.2016 geborenen Katja Schmutzi das einzige Kind des am 2.3.2016 verstorbenen Malers Fritz Scheinerb. Der Beklagte hatte die Erbschaft zunächst an sich genommen, nachdem er als »einziges Kind« davon ausging, dass ihm der Nachlass aufgrund gesetzlicher Erbfolge allein zusteht. Am 30.3.2016 erhielt er vom Amtsgericht – Nachlassgericht – Landshut einen Erbschein erteilt.

Beweis: Erbschein des Amtsgerichts – Nachlassgericht – Landshut vom 30.3.2016 (Anlage 1)

Überraschend konnte die Klägerin am 9.4.2016 ein eigenhändiges Testament vorlegen, welches sie als Vorerbin und die von ihr und dem Erblasser gemeinsame Tochter Katja als Nach-

3 Palandt/*Weidlich* BGB § 2366 Rn. 1.
4 Palandt/*Weidlich* BGB § 2366 Rn. 6.
5 Palandt/*Weidlich* BGB § 2366 Rn. 6.
6 Palandt/*Bassenge* BGB § 1007 Rn. 8.
7 Palandt/*Bassenge* BGB § 861 Rn. 8.

erbin auswies. Daraufhin übergab der Beklagte am 14.4.2016 den gesamten noch vorhandenen Nachlass an die Klägerin. Dies alles ist unstreitig.

2. Im Jahre 2008 verschenkte der Erblasser an die Kunstkennerin Gerda Gierig ein Spitzweg-Bild, darstellend einen abrutschenden Jäger, Maße 18 x 30 cm. Dieses Spitzweg-Bild ist im Herbstkatalog des Kunstauktionshauses Meisterwerke in München abgebildet und eingehend beschrieben. Zur Berechnung seines Pflichtteilanspruchs benötigt der Beklagte Auskunft über den Wert des Bildes, um später seinen Pflichtteilanspruch zu beziffern. Die Klägerin verweigerte diesen Auskunftsanspruch unter Hinweis darauf, dass »geschenkt eben geschenkt« sei und der Beklagte sich an die Beschenkte halten solle.

Beweis: Anwaltliches Schreiben der Klägerin vom 28.4.2016

Ein Auskunfts- und Wertermittlungsanspruch wurde darin abgelehnt.

Beweis: Anwaltliches Schreiben der Klägerin vom 28.4.2016

1019 **II.** In rechtlicher Hinsicht

1. Die Widerklage ist zulässig.[8]

a) Das angerufene Gericht ist schon gem. §§ 12, 13 ZPO örtlich zuständig, weil die Widerbeklagte in Landshut wohnt.[9] In sachlicher Hinsicht folgt die Zuständigkeit zumindest aus einer entsprechenden Anwendung des § 506 ZPO. Der Streitwert der Klage liegt bei 6.000 EUR, sodass das angerufene Landgericht auch dann zuständig bliebe, wenn der Streitwert der Widerklage[10] unter der Wertgrenze der §§ 23, 71 GVG bliebe.[11]

b) Da ein Zusammenhang iSd § 33 ZPO zur Klage besteht, kann dahinstehen, ob es sich bei § 33 ZPO – nur – um einen besonderen örtlichen Gerichtsstand handelt oder um eine besondere Zulässigkeitsvoraussetzung der Widerklage. Der Begriff des Zusammenhangs ist weit auszulegen.[12] Zugrunde liegt derselbe Erbfall; dieser führt zu Auskunfts- und Wertermittlungspflichten. Andererseits war der Beklagte Nachlassbesitzer. Im Übrigen würde auch Sachdienlichkeit vorliegen.

c) Auch ist der Widerklageantrag in Ziffer I. 2. gem. § 254 ZPO zulässig, obwohl der Klageanspruch noch unbeziffert ist. § 254 ZPO gilt über den eigentlichen Wortlaut hinaus auch für den Wertermittlungsanspruch.[13]

1020 **2.** Die Widerklage ist auch begründet.

a) Der Anspruch auf Wertermittlung folgt aus § 2314 I 2 Hs. 2 BGB. Die Ermittlung des Wertes der Nachlassgegenstände erfolgt durch Gutachten eines unparteiischen Sachverständigen. Der Erbe muss dieses Gutachten auf Kosten des Nachlasses erholen.[14] Erfasst werden auch die Gegenstände, die nur fiktiv dem Nachlass zuzuschlagen sind, weil sie innerhalb der Frist des § 2325 III BGB vom Erblasser verschenkt wurden. Auch für solche Gegenstände besteht der Anspruch auf Wertermittlung durch Erholung eines Sachverständigengutachtens.[15] Das an Frau Gierig verschenkte Spitzweg-Bild ist ein solcher Gegenstand. Er wurde ihr erst im Jahr 2008 vom Erblasser geschenkt, sodass er bei der Pflichtteilsberechnung zu

8 Ausführungen zur Zulässigkeit der Widerklage im Rahmen einer Anwaltsklausur sind regelmäßig hinsichtlich der Zuständigkeit des angerufenen Gerichts und zur Frage der Konnexität gem. § 33 ZPO als besonderer Prozessvoraussetzung üblich. Sie könnten aber auch im Rahmen des Hilfsgutachtens erfolgen.

9 Darüber hinaus wäre auch der besondere Gerichtsstand der Erbschaft gem. §§ 27, 28 ZPO begründet, da Landshut der letzte inländische Gerichtsstand des Erblassers war. Auch § 33 ZPO ist vorliegend einschlägig und würde die örtliche Zuständigkeit des LG Landshut begründen.

10 Der Streitwert der Widerklage ist nicht leicht zu bestimmen: Gem. §§ 3, 5 ZPO sind Leistungs- und Vorbereitungsansprüche zu addieren Zöller/*Herget* ZPO § 3 ›Stufenklage‹. Die Vorbereitungsansprüche werden dabei mit einem Bruchteil beziffert. Letztlich wird es für den Streitwert darauf ankommen, wie hoch der Pflichtteilsanspruch bezogen auf den Wert des Bildes ist.

11 Ebenso Zöller/*Vollkommer* ZPO § 33 Rn. 12 ohne den Hinweis auf § 506 ZPO.

12 Thomas/Putzo/*Hüßtege* ZPO § 33 Rn. 4 ff.

13 Palandt/*Weidlich* BGB § 2314 Rn. 13 und 19; Thomas/Putzo/*Reichold* ZPO § 254 Rn. 6.

14 Palandt/*Weidlich* BGB § 2314 Rn. 15.

15 Palandt/*Weidlich* BGB § 2314 Rn. 14.

berücksichtigen ist, § 2303 I iVm § 2325 I BGB). Für den Stichtag ist § 2325 II 2 BGB zu berücksichtigen.

b) Dem Beklagten steht gem. § 2303 I 1 und 2 BGB ein Pflichtteilsanspruch zu, da er zusammen mit der Nacherbin Katja Schmutzi Erbe erster Ordnung ist, § 1924 I BGB. Gem. § 1924 IV BGB erben beide zu gleichen Teilen, sodass dem Beklagten ein Erbteil von ½ zustünde. Da der Pflichtteil ½ des gesetzlichen Erbteils beträgt, kann der Beklagte einen Pflichtteil von einem Viertel des Nachlasses geltend machen. **1021**

Dr. Müller
Rechtsanwalt

Anlage 1 (Erbschein vom 30.3.2012 in Kopie mit Hinweis, dass sich das Original beim Amtsgericht – Nachlassgericht – Landshut nach der erfolgten Einziehung befindet)

Dr. Egon Lange | 84028 Landshut, 2.5.2016 **1022**
Rechtsanwalt | Regierungsplatz 3

Herrn Franz Scheinerb
Wilhelm-Kaulbach-Weg 17
84034 Landshut

Klageerwiderung zur Klage vom 22.4.2016 und Widerklage

Sehr geehrter Herr Scheinerb,

die Erfolgsaussichten für eine Klageabweisung sind hoch. Ein Herausgabeanspruch besteht unter keinem rechtlichen Gesichtspunkt. Für die Einzelheiten darf ich auf die Klageerwiderung verweisen. Der Klägerin würde ein Anspruch auf Herausgabe des Erlöses iHv 6.000 EUR gem. § 2019 I BGB zustehen. Es handelt sich hier um einen Fall der sogenannten dinglichen Surrogation.[16] Da die Klägerin bislang diesen Anspruch nicht geltend gemacht hat und sogar Ihr Angebot auf Herausgabe des Erlöses iHv 6.000 EUR abgelehnt hat, müssen Sie sich diesbezüglich keine Sorgen machen. Sollte der Anspruch im Prozess nunmehr von der Klägerin verlangt werden, könnten Sie den Anspruch ohne Kostenrisiko sofort anerkennen, § 93 ZPO. **1023**

Weiter habe ich noch eine Widerklage bezüglich des verschenkten Spitzweg-Bildes erhoben. Die Widerklage bietet den Vorteil, dass zunächst noch kein Gerichtskostenvorschuss einbezahlt werden muss. Zu den Details verweise ich wieder auf die Klageerwiderung. Sollte das Gericht wider Erwarten einen Zusammenhang zur Klage verneinen und die Sachdienlichkeit einer gemeinsamen Verhandlung ablehnen, so kann uns schlimmstenfalls nur passieren, dass das Verfahren gem. 145 II ZPO abgetrennt wird.[17] Das Landgericht Landshut bliebe dann aber auf jeden Fall weiterhin zuständig. **1024**

Nachdem das übersandte Nachlassverzeichnis nach Ihren Ausführungen nicht zu beanstanden ist, bedarf es bei der Stufenklage nicht eines Antrags auf eidesstattliche Versicherung. Sie möchten lediglich den Wert des Bildes wissen. Insoweit muss die Klägerin auf Kosten des Nachlasses die Wertermittlung durch einen unabhängigen Sachverständigen durchführen. Danach lässt sich der Pflichtteilsanspruch problemlos berechnen. Weiterer Vorteil dieses Vorgehens ist, dass wir dadurch eine Stufe »einsparen« und damit Zeit gewinnen. Denn bei der Stufenklage kann jedes der ergehenden (Zwischen-)urteile angefochten werden mit der Folge, dass sich die Entscheidung über die endgültige Zahlungsstufe nach hinten verschieben würde. **1025**

Leider muss ich Ihnen mitteilen, dass die Nacherbin Katja Schmutzi Ihren Pflichtteilsanspruch halbiert. Auch wenn sie erst nach dem Erbfall geboren wurde, so gilt sie wegen § 1923 II BGB als vor dem Erbfall geboren. Dadurch würden Sie und Katja als gesetzliche Erben erster Ordnung je zur Hälfte erbberechtigt sein. Da Sie nur den Pflichtteil bekommen, beträgt dieser gem. § 2303 I 2 BGB die Hälfte des gesetzlichen Erbteils, also ein Viertel. Für die **1026**

16 Palandt/*Weidlich* BGB § 2019 Rn. 1 ff.
17 Thomas/Putzo/*Reichold* ZPO § 145 Rn. 5.

Pflichtteilsberechnung ist es auch unbeachtlich, dass Katja später als Nacherbin den gesamten Nachlass erhält. Maßgeblich bei der Pflichtteilsberechnung ist stets nur die gesetzliche Erbfolge.

Mit freundlichen Grüßen

Dr. Egon Müller
Rechtsanwalt

C. Hilfsgutachten

I. Zur Zulässigkeit der Klage[18]

1027 Der Vorerbe ist mit dem Erbfall Erbe. Er ist Träger der Rechte und Pflichten hinsichtlich der Nachlassgegenstände und der Nachlassverbindlichkeiten.[19] Bis zum Nacherbfall ist der Vorerbe für die den Nachlass betreffenden Klagen aktiv und passiv prozessführungsbefugt.[20]

II. Zur Begründetheit der Klage

1028 Zum Herausgabeanspruch bezüglich des Bildes:

Auch Ansprüche aus §§ 812 ff. BGB bestehen nicht, da der Beklagte den Besitz nicht ohne rechtlichen Grund, sondern aufgrund des Leihvertrages mit dem Listig erhalten hat.

1029 Für Ansprüche aus Delikt fehlt es bereits an einer Fahrlässigkeit bei Besitzergreifung durch den Beklagten. Für ihn war es nicht erkennbar, dass außer ihm noch andere Personen als Erben in Betracht kommen. Die Klägerin selbst hat sich erst vier Wochen nach dem Erbfall beim Beklagten gemeldet und das Testament vorgelegt.[21]

D. Exkurs zur Klageschrift

I. Rubrum

1. Parteien

1030 Volle Bezeichnung der Parteien entsprechend den Anforderungen in den §§ 253 II Nr. 1, IV; 130 Nr. 1 ZPO, soweit der Sachverhalt hierzu entsprechende Angaben enthält.

Auch die dort genannten Angaben zu Stand oder Gewerbe sind aufzunehmen.

Gesetzliche Vertreter der Parteien sind mit vollem Namen und Anschrift zwingend anzugeben.

2. Parteivertreter

1031 Es empfiehlt sich, den vorprozessual vom Gegner eingeschalteten Rechtsanwalt dann in das Rubrum der Klage aufzunehmen, wenn dieser nach dem Sachverhalt Prozessvollmacht besitzt.

3. Gericht

1032 Angabe der gesetzlichen Bezeichnung des für zuständig erachteten Gerichts. Von den Möglichkeiten eines Wahlgerichtsstands sowie eines Antrags zur Verhandlung vor der Kammer für

18 **Klausurtipp:** Zur Zulässigkeit der Klage sollte sich im anwaltlichen Schriftsatz nur dann geäußert werden, wenn die Klage möglicherweise schon unzulässig ist.

19 *Brox/Walker* ErbR Rn. 369.

20 Palandt/*Weidlich* BGB Einf. vor § 2100 Rn. 2.

21 Die hier geschilderten Anspruchsgrundlagen könnten auch schon im Schriftsatz angesprochen werden. Um diesen jedoch möglichst übersichtlich gestalten zu können, empfiehlt es sich, fernliegendere Anspruchsgrundlagen (nur) im Hilfsgutachten darzustellen.

Handelssachen sollte ausgehend von den Vorgaben des Sachverhalts ein taktisch sinnvoller Gebrauch gemacht werden.

II. Anträge

1. Besondere Verfahrensanträge

Bezeichnung eines besonderen Prozessverfahrens, zB gem. §§ 593 I, 604 I oder 605a ZPO. 1033
Solche besondere Verfahren, zB der Urkundenprozess, sollten genutzt werden, wenn dies die Rechtsverfolgung des Mandanten erleichtert.

2. Hauptsacheantrag

a) Hauptforderung

Vollstreckungsfähiger Sachantrag nach § 253 II Nr. 2 ZPO. Besonderer Hinweis auf eine Teil- 1034
klage erscheint sinnvoll. Ein Hilfsantrag auf Grundlage eines eigenständigen Lebenssachverhalts sollte bereits im Antrag erkennbar sein.

b) Nebenforderung

Höhe, Dauer und Hauptsachebetrag eines Zinsanspruchs sind genau anzugeben. 1035

3. Kostenantrag

Wegen § 308 II ZPO grundsätzlich überflüssig. Zwingend ist ein Kostenantrag erforderlich, 1036
wenn Abweichungen von der regelmäßigen Kostenentscheidung, zB gem. § 96 ZPO oder bei Anrechnung der Kosten eines selbstständigen Beweisverfahrens beantragt werden.

4. Vorläufige Vollstreckbarkeit

Der Antrag ist nach dem Gesetz ebenfalls überflüssig, wird jedoch in der Praxis oft formelhaft 1037
gestellt. Bei Hinweisen im Sachverhalt auf die Notwendigkeit von Vollstreckungsschutz sind Anträge nach den §§ 710, 711 S. 3 und 712 ZPO vollständig unter Antritt der Glaubhaftmachung nach § 714 II ZPO zu stellen.

5. Antrag auf Erlass eines schriftlichen Versäumnisurteils

Da die Einleitung eines schriftlichen Vorverfahrens zum Zeitpunkt der Klageerhebung mög- 1038
lich ist, ist der für den Erlass eines Versäumnisurteils nach § 331 III ZPO erforderliche Antrag in die Klage aufzunehmen.

6. Entscheidung durch den Einzelrichter

Die Klage soll sich nach § 253 III ZPO zu einer Entscheidung durch den Einzelrichter äu- 1039
ßern.

III. Klagebegründung

Zwischen Tatsachenvortrag und Rechtsausführungen muss jederzeit sicher unterschieden 1040
werden. Da nach der Rechtsprechung des BGH (BGH NJW 1992, 906 [907]; NJW-RR 1987, 416) auch (einfache) Rechtsbegriffe, wenn sie von den Parteien gleichwertig einem Vortrag der zugrunde liegenden Tatsachen aufgefasst werden, als Tatsachenvortrag wirken, reicht allein die Verwendung von Rechtsbegriffen für die erforderliche Unterscheidung nicht aus. Es wird deswegen dringend empfohlen, Tatsachenvortrag und Rechtsvortrag in vollständig getrennten Abschnitten der Klageschrift darzustellen.

1. Tatsachenvortrag

Erreichen der Schlüssigkeit: Unverzichtbar ist der Vortrag aller Tatsachen, die für den schlüs- 1041
sigen Vortrag erforderlich sind.

a) Wahrheitspflicht

1042 Zusätzlich sind solche Tatsachen aus demselben Lebenssachverhalt vorzutragen, die zwar für die Schlüssigkeit entbehrlich wären, jedoch unverzichtbarer Bestandteil einer wahrheitsgemäßen Schilderung des konkreten Lebensvorgangs sind (§ 138 I ZPO). Im Zweifel: vollständige Schilderung des konkreten Lebenssachverhalts.

b) Einwendungen

1043 Vom Beklagten vorprozessual erhobene Einwendungen sowie Tatsachen, die noch nicht erhobene Einwendungen stützen könnten, mit dem Sachvortrag des Klägers jedoch nicht in untrennbarem Zusammenhang stehen, wird der Kläger regelmäßig nicht vortragen. Dies kann aber dann sinnvoll sein, wenn er damit den Prozess zügig auf den wirtschaftlich relevanten Streit hinführen und deswegen zugunsten seines Mandanten Zeit gewinnen will. Taktische Bedenken dürften einer solchen Prozessführung dann nicht entgegenstehen, wenn aufgrund des vorprozessualen Schriftverkehrs die Erhebung solcher Einwendungen sicher zu erwarten ist.

c) Beweisangebote

1044 Beweisanträge sind zu allen Tatsachen zu stellen, die in der Beweislast des Klägers stehen und für die Schlüssigkeit der Klage unverzichtbar sind. Einen Gegenbeweis wird der Kläger, auch vorsorglich, regelmäßig nicht antreten. Sollte sich der Kläger wegen der vorprozessualen Erklärungen des Gegners, die dessen Antrag auf den Hauptbeweis sicher erwarten lassen, dennoch zu einem frühzeitigen Antritt des »Gegenbeweises« entschließen, so wird er in diesem Fall immer einen Hinweis auf die Beweislast in die Klageschrift aufnehmen (»unter Verwahrung gegen die Beweislast«).

Falls gegenwärtig ein dem Kläger obliegender Beweisantritt noch nicht oder nur unvollständig möglich ist, das insoweit bestehende Hindernis aber behebbar erscheint, kann der künftige Beweisantrag angekündigt bzw. der unvollständige Antrag gestellt werden. Dabei darf aber das Beweismittel nicht nur »N.N.« genannt werden, sondern muss je nach den Vorgaben im Sachverhalt so exakt wie möglich konkretisiert werden.

Besondere Sorgfalt ist in der Klausur **auf die korrekte rechtliche Qualifizierung des Beweismittels** zu legen, zB

> Max Maier, als Zeuge
> Kaufvertrag vom …, als Urkunde

2. Rechtsausführungen

1045 Rechtsausführungen sind nach dem Gesetz nicht zwingend, praktisch aber uneingeschränkt üblich, erst recht natürlich in der Klausur. Aus Gründen des anwaltlichen Haftungsrisikos ist grundsätzlich der herrschenden Rechtsprechung zu folgen. Will der Anwalt einer abweichenden Meinung folgen, muss er seinen Mandanten über das sich daraus ergebende Risiko samt Kostenfolge vorher aufklären und vorsorglich dokumentieren. In der Klausur erfolgt dies im Mandantenschreiben.

a) Zulässigkeit

1046 Ausführungen zur Zulässigkeit, insbesondere zur Zuständigkeit des benannten Gerichts werden in die rechtlichen Ausführungen der Klage nur dann aufgenommen, wenn insoweit Probleme bestehen.

b) Taktische Grenzen von Rechtsausführungen

1047 Die Klageschrift wird sich nur auf die für den Kläger günstigen Ergebnisse einer rechtlichen Begutachtung stützen. Rechtsausführungen, die Risiken der klägerischen Position treffen, sind nicht in die Klageschrift aufzunehmen. Sie bleiben einem Hilfsgutachten oder dem Begleitschreiben an den Mandanten vorbehalten.

Nur voll erfolgreiche Anspruchsgrundlagen werden üblicherweise genannt. Es erscheint taktisch wenig sinnvoll – auch nur hilfsweise – Anspruchsgrundlagen zu nennen, die den Klageanspruch nicht in vollem Umfang stützen.

3. Abschließende Floskeln

Es erscheint wenig sinnvoll, die Klageschrift mit einer Bitte um richterliche Hinweise zu schließen, da der gesetzliche Umfang solcher richterlichen Pflichten (zB §§ 278 III, 139 ZPO) dadurch nicht erweitert werden kann. 1048

IV. Begleitschreiben

Falls der Bearbeitervermerk ein Begleitschreiben verlangt, ist ein solches zu fertigen, in das zur Information für den Mandanten aufzunehmen sind: 1049

- Hinweise dazu, weshalb bestimmter Tatsachenvortrag unterblieben ist und auch unterbleiben durfte.
- Hinweise auf Schwächen und Risiken der eigenen Rechtsansicht.
- Hinweise auf noch beizubringende Beweismittel.

V. Hilfsgutachten

Wird ausnahmsweise kein Begleitschreiben verlangt, so sind die in diesem Abschnitt genannten Erwägungen in ein Hilfsgutachten aufzunehmen. 1050

Zudem können in ein Hilfsgutachten weitere rechtliche Überlegungen (zB zu ungünstigeren, nicht erfolgreichen Anspruchsgrundlagen) nachgetragen werden, soweit deren Erwähnung aus taktischen Gründen in der Klageschrift fehlen musste.

VI. Bearbeitervermerk

Es sollte bei Aufgabenstellungen zur Fertigung einer Klageschrift regelmäßig ein Begleitschreiben ausdrücklich verlangt werden. (»Schriftsätze an das Gericht und ein umfassendes Begleitschreiben an den Mandanten«). Der Standardsatz zum Hilfsgutachten sollte im Bearbeitervermerk verbleiben, um Lösungswege abzudecken, bei denen der Bearbeiter – vertretbar – ein erschöpfendes Begleitschreiben für entbehrlich erachtet. 1051

8. Klausur: Eingetragene Lebenspartnerschaft; gemeinschaftliches Testament; Erbeinsetzung; Enterbung

Aufgabenstellung: Notarielle Beratung und Vertragsgestaltung mit Ehe- und Erbvertragsentwurf

In den Geschäftsräumen des Notars Karl Mai in München erscheinen Anfang März 2016 die noch nicht eingetragenen Lebenspartner Arne Fink und Benno Star. Sie möchten ihre familien- und erbrechtlichen Anliegen umfassend regeln und erklären dem Notar wie folgt:

»Wir kennen uns jetzt seit 10 Jahren und möchten nun eine eingetragene Lebenspartnerschaft begründen. Ich, Arne Fink, bin jetzt 58 Jahre alt und war zuvor, von 1986 bis 2004 mit meiner damaligen Ehefrau Konstanze Fink verheiratet. Sie starb jedoch im Frühjahr 2004 bei einem Autounfall. Aus der Ehe ist die Tochter Susanne hervorgegangen. Diese ist jetzt 23 Jahre alt und lebt als Reisekauffrau mit ihrer Familie in Würzburg. Benno ist jetzt 55 Jahre alt und war zuvor von 1981 bis 2001 mit Julia Star verheiratet, bis ihre Ehe 2001 sehr unschön geschieden wurde, weil Benno »sich mehr zum anderen Geschlecht hingezogen fühlte«. Aus dieser Ehe sind die Kinder Thomas und Ulrike hervorgegangen. Thomas ist jetzt 22 Jahre, Ulrike 25 Jahre alt. Beide wohnen jeweils für sich. Mit Susanne und Thomas besteht ein hervorragendes Verhältnis, während Ulrike jeglichen Kontakt zu Benno seit 2001 abgebrochen hat und uns nur zweimal telefonisch als »pervers« beschimpft hat.

Uns gehört zusammen seit letztem Jahr eine Eigentumswohnung, deren Miteigentümer wir je zur Hälfte sind. Die Wohnung hat einen Wert von 300.000 EUR. Im Übrigen verfüge ich über Bar- und Aktienvermögen im Wert von 100.000 EUR, während Benno zwei Sammlerfahrzeuge in ungefähr gleichem Wert (100.000 EUR) besitzt. Schulden haben wir beide nicht.

Wir haben an Sie folgende Fragen:

1. Wir haben gehört, dass wir als Lebenspartner einen partnerschaftlichen Güterstand wählen müssen. Welche Möglichkeiten bestehen für uns hierbei? Insbesondere möchten wir wissen, welche Förmlichkeiten hierbei zu beachten sind. Hat die Wahl des Güterstandes Auswirkungen auf das Erbrecht unserer jeweiligen Kinder? Wenn ja, dann möchten wir den Güterstand wählen, der bei den Kindern zum kleinstmöglichen Pflichtteil führt.

2. Jeder von uns hat sein Vermögen selbst erarbeitet. Dennoch soll der Überlebende von uns zumindest bis an sein Lebensende ohne Sorgen mit unserem gesamten Vermögen leben und vor allem in der Wohnung bleiben dürfen. Da wir beide bereits jetzt vor der Eintragung der Lebenspartnerschaft nahezu gleiches Vermögen haben, möchten wir, dass zunächst der Überlebende von uns erbt, nach dessen Tod sollen Susanne und Thomas je zur Hälfte Erben des Längerlebenden werden. Die Kinder sollen allerdings eine Überwachungsmöglichkeit dahingehend haben, dass das Vermögen nicht gänzlich verschwendet wird. Welche letztwilligen Verfügungsmöglichkeiten gibt es hierfür? Welche Formvorschriften sind zu beachten und wie stark binden sie den Überlebenden von uns? Eine Beschränkung für den Fall der Eingehung einer neuen eingetragenen Lebenspartnerschaft oder einer Ehe nach dem Tod eines eingetragenen Lebenspartners soll nicht erfolgen.

3. Ulrike soll nichts erben, da sie jeden Kontakt zu uns abgelehnt hat und mich 2008 und zuletzt 2013 telefonisch wie oben berichtet beleidigt hatte. Was kann Ulrike nach dem Tod des Benno verlangen? Gibt es Möglichkeiten sie wegen ihrer unmöglichen Äußerungen ganz von der Erbfolge auszuschließen?

4. Welche vorsorglichen Möglichkeiten bestehen für uns, wenn eines der Kinder, Susanne oder Thomas, jeweils seinen Pflichtteil nach dem ersten Erbfall verlangt?

5. Zuletzt möchten wir noch wechselseitig auf Unterhalt verzichten, da wir beide über ausreichend Einkommen verfügen. Ist dies bei einer eingetragenen Lebenspartnerschaft überhaupt notwendig? Bei Ehegatten soll es ja gerichtliche Inhaltskontrolle bezüglich Ehe- und Erbverträgen geben; müssen wir hier etwas befürchten?«

Bearbeitervermerk:

In einem Gutachten mögen die einzelnen Fragen der Mandanten beantwortet werden. Weiter mögen die rechtlichen Möglichkeiten aufgezeigt werden, welche Vermögensstände in Betracht kommen. Ausländische Güterstände, die modifizierte Ausgleichsgemeinschaft und die Gütergemeinschaft sollen außen vor bleiben. Durch welche Verfügungen von Todes wegen können die Wünsche der Lebenspartner geregelt werden? Weiter ist darauf einzugehen, welche Arten von Verfügungen von Todes wegen der Notar Mai empfehlen könnte und in welcher Form sie errichtet werden müssten.

Der Sachbericht ist erlassen.[1]

1 Unter Sachbericht ist die formalisierte Form der Sachverhaltsdarstellung gemeint. Im Urteil erfolgt dies im Tatbestand. Im anwaltlichen Mandantenschreiben würde der Rechtsanwalt zunächst den Sachverhalt, zu dem er sich äußert, voranstellen, damit für jeden Beteiligten klar ist, auf welche (mitgeteilten) Tatsachen sich die erteilte Rechtsauskunft bezieht.

Lösungsvorschlag

Frage 1

Eine eingetragene Lebenspartnerschaft entsteht gem. § 1 I LPartG durch persönliche Abgabe der Willenserklärung unter gleichzeitiger Anwesenheit beider Lebenspartner vor der zuständigen Stelle, § 1 I 3 LPartG.[2] Die Ausschlussgründe des § 1 III LPartG sind den Vorschriften über das Eherecht nachempfunden.[3] 1052

Der Vermögensstand ist in den §§ 6 und 7 LPartG geregelt. Es sind hierbei zu unterscheiden:

1. die Zugewinngemeinschaft[4]
2. die Gütertrennung
3. die modifizierte Zugewinngemeinschaft und
4. die Gütergemeinschaft[5]

A und B müssen sich nun überlegen, für welchen dieser Vermögensstände sie sich entscheiden, wenn sie eine eingetragene Lebenspartnerschaft eingehen. Hierbei sollen nun Form und Auswirkung auf das Erbrecht überprüft werden:

1. Die Zugewinngemeinschaft ist in § 6 LPartG geregelt und verweist in § 6 S. 2 LPartG auf die Vorschriften der §§ 1363 II und 1364–1390 BGB. 1053

Die Zugewinngemeinschaft ist der gesetzliche Güterstand, wenn die Lebenspartner nichts anderes vereinbaren, § 6 S. 1 LPartG. Alle anderen Güterstände können nur durch einen Lebenspartnerschaftsvertrag gem. § 7 LPartG vereinbart werden. Dieser ist dem Ehevertrag nachgebildet und verweist in § 7 S. 2 LPartG auf die §§ 1409 bis 1563 BGB.[6]

Wie bei der Ehe, so hat auch bei der eingetragenen Lebenspartnerschaft das Güterrecht Einfluss auf das gesetzliche Partnererbrecht. 1054

Grundsätzlich erbt der eingetragene Lebenspartner gem. § 10 I 1 LPartG neben den Verwandten erster Ordnung ein Viertel, neben denen zweiter Ordnung die Hälfte. Insoweit gleicht die Vorschrift dem § 1931 I und II BGB.

Wegen der Verweisung in § 6 S. 2 LPartG auch auf den § 1371 BGB ist jedoch zu berücksichtigen, dass sich der gesetzliche Erbteil des eingetragenen Lebenspartners um ein weiteres Viertel erhöht, wenn er im Güterstand der Zugewinngemeinschaft lebt.

Im vorliegenden Fall beträgt der gesetzliche Erbteil eines eingetragenen Lebenspartners somit neben dem/den Kindern die Hälfte.

2. Die Gütertrennung kann durch güterrechtliche Vereinbarung in einem notariellen Lebenspartnerschaftsvertrag gem. § 7 S. 1 LPartG vereinbart werden, wobei wegen Satz 2 auch die §§ 1409 und 1411 BGB gelten. 1055

Im Falle der Gütertrennung gilt § 10 II 2 LPartG, der einen dem § 1931 IV BGB gleichlautenden Inhalt aufweist. Dies hat zur Folge, dass verhindert wird, dass der überlebende Partner einen geringeren Erbteil als ein oder zwei Kinder des Erblassers erhält. 1056

2 Palandt/*Brudermüller* LPartG § 1 Rn. 3: Regelmäßig ist das der Standesbeamte, in Bayern der Notar (§ 23 LPartG).

3 §§ 1306 bis 1308 BGB.
Zur früheren Rechtslage: Palandt/*Brudermüller* bis zur 64. Aufl. 2004 Rn. 1–4, wo in Abgrenzung zur Ehe der Begriff der Ausgleichsgemeinschaft eingeführt wurde. Auch diese ist nach ihrem Regelungsgehalt nichts anderes als eine Zugewinnausgleichsgemeinschaft nach den §§ 1363 ff. BGB. Nunmehr ist die Ausgleichsgemeinschaft abgeschafft. Es gilt uneingeschränkt das eheliche Güterrecht, Palandt/*Brudermüller* LPartG § 6 Rn. 1. Zum Übergangsrecht s. vor allem § 21 LPartG.

5 Nunmehr zweifelsfrei Palandt/*Brudermüller* LPartG § 7 Rn. 1

6 Der Lebenspartnerschaftsvertrag ist das Pendant zum Ehevertrag gem. § 1408 BGB und inhaltliche Varianten sind möglich, Palandt/*Brudermüller* LPartG § 7 Rn. 1.

Der eingetragene Lebenspartner erhält im Falle der Gütertrennung gem. § 10 II 2 LPartG als gesetzlicher Erbe neben einem Kind die Hälfte, neben zwei Kindern – wie diese je – ein Drittel.

1057 **3.** Im Ergebnis wird den Mandanten zu raten sein, dass sie den Güterstand der Zugewinngemeinschaft wählen, da dadurch die Pflichtteilsansprüche der Kinder am geringsten ausfallen.

Frage 2

I. Mögliche Arten von Verfügungen von Todes wegen

1. Arten und Form

1058 a) Die eingetragenen Lebenspartner könnten zwei unabhängige Einzeltestamente gem. den §§ 1937, 2231, 2232, 2247 BGB errichten. Dies könnte in der Form des eigenhändigen oder des öffentlichen Testaments erfolgen.

b) Die Lebenspartner könnten auch ein gemeinschaftliches Testament gem. § 10 IV LPartG, §§ 2265, 2267, 2247 BGB als eigenhändiges oder als öffentliches Testament errichten.

c) Die eingetragenen Lebenspartner könnten zuletzt auch noch einen Erbvertrag ihrem letzten Willen zugrunde legen §§ 1941, 2274 ff. BGB. Gem. § 2276 ist die notarielle Beurkundung stets erforderlich.

Klausurtipp: Stellen Sie stets alle in Betracht kommenden Gestaltungsmöglichkeiten dar, auch wenn aus Ihrer Sicht eine bestimmte vorzugswürdig ist. Der Mandant (bzw. der Korrektor) kann sich nur dann wirklich sachgerecht entscheiden, wenn er alle Möglichkeiten gegeneinander abwägen kann.

2. Bindungswirkung

1059 a) Beim Einzeltestament besteht keine Bindungswirkung. Dieses ist frei widerruflich gem. den §§ 2253 ff. BGB. Der eingetragene Lebenspartner braucht hiervon nicht einmal Kenntnis zu erlangen.

1060 b) Das gemeinschaftliche Testament kann hinsichtlich seiner wechselbezüglichen Verfügungen von Todes wegen nur gem. § 10 IV 2 LPartG, §§ 2271, 2296 BGB, also nur in notarieller Form und gegenüber dem anderen Lebenspartner widerrufen werden,[7] unabhängig davon, ob das gemeinschaftliche Testament handschriftlich oder notariell errichtet wurde. Der Widerruf kann die Unwirksamkeit der Verfügungen des anderen testierenden Lebenspartners zur Folge haben. Nach dem Tode eines Lebenspartners ist der Widerruf nicht mehr möglich und Bindungswirkung eingetreten.

1061 c) Beim Erbvertrag ist die Bindungswirkung vertragsmäßiger Verfügungen sehr stark. Vertragsmäßige Verfügungen können grundsätzlich bereits zu Lebzeiten nicht mehr einseitig widerrufen werden, § 2289 BGB. Will man dies vermeiden, so müsste ein Rücktrittsvorbehalt vereinbart werden, § 2293 BGB, der dann den gesetzlichen Bestimmungen der §§ 2294 ff. BGB unterliegen würde. Die Ausübung eines vereinbarten Rücktritts kann nur gegenüber dem anderen Lebenspartner erfolgen und bedarf der notariellen Form. Nach dem Tode des einen Lebenspartners kann der Überlebende die Verfügungen im Erbvertrag grundsätzlich nicht mehr widerrufen oder einseitig abändern.

3. Vorschlag im vorliegenden Fall

1062 a) Zwei Einzeltestamente: In diesem Fall müsste jeder Lebenspartner den anderen als Alleinerben einsetzen und ersatzweise die Kinder Susanne und Thomas als Ersatzerben je zur Hälfte, § 2096 BGB.[8] Dann ist der überlebende Lebenspartner nach dem Tode des Erstversterbenden völlig frei. Jeder Lebenspartner kann sein Testament aber bereits zu Lebzeiten des

7 Palandt/*Weidlich* BGB § 2271 Rn. 3 bis 5.

8 Palandt/*Weidlich* BGB § 2096 Rn. 2, 6: Es können auch mehrere Ersatzerben nebeneinander oder sogar nacheinander eingesetzt werden.

anderen ohne dessen Kenntnis frei widerrufen. Diese Möglichkeit kann den Lebenspartnern im vorliegenden Fall nicht empfohlen werden. Sie entspricht erkennbar nicht deren Willen.

b) Gemeinschaftliches Testament: Bei diesem können sich die Lebenspartner gegenseitig zu Alleinerben einsetzen und als Erben des Letztversterbenden die Kinder Susanne und Thomas als Erben je zur Hälfte bestimmen. **1063**

Will man die Bindung des überlebenden Lebenspartners an die Kinder Thomas und Susanne vermeiden, so müsste ein entsprechender Änderungsvorbehalt vereinbart werden. Dies ist aber erkennbar nicht gewollt.

c) Erbvertrag: Bei diesem gilt dasselbe wie unter b) zum gemeinschaftlichen Testament. Auch die Bindungswirkung führt zu vergleichbaren Problemen wie oben unter b). Abweichend bestünde noch die Möglichkeit eines Rücktrittsvorbehalts, der allerdings hier nicht gewollt ist. **1064**

d) Den Lebenspartnern wäre daher ein gemeinschaftliches Testament oder ein Erbvertrag anzuraten. **1065**

II. »Einheits«- oder »Trennungslösung«

1. Fraglich ist im vorliegenden Fall, ob die Mandanten ihren Willen im Wege der Einheitslösung oder im Wege der Trennungslösung regeln wollen.

a) Bei der Einheitslösung bildet der gesamte Nachlass eine Einheit, der sich nach dem ersten Erbfall in der Person des Überlebenden vereinigt und erst mit dem Ableben des Zweiten auf die Kinder übergeht. Daher setzen sich in diesem Fall die Lebenspartner gegenseitig zu unbeschränkten Alleinerben ein, die Abkömmlinge würden dann als Schlusserben, das heißt als Erben des Längerlebenden eingesetzt werden.[9] Diese Variante ist insbesondere dann gewollt, wenn die Lebenspartner das beiderseitige Vermögen ersichtlich als eine Einheit ansehen und eine verschiedene Rechtsstellung des Überlebenden zu den beiden ursprünglichen Vermögensmassen und die Möglichkeit einer Trennung der Massen beim Tod des Erstversterbenden haben ausschließen wollen.[10] **1066**

b) Bei der Trennungslösung wird der Nachlass eines jeden Lebenspartners getrennt behandelt.[11] Der Nachlass des erstversterbenden Lebenspartners geht auf den anderen Ehegatten über; beim Tod des anderen Lebenspartners geht er auf die Kinder im Wege der Nacherbfolge über. Dazu kann jeder der Lebenspartner den anderen (durch wechselbezügliches Testament, oder vertragsmäßig durch einen Erbvertrag) als Vorerben, den Dritten (hier die jeweiligen Abkömmlinge) als Nacherben und zugleich Ersatzerben (§ 2102 I BGB) für den Fall des eigenen Überlebens einsetzen.[12] Da die Kinder bereits mit dem ersten Erbfall zu Nacherben werden und daher der Überlebende wegen §§ 2113 I, 2114, 2116–2119, 2123, 2127–2131, 2133 und 2134 BGB erheblichen Beschränkungen unterliegt, muss man sich weiter fragen, ob diese Beschränkungen vollumfänglich gewollt sind. Grundsätzlich besteht die Möglichkeit auch bei der Trennungslösung, dass der überlebende Lebenspartner möglichst wenig bezüglich der Verwendung des auf ihn übergegangenen Vermögens beschränkt wird. Hierzu erhält der Längerlebende seine Vorerbenstellung als eine »befreite« iSd §§ 2136, 2137 BGB ausgestaltet, mit der Wirkung, dass die oben genannten Beschränkungen gerade nicht gelten.[13] **1067**

2. Im vorliegenden Fall spricht hier mehr für die Trennungslösung, da die Lebenspartner das Vermögen gerade nicht als Einheit behandelt wissen wollen. Jeder hat sein Vermögen bereits **1068**

9 Palandt/*Weidlich* BGB § 2269 Rn. 3.
10 Palandt/*Weidlich* BGB § 2269 Rn. 8.
11 Palandt/*Weidlich* BGB § 2269 Rn. 7.
12 Palandt/*Weidlich* BGB § 2269 Rn. 2.
13 Auch hier könnte sich wieder die Frage der Abänderungsbefugnis des überlebenden Lebenspartners stellen, die im vorliegenden Fall aber gerade nicht gewollt war. Ansonsten müsste sonst die Frage gestellt werden, ob der überlebende Lebenspartner auch die Nacherbfolge nach dem erstversterbenden Lebenspartner abändern können soll; insoweit könnte § 2065 BGB entgegenstehen. Dennoch bejaht die herrschende Meinung grundsätzlich die Zulässigkeit einer Abänderungsermächtigung, auch einer eingeschränkten Abänderungsermächtigung des Vorerben (Palandt/*Weidlich* BGB § 2065 Rn. 6).

in die Lebenspartnerschaft eingebracht und auch eine Vereinigung der Vermögensmassen ist letztlich nicht gewollt. Weiter spricht für die Trennungslösung der von den Parteien geäußerte Wunsch einer Kontrollmöglichkeit des Vorerben durch die Nacherben. Sicherlich wird noch insoweit nachzufragen sein, ob sämtliche Beschränkungen, wie vom Gesetz vorgesehen, auch durchzusetzen sind, oder ob nicht doch zumindest teilweise eine Befreiung des Vorerben möglich sein soll. Dies wäre noch zu klären. Die Problematik der Wiederverheiratungsklausel ist hier nicht gefragt, da die Parteien diesbezüglich keine Regelungen treffen wollen.

Exkurs: Wiederverheiratungsklausel

Die Problematik der Wiederverheiratungsklausel ist hier nicht gefragt. Dennoch sei kurz darauf hingewiesen, dass hierzu bei Palandt/*Weidlich* BGB § 2269 Rn. 16–22 die wichtigsten Grundfälle dargestellt sind. Da es sich hier um Kinder der jeweiligen Lebenspartner handelt, nicht aber um gemeinsame Kinder der Lebenspartner, ist die Gesamtproblematik insgesamt schwieriger und zu umfassend.
Soweit es sich um Ehegatten und deren gemeinsame Kinder handelt, gelten die sonst üblichen Regeln: Bei der Trennungslösung kann das Problem der Wiederverheiratung relativ einfach gelöst werden, indem die Nacherbfolge nicht nur beim Tode des überlebenden Ehegatten eintritt, sondern auch bei dessen Wiederverheiratung oder Eingehung einer eingetragenen Lebenspartnerschaft, vorliegend beschränkt auf den gesetzlichen Erbteil der Abkömmlinge von ½. Bei der Einheitslösung besteht die Möglichkeit der Anordnung einer nur durch die Wiederverheiratung/Eintragung einer Lebenspartnerschaft bedingten Nacherbfolge für den gesetzlichen Erbteil der Abkömmlinge von ½. Der überlebende Ehegatte ist dann mit einem hälftigen Anteil unbedingter und mit einem weiteren hälftigen Anteil auflösend bedingter Erbe des erstversterbenden Ehegatten.
Weiter stellt sich dann die Frage, ob nicht der auflösend bedingte Vorerbe bis zur Wiederheirat den Verfügungsbeschränkungen der §§ 2113 ff. BGB unterliegt. Dies ist wohl nunmehr zu bejahen (Palandt/*Weidlich* BGB § 2269 Rn. 18, 19), soweit nicht wieder eine Befreiung vereinbart wurde, was im Regelfall anzunehmen ist. Weiter kann bei der Einheitslösung auch die Gestaltung durch Aussetzung von Vermächtnissen dahingehend erfolgen, dass der überlebende Ehegatte im Fall der Wiederverheiratung seinen Abkömmlingen nach Pflichtteilsregeln oder in bestimmten Sachwerten den sog. gesetzlichen Erbteil wertmäßig auszuzahlen hat (Palandt/*Weidlich* BGB § 2269 Rn. 22). Für die Rechtsstellung der Vermächtnisnehmer gelten dann nach dem Tode des Erstversterbenden gem. § 2179 BGB die §§ 158, 159, 160 und 162 BGB, wobei der Erblasser weitere Sicherungsregelungen anordnen kann. Hierbei können aber Liquiditätsprobleme des Überlebenden bezüglich der Auszahlung größerer Geldbeträge auftauchen. Andererseits greift die Nacherbfolge grundsätzlich stärker in die Rechte des Vorerben ein, sodass letztlich immer im Einzelfall entschieden werden muss, welche Lösung gewünscht wird.

Frage 3

1069 Durch Verfügung von Todes wegen kann die Tochter Ulrike von der Erbfolge nach dem Benno Star ausgeschlossen werden, § 1938 BGB. Dies kann entweder durch ausdrückliche Erklärung erfolgen oder schlicht dadurch, dass die Lebenspartner sie im Rahmen des gemeinschaftlichen Testaments nicht als Erbin bedenken und nur die Kinder Susanne und Thomas zu Erben einsetzen.

1070 Unabhängig davon steht der Tochter Ulrike als Abkömmling des Benno der gesetzliche Pflichtteilsanspruch zu, §§ 2303 I, 2317 BGB. Der Pflichtteilsanspruch kann durch Verfügung von Todes wegen nicht beseitigt werden, außer es liegt ein Verfehlungstatbestand iSd § 2333 BGB vor.[14]

Danach kann der Pflichtteil entzogen werden, wenn der Abkömmling

1. dem Erblasser, dem Ehegatten des Erblassers, einem anderen Abkömmling oder einer dem Erblasser ähnlich nahe stehenden Person nach dem Leben trachtet,

14 Zur Verfassungsmäßigkeit des § 2303: BVerfG NJW 2005, 1561 (1563).

2. sich eines Verbrechens oder eines schweren vorsätzlichen Vergehens gegen eine der in Nummer 1 bezeichneten Personen schuldig macht,
3. die ihm dem Erblasser gegenüber gesetzlich obliegende Unterhaltspflicht böswillig verletzt oder
4. wegen einer vorsätzlichen Straftat zu einer Freiheitsstrafe von mindestens einem Jahr ohne Bewährung rechtskräftig verurteilt wird und die Teilhabe des Abkömmlings am Nachlass deshalb für den Erblasser unzumutbar ist. Gleiches gilt, wenn die Unterbringung des Abkömmlings in einem psychiatrischen Krankenhaus oder in einer Entziehungsanstalt wegen einer ähnlich schwerwiegenden vorsätzlichen Tat rechtskräftig angeordnet wird.

Keiner der im Gesetz genannten Tatbestände ist erfüllt. Der in § 2333 BGB aufgezählte Kata- **1071**
log ist abschließend. Weitere Möglichkeiten der Pflichtteilsentziehung bestehen nicht. Benno kann daher keine Akzeptanz seiner eingetragenen Partnerschaft durch die Tochter Ulrike verlangen beziehungsweise ihr wegen der fehlenden Akzeptanz den Pflichtteil nicht entziehen.

Gem. § 2303 I 2 BGB besteht der Pflichtteil in der Hälfte des Wertes des gesetzlichen Erbteils, gem. § 2310 BGB wird Ulrike bei der Berechnung des Pflichtteils mitgezählt.[15]

Ulrike ist neben dem Thomas als Erbin erster Ordnung gem. § 1924 I BGB erbberechtigt und **1072**
erbt mit diesem zu gleichen Teilen, § 1924 IV BGB. Der Arne Fink als Lebenspartner erbt im Güterstand der Zugewinngemeinschaft die Hälfte des Nachlasses gem. §§ 10 I 1, 6 S. 2 LPartG, 1371 I BGB. Somit beträgt der gesetzliche Erbteil der Kinder Thomas und Ulrike je ein Viertel nach Benno. Der Pflichtteil ist als Hälfte des gesetzlichen Erbteils somit ein Achtel.

Frage 4

Möglichkeiten für den Fall der Geltendmachung des Pflichtteils durch das jeweilige Kind des **1073**
Erstverstorbenen, das heißt bezüglich des Arne Fink durch die Tochter Susanne, bezüglich des Benno Star durch den Sohn Thomas:

Zunächst ist zu beachten, dass auch im Falle der Trennungslösung ein Pflichtteil geltend ge- **1074**
macht werden kann. Zwar bestimmt § 2303 I BGB grundsätzlich, dass nur derjenige einen Pflichtteilsanspruch geltend machen kann, der durch Verfügung von Todes wegen von der gesetzlichen Erbfolge ausgeschlossen ist. Dies ist bei der Einsetzung als Nacherben zunächst nicht der Fall.[16] Allerdings regelt § 2306 II BGB diesen Fall. Es handelt sich bei der Einsetzung des Pflichtteilsberechtigten als Nacherben um eine Beschränkung, von der er sich kraft Gesetzes lösen kann.

1. Soweit Thomas seinen Pflichtteil geltend macht, also Benno Star zuerst verstirbt, steht ihm **1075**
ein Achtel des Wertes des Nachlasses, ebenso wie bereits oben dargestellt bei Frage 3 bezüglich der Tochter Ulrike, zu. Weitergehende Vereinbarungen sind hier nicht notwendig, da Thomas aufgrund der Ausschlagung der Erbschaft dann nicht mehr Erbe (gerade auch nicht mehr Nacherbe) ist. Da er auch kein Abkömmling des Zweitversterbenden Arne Fink wäre, bedarf es keiner weiteren Regelung.[17] Im Ergebnis ist aber festzuhalten, dass Thomas Star

15 Palandt/*Weidlich* BGB§ 2310 Rn. 1.

16 Anderes gilt bei der Einheitslösung: Hier wird der überlebende Ehegatte (Lebenspartner) Vollerbe – die anschließend folgenden Erben werden Schlusserben. Sie sind daher aus der gesetzlichen Erbfolge des Erstversterbenden ausgeschlossen.

17 Anders ist es in den Fällen, in denen gemeinsame Kinder vorhanden sind (also bei Ehegatten). Hier bedarf es dann noch der Einräumung einer Abänderungsbefugnis des überlebenden Ehegatten dahingehend, dass er den Abkömmling, der den Pflichtteil nach dem ersten Erbfall geltend gemacht hat, auch nach dem zweiten Erbfall auf den Pflichtteil beschränkt (s. BGH ZEV 2006, 501 ff. mit Anm. *Fischer*; dazu noch Anm. *Purrucker* ZEV 2007, 126 ff.; interessant auch OLG München ZEV 2006, 123). Dies gilt sowohl für die Fälle der Einheits- als auch die der Trennungslösung.
Weiter sei an dieser Stelle noch auf die Jastrow'sche Klausel verwiesen (Palandt/*Weidlich* BGB § 2269 Rn. 13–15; § 2075 Rn. 6 und 7 jeweils mit weiteren Hinweisen): Sie dient dazu, dass derjenige, der seinen Pflichtteil geltend machen würde, gegenüber den anderen Erben nicht bessergestellt wird. Hierzu wird für alle Schluss- oder Nacherben, die den Pflichtteil nicht geltend machen, ein Vermächtnis in Höhe des

bei Geltendmachung des Pflichtteils nach Benno Star nicht besser stünde, als die ohnehin enterbte Tochter Ulrike, was aber letztlich auch dem Willen der Parteien entspricht.

1076 **2.** Soweit Susanne den Pflichtteil geltend macht, also Arne Fink zuerst verstirbt, steht ihr ein Viertel des Wertes des Nachlasses zu. Da sie als einziges Kind des Arne Fink – neben Benno Star – Erbin zur Hälfte des Nachlasses bei gesetzlicher Erbfolge wäre. Im Übrigen gelten auch hier die obigen Ausführungen unter 1.

Frage 5

1077 **1.** Grundsätzlich besteht auch bei Lebenspartnern eine gesetzliche Unterhaltspflicht. Diese ergibt sich aus den §§ 12, 16 LPartG. § 12 LPartG betrifft den Trennungsunterhalt und verweist insoweit insbesondere auf § 1361 BGB und die Rangfolge des § 1609 BGB. Die dortigen Grundsätze gelten auch für Lebenspartner. In der Neufassung des § 12 LPartG entspricht der Trennungsunterhalt inhaltlich vollständig dem § 1361 BGB.[18] Ein vertraglicher Ausschluss des Trennungsunterhaltes vor Eingehung der Lebenspartnerschaft ist ebenso wenig möglich wie bei Ehegatten.[19]

1078 **2.** Der nachpartnerschaftliche Unterhalt ist in § 16 LPartG geregelt. Er verweist in § 16 S. 2 LPartG auf die §§ 1570–1586b und 1609 BGB. Der Wortlaut der Bestimmung wurde der neuen Fassung des § 1569 BGB angeglichen. Damit steht fest, dass die in § 1569 BGB bewirkte Stärkung des Grundsatzes der Eigenverantwortung auf die Situation bei den Lebenspartnern zu übertragen ist.[20] Der Anspruch entsteht mit Rechtskraft des Aufhebungsurteils. Wie bei Ehegatten besteht auch hier keine Identität zwischen dem Unterhaltsanspruch nach § 12 und dem nach § 16 LPartG.[21]

1079 **3.** Zur Frage eines Unterhaltsverzichts verweist § 16 S. 2 LPartG auch auf § 1585c BGB. Danach können Lebenspartner wie Ehegatten betreffend dem nachehelichen Unterhalt zu jedem Zeitpunkt Verträge abschließen.[22] Gem. § 1585c S. 2 BGB besteht bei Lebenspartnern ebenso wie bei Ehegatten seit 1.1.2008 die Formvorschrift der notariellen Beurkundung. Dies dient vor allem der Vermeidung späterer Unterhaltsstreitigkeiten und der Warnfunktion. Nach S. 3 entspricht eine Vereinbarung vor dem Prozessgericht in Ehesachen dieser Form.[23]

1080 **4.** Die Möglichkeit einer Inhaltskontrolle von Lebenspartnerschaftsverträgen – wie sie bei Eheverträgen grundsätzlich vorgesehen ist – besteht auch hier.[24] Allerdings muss beachtet werden, dass in dem vom Bundesverfassungsgericht[25] zu entscheidenden Fall die spätere Ehefrau vom späteren Ehemann schwanger war. Außerdem hatte sie bereits ein schwer behindertes Kind. In einem vor der Ehe geschlossenen Ehevertrag wurde Gütertrennung vereinbart sowie der nacheheliche Unterhalt und der Versorgungsausgleich ausgeschlossen. Das BVerfG hat insoweit ausgeführt:

1081 »Eheverträgen sind dort Grenzen zu setzen, wo jene nicht Ausdruck und Ergebnis gleichberechtigter Lebenspartnerschaft sind, sondern eine auf ungleichen, Verhandlungspositionen basierende einseitige Dominanz eines Ehepartners widerspiegeln. Die Eheschließungsfreiheit rechtfertigt keine einseitige ehevertragliche Lastenverteilung.«

Pflichtteils nach dem Erblasser verfügt. Dieses entsteht bereits beim ersten Erbfall und belastet den Nachlass nach dem ersten Erbfall. Es muss daher eine Stundung dieses Anspruchs bis zum zweiten Erbfall verfügt werden, damit der Voll- beziehungsweise Vorerbe insoweit nicht belastet wird. Auf diese Weise wird jedoch rein wertmäßig der Nachlass nach dem ersten Erbfall um diese Vermächtnisse reduziert und derjenige, der den Pflichtteil nach dem ersten Erbfall geltend macht, schlechter gestellt.

18 Palandt/*Brudermüller* LPartG § 12 Rn. 1.

19 Palandt/*Brudermüller* LPartG § 12 Rn. 9 mit Hinweis auf § 1361 Rn. 71 (ein (Trennungs-)Unterhaltsverzicht ist nur für die Vergangenheit möglich!).

20 Palandt/*Brudermüller* LPartG § 16 Rn. 2.

21 Palandt/*Brudermüller* LPartG § 16 Rn. 1.

22 Palandt/*Brudermüller* LPartG § 16 Rn. 7.

23 Palandt/*Brudermüller* § 1585c Rn. 5.

24 Palandt/*Brudermüller* LPartG § 16 Rn. 7; zur Inhaltskontrolle von Eheverträgen s. insbesondere Palandt/*Brudermüller* § 1408 Rn. 7 bis 12.

25 S. die Entscheidungen BVerfG NJW 2001, 957 und auch S. 2248 (hier dargestellt).

Bei Lebenspartnern wird daher selten eine Konstellation denkbar sein, die zur Annahme einer Sittenwidrigkeit des Unterhaltsverzichts wegen ungleicher Verhandlungsposition der Vertragspartner führt. Denkbar bleiben aber die Fälle, in denen der Unterhaltsverzicht bewusst zulasten des Sozialhilfeträgers abgegeben wird.[26] 1082

Formulierungsvorschlag

Lebenspartnerschafts- und Erbvertrag:

I. Testierfreiheit 1083

Jeder von uns erklärt, dass er nicht durch Bindungen aus einem früheren gemeinschaftlichen Testament oder Erbvertrag an der Errichtung dieses Lebenspartnerschafts- und Erbvertrages gehindert ist. Hiermit heben wir einzeln und gemeinsam alle unsere bisherigen Verfügungen von Todes wegen in vollem Umfang auf.

II. Familienverhältnisse 1084

Ich, Arne Fink, bin verwitwet. Aus meiner ersten Ehe ist das Kind Susanne Fink hervorgegangen.

Ich, Benno Star, bin seit dem 23.11.2001 geschieden. Aus der Ehe sind die Kinder Thomas und Ulrike Star hervorgegangen.

Wir haben vor, in den nächsten Wochen eine eingetragene Lebenspartnerschaft einzugehen und vereinbaren keinen anderen Güterstand, sodass der Güterstand der Zugewinngemeinschaft, gilt § 6 S. 1, 7 LPartG (eigentlich nur deklaratorisch!).

III. Verfügungen für den Todesfall[27]

1. Wir setzen uns hiermit wechselbezüglich gegenseitig zu alleinigen (nach Klärung im Einzelfall eventuell auch zumindest teilweise befreiten) Vorerben ein, wobei die Nacherbfolge zugleich Ersatzerbfolge ist, die beim Tode des Vorerben eintritt. 1085

2. Nacherben sollen unsere jeweiligen Kinder Susanne Fink und Thomas Star zu gleichen Teilen sein. Die Tochter des Benno Star, Ulrike Star, erbt nichts.

3. Bei Ausschlagung der Nacherbfolge greift, außer im Fall der Pflichtteilsgeltendmachung, die Regelung des § 2069 BGB ein, weiter ersatzweise diejenige des § 2094 BGB, weiter ersatzweise diejenige des § 2142 BGB.

4. Im Falle der Pflichtteilsgeltendmachung greift nur 2069 BGB nicht ein.[28]

IV. Nachehelicher Unterhaltsverzicht

Wir verzichten für den Fall der Aufhebung der Lebenspartnerschaft durch gerichtlichen Beschluss auf Unterhalt und nehmen diesen Verzicht wechselseitig an. Wir gehen davon aus, aus eigener Kraft unseren Lebensunterhalt sicherstellen zu können, da wir beide erwerbstätig sind, Vermögen gebildet haben und im Übrigen auch für Fälle der Erkrankung, der Arbeitslosigkeit und des Wegfalls des Einkommens aufgrund Erreichen des Rentenalters vorgesorgt haben. Der Verzicht gilt daher auch für die Fälle der Not. 1086

26 Palandt/*Brudermüller* LPartG § 16 Rn. 7.

27 Im Einzelfall müsste mit den Parteien noch geklärt werden, ob diese Verfügung für den Todesfall auch dann greifen soll, wenn die unter Ziffer II. angesprochene Lebenspartnerschaft – aus welchen Gründen auch immer – doch nicht zustande kommen sollte.

28 Eigentlich nur deklaratorisch – aber praktisch üblich.

Anhang

Düsseldorfer Tabelle[1]

A. Kindesunterhalt

1087

	Nettoeinkommen des Barunterhaltspflichtigen (Anm. 3, 4)	Altersstufen in Jahren (§ 1612a Abs. 1 BGB)				Prozentsatz	Bedarfskontrollbetrag (Anm. 6)
		0–5	6–11	12–17	ab 18		
		Alle Beträge in Euro					
1.	bis 1.500	335	384	450	516	100	880/1080
2.	1.501–1.900	352	404	473	542	105	1.180
3.	1.901–2.300	369	423	495	568	110	1.280
4.	2.301–2.700	386	442	518	594	115	1.380
5.	2.701–3.100	402	461	540	620	120	1.480
6.	3.101–3.500	429	492	576	661	128	1.580
7.	3.501–3.900	456	523	612	702	136	1.680
8.	3.901–4.300	483	553	648	744	144	1.780
9.	4.301–4.700	510	584	684	785	152	1.880
10.	4.701–5.100	536	615	720	826	160	1.980
	ab 5.101	nach den Umständen des Falles					

Anmerkungen:

1. Die Tabelle hat keine Gesetzeskraft, sondern stellt eine Richtlinie dar. Sie weist den monatlichen Unterhaltsbedarf aus, bezogen auf zwei Unterhaltsberechtigte, ohne Rücksicht auf den Rang. Der Bedarf ist nicht identisch mit dem Zahlbetrag; dieser ergibt sich unter Berücksichtigung der nachfolgenden Anmerkungen.
   Bei einer größeren/geringeren Anzahl Unterhaltsberechtigter können **Ab- oder Zuschläge** durch Einstufung in niedrigere/höhere Gruppen angemessen sein. Anmerkung 6 ist zu beachten. Zur Deckung des notwendigen Mindestbedarfs aller Beteiligten – einschließlich des Ehegatten – ist gegebenenfalls eine Herabstufung bis in die unterste Tabellengruppe vorzunehmen. Reicht das verfügbare Einkommen auch dann nicht aus, setzt sich der Vorrang der Kinder im Sinne von Anm. 5 Abs. 1 durch. Gegebenenfalls erfolgt zwischen den erstrangigen Unterhaltsberechtigten eine Mangelberechnung nach Abschnitt C.

2. Die Richtsätze der 1. Einkommensgruppe entsprechen dem Mindestbedarf **gemäß der Verordnung zur Festlegung des Mindestunterhalts minderjähriger Kinder nach § 1612a Absatz 1 BGB vom 3. Dezember 2015 (BGBl. I 2015, 2188).** Der Prozentsatz drückt die Steigerung des Richtsatzes der jeweiligen Einkommensgruppe gegenüber dem Mindestbedarf (= 1. Einkommensgruppe) aus. Die durch Multiplikation des gerundeten Mindestbedarfs mit dem Prozentsatz errechneten Beträge sind entsprechend § 1612a Abs. 2 S. 2 BGB aufgerundet.

3. **Berufsbedingte Aufwendungen**, die sich von den privaten Lebenshaltungskosten nach objektiven Merkmalen eindeutig abgrenzen lassen, sind vom Einkommen abzuziehen, wobei bei entsprechenden Anhaltspunkten eine Pauschale von 5% des Nettoeinkommens – mindestens 50 EUR, bei geringfügiger Teilzeitarbeit auch weniger, und höchstens

1 Die neue Tabelle nebst Anmerkungen beruht auf Koordinierungsgesprächen, die unter Beteiligung aller Oberlandesgerichte und der Unterhaltskommission des Deutschen Familiengerichtstages e.V. stattgefunden haben.

150 EUR monatlich – geschätzt werden kann. Übersteigen die berufsbedingten Aufwendungen die Pauschale, sind sie insgesamt nachzuweisen.

4. Berücksichtigungsfähige **Schulden** sind in der Regel vom Einkommen abzuziehen.

5. Der **notwendige Eigenbedarf (Selbstbehalt)**
   - gegenüber minderjährigen unverheirateten Kindern,
   - gegenüber volljährigen unverheirateten Kindern bis zur Vollendung des 21. Lebensjahres, die im Haushalt der Eltern oder eines Elternteils leben und sich in der allgemeinen Schulausbildung befinden,

     beträgt beim nicht erwerbstätigen Unterhaltspflichtigen monatlich 880 EUR, beim erwerbstätigen Unterhaltspflichtigen monatlich 1.080 EUR. Hierin sind bis 360 EUR für Unterkunft einschließlich umlagefähiger Nebenkosten und Heizung (Warmmiete) enthalten. Der Selbstbehalt soll erhöht werden, wenn die Wohnkosten (Warmmiete) den ausgewiesenen Betrag überschreiten und nicht unangemessen sind.

   Der **angemessene Eigenbedarf**, insbesondere gegenüber anderen volljährigen Kindern, beträgt in der Regel mindestens monatlich 1.300 EUR. Darin ist eine Warmmiete bis 450 EUR enthalten.

6. Der **Bedarfskontrollbetrag** des Unterhaltspflichtigen ab Gruppe 2 ist nicht identisch mit dem Eigenbedarf. Er soll eine ausgewogene Verteilung des Einkommens zwischen dem Unterhaltspflichtigen und den unterhaltsberechtigten Kindern gewährleisten. Wird er unter Berücksichtigung anderer Unterhaltspflichten unterschritten, ist der Tabellenbetrag der nächst niedrigeren Gruppe, deren Bedarfskontrollbetrag nicht unterschritten wird, anzusetzen.

7. Bei **volljährigen Kindern**, die noch im Haushalt der Eltern oder eines Elternteils wohnen, bemisst sich der Unterhalt nach der 4. Altersstufe der Tabelle.
   Der angemessene Gesamtunterhaltsbedarf eines **Studierenden**, der nicht bei seinen Eltern oder einem Elternteil wohnt, beträgt in der Regel monatlich **735** EUR. Hierin sind bis **300** EUR für Unterkunft einschließlich umlagefähiger Nebenkosten und Heizung (Warmmiete) enthalten. Dieser Bedarfssatz kann auch für ein Kind mit eigenem Haushalt angesetzt werden.

8. Die **Ausbildungsvergütung** eines in der Berufsausbildung stehenden Kindes, das im Haushalt der Eltern oder eines Elternteils wohnt, ist vor ihrer Anrechnung in der Regel um einen ausbildungsbedingten Mehrbedarf von monatlich 90 EUR zu kürzen.

9. In den Bedarfsbeträgen (Anmerkungen 1 und 7) sind **Beiträge zur Kranken- und Pflegeversicherung sowie Studiengebühren** nicht enthalten.

10. Das auf das jeweilige Kind entfallende **Kindergeld** ist nach § 1612 b BGB auf den Tabellenunterhalt (Bedarf) anzurechnen.

B. Ehegattenunterhalt

1088 I. **Monatliche Unterhaltsrichtsätze des berechtigten Ehegatten ohne unterhaltsberechtigte Kinder (§§ 1361, 1569, 1578, 1581 BGB):**

1. gegen einen **erwerbstätigen Unterhaltspflichtigen**:

a) wenn der Berechtigte kein Einkommen hat:	3/7 des anrechenbaren Erwerbseinkommens zuzüglich ½ der anrechenbaren sonstigen Einkünfte des Pflichtigen, nach oben begrenzt durch den vollen Unterhalt, gemessen an den zu berücksichtigenden ehelichen Verhältnissen;
b) wenn der Berechtigte ebenfalls Einkommen hat:	3/7 der Differenz zwischen den anrechenbaren Erwerbseinkommen der Ehegatten, insgesamt begrenzt durch den vollen ehe-

	lichen Bedarf; für sonstige anrechenbare Einkünfte gilt der Halbteilungsgrundsatz;
c) wenn der Berechtigte erwerbstätig ist, obwohl ihn keine Erwerbsobliegenheit trifft:	gemäß § 1577 Abs. 2 BGB;
2. gegen einen **nicht erwerbstätigen Unterhaltspflichtigen** (zB Rentner):	wie zu 1 a, b oder c, jedoch 50%.

II. **Fortgeltung früheren Rechts:**

1. Monatliche Unterhaltsrichtsätze des nach dem Ehegesetz berechtigten Ehegatten **ohne unterhaltsberechtigte Kinder:**

a) §§ 58, 59 EheG:	in der Regel wie I,
b) § 60 EheG:	in der Regel ½ des Unterhalts zu I,
c) § 61 EheG:	nach Billigkeit bis zu den Sätzen I.

2. Bei Ehegatten, die vor dem 3.10.1990 in der früheren DDR geschieden worden sind, ist das DDR-FGB in Verbindung mit dem Einigungsvertrag zu berücksichtigen (Art. 234 § 5 EGBGB).

III. **Monatliche Unterhaltsrichtsätze des berechtigten Ehegatten, wenn die ehelichen Lebensverhältnisse durch Unterhaltspflichten gegenüber Kindern geprägt werden:**

Wie zu I bzw. II 1, jedoch wird grundsätzlich der Kindesunterhalt (Zahlbetrag; vgl. Anm. C und Anhang) vorab vom Nettoeinkommen abgezogen.

IV. **Monatlicher Eigenbedarf (Selbstbehalt) gegenüber dem getrennt lebenden und dem geschiedenen Berechtigten:**

unabhängig davon, ob erwerbstätig oder nicht erwerbstätig	1.200 EUR

Hierin sind bis 430 EUR für Unterkunft einschließlich umlagefähiger Nebenkosten und Heizung (Warmmiete) enthalten.

V. **Existenzminimum des unterhaltsberechtigten Ehegatten einschließlich des trennungsbedingten Mehrbedarfs in der Regel:**

1. falls erwerbstätig:	1.080 EUR
2. falls nicht erwerbstätig:	880 EUR

VI. 1. Monatlicher notwendiger Eigenbedarf des von dem Unterhaltspflichtigen getrennt lebenden oder geschiedenen Ehegatten unabhängig davon, ob erwerbstätig oder nicht erwerbstätig:

a) gegenüber einem nachrangigen geschiedenen Ehegatten	1.200 EUR
b) gegenüber nicht privilegierten volljährigen Kindern	1.300 EUR
c) gegenüber Eltern des Unterhaltspflichtigen	1.800 EUR

2. Monatlicher notwendiger Eigenbedarf des Ehegatten, der in einem gemeinsamen Haushalt mit dem Unterhaltspflichtigen lebt, unabhängig davon, ob erwerbstätig oder nicht erwerbstätig:

a) gegenüber einem nachrangigen geschiedenen Ehegatten	960 EUR
b) gegenüber nicht privilegierten volljährigen Kindern	1.040 EUR
c) gegenüber Eltern des Unterhaltspflichtigen	1.440 EUR (vergl. Anm. D I)

Anmerkung zu I–III:

Hinsichtlich *berufsbedingter Aufwendungen* und *berücksichtigungsfähiger Schulden* gelten Anmerkungen A. 3 und 4 – auch für den erwerbstätigen Unterhaltsberechtigten – entsprechend. Diejenigen berufsbedingten Aufwendungen, die sich nicht nach objektiven Merkmalen eindeutig von den privaten Lebenshaltungskosten abgrenzen lassen, sind pauschal im Erwerbstätigenbonus von 1/7 enthalten.

C. Mangelfälle

1089 Reicht das Einkommen zur Deckung des Bedarfs des Unterhaltspflichtigen und der gleichrangigen Unterhaltsberechtigten nicht aus (sog. Mangelfälle), ist die nach Abzug des notwendigen Eigenbedarfs (Selbstbehalts) des Unterhaltspflichtigen verbleibende Verteilungsmasse auf die Unterhaltsberechtigten im Verhältnis ihrer jeweiligen Einsatzbeträge gleichmäßig zu verteilen.

Der Einsatzbetrag für den **Kindesunterhalt** entspricht dem Zahlbetrag des Unterhaltspflichtigen. Dies ist der nach Anrechnung des Kindergeldes oder von Einkünften auf den Unterhaltsbedarf verbleibende Restbedarf.

Beispiel: Bereinigtes Nettoeinkommen des Unterhaltspflichtigen (M): 1.350 EUR. Unterhalt für drei unterhaltsberechtigte Kinder im Alter von 18 Jahren (K1), 7 Jahren (K2) und 5 Jahren (K3), Schüler, die bei der nicht unterhaltsberechtigten, den Kindern nicht barunterhaltspflichtigen Ehefrau und Mutter (F) leben. F bezieht das Kindergeld.

Notwendiger Eigenbedarf des M:		1.080 EUR
Verteilungsmasse:	1.350 EUR – 1.080 EUR =	270 EUR
Summe der Einsatzbeträge der Unterhaltsberechtigten:		
326 EUR (516 – 190) (K 1) + 289 EUR (384 – 95) (K 2) + 237 EUR (335 – 98) (K 3) =		852 EUR

Unterhalt:

K 1:	326 x 270 : 852 =	103,31 EUR
K 2:	289 x 270 : 852 =	91,58 EUR
K 3.	237 x 270 : 852 =	75,11 EUR

D. Verwandtenunterhalt und Unterhalt nach § 1615l BGB

1090 I. **Angemessener Selbstbehalt gegenüber den Eltern:** mindestens monatlich 1.800 EUR (einschließlich 480 EUR Warmmiete) zuzüglich der Hälfte des darüber hinausgehenden Einkommens, bei Vorteilen des Zusammenlebens in der Regel 45% des darüber hinausgehenden Einkommens. Der angemessene Unterhalt des mit dem Unterhaltspflichtigen zusammenlebenden Ehegatten bemisst sich nach den ehelichen Lebensverhältnissen (Halbteilungsgrundsatz), beträgt jedoch mindestens 1.440 EUR (einschließlich 380 EUR Warmmiete).

II. **Bedarf der Mutter und des Vaters eines nichtehelichen Kindes** (§ 1615l BGB): nach der Lebensstellung des betreuenden Elternteils, in der Regel mindestens 880 EUR.
Angemessener Selbstbehalt gegenüber der Mutter und dem Vater eines nichtehelichen Kindes (§§ 1615 I, 1603 Abs. 1 BGB): unabhängig davon, ob erwerbstätig oder nicht erwerbstätig: 1.200 EUR.
Hierin sind bis 430 EUR für Unterkunft einschließlich umlagefähiger Nebenkosten und Heizung (Warmmiete) enthalten.

E. Übergangsregelung

Umrechnung dynamischer Titel über Kindesunterhalt nach § 36 Nr. 3 EGZPO: Ist Kindesunterhalt als Prozentsatz des jeweiligen Regelbetrages zu leisten, bleibt der Titel bestehen. **Eine Abänderung ist nicht erforderlich.** An die Stelle des bisherigen Prozentsatzes vom Regelbetrag tritt ein neuer Prozentsatz vom Mindestunterhalt (Stand: 1.1.2008). Dieser ist für die jeweils maßgebliche Altersstufe gesondert zu bestimmen und auf eine Stelle nach dem Komma zu begrenzen (§ 36 Nr. 3 EGZPO). Der Prozentsatz wird auf der Grundlage der zum 1.1.2008 bestehenden Verhältnisse einmalig berechnet und bleibt auch bei späterem Wechsel in eine andere Altersstufe unverändert (BGH Urteil vom 18.4.2012 – XII ZR 66/10 – FamRZ 2012, 1048). Der Bedarf ergibt sich aus der Multiplikation des neuen Prozentsatzes mit dem Mindestunterhalt der jeweiligen Altersstufe und ist auf volle Euro aufzurunden (§ 1612 a Abs. 2 S. 2 BGB). Der Zahlbetrag ergibt sich aus dem um das jeweils anteilige Kindergeld verminderten bzw. erhöhten Bedarf. 1091

Es sind **vier Fallgestaltungen** zu unterscheiden:

1. Der Titel sieht die Anrechnung des hälftigen Kindergeldes (für das 1. bis 3. Kind 77 EUR, ab dem 4. Kind 89,50 EUR) oder eine teilweise Anrechnung des Kindergeldes vor (§ 36 Nr. 3 a EGZPO).

$$\frac{(\text{Bisheriger Zahlbetrag} + \tfrac{1}{2}\,\text{Kindergeld}) \times 100}{\text{Mindesunterhalt der jeweiligen Altersstufe}} = \text{Prozentsatz neu}$$

Beispiel für 1. Altersstufe

$$\frac{(196\ \text{EUR} + 77\ \text{EUR}) \times 100}{279\ \text{EUR}} = 97{,}8\ \%$$

279 EUR x 97,8% = 272,86 EUR, aufgerundet 273 EUR

Zahlbetrag: 273 EUR ./. 77 EUR = 196 EUR

2. Der Titel sieht die Hinzurechnung des hälftigen Kindergeldes vor (§ 36 Nr. 3 b EGZPO).

$$\frac{(\text{Bisheriger Zahlbetrag} - \tfrac{1}{2}\,\text{Kindergeld}) \times 100}{\text{Mindesunterhalt der jeweiligen Altersstufe}} = \text{Prozentsatz neu}$$

Beispiel für 1. Altersstufe

$$\frac{(273\ \text{EUR} - 77\ \text{EUR}) \times 100}{279\ \text{EUR}} = 70{,}2\%$$

279 EUR x 70,2% = 195,85 EUR, aufgerundet 196 EUR

Zahlbetrag: 196 EUR + 77 EUR = 273 EUR

3. Der Titel sieht die Anrechnung des vollen Kindergeldes vor (§ 36 Nr. 3 c EGZPO).

$$\frac{(\text{Zahlbetrag} + \tfrac{1}{1}\,\text{Kindergeld}) \times 100}{\text{Mindesunterhalt der jeweiligen Altersstufe}} = \text{Prozentsatz neu}$$

Beispiel für 2. Altersstufe

$$\frac{(177\ \text{EUR} + 154\ \text{EUR}) \times 100}{322\ \text{EUR}} = 102{,}7\ \%$$

322 EUR x 102,7% = 330,69 EUR, aufgerundet 331 EUR

Zahlbetrag: 331 EUR ./. 154 EUR = 177 EUR

4. Der Titel sieht weder eine Anrechnung noch eine Hinzurechnung des Kindergeldes vor (§ 36 Nr. 3 d EGZPO).

$$\frac{(\text{Zahlbetrag} + \tfrac{1}{2}\ \text{Kindergeld}) \times 100}{\text{Mindesunterhalt der jeweiligen Altersstufe}} = \text{Prozentsatz neu}$$

Beispiel für 3. Altersstufe

$$\frac{(329\ \text{EUR} + 77\ \text{EUR}) \times 100}{365\ \text{EUR}} = 111{,}2\%$$

365 EUR x 111,2% = 405,88 EUR, aufgerundet 406 EUR

Zahlbetrag: 406 EUR ./. 77 EUR = 329 EUR

Anhang: Tabelle Zahlbeträge

1092 Die folgenden Tabellen enthalten die sich nach Abzug des jeweiligen Kindergeldanteils (hälftiges Kindergeld bei Minderjährigen, volles Kindergeld bei Volljährigen) ergebenden Zahlbeträge. Ab dem 1. Januar 2016 beträgt das Kindergeld für das erste und zweite Kind 190 EUR, für das dritte Kind 196 EUR, ab dem vierten Kind 221 EUR (BGBl. I 2015, 1202 ff.).

1. und 2. Kind		0–5	6–11	12–17	ab 18	%
1.	bis 1.500	240	289	355	326	100
2.	1.501–1.900	257	309	378	352	105
3.	1.901–2.300	274	328	400	378	110
4.	2.301–2.700	291	347	423	404	115
5.	2.701–3.100	307	366	445	430	120
6.	3.101–3.500	334	397	481	471	128
7.	3.501–3.900	361	428	517	512	136
8.	3.901–4.300	388	458	553	554	144
9.	4.301–4.700	415	489	589	595	152
10.	4.701–5.100	441	520	625	636	160

3. Kind		0–5	6–11	12–17	ab 18	%
1.	bis 1.500	237	286	352	320	100
2.	1.501–1.900	254	306	375	346	105
3.	1.901–2.300	271	325	397	372	110
4.	2.301–2.700	288	344	420	398	115
5.	2.701–3.100	304	363	442	424	120
6.	3.101–3.500	331	394	478	465	128
7.	3.501–3.900	358	425	514	506	136
8.	3.901–4.300	385	455	550	548	144
9.	4.301–4.700	412	486	586	589	152
10.	4.701–5.100	438	517	622	630	160

Ab 4. Kind		0–5	6–11	12–17	ab 18	%
1.	bis 1.500	224,50	273,50	339,50	295	100
2.	1.501–1.900	241,50	293,50	362,50	321	105
3.	1.901–2.300	258,50	312,50	384,50	347	110
4.	2.301–2.700	275,50	331,50	407,50	373	115
5.	2.701–3.100	291,50	350,50	429,50	399	120
6.	3.101–3.500	318,50	381,50	465,50	440	128
7.	3.501–3.900	345,50	412,50	501,50	481	136
8.	3.901–4.300	372,50	442,50	537,50	523	144
9.	4.301–4.700	399,50	473,50	573,50	564	152
10.	4.701–5.100	425,50	504,50	609,50	605	160

Unterhaltsrechtliche Leitlinien der Familiensenate in Süddeutschland (SüdL)

Oberlandesgerichte Bamberg, Karlsruhe, München, Nürnberg, Stuttgart und Zweibrücken

Stand 1.1.2016 1093

Die Familiensenate der Süddeutschen Oberlandesgerichte verwenden diese Leitlinien als Orientierungshilfe für den Regelfall unter Beachtung der Rechtsprechung des Bundesgerichtshofs, wobei die Angemessenheit des Ergebnisses in jedem Fall zu überprüfen ist. 1094

Das Tabellenwerk der Düsseldorfer Tabelle ist eingearbeitet. Die Erläuterungen werden durch nachfolgende Leitlinien ersetzt. 1095

Unterhaltsrechtlich maßgebendes Einkommen

Bei der Ermittlung und Zurechnung von Einkommen ist stets zu unterscheiden, ob es um Verwandten- oder Ehegattenunterhalt sowie ob es um Bedarfsbemessung einerseits oder Feststellung der Bedürftigkeit/Leistungsfähigkeit andererseits geht. Das unterhaltsrechtliche Einkommen ist nicht immer identisch mit dem steuerrechtlichen Einkommen. 1096

1. Geldeinnahmen

1.1 Auszugehen ist vom Bruttoeinkommen als Summe aller Einkünfte. 1097

1.2 Soweit Leistungen nicht monatlich anfallen (z.B. Weihnachts- und Urlaubsgeld), werden sie auf ein Jahr umgelegt. Einmalige Zahlungen (z.B. Abfindungen) sind auf einen angemessenen Zeitraum (in der Regel mehrere Jahre) zu verteilen.

1.3 Überstundenvergütungen werden dem Einkommen voll zugerechnet, soweit sie berufstypisch sind und das in diesem Beruf übliche Maß nicht überschreiten.

1.4 Ersatz für Spesen und Reisekosten sowie Auslösungen gelten in der Regel als Einkommen. Damit zusammenhängende Aufwendungen, vermindert um häusliche Ersparnis, sind jedoch abzuziehen. Bei Aufwendungspauschalen (außer Kilometergeld) kann 1/3 als Einkommen angesetzt werden.

1.5 Bei Ermittlung des zukünftigen Einkommens eines Selbständigen ist in der Regel der Gewinn der letzten drei Jahre zugrunde zu legen. Für zurückliegende Zeiträume ist vom tatsächlichen Einkommen auszugehen.

1.6 Einkommen aus Vermietung und Verpachtung sowie aus Kapitalvermögen ist der Überschuss der Bruttoeinkünfte über die Werbungskosten. Für Gebäude ist keine AfA anzusetzen.

1.7 Steuerzahlungen oder Erstattungen sind in der Regel im Kalenderjahr der tatsächlichen Leistung zu berücksichtigen.

1.8 Sonstige Einnahmen, z.B. Trinkgelder.

2. Sozialleistungen

2.1 Arbeitslosengeld (§ 136 SGB III) und Krankengeld. 1098

2.2 Leistungen zur Sicherung des Lebensunterhalts nach §§ 19 ff. SGB II sind kein Einkommen, es sei denn, die Nichtberücksichtigung der Leistungen ist in Ausnahmefällen treuwidrig; nicht subsidiäre Leistungen nach dem SGB II sind Einkommen (insbesondere Entschädigung für Mehraufwendungen »Ein-Euro-Job« § 16 SGB II, Freibeträge nach § 11b IIISGB II).

2.3 Wohngeld, soweit es nicht erhöhte Wohnkosten deckt.

2.4 BAföG-Leistungen, auch soweit sie als Darlehen gewährt werden, mit Ausnahme von Vorausleistungen nach §§ 36, 37 BAföG.

2.5 Elterngeld ist Einkommen, soweit es über den Sockelbetrag in Höhe von 300 EUR, bei verlängertem Bezugsrecht über 150 EUR hinausgeht. Der Sockelbetrag (§ 11 S. 4 BEEG) und Bundeserziehungsgeld sind kein Einkommen, es sei denn, es liegt einer der Ausnahmefälle der § 9 S. 2 BErzGG, § 11 S.4 BEEG vor.

2.6 Unfallrenten.

2.7 Leistungen aus der Pflegeversicherung, Blindengeld, Versorgungsrenten, Schwerbeschädigten- und Pflegezulagen nach Abzug eines Betrags für tatsächliche Mehraufwendungen; §§ 1610a, 1578a BGB sind zu beachten.

2.8 Der Anteil des Pflegegelds bei der Pflegeperson, durch den ihre Bemühungen abgegolten werden; bei Pflegegeld aus der Pflegeversicherung gilt dies nach Maßgabe des § 13 VI SGB XI.

2.9 In der Regel Leistungen nach §§ 41–43 SGB XII (Grundsicherung) beim Verwandtenunterhalt, nicht aber beim Ehegattenunterhalt.

2.10/11 Kein Einkommen sind sonstige Sozialhilfe nach SGB XII und Leistungen nach dem UVG. Die Unterhaltsforderung eines Empfängers dieser Leistungen kann in Ausnahmefällen treuwidrig sein. Vgl. Ziffer 2.2).

3. Kindergeld

1099 Kindergeld wird nicht zum Einkommen der Eltern gerechnet (vgl. Nr. 14).

4. Geldwerte Zuwendungen des Arbeitgebers

1100 Geldwerte Zuwendungen aller Art des Arbeitgebers, z.B. Firmenwagen oder freie Kost und Logis, sind Einkommen, soweit sie entsprechende Eigenaufwendungen ersparen.

5. Wohnwert

1101 Der Wohnvorteil durch mietfreies Wohnen im eigenen Heim ist als wirtschaftliche Nutzung des Vermögens unterhaltsrechtlich wie Einkommen zu behandeln. Neben dem Wohnwert sind auch Zahlungen nach dem Eigenheimzulagengesetz anzusetzen.

Bei der Bemessung des Wohnvorteils ist auszugehen von der Nettomiete, d.h. nach Abzug der auf einen Mieter nach § 2 BetrKV umlegbaren Betriebskosten. Hiervon können in Abzug gebracht werden der berücksichtigungsfähige Schuldendienst, erforderliche Instandhaltungs- und Instandsetzungskosten und solche Kosten, die auf einen Mieter nicht nach § 2 BetrKV umgelegt werden können.

Auszugehen ist vom vollen Mietwert. Wenn es nicht möglich oder nicht zumutbar ist, die Wohnung aufzugeben und das Objekt zu vermieten oder zu veräußern, kann statt dessen die ersparte Miete angesetzt werden, die angesichts der wirtschaftlichen Verhältnisse angemessen wäre. Dies kommt in der Regel für die Zeit bis zur Rechtshängigkeit des Scheidungsantrags in Betracht.

6. Haushaltsführung

1102 Führt jemand einem leistungsfähigen Dritten den Haushalt, so ist hierfür ein Einkommen anzusetzen; bei Haushaltsführung durch einen Nichterwerbstätigen geschieht das in der Regel mit einem Betrag von 200 bis 550 EUR.

7. Einkommen aus unzumutbarer Erwerbstätigkeit

1103 Einkommen aus unzumutbarer Erwerbstätigkeit kann nach Billigkeit ganz oder teilweise unberücksichtigt bleiben.

8. Freiwillige Zuwendungen

Dritter Freiwillige Zuwendungen Dritter (z.B. Geldleistungen, kostenloses Wohnen) sind als 1104
Einkommen zu berücksichtigen, wenn dies dem Willen des Dritten entspricht.

9. Erwerbsobliegenheit und Einkommensfiktion

Einkommen können auch aufgrund einer unterhaltsrechtlichen Obliegenheit erzielbare Ein- 1105
künfte sein.

10. Bereinigung des Einkommens

10.1 Vom Bruttoeinkommen sind Steuern, Sozialabgaben und/oder angemessene, tatsächliche 1106
Vorsorgeaufwendungen – Aufwendungen für die Altersvorsorge bis zu 23% des Bruttoeinkommens, bei Elternunterhalt bis zu 24% des Bruttoeinkommens (je einschließlich der Gesamtbeiträge von Arbeitnehmer und Arbeitgeber zur gesetzlichen Rentenversicherung) – abzusetzen (Nettoeinkommen). Es besteht die Obliegenheit, Steuervorteile in Anspruch zu nehmen (z.B. Eintragung eines Freibetrags bei Fahrtkosten, Realsplitting für unstreitigen oder titulierten Unterhalt).

10.2 Berufsbedingte Aufwendungen, die sich von den privaten Lebenshaltungskosten nach objektiven Merkmalen eindeutig abgrenzen lassen, sind im Rahmen des Angemessenen vom Nettoeinkommen aus unselbständiger Arbeit abzuziehen.

10.2.1 Bei Vorliegen entsprechender Anhaltspunkte kann eine Pauschale von 5% des Nettoeinkommens angesetzt werden. Übersteigen die berufsbedingten Aufwendungen die Pauschale, so sind sie im Einzelnen darzulegen. Bei beschränkter Leistungsfähigkeit kann im Einzelfall nur mit konkreten Kosten gerechnet werden.

10.2.2 Für die notwendigen Kosten der berufsbedingten Nutzung eines Kraftfahrzeugs kann der nach den Sätzen des § 5 II Nr. 2 JVEG anzuwendende Betrag (derzeit 0,30 EUR) pro gefahrenen Kilometer angesetzt werden. Damit sind i.d.R. Anschaffungskosten mit erfasst. Bei langen Fahrtstrecken (ab ca. 30 km einfach) kann nach unten abgewichen werden (für die Mehrkilometer in der Regel 0,20 EUR).

10.2.3 Bei einem Auszubildenden sind i.d.R. 90 EUR als ausbildungsbedingter Aufwand abzuziehen.

10.3 Kinderbetreuungskosten sind abzugsfähig, soweit die Betreuung durch Dritte allein infolge der Berufstätigkeit erforderlich ist. Im Übrigen gilt Ziffer 12.4.

10.4 Berücksichtigungswürdige Schulden (Zins, ggf. auch Tilgung) sind abzuziehen; die Abzahlung soll im Rahmen eines vernünftigen Tilgungsplanes in angemessenen Raten erfolgen. Bei der Zumutbarkeitsabwägung sind Interessen des Unterhaltsschuldners, des Drittgläubigers und des Unterhaltsgläubigers, vor allem minderjähriger Kinder, mit zu berücksichtigen. Bei Kindesunterhalt kann die Obliegenheit zur Einleitung eines Verbraucherinsolvenzverfahrens bestehen.

10.5 unbelegt

10.6 unbelegt

10.7 Umgangskosten (nicht belegt)

Kindesunterhalt

11. Bemessungsgrundlage (Tabellenunterhalt)

Der Barunterhalt minderjähriger und noch im elterlichen Haushalt lebender volljähriger un- 1107
verheirateter Kinder bestimmt sich nach den Sätzen der Düsseldorfer Tabelle (Anhang 1). Bei minderjährigen Kindern kann er als Festbetrag oder als Prozentsatz des jeweiligen Mindestunterhalts geltend gemacht werden.

11.1 Die Tabellensätze der Düsseldorfer Tabelle enthalten keine Kranken- und Pflegeversicherungsbeiträge für das Kind, wenn dieses nicht in einer gesetzlichen Familienversicherung mitversichert ist. Das Nettoeinkommen des Verpflichteten ist um solche zusätzlich zu zahlenden Versicherungskosten zu bereinigen.

11.2 Die Tabellensätze sind auf den Fall zugeschnitten, dass der Unterhaltspflichtige zwei Unterhaltsberechtigten Unterhalt zu gewähren hat. Bei einer größeren oder geringeren Anzahl Unterhaltsberechtigter sind i.d.R. Ab- oder Zuschläge durch Einstufung in eine niedrigere oder höhere Einkommensgruppe vorzunehmen. Zur Eingruppierung können auch die Bedarfskontrollbeträge herangezogen werden.

12. Minderjährige Kinder

1108 12.1 Der betreuende Elternteil braucht neben dem anderen Elternteil in der Regel keinen Barunterhalt zu leisten, es sei denn, sein Einkommen ist bedeutend höher als das des anderen Elternteils (§ 1606 III 2 BGB), oder der eigene angemessene Unterhalt des sonst allein barunterhaltspflichtigen Elternteils ist gefährdet (§ 1603 II 3 BGB).

12.2 Einkommen des Kindes wird bei beiden Eltern hälftig angerechnet. Zum Kindergeld vgl. Ziffer 14.

12.3 Sind bei auswärtiger Unterbringung beide Eltern zum Barunterhalt verpflichtet, haften sie anteilig nach § 1606 III 1 BGB für den Gesamtbedarf (vgl. Nr. 13.3). Der Verteilungsschlüssel kann unter Berücksichtigung des Betreuungsaufwandes wertend verändert werden.

12.4 Kosten für Kindergärten und vergleichbare Betreuungsformen (ohne Verpflegungskosten)sind Mehrbedarf des Kindes. Bei Zusatzbedarf (Prozesskostenvorschuss, Mehrbedarf, Sonderbedarf) gilt § 1606 III 1 BGB (vgl. Nr. 13.3).

13. Volljährige Kinder

13.1 Bedarf

1109 Beim Bedarf volljähriger Kinder ist zu unterscheiden, ob sie noch im Haushalt der Eltern/eines Elternteils leben oder einen eigenen Hausstand haben.

13.1.1 Für volljährige Kinder, die noch im Haushalt der Eltern oder eines Elternteils wohnen, gilt die Altersstufe 4 der Düsseldorfer Tabelle.

Sind beide Elternteile leistungsfähig (vgl. Nr. 21.3.1), ist der Bedarf des Kindes i.d.R. nach dem zusammengerechneten Einkommen (ohne Anwendung von Nr. 11.2) zu bemessen. Für die Haftungsquote gilt Nr. 13.3. Ein Elternteil hat jedoch höchstens den Unterhalt zu leisten, der sich allein aus seinem Einkommen aus der Düsseldorfer Tabelle (ggf. Herauf-, Herabstufung abzüglich volles Kindergeld) ergibt.

13.1.2 Der angemessene Bedarf eines volljährigen Kindes mit eigenem Hausstand beträgt in der Regel monatlich 735 EUR (darin sind enthalten Kosten für Unterkunft und Heizung bis zu 300 EUR), ohne Beiträge zur Kranken- und Pflegeversicherung sowie Studiengebühren. Von diesem Betrag kann bei erhöhtem Bedarf oder mit Rücksicht auf die Lebensstellung der Eltern nach oben abgewichen werden.

13.2 Auf den Unterhaltsbedarf werden Einkünfte des Kindes, auch das Kindergeld, BAföG-Darlehen und Ausbildungsbeihilfen (gekürzt um ausbildungsbedingte Aufwendungen, vgl. Nr. 10.2.3) angerechnet. Bei Einkünften aus unzumutbarer Erwerbstätigkeit gilt § 1577 II BGB entsprechend.

13.3 Bei anteiliger Barunterhaltspflicht ist vor Berechnung des Haftungsanteils nach § 1606 III 1 BGB das bereinigte Nettoeinkommen jedes Elternteils gem. Nr. 10 zu ermitteln. Außerdem ist vom Restbetrag ein Sockelbetrag in Höhe des angemessenen Selbstbehalts (1.300 EUR) abzuziehen.

Der Haftungsanteil nach § 1606 III 1 BGB errechnet sich nach der Formel:

Bereinigtes Nettoeinkommen eines Elternteils (N1 oder N2) abzüglich 1.300 EUR mal (Rest-) Bedarf (R), geteilt durch die Summe der bereinigten Nettoeinkommen beider Eltern (N1 + N2) abzüglich 2.600 (= 1.300 + 1.300) EUR. Haftungsanteil 1 = (N1 -1.300) x R : (N1 + N2 - 2.600).

Der so ermittelte Haftungsanteil ist auf seine Angemessenheit zu überprüfen und kann bei Vorliegen besonderer Umstände (z.B. behindertes Kind) wertend verändert werden.

Bei volljährigen Schülern, die in § 1603 II 2 BGB minderjährigen Kindern gleichgestellt sind, wird der Sockelbetrag bis zum notwendigen Selbstbehalt (880 EUR/1.080 EUR) herabgesetzt, wenn der Bedarf der Kinder andernfalls nicht gedeckt werden kann.

14. Verrechnung des Kindergeldes

Es wird nach § 1612 b BGB angerechnet. Für das gesamte Jahr 2015 bleiben dabei die bis Ende 2014 geltenden Kindergeldbeträge maßgeblich. **1110**

Ehegattenunterhalt

15. Unterhaltsbedarf

15.1 Die Bemessung des nachehelichen Unterhalts richtet sich nach den ehelichen Lebensverhältnissen (§ 1578 Abs. 1 S. 1 BGB). Der Bedarf des Ehegatten beträgt mindestens 880 EUR. **1111**

15.2 Es gilt der Halbteilungsgrundsatz, wobei jedoch Erwerbseinkünfte nur zu 90% zu berücksichtigen sind (Abzug von 1/10 Erwerbstätigenbonus vom bereinigten Nettoeinkommen bei der Bedarfsermittlung, nicht bei der Ermittlung der Leistungsfähigkeit des Unterhaltsschuldners).

Leistet ein Ehegatte auch Unterhalt für ein unterhaltsberechtigtes Kind, wird sein Einkommen vor Ermittlung des Erwerbstätigenbonus um Kindesunterhalt (Zahlbetrag) bereinigt. Erbringt der Verpflichtete sowohl Bar- als auch Betreuungsunterhalt, kann im Einzelfall ein Betreuungsbonus angesetzt werden.

15.3 Bei sehr guten Einkommensverhältnissen des Pflichtigen kommt eine konkrete Bedarfsberechnung in Betracht.

15.4 Werden Altersvorsorge-, Kranken- und Pflegeversicherungskosten vom Berechtigten gesondert geltend gemacht oder vom Verpflichteten bezahlt, sind diese vom Einkommen des Pflichtigen vorweg abzuziehen. Der Vorwegabzug unterbleibt, soweit nicht verteilte Mittel zur Verfügung stehen, z.B. durch Anrechnung nicht prägenden Einkommens des Berechtigten auf seinen Bedarf.

15.5 nicht belegt

15.6 nicht belegt

15.7 Begrenzung nach § 1578 b BGB (nicht belegt)

16. Bedürftigkeit

Eigene Einkünfte des Berechtigten sind auf den Bedarf anzurechnen, wobei das bereinigte Nettoerwerbseinkommen um den Erwerbstätigenbonus zu vermindern ist (vgl. Rechenbeispiel Anhang 2 Nr. 2.1). **1112**

17. Erwerbsobliegenheit

17.1 Bei der Betreuung eines Kindes besteht keine Erwerbsobliegenheit vor Vollendung des 3. Lebensjahrs, danach nach den Umständen des Einzelfalls insbesondere unter Berücksichtigung zumutbarer Betreuungsmöglichkeiten für das Kind und der Vereinbarkeit mit der Berufstätigkeit des betreuenden Elternteils, auch unter dem Aspekt des neben der Erwerbstätigkeit anfallenden Betreuungsaufwands. **1113**

17.2. In der Regel besteht für den Berechtigten im ersten Jahr nach der Trennung keine Obliegenheit zur Aufnahme oder Ausweitung einer Erwerbstätigkeit.

Weitere Unterhaltsansprüche

18. Ansprüche aus § 1615l BGB

1114 Der Bedarf nach § 1615l BGB bemisst sich nach der Lebensstellung des betreuenden Elternteils. Er beträgt mindestens 880 EUR. Ist die Mutter verheiratet oder geschieden, ergibt sich ihr Bedarf aus den ehelichen Lebensverhältnissen.

19. Elternunterhalt

1115 Beim Bedarf der Eltern sind Leistungen zur Grundsicherung nach §§ 41 ff. SGB XII zu berücksichtigen (vgl. Nr. 2.9).

20. Lebenspartnerschaft

1116 Bei Getrenntleben oder Aufhebung der Lebenspartnerschaft gelten §§ 12, 16 LPartG.

Leistungsfähigkeit und Mangelfall

21. Selbstbehalt

1117 21.1 Es ist zu unterscheiden zwischen dem notwendigen (§ 1603 II BGB), dem angemessenen (§ 1603 I BGB) und dem eheangemessenen Selbstbehalt (§§ 1361 I, 1578 I BGB).

21.2 Für Eltern gegenüber minderjährigen Kindern und diesen nach § 1603 II 2 BGB gleichgestellten Kindern gilt im Allgemeinen der notwendige Selbstbehalt als unterste Grenze der Inanspruchnahme.

Er beträgt

- beim Nichterwerbstätigen 880 EUR
- beim Erwerbstätigen 1.080 EUR.

Hierin sind Kosten für Unterkunft und Heizung in Höhe von 380 EUR enthalten.

21.3 Im Übrigen gilt beim Verwandtenunterhalt der angemessene Selbstbehalt.

21.3.1 Er beträgt gegenüber volljährigen Kindern 1.300 EUR. Hierin sind Kosten für Unterkunft und Heizung in Höhe von 450 EUR enthalten.

21.3.2 Gegenüber Anspruchsberechtigten nach § 1615l BGB ist der Selbstbehalt in der Regel mit einem Betrag zu bemessen, der zwischen dem angemessenen Selbstbehalt des Volljährigen nach § 1603 I BGB und dem notwendigen Selbstbehalt nach § 1603 II BGB liegt, in der Regel mit 1.200 EUR. Darin sind Kosten für Unterkunft und Heizung von 430 EUR enthalten.

21.3.3 Gegenüber Eltern beträgt er mindestens 1.800 EUR. Hierin sind Kosten für Unterkunft und Heizung in Höhe von 480 EUR enthalten. Zusätzlich bleibt die Hälfte des diesen Mindestbetrag übersteigenden, bereinigten Einkommens anrechnungsfrei, bei Vorteilen aus dem Zusammenleben in der Regel 45% des diesen Mindestbetrag übersteigenden, bereinigten Einkommens.

21.3.4 Gegenüber Großeltern/Enkel beträgt der Selbstbehalt mindestens 1.800 EUR.

21.4 Gegenüber Ehegatten gilt grundsätzlich der Ehegattenmindestselbstbehalt (= Eigenbedarf). Er beträgt in der Regel 1.200 EUR[1]. Hierin sind Kosten für Unterkunft und Heizung in Höhe von 430 enthalten.

---

1 OLG Karlsruhe, OLG Stuttgartund 2. und 6. Zivilsenat des OLG Zweibrücken: für Erwerbstätige 1.200 EUR, für Nichterwerbstätige 1.090 EUR.

21.5 Anpassung des Selbstbehalts

21.5.1 Beim Verwandtenunterhalt kann der jeweilige Selbstbehalt unterschritten werden, wenn der eigene Unterhalt des Pflichtigen ganz oder teilweise durch seinen Ehegatten gedeckt ist.

21.5.2 Wird konkret eine erhebliche und nach den Umständen nicht vermeidbare Überschreitung der in den einzelnen Selbstbehalten enthaltenen angeführten Wohnkosten dargelegt, erhöht sich der Selbstbehalt. Wird die Wohnung von mehreren Personen genutzt, ist der Wohnkostenanteil des Pflichtigen festzustellen. Bei Erwachsenen geschieht die Aufteilung in der Regel nach Köpfen. Kinder sind vorab mit einem Anteil von 20% ihres Anspruchs auf Barunterhalt zu berücksichtigen. Besteht für den Verpflichteten ein Anspruch auf Wohngeld, ist dieser wohnkostenmindernd zu berücksichtigen (vgl. Nr. 2.3).

21.5.3 Bei Zusammenleben mit einem leistungsfähigen Partner kann der Selbstbehalt wegen ersparter Aufwendungen reduziert werden, wobei die Ersparnis des Unterhaltspflichtigen im Regelfall mit 10% angesetzt werden kann.

22. Bedarf des mit dem Pflichtigen zusammenlebenden Ehegatten

22.1 Der Mindestbedarf eines mit dem Unterhaltspflichtigen zusammenlebenden Ehegatten 1118
gegenüber Unterhaltsansprüchen eines nachrangigen geschiedenen Ehegatten beträgt 960 EUR.

22.2 Mindestbedarf bei Ansprüchen volljähriger Kinder

Der Mindestbedarf eines mit dem Unterhaltspflichtigen zusammenlebende Ehegatten gegenüber Unterhaltsansprüchen eines nicht privilegierten Kindes beträgt 1.040 EUR.

22.3 Ist bei Unterhaltsansprüchen der Eltern, Großeltern und Enkel der Unterhaltspflichtige verheiratet, werden für den mit ihm zusammenlebenden Ehegatten mindestens 1.440 EUR angesetzt. Darin sind Kosten für Unterkunft und Heizung von 380 EUR enthalten. Im Familienbedarf von 3.240 EUR (1.800 EUR + 1.440 EUR) sind Kosten für Unterkunft und Heizung in Höhe von 860 EUR (480 + 380 EUR)enthalten.

23. Bedarf des vom Pflichtigen getrenntlebenden oder geschiedenen Ehegatten

23.1 Bedarf bei Ansprüchen des nachrangigen geschiedenen Ehegatten 1119

Der Mindestbedarf eines vom Pflichtigen getrennt lebenden oder geschiedenen Ehegatten gegenüber Unterhaltsansprüchen eines nachrangigen Ehegatten beträgt 1.200 EUR.

23.2 Bedarf bei Ansprüchen volljähriger Kinder

Der Mindestbedarf eines vom Pflichtigen getrennt lebenden oder geschiedenen Ehegatten gegenüber Unterhaltsansprüchen nicht privilegierter volljähriger Kinder beträgt 1.300 EUR.

23.3 Bedarf bei Ansprüchen von Eltern oder Enkeln des anderen Ehegatten und von gemeinsamen Enkeln

Der Mindestbedarf eines vom Pflichtigen getrennt lebenden oder geschiedenen Ehegatten gegenüber Unterhaltsansprüchen von Eltern, Großeltern und Enkeln des Unterhaltspflichtigen beträgt 1.800 EUR.

24. Mangelfall

24.1 Ein absoluter Mangelfall liegt vor, wenn das Einkommen des Verpflichteten zur Deckung 1120
seines notwendigen Selbstbehalts und der gleichrangigen Unterhaltsansprüche der Kinder nicht ausreicht. Zur Feststellung des Mangelfalls entspricht der einzusetzende Bedarf für minderjährige und diesen nach § 1603 II 2 BGB gleichgestellten Kindern dem Zahlbetrag, der aus der ersten Einkommensgruppe entnommen werden kann.

24.2 In sonstigen Mangelfällen beträgt der Einsatzbetrag für einen gleichrangigen, nicht mit dem Unterhaltspflichtigen zusammenlebenden, Ehegatten 880 EUR. Für vorrangige Ehegatten siehe Nr. 22 und 23.

24.3 Die nach Abzug des Selbstbehalts des Unterhaltspflichtigen verbleibende Verteilungsmasse ist anteilig auf alle gleichrangigen unterhaltsberechtigten Kinder bzw. Ehegatten im Verhältnis ihrer Unterhaltsansprüche zu verteilen.

Die prozentuale Kürzung berechnet sich nach der Formel:

K = V : S x 100

K = prozentuale Kürzung
S = Summe der Einsatzbeträge aller Berechtigten
V = Verteilungsmasse (Einkommen des Verpflichteten abzüglich Selbstbehalt)

24.4 Das im Rahmen der Mangelfallberechnung gewonnene Ergebnis ist auf seine Angemessenheit zu überprüfen.

24.5 Rechenbeispiel zum absoluten Mangelfall, vgl. Anhang 2 Nr. 2.2

Sonstiges

25. Rundung

1121 Der Unterhaltsbetrag ist auf volle Euro aufzurunden.

Sachregister